Roland Kiemle

Vagant der Windrose

Roland Kiemle

Vagant der Windrose

Fahrten und Abenteuer auf vielen Strassen dieser Welt

Adventure Company Leimen

Titelfoto: Roland Kiemle

Fotos: Roland Kiemle, Elisabeth Wild, Archiv Elmar Engel
Yukon Government, Gary Kiemle, Günter Kujat
Freundeskreis von Adventure Company
Agentur P. Schwarz, Agentur MMK

Lieder: *"So trolln wir uns ..."*
Text und Musik: Carl Michael Bellman
"Über meiner Heimat"
Ebergard Köbel (tusk) Chöre der Eisbrechermannschaft
"Wo der alte Moulmein Tempel ..."
Text und Musik: Paul Haubrich
"Sassen vier beisammen ..."
Text und Musik: Rudi Rogoll
"Die erste Reise ging nach Baltisch Port"
Musik: Hein Kröher – Text: Manfred Hausmann
"Nischni – Nowgorod ..."
Aus dem Nerother Wandervogel
"Kameraden, wann sehen ..."
Text und Musik: G. Zierenberg
"Als wir noch trampten ..."
Text und Musik: Paul Haubrich

Unternehmer und Voyageur - Roland Kiemle im Portrait von emu - Ekkehard Muth

Umschlaggestaltung und Satz: Tony Middleton Design, Leimen
Druck: Druck & Werbung Stolzenberger, Leimen
Gesamtherstellung: Adventure Company GmbH, Leimen
Printed in Germany
ISBN 3-00-004245-8

Für Undine, die mit großem Mut
gegen eine heimtückische
Krankheit ankämpft,
und für Allan und Gary –
möge es ihnen helfen,
ihren Vater besser zu verstehen.

Mein Dank geht an die langjährigen Freunde Elmar und Brigitte Engel in Labrador, in deren Blockhaus am Fluß der Stachelschweine, die Idee zu diesem Buch konkrete Formen angenommen hat, und die mir bei der Fertigstellung geholfen haben.

Inhalt

Unternehmer und Voyageur Roland Kiemle im Portrait

von Emu

„Ein Ziel haben, schaffen, träumen, die Vorstellungskraft üben, denken, entdekken, erfinden, in Geheimnisse eindringen, die Türen zum Unbekannten öffnen – das ist die Reise, das ist das Abenteuer.“

Auch wenn dieser Satz von ihm stammt, nein, Roland Kiemle ist kein Philosoph. Er ist keiner von denen, die hinter allem, was sie tun, ein allumfassendes Weltanschauungssystem suchen, und er fühlt sich schon gar nicht als Messias, der die Menschheit mit dem reichen Schatz seiner Erfahrung beglücken möchte.

Wenn aber der Bankangestellte, den er mit auf die Reise nimmt, einmal selbst erfahren kann, wie es ist, ein Feuer selbst anzuzünden, statt nur auf den Heizungsknopf zu drücken, und wenn der Chefarzt, den er in das Abenteuer einweiht, einmal nicht die aufbereitete Brühe aus dem Wasserhahn trinkt, sondern das Wasser unter dem Kiel seines Kanus schöpft – dann sind das Dinge, die für Roland zählen.

Roland spricht nicht über das Abenteuer, er erlebt es. Und dann sprudelt er über vor Erlebnissen und Ereignissen auf seinen Reisen, und wenn er so erzählt, kann man den Grizzly, der ihm gerade das Proviantzelt wegfuttert, fast schon riechen.

Seine Geschichten hören sich an wie in langen kanadischen Busch-Wintern zusammenspintisiertes Trapper-Latein, aber dem Roland nimmt man das ab, denn auch seine Lebensgeschichte hört sich nicht viel anders an:

Jahrgang 1935, DeutscheJungenschaft, Trampfahrten bis nach dem Orient und nach Afrika, auf dem Rückweg Totengräber in Ägypten. Mit seiner Horte wanderte er 1954 nach Kanada aus. „Wir hatten große Pläne und hätten auch dort einiges aufziehen können, aber natürlich war da auch viel zu viel Romantik dabei.“ Holzfäller, Zimmermann, Seemann bei der Royal Canadian Navy sind weitere Stationen. Goldgräber am Yukon, Unterstützung von Tierfilmern in den Rocky Mountains, mit dem Kanu für eine Vermessungsfirma den Athabasca hinunter. Als er kurz vor einem Koller aus dem Busch zwischen dem Großen Sklaven-See und dem Bärensee nach Calgary flieht,lernt er Undine kennen, heiratet sie – und beginnt ein „geregeltes Leben“.

Er macht sein Umherstreifen, seine Reisen und Expeditionen zum Beruf, gründet die „Northwest Voyageurs“ und nimmt jetzt Leute mit auf seine ausgefallenen Touren, die ihn dafür bezahlen.

Roland scheint der geborene Repräsentant des uramerikanischen Traums „Vom-Tellerwäscher-zum-Millionär“ zu sein, und welches Mädchenherz schlägt nicht höher bei dem Gedanken an den wettergegerbten Vagabunden, der eines Tages aus dem Busch auftaucht, um sich von ihr zähmen zu lassen.

Vielleicht hat er es aber auch nur geschafft, den romantischen Traum eines jeden Bündischen von der ewigen Fahrt ohne viel Schnickschnack in die Tat umzusetzen. Daß er davon leben kann, mag wohl nur die Puristen stören.

Als wir vor 16 Jahren mit ihm in Kanada auf Fahrt waren (ohne zu bezahlen), bauten wir gerade unser Lager unter einem Feuerwachtturm auf, als ihn über Funk die Meldung erreichte, er solle sich sofort bei dieser Zigarettenfirma melden, die ihr Zigaretten vorwiegend für harte Männer und solche, die sich dafür halten, produziert.

„Die suchten jemand mit dem entsprechenden Background, verstehst, und so haben wir das bekommen.“ 12 Jahre arbeitete seine Firma am Werbekonzept mit und richtet die Wild-West-Abenteuer-Ralleys aus für Leute, die auch mal gerne wie der einsame Cowboy auf einem Pferd zwischen den Felsentürmen im Monument Valley hindurch in die untergehende Sonne reiten möchten.

Was sich wieder anhört wie eine seiner Abenteuergeschichten, ist blankes Geschäft, und Roland versucht das auch in keinster Weise zu verbergen.Im Dschungel des Geschäftslebens kennt er sich genauso aus wie im tiefsten Busch, und ob er jetzt einen heranpirschenden Grizzly wittert oder eine Riesenchance fürs Geschäft – für ihn scheint das eins zu sein. Und wenn er nicht gerade wieder irgendwo im tiefsten Urwald steckt, gebietet er über ein Unternehmen, das sich sehen lassen kann. „Adventure Company“ bietet auch für Nichtraucher Abenteuerreisen an, und wer mitfährt, der kann sich in seinen fünf Fachgeschäften im Bundesgebiet zünftig mit allem eindecken, was der Weltenbummler und Outdoor-Trapper so braucht.

Roland rüstet Filmproduktionen aus, er war an den Vorbereitung zum Umweltgipfel in Rio beteiligt, er hält Vorträge und schreibt Bücher, die voll sind von seinen packenden Erzählungen. Der Jack London unserer Tage schreibt Abenteuer und Legenden zum Nacherleben, mit Routenbeschreibungen, eigenen Erlebnissen dazu und Geschichten, die sich seit Urzeiten um diese Trails ranken. Wer sie liest, den nimmt Roland mit zu den kauzigsten Typen in ganz Texas oder er entführt den Leser in die verlassenste Tundra der Northwest Territories. Auch seinem Abenteuer-Almanach Wildwest-USA kann er es nicht lassen, wieder und wieder zu erzählen. Neben sachlichen Informationen folgen denn auch prompt die passenden Anekdoten aus seinem reichen Erlebnisschatz.

Nein, ein Philosoph ist er nicht. Er setzt auf Geschichten, die einen mit hineinnehmen in das Erlebnis, und vor allem natürlich auf das Erleben selbst. „Natürlich brauchst du da auch Leute, die so ein Gefühl dafür haben. Du kannst nicht mit einer Truppe losziehen, die dann abends fragt, wo kann man hier die Hände waschen." Er will die Leute, die mit ihm gehen, nicht formen, aber „wenn du abends am Fluß lagerst und da kommt einer und fragt,wo kann ich hier denn Wasser holen, da denkst du natürlich, der will dich verschaukeln, verstehst. Dem erklärst du dann, daß auf den sechshundert Kilometern, die der Fluß bis hierher vielleicht zurückgelegt hat, niemand wohnt. Da hat vielleicht mal ein Grizzly-Bär reingepinkelt, verstehst. Also, du mußt nicht mit großen problemorientierten Auseinandersetzungen kommen, sondern hier ganz praktisch mit ganz banalen Dingen, und damit triffst du bei denen, die ein Gefühl dafür haben, voll den Punkt."

Roland Kiemle, ein Mann voller Geschichten, und man hat manchmal den Eindruck, als wollte er mit seinen Geschichten von sich ablenken, nichts von sich preisgeben. Fragt man ihn nach seiner bündischen Vergangenheit, dann erzählt er von seinen Erlebnissen auf Fahrt, fragt man ihn nach seinem Geschäft, nach seiner Frau, nach seinem Privatleben – schildert er in den schillerndsten Farben Begebenheiten und Situationen, die ihn so oder so handeln ließen.

Man merkt dann eigentlich erst im Nachhinein, daß er mit seinen Geschichten viel mehr vermittelt und viel mehr von sich zeigt, als man es je erwartet hätte.

Roland Kiemle spricht nicht über sein Leben, er lebt es, und wer ihn danach fragt, der kann es miterleben.

Vorwort

Immer wieder rufen mich Leute an, wildfremde Leute aus allen Berufen, allen Alters- und Bildungsstufen, mit jedem nur denkbaren Hintergrund. Ihr Wunsch, wie konkret auch immer, ist es, alles hinter sich zu lassen, ein neues Leben zu beginnen, wegzulaufen, auszuwandern. Meist liegt das Land ihrer Träume weit weg, jenseits des Atlantik, in Kanada. Oft auch „down under", in Australien oder noch ein Stück dahinter, in Neuseeland. Viele glauben, mit einer Auswanderung in ihr „Gelobtes Land" vor den sich in ihrer Heimat auftürmenden Problemen flüchten und sie mit der zurückgelegten Distanz hinter sich lassen und vergessen zu können.

All diesen Menschen sage ich erstmal: „Legen Sie sich auf die Couch, schließen Sie für eine halbe Stunde die Augen und warten Sie ab!" Meist ist die Anwandlung dann vorüber.

Wenn der oder die Betreffende danach immer noch von dem brennenden Wunsch abzuhauen beseelt ist, und/oder glaubt, mein Wanderleben sei die Idealform des Daseins und das wahre Glück liege darin, dieses zu kopieren, dann erzähle ich ihr oder ihm – erstmal, daß es grundsätzlich nichts bringt, vor etwas wegzulaufen, sondern daß man es andersherum anfangen muß: Man muß auf etwas zugehen. Ferner sage ich solchen Leuten, daß die Menschen voneinander verschieden sind wie Äpfel oder Kartoffeln. Es gibt auf der ganzen Welt nicht zwei vollkommen identische Exemplare.

Deshalb löst weder eine Auswanderung, noch die Kopie oder auch nur die Nachahmung eines außergewöhnlichen Lebenslaufes die vermeintlichen und echten Probleme.

Das hindert jedoch niemanden, dieses Buch zur Hand zu nehmen, sich meine Erfahrungen zunutze zu machen, sie möglicherweise nachzuvollziehen. Ich wünsche dabei viel Glück, ohne Einschränkung, rückhaltlos und von ganzem Herzen. Zumindest aber hoffe ich bei der Lektüre: Unterhaltung, Spaß, Interesse.

Heidelberg, im letzten Jahr eines turbulenten Jahrtausends.

Erstes Buch

Der fernen Trommel lockender Ruf

In einem weiten, fremden Land

Von Kanada heißt es, daß dort die Lehrer wieder in die Schule gehen müssen. Ferner, daß es ein Land sei, das ebenso schwierig zu regieren, wie zu bewohnen oder zu bereisen sei, wie überhaupt darin zu existieren.

Es kommt natürlich auf den Gesichtpunkt an. Auf dem Arbeitsmarkt in Kanada herrscht latent eine Unterbeschäftigung. Die Arbeitslosenquote liegt in ihrer Untergrenze bei etwa 10%. Darin nicht enthalten sind alle Wohlfahrtsempfänger – das sind nochmals um weitere 10 bis 15%.

Eine stehende kanadische Redensart lautet: „He is well off, he's got a steady job!" Oder: „Er ist gut dran, denn er hat eine feste Arbeitsstelle." Jobs gibt es allenfalls in den Bevölkerungszentren, sprich in den Städten, oft hunderte von Meilen von dem Traumziel der meisten – von der Wildnis entfernt. Außerdem lassen die Kanadier inzwischen in der Regel nur noch hochspezialisierte Fachleute oder gutbetuchte Investoren in ihr Land, abgesehen von der Familienzusammenführung.

Als ich Mitte der fünfziger Jahre auswanderte, war das noch anders. Da nahmen sie praktisch jeden, der halbwegs jung und gesund war. Eine aus Europa kommende Welle arbeitswilliger oder arbeitsgieriger Menschen im besten Alter war herübergeschwappt. Die Firmen suchten sich die kräftigsten und geschicktesten Kerle aus, dann war dieser Markt gesättigt. Die anderen ließen sie erstmal zappeln. Mancher, der sich's leisten konnte, drehte sich auf dem Absatz um und kehrte, um eine große Illusion ärmer, um eine bittere Erfahrung reicher, in seine Heimat zurück. Es ging seinerzeit in Kanada wie im europäischen Frühkapitalismus zu.

Auch ich hatte öfter, als es mir lieb war und länger, als es mir guttat, zur Schar der Arbeitsuchenden gehört, zu jener Armee der Unverzagten, aber auch Verzweifelten, die Tag für Tag die Firmen abklapperten. Es war höllisch deprimierend, immer wieder das ungehaltene Kopfschütteln wegzustecken, all die „no's" zu verkraften, das oft unfreundliche Abwimmeln nicht persönlich zu nehmen. Ein vernünftiger Tip, einen Job zu finden, war bares Geld wert.

Bis mir endlich Slim Pearson über den Weg lief. Slim war ein mächtiger Zwei-Meter-Mann. Weiß der Teufel, warum ausgerechnet er „Slim" – der Schmächtige – genannt wurde. Slim hatte nicht nur einen Tip, er vermittelte uns – meinem Freund Philipp und mir – einen gutbezahlten Job in einem Holzfällerlager in der Wildnis des nördlichen Alberta. Slim war eine gute, ehrliche Haut. Er fügte gleich hinzu, daß der Job weder ein Zuckerlecken noch eine Dauerlösung für uns sei, sondern eine saisonale, auf die Wintermonate begrenzte Arbeit, aber letztendlich ein Sprungbrett für etwas „Festes“.

Trotzdem: Philipp und ich wären Slim am liebsten um den Hals gefallen. Das war der Anfang, der Einstieg, danach würden wir die Mittel besitzen, uns solange über Wasser zu halten, bis sich eine neue Chance auftun würde. Wenn Slim von uns verlangt hätte, mit unseren bloßen Händen Bäume auszureißen, wir hätten ihm mit Freuden zugesagt.

Den Sommer über hatten wir uns durchgeschlagen – mehr schlecht als recht – und jetzt standen wir am Stadtausgang von Edmonton und hielten die Daumen in die Höhe. Unser Ziel war Chisholm, etwa 175 km weiter nördlich, von wo aus sich bis zum Nordpol hin nur noch ein paar Dörfer befinden, wo das Camp der Lumberjacks sein sollte.

Ein Tanklaster nahm uns mit. Nein, nicht bis nach Chisholm, sondern bis zu dem Schild „Chisholm 7 Miles.“ Es war bitter kalt, es war dunkel. Wir fühlten uns ausgesetzt in einen endlosen, schwarzen, bedrohlichen Wald. In der Ferne hörten wir ein durch Mark und Bein gehendes Heulen. Coyoten? Wölfe? oder harmlose Hunde? Wir hofften, daß es Hunde waren und trauerten der warmen, miefigen, sicheren Geborgenheit des Führerhauses des Trucks nach.

Die Straße nach Chisholm erwies sich im schwachen Schein unserer Taschenlampen als eine von schweren Reifen zernarbte, gefrorene Höckerpiste. Eine Schneise, eingefaßt von den feindselig schweigenden, finster gezackten Mauern des nordischen Urwaldes zu beiden Seiten. Wenn wir die Köpfe in den Nacken legten, sahen wir einen schwachen Schimmer über uns. Ab und an glomm ein heller Punkt, ein Stern durch den Dunst. Undenkbar, hier eine Mitfahrgelegenheit aufzutreiben.

Während wir lostippelten, dachten wir an gefährliche Wolfsrudel, Bären, Pumas, Vielfraße und ähnliches Getier. Immer wieder wanderte der Schein unserer Taschenlampen zu der Baumgalerie auf beiden Seiten und an ihr hinauf: Wir suchten nach Fluchtmöglichkeiten für den Fall, daß ...

Wir kamen uns wie Hänsel und Gretel vor, als nach zwei Stunden endlich die Lichter einer Blockhütte zwischen den Stämmen funkelten. Wir fragten lieber nicht nach dem Holzfäller-Camp, sondern verließen uns darauf, daß die Holzspäne und das Sägemehl, durch das wir inzwischen schlurften, auf unser Ziel hindeuteten und zu ihm hinführten.

Wir waren erleichtert. Auch wenn Chisholm sich als nichts weiter als ein spärlich beleuchtetes Nest erwies. Rasch trieben wir Slim Pearson auf. Slim wußte, was wir jetzt brauchten: Gallonen heißen Kaffees und eine gehäufte Platte saftiger Steaks, bereitet von Arthur, dem Koch des Camps.

Arthur war – wie wir bald erfuhren – einer von vielen unserer Landsleute, die, im Gegensatz zu uns, unfreiwillig im „Gelobten Land“ gelandet waren. Als Pilot der Luftwaffe war er – über Nordafrika abgeschossen – in englische Gefangenschaft geraten und wie die übrigen Reste des deutschen Afrika-Korps nach Kanada geschafft worden. Rund 9000 der sogenannten POW's landeten in den Holzfäller-Camps.

„Die Frauen und Mädchen in Magpie, Ontario glaubten, die Invasion einer sexbesessenen, haarigen Horde von Nazi-Gorillas stände bevor, mit nichts anderes im Sinn, als über sie herzufallen und ihnen Gewalt anzutun. Sie versteckten sich in Kellern und auf den Dachböden und lugten ängstlich durch die Ritzen“, begann Arthur seine Erzählung.

„Als sie uns als sauber gekleidete, naßrasierte, junge disziplinierte Kerle in der Blüte unserer Jahre, mit schmucken Khaki-Uniformen in militärischer Disziplin, vorbeimarschieren sahen, machten sie ganz andere Augen. Trotz des roten Stoffstücks, das in die Rücken unserer Hemden eingenäht war und uns als ‚prisoners of war‘ oder ‚POW‘ weithin sichtbar kenntlich machte.

Weil auch in Kanada kriegsbedingt Männermangel herrschte, verbargen sie sich nicht mehr vor uns, ganz im Gegenteil ...“

Die deutschen Gefangenen erhielten einen Tageslohn von einem halben Dollar. Es gab natürlich in den Holzfäller-Camps keinen Stacheldraht, und es gab nur eine eher rudimentäre Bewachung durch gelangweilte kanadische Weltkrieg I-Veteranen. Es war ganz leicht, abzuhauen. Doch irgendwann wurden alle wieder eingefangen; trotzdem versuchten es einige immer wieder. Nicht, weil sie eine echte Chance sahen, sondern um der Eintönigkeit des Buschdaseins und der harten Arbeit zu entkommen und gegen den relativen Komfort eines geschlossenen Lagers in der nächsten Stadt einzutauschen, wo sie für 28 Tage eingesperrt wurden.

Arthur ließ sich beispielsweise zusammen mit dem Schnittholz in einen Waggon verladen und schaffte es bis nach Quebec. Dort war Endstation. Arthurs schlechtes Englisch fiel hier im französischsprachigen Teil des Landes weiter nicht auf. Er fand eine Anstellung als Hilfskoch, später als Koch. Nach ein paar Monaten war seine Freiheit zu Ende, er wurde geschnappt und diesmal nach England verfrachtet. Er fand Gefallen an einer jungen Engländerin und sie an ihm. Die Beiden heirateten und gingen zusammen zurück nach Kanada.

Arthur wurde mit den Problemen aller Einwanderer konfrontiert. Er schlug sich durch bis zu Slim Pearsons Holzfällercamp, wo er – diesmal als freier Mann – den angesehenen Job eines Kochs bekam. Angesehen deshalb, weil die Reputation eines Holzfäller-Camps im Busch mit der Qualität des Kochs steht oder fällt.

Arthur war ein umtriebiger, mit Ideen gesegneter Typ, dem nichts zuviel war. Er züchtete nebenbei Schweine, schlachtete die Borstentiere, brachte nach altdeutschen Rezepten hergestellte Würste und Schinken auf die Tische des Camps. Als er sich darüberhinaus als Sanitäter und kompetenter Mann für Buschmedizin einen legen-

Alberta Northern Railway

dären Ruf erwarb, wuchs seine Reputation weiter. Sie erreichte Wolkenkratzerhöhen, als er auch noch begann – wenn auch illegal, sich als Schnapshändler zu betätigen. Den Schnaps versteckte er in den Gräbern des nahegelegenen Indianerfriedhofs. Dort waren seine Schätze sowohl vor den Rothäuten wie auch vor den abergläubischen, meist frankokanadischen „lumberjacks" sicher. Auch die RCMP, die kanadische Bundespolizei, wollte nicht in den Ruch von Grabschändern kommen. Bald trug Arthur – nach Slim Pearson – die Krone des Vizekönigs von Chisholm.

Im Gegensatz zu manch anderem unserer Landsleute stieg das alles dem einstigen Kriegsgefangenen keineswegs in den Kopf. Arthur nahm uns mit offenen Armen auf, gab uns nützliche Tips, päppelte uns mit Extrarationen auf, half, wo Not am Mann war.

Arthur war einer, der immer und überall zurecht kommen würde und auch zurecht kam. Er war einer, der die Dinge nahm – wie sie waren, wie sie kamen. Er machte das Beste daraus und hatte stets ein offenes Ohr und eine offene Hand für die Nöte des Anderen.

Leider hielt dieser für uns paradiesische Zustand nur wenige Tage vor: Wir waren zu früh gekommen. Wegen des verspäteten „freeze-up", des Gefrierens der Sümpfe und der Wasserläufe, war das Camp noch nicht voll im Betrieb. Slim blieb nichts anderes übrig, als uns wieder zurückzuschicken und auf später zu vertrösten.

Inzwischen waren wir mit den Gepflogenheiten des Landes soweit vertraut, daß wir für die Rückreise eine damals typisch kanadische Variante des Trampens ausprobierten: Wir stellten uns mit einer Fackel und einem roten Fähnchen zwischen die Schienen und warteten auf einen Zug der Northern Alberta Railway.

Es klappte. Die Lok hielt mit knirschenden Bremsen ein paar Meter vor uns, wir stiegen ein und machten es uns in dem einzigen Personenwagen gemütlich.

Die übrige Reisegesellschaft bestand aus einer Gruppe schläfriger, schwarzhaariger, braunhäutiger Typen; Männern mit mehr oder weniger kräftigem indianischen Einschlag und ihren Bewachern, einer Abteilung ebenso schläfriger „Mounties", Angehöriger der kanadischen Bundespolizei.

In jedem Spätherbst, so stellte sich bald heraus, rollte ein solcher „Gefangenentransport" nach Süden. Die wilden Kerle hatten offenbar ganz gezielt und ziemlich genau kalkuliert das Gesetz übertreten, um die barbarische Kälte des Nordens gegen einen gemütlich-warmen Gefängnisaufenthalt im Süden einzutauschen. Für uns war das ein bedeutsamer Hinweis: In diesen Regionen war mit Väterchen Frost ganz offenbar nicht zu spaßen! Selbst hartgesottene Typen flohen vor ihm. Wir sollten das Regiment der Eisriesen bald am eigenen Leib erfahren.

In Edmonton hatte inzwischen ein anderer Vertreter des wenig ehrenwerten Gewerbes unser Zimmer aufgebrochen. Er hatte unsere wattierten Jacken, Filzstiefel und die übrige Winterausrüstung mitgenommen. Er hatte auch das Versteck geknackt, in dem wir unsere Notgroschen aufgehoben hatten. Wir standen wieder so da, wie wir in Kanada angekommen waren: Ohne einen Cent in der Tasche, ohne Ausrüstung für den sich mit Riesenschritten nähernden nordischen Winter.

Aber ich konnte die Zwischenzeit durch einen Job als „Carpenter" überbrücken. Ich war zwar kein Zimmermann, doch ich konnte einen Nagel ordentlich einschlagen und einen geraden Schnitt sägen. Das reichte fürs erste. Leider stand auch dieser Job auf wackligen Füßen: In der wirklich kalten Jahreszeit würden die Außenarbeiten eingestellt werden.

Doch war diesmal alles anders, ganz anders als seinerzeit in Winnipeg: Wir wußten, auf uns wartete ein Job. Am Ende des Winters würden wir unsere Verluste nicht nur kompensiert haben, in unseren Taschen würden genug Dollarmünzen klimpern, um in aller Ruhe nach neuen Ufern Ausschau halten zu können!

Aus der Distanz gesehen, ist der „echte" Kanadier ein Trapper, Jäger, Cowboy, Prospektor, Goldsucher – oder Holzfäller. All diese Jobs umgibt für den urbanen Europäer die harte, fordernde, romantische Aura vom Wildnisleben, physischer Aktivität, Unabhängigkeit, Abenteuer.

Selbstverständlich gab es all das in den Weiten des riesigen Landes im Norden des amerikanischen Kontinents. Es gibt diese Formen des Broterwerbs und der Daseinsführung immer noch, wenn sie inzwischen auch zu den Randbereichen des kanadischen Erwerbslebens gehören.

Leider sind die erwähnten Tätigkeiten allesamt alles andere als ein Zuckerlekken. Wer da nicht hineingeboren, darin aufgewachsen ist, der hat es schwer, verdammt schwer. Er geht durch eine harte Schule und so mancher erreicht nicht sein Klassenziel, geschweige denn die höheren Weihen. Die bedeuten zwar, von ganz wenigen Ausnahmen abgesehen, immer noch keine finanzielle Sicherheit oder gar Reichtum, aber sie stärken die Physis, die Fitness – und das Selbstvertrauen. Sie sind allenfalls für den Einwanderer ein Durchgangsstadium, ein Sprungbrett. Wer sich durchbeißt, wer es durchsteht – der wird keinesfalls zum Superman, doch den kann künftighin kaum noch etwas aus dem Sattel heben.

Echte Lumberjacks arbeiteten – von den feuchtwarmen Küstenregionen British Columbias einmal abgesehen – ausschließlich während der Wintersaison. Dann sind die Sümpfe des Nordens passierbar; die Flüsse und Bäche gefrieren zu natürlichen Highways durch den sonst kaum zu durchdringenden Busch. Die Pest der nordischen Wälder, die kleinen schwarzen Mücken, die Moskitos, die Bremsen und die übrigen Quälgeister sind verschwunden, die Temperaturen – im November, Anfang Dezember noch zwischen -15 bis -25 Grad Celsius sinken in den echten Wintermonaten bis hinab auf -40 Grad und darunter. Das schafft neue Probleme.

Wir, die grünen Jungs aus dem fernen Deutschland, begannen als sogenannte „swamper“, als Hilfskräfte, die unter der Aufsicht eines älteren Lumberjacks die „skid roads“, relativ kurze Schneisen zum Abtransport des „pulpwood“, des zur Papierherstellung benutzten Holzes, zu den Wasserläufen freizuschlagen und zu räumen hatten.

Wir arbeiteten mit ohrenbetäubend lärmenden, unhandlichen, stinkenden Motorsägen. Es waren nicht die kleinen, niedlichen Dinger, mit denen heute jeder zweite Hobbygärtner herumhantiert. Die Geräte wogen knapp dreißig Pfund und hingen an den Armen wie die Ketten an den zu harter Fron verurteilten Sträflingen. Sie wurden angetrieben von stinkenden, stotternden Zweitaktmotoren von der Größe eines Medizinballes, und ihre furchteinflößenden Schwerter ragten meterlang in die Gegend.

Die Dinger hatten ihre Mucken. Sie anzureißen erforderte Kraft und Ausdauer und endete oft in Frust und Verzweiflung. Oft verweigerten sie komplett den Gehorsam, erwiesen sich störrischer als ein andalusischer Esel.

Die Flüche, mit denen sie bedacht wurden, waren imaginativ, obszön, blasphemisch und meist sehr bemerkenswert. Anstand und common sense verbieten mir, sie hier wiederzugeben.

Knapp die Hälfte der Sägen befand sich ständig in der Reparaturwerkstadt des Camps. Jeder der echten, gestandenen, an der „front“ arbeitenden „lumberjacks“ oder auch „timberbeasts“ – „Holzbestien“ genannt, hütete eifersüchtig und pflegte seinen persönlichen Liebling wie seinen Augapfel. Er gab ihn weder gegen gute Worte, noch einen ordentlichen Drink aus der Hand. Uns teilte man die „Huren“ zu,

Verladen von Schnittholz

die Sägen, die als „backups“ von Hand zu Hand gingen und die oft grobe Behandlung mit bösartigen Mucken vergalten.

Wir fanden bald die wenigen Stunden direkt erholsam, während denen wir dem niederen Gestrüpp mit Axt und Bügelsäge zuleibe rücken konnten. Wir hätten uns mit Begeisterung in die glorreichen Zeiten zurückversetzen lassen, von denen die alten Lumberjacks abends im „bunkhouse“ erzählten, wo noch ausschließlich mit Äxten und den zweihändigen „whipsaws“, den Trummsägen, gearbeitet wurde.

Abends in dem „bunkhouse“, der Messe und Schlafstube, vermochten wir anfangs kaum noch Messer und Gabel zu halten, geschweige denn die Arme heben. Die Muskeln machten einfach nicht mehr mit. Hätte eine gütige Fee uns das Reisegeld zurück in die Heimat zugesteckt, wir hätten den Job schon nach den ersten Tagen geschmissen.

Die meisten der „lumberjacks“ oder „timberbeasts“ waren „frogs“, Frankokanadier aus der Quebec-Provinz. Sie waren eine eigene Sorte Mäuse und sprachen kaum englisch. Ihr Französisch war ebensowenig verständlich. Es war ein antiquierter, quakender Dialekt, der ihnen den wenig schmeichelhaften Beinamen „frogs“ oder „Frösche“ eingebracht hatte. Sie selbst nannten sich „bûcherons“ – Holzfäller.

„Es hört sich an, wie wenn ein dicker Mann in der Badewanne einen Furz läßt“, sagte einer der „anglos“.

Es dauerte eine Weile, und ich kam trotz aller Verständigungsprobleme ganz gut mit ihnen zurecht. Sie waren lebhafter, emotionaler und auch hilfsbereiter als die

Anglokanadier und man konnte ihnen ansehen, daß in manchem von ihnen ein gehöriger Schuß Indianerblut pulsierte.

Sie waren alle gute Katholiken, die mitunter gemeinsam den Rosenkranz beteten und denen die alten Voyageur-Gesänge noch geläufig waren. In ihr Herz schlossen sie mich, wenn wir abends und vor allem sonntags, wenn nicht gearbeitet wurde, gemeinsam sangen.

„En roulant ma boule ...“ oder „Un voyageur que se determine ...“ – und sich dem Schutz und der Führung der Gottesmutter Anna anvertraut, „A la claire fontaine ...“ Das waren die Gesänge, die schon von ihren Vorfahren, den „Rittern des geschwungenen Paddels“ – den Voyageurs – auf ihren verwegenen Fahrten über die Flüsse und Seen Kanadas gesungen wurden. Ich sang alsbald in ihrem Chor und durfte in ihrer Mitte in der Nähe des Ofens schlafen.

Das war ein großes Entgegenkommen und garnicht selbstverständlich. Uns, den grünen Jungs, hatte man anfangs Schlafplätze in den Ecken des Camps zugewiesen. Wir waren recht froh darum, denn hier hatten wir mehr Bewegungsfreiheit und auch eine frischere Luft als die drangvolle Enge in der Nähe des Feuers, wo der Pfeifenrauch in solch dicken Schwaden hing, daß man einen Nagel hineinschlagen und seine Sachen dran hätte aufhängen können. Wo es manchmal schlimmer stank als unterm Arm des Teufels eigener Großmutter.

Doch das änderte sich, sobald das Thermometer unter – 30 Grad Celsius fiel. Jetzt hockte der Frost in den Ecken, bleckte höhnisch seine eisigen Silberzähne, und manchmal froren mir die Haare an der Außenwand fest.

Während die „anglos“ an ihren Kofferradios klebten und atemlos die „Hockey Night in Canada“ verfolgten, erzählten die „frogs“ ihre Geschichten. Es waren die üblichen Geschichten, die man sich in der Einsamkeit der Wildnis erzählt.

„Bric-brac les enfants, scatabi, scataba, scatabo, scatabac, parli, parla, parlo, parlons“, begann einer von ihnen die „histoires“, die sich um Joe Montferrand, das frankokanadische Gegenstück zu Paul Bunyan und seinem blauen Ochsen Babe rankten; es waren Geschichten von Windigo, dem bösen Geist der Ojibwa-Indianer; es war eine unendliche Vielfalt von Bärenstories, aber auch vom Vielfraß, dem „carcajou“ der Frankokanadier, dem „loup garou“, dem Werwolf und den Elchbullen, die während der Brunft den Kopf verlieren und harmlose „bûcherons“ für potente Rivalen um die Gunst ihrer Kühe halten und manchen schon mit erigiertem Glied und starken und scharfen Vorderhufen zu Brei zertrampelt hatten. Wenn der Erzähler endete, fügte er hinzu: „C’était court, c’était long, c’était l’histoire du bûcheron“.

Immer wieder ging es um „La Chasse Galère“, um die tausendundeine Version der haarsträubenden, das Blut in den Adern gerinnen lassenden Story von dem großen, schwarzen Kanu, das – vom Leibhaftigen gesteuert – die Holzfäller in der Sylvesternacht zu ihren Familien oder Liebsten geleiten und auch wieder heil zurückbringen soll. Die Sache hat natürlich den Haken, daß die Mitfahrer als Preis dem Gottseibeiuns ihre Seelen verkaufen müssen.

Da die Sehnsucht nach den dampfenden Töpfen, den scharfen Getränken und den warmen Betten ihrer Heimat so groß und unwiderstehlich ist, geben sie der satanichen Verlockung nach und besteigen das große, schwarze Kanu. Prompt erhebt sich „La Galère“ in die Wolken und über Seen und Wälder, über Felder, Dörfer und Städte und saust – „houssa, houssa pour le pays du Saint Laurent“ – im Walkürenritt bis in die Dörfer am St. Lorenz, die alle Heiligennamen tragen und sich herunterbeten wie eine unendliche Karfreitagslitanei.

Dann jedoch, am Neujahrstag, als die Männer verkatert vom vielen Eau de Vie, noch rülpsend vom guten Essen und ausgelaugt von der Nacht im Ehe- oder Brautbett, wieder vom Beelzebub abgeholt, in das Kanu verfrachtet und zur Einlösung ihres Versprechens gezwungen werden sollen, da sinkt manchem braven „bûcheron“ doch das Herz in die Hosen. Bis dann ein besonders gewitzter von ihnen auf die Idee kommt, im Vorbeifliegen das Kreuz auf einem der vielen spitztürmigen Kirchtürme Quebecs zu berühren. Damit ist der Bannfluch entkräftet und die Macht des Bösen gebrochen. Er hat einmal mehr das Nachsehen. Zähneknirschend und ohne seinen Lohn einzustreichen, muß „le maudit diable noir“ sie wieder unversehrt im Camp absetzen.

Slim Pearson, der Camp-Boss oder auch „the Push“ genannt, hatte nicht nur die Befehlsgewalt – er war die absolute und von allen respektierte Autorität. Sein Wort war, wie das eines Kapitäns auf See, Gesetz. Doch bevor sich einer wie er mit dem Ehrentitel „Bull of the Woods“ schmücken konnte, mußte er nicht nur jede anfallende Arbeit beispielhaft verrichten – er mußte auch schneller laufen, weiter spukken, schlimmer fluchen und größere Lasten stemmen können als jeder andere. Er mußte auch in der Lage sein, aufflackernden Streit durch sein schieres Auftauchen zu unterbinden. Er mußte sich, wenn es sein mußte, auch ohne fremde Hilfe mit physischer Gewalt durchsetzen. Die besten „Bulls of the Woods“ waren diejenigen, die ihr Handwerk von der Pike auf gelernt hatten und mit jeder im Wald denkbaren Arbeit vertraut waren. Slim Pearson war einer von dieser aus Eisenholz geschnitzten Sorte. Ein anderer, minderer wäre von der wilden Bande der „bucherons“ und „timberbeasts“ nicht anerkannt worden.

Arbeiten, schlafen, essen. Aus dieser Dreieinigkeit bestand im wesentlichen das Dasein im Holzfällercamp. Der Muskelkater war nach wenigen Wochen geschwunden. Wir hatten uns an die Kälte gewöhnt, unsere Ausrüstung ergänzt.

Die Rationen waren – Arthur sei auf immer und ewig Dank – gigantisch. Gigantisch wahrscheinlich auch die Kalorienmenge, die unsere Körper in der Kälte verbrannten.

Ich habe ein paar Menus aufgeschrieben, die wir in jenen Tagen in der Camp-Messe verputzten.

Zum Frühstück gab's:
Eier in allen Variationen und soviel man wollte, gebratenen Speck oder Schinken, Kartoffeln und Steaks. Haferflocken mit gedämpften Dörrpflaumen, dicke Bohnen mit kräftiger Fleischeinlage, Wurst, Käse, Korinthen- und Ingwerkuchen, dazu natürlich Brot, Butter, Zucker, Marmelade und Ströme von Tee oder Kaffee.

Auf dem Mittagstisch standen:
Steaks von der Größe einer Bärentatze, Erbsensuppe, wieder mit kräftiger Einlage, Rostbraten, Stampfkartoffeln, eingelegte Zwiebeln, Reispudding mit Eierschaum und Muskatsauce, Kuchen, Käse, Brot, Butter, Milch, Zucker, Tee, Kaffee.

Am Abend füllten wir unsere Mägen mit:
Linsensuppe und dicken Würsten, Rindfleisch, kaltem Schweinebraten, Zuckerkuchen, Rosinentorte, Gebäck, Käse, Tee, Kaffee usw ...

Im nachhinein sehe ich, daß es mit Vitaminen schlecht bestellt war. Aber wir vermißten sie nicht, wir hätten auch Schuhnägel verdaut. Kaum einer war unter uns, der sich nicht so gesund und so kräftig wie ein Kosakenbankert in den Steppen des Don gefühlt hätte.

Kritisch wurde es gegen Ende Dezember und erst recht Anfang Januar. Philipp und ich waren zu jenen Zeiten längst zu waschechten „timberbeasts" aufgerückt. Wenn ich jedoch heute einen höre, der den kanadischen Winter, den krachenden klirrenden Frost von -40 oder -50 Grad Celsius mit einer müden Handbewegung abtut, der kennt ihn nur vom Hörensagen.

Der Schnee in den Wäldern wird im Gegensatz zu der Tundra nie vom Wind ganz fest gepackt. Solange er nur fußhoch ist, macht das nichts. Doch wenn's darüber geht, muß man mit Schneeschuhen an den Füßen arbeiten. (Sie sehen aus wie überdimensionierte Tennisschläger.) Das ist ungewohnt und umständlich, behindert die Bewegungsfreiheit, ist zugleich Unsicherheitsfaktor und Gefahrenquelle im Umgang mit Axt und Motorsäge – bis man sich endlich auch daran gewöhnt hat.

Ab -30 Grad Celsius beginnt es, äußerst unangenehm zu werden. Dann springen die Maschinen morgens nicht mehr an. Sie müssen auch nachts durchlaufen. Das Öl in den Kettensägen wird dickflüssig. Hände und Füße werden kalt, beginnen zu schmerzen. Der einzige Trost: Solange sie noch schmerzen, sind sie noch nicht erfroren. Die eingesaugte Luft beißt in den Nasenhöhlen, Eiszapfen hängen an den Bärten, Augenbrauen; die Bewegungen werden steif und ungelenk. Die behandschuhten Finger sind unsensibel und unbeholfen geworden, und man muß höllisch aufpassen, sich nicht zu verletzen. Handschuhe auszuziehen, ist nur für Sekunden möglich.

Wir unterhielten riesige Feuer, in deren Nähe alle mechanischen Arbeiten verrichtet werden konnten.

Die Arbeit war hart und nicht ungefährlich. Ein Mann verunglückte tödlich, ich trieb mir einen Splitter durch die Handfläche, was mich für einige Tage außer Gefecht setzte.

In den Übernachtungsbaracken, den „bunkhouses“, griff das „cabinfever“ um sich. Aus nichtigen Anlässen entstand Streit. An Wochenenden waren alle besoffen. Eines der „bunkhouses“ wurde in Trümmer gelegt.

Nachdem mein Freund Philipp das Handtuch geworfen hatte, fühlte ich mich unter all den Holzfällern einsam und letztendlich allein auf der Welt. In meiner Verzweiflung beschloß ich, meinem Freund Schlock von der Bündischen Jugend die Überfahrt zu bezahlen.

Doch es sollte bis Mai dauern, bis Schlock endlich den großen Schritt wagte. Einmal mehr bestätigte sich: Typen, Freunde, mit denen man in Deutschland herrlich auskommt, die verhalten sich, wenn's wirklich drauf ankommt, manchmal recht merkwürdig.

Nicht jeder ist aus dem ganz harten Holz geschnitzt und trotz manch herber Enttäuschung und Eigenwilligkeit: Schlock ist ein guter Freund geblieben, bis zum heutigen Tag.

Es ist unendlich viel über den kanadischen Winter geschrieben worden. Für den mit den wirklichen Bedingungen unvertrauten Leser ist es schwer, Fakt und Fiktion zu trennen. Seine Reaktion schwankt zwischen dem ängstlichen Schauder vor dem Stein und Bein durchdringenden Frost der „Weißen Hölle“ und dem Wunsch, sich dieser unbekannten Herausforderung zu stellen.

Grundsätzlich ist dazu zu sagen: Für die Menschen im Norden ist das Regime von General Winter über eine Zeitspanne von fünf oder sechs Monaten hinweg der Alltag. Es sind keinesfalls nur kälteunempfindliche Supermänner, die die oft wirklich barbarischen Temperaturen überstehen. Nicht einmal die Eingeborenen, die Indianer und Eskimos dieser Regionen, geschweige denn die dort ansässigen Weißen, besitzen irgendwelche naturgegebenen körperlichen Voraussetzungen oder Privilegien, die ihnen gestatten, besser als wir, die Bewohner der gemäßigten Zonen, mit den harschen Bedingungen zurechtzukommen.

Die Eingeborenen wissen allerdings nach den gesammelten Erfahrungen einiger tausend Jahre, vernünftig mit Kälte, Eis und Schnee umzugehen, und die „Zugereisten“ tun gut daran, ihr Beispiel nachzuahmen und von ihnen zu lernen.

Nach und nach verlieren auch für den „Zugereisten“ Kälte, Eis, Schnee und Frost ihren Schrecken. Die Geschichte verkehrt sich vielmehr ins Gegenteil. Auch ich hätte wahrscheinlich schon damals die Freuden der kalten Jahreszeit genossen und ausgekostet, wenn die verdammte Arbeit im Camp mir die Zeit und Gelegenheit dazu gelassen hätte.

Eins jedoch darf man nicht über alledem vergessen: Wer den Respekt vor Väterchen Frost verliert, wer gar versucht, ihm ins Gesicht zu spucken, setzt sich einer tödlichen Gefahr aus.

Während unserer Arbeit im Wald ging es in erster Linie darum, warm zu bleiben und trotzdem genügend Bewegungsfreiheit zu haben. Das ist leichter gesagt als getan. Es beginnt mit der Unterwäsche. Lange, schafwollene, feuchtigkeitabsorbierende und zugleich abstoßende – da lanolinhaltige – Unterhosen, ebensolche Unterhemden wie sie die Hudson's Bay Stores verkauften, waren zwar anfänglich überaus kratzig, doch das verlor sich schnell oder wurde nicht mehr wahrgenommen. Darüber trugen wir Trainingshosen und dann weitgeschnittene „let him swing"-Jeans. Über dem Unterhemd einen dünnen Pullover, ein Wollhemd und darüber einen filzgefütterten Parka mit Pelzkapuze aus Army-Beständen, den wir aber bei der Arbeit meist bald weglegten und/oder durch eine leichte Wolljacke – Marke „Lumberjack" – ersetzten. Damit war für den Erhalt der Körperwärme gesorgt. Schwieriger war das mit den Extremitäten. Unsere in Edmonton gekauften Winterstiefel waren uns gestohlen worden. Unser Arbeitgeber stattete uns mit sogenannten „bush-" oder „working boots" aus, d.h. mit verstärkten, hohen Leder-Arbeitsschuhen. Sie erwiesen sich trotz der bis zu fünf Paar Socken als viel zu kalt und schwerfällig. Später folgten wir dem Beispiel der frankokanadischen „bucherons" und kauften bei den Indianern elchlederne „mukluks", das heißt stiefelähnliche, kniehohe Moccasins. Diese „Stiefel" haben keine verstärkte Sohle. Wir legten sie mit Zeitungspapier aus und umwickelten unsere Füße zusätzlich mit morgens vorsorglich angewärmten und zu Fußlappen umfunktionierten Handtüchern.

Das A und O bei alledem war, vor allem die Unterwäsche immer wieder trocken zu kriegen. Der große Killer bei vielen früheren Expeditionen in den subpolaren und polaren Regionen war nicht die Kälte, sondern die durch die Transpiration entstandene Feuchtigkeit, die mit den damals vorhandenen Mitteln nicht aus der Körperwäsche und den Schlafsäcken herauszukriegen war.

Die Hände, das nächste Problem, schützten wir durch leichte Woll-Fingerhandschuhe und gefütterte Lederfäustlinge darüber. Die Fäustlinge besaßen ein extra Futteral für den Zeigefinger zur Bedienung der Motorsäge.

Damit konnte man zurechtkommen, da ab – 40 Grad nicht mehr gearbeitet wurde. Doch die eigentlichen „Winterfreuden" blieben außen vor. Ich war zum Geldverdienen hier. Das füllte die Tage – sprich das spärliche Tageslicht – voll aus. Die Sonntage verbrachte ich mit Lesen, Radiohören, Briefeschreiben und/oder hockte in der nächsten Kneipe herum. Auch wenn die fünfzig Meilen entfernt lag.

Die Erfahrungen so manchen kanadischen Winters sollten später meinen Söhnen zugute kommen, nachdem wir unsere Ausrüstungsgeschäfte aufgebaut hatten: Wir wissen und können unseren Kunden weitergeben, was sie wirklich für den Winter brauchen, und was man als überflüssigen Schnickschnack vergessen kann.

Der Postschlitten von Fort Chipewyan

Die sogenannte echte „Jack London-Romantik“ des kanadischen Winters sollte ich im folgenden Jahr kennenlernen, als ich am Great Slave Lake mittels Hundeschlitten als „Postmann“ tätig war. Meine Aufgabe bestand darin, einmal wöchentlich die Post in Fort Chipewyan am Lake Athabasca abzuholen und ins Swanson Lumber Camp im heutigen Wood Buffalo National Park zu bringen.

Fahrten mit Hundeschlitten haben ein ganz besonderes Flair. Heutzutage geben Leute Unsummen aus, um in den Genuß eines solchen Erlebnisses zu kommen.

Doch es ist eine zwiespältige Sache – sowohl für den Menschen, wie auch für dessen sogenannten besten Freund. Der erste, weitverbreitete Irrtum besteht darin, daß sich der Hundeführer bärenfellverpackt in den Schlitten setzen kann, um die Fahrt peitschenknallend durch den verzauberten Winterwald zu genießen. Es reicht nicht, mit ein paar Rufen wie „mush“ (es kommt von dem französischen „marche“) oder „woih“ das Team anzufeuern; es mit „haw“ nach links oder einem „gee“ nach rechts zu dirigieren, während das Wort „hoo“ die braven Zugtiere auf Kommando stoppt. Das übrige, so glaubt man, besorgen die munter und froh dahineilenden Hunde. Schön wär’s.

Leider setzt sich dieses Wintermärchen nur ganz selten in die Realität um und auch nur dann, wenn noch ein zweiter Mann oder „musher“ dabei ist, der die Zugtiere führt. Normalerweise kann man sich allenfalls mal auf die hinteren Kufen stellen, sich mit beiden Händen an dem über das Ende des Schlittens emporragenden Bügel oder Griffen halten, wobei man sich immer noch mit einem Fuß abdrückt, um den Huskies die Arbeit zu erleichtern.

Die „Reisegeschwindigkeit" eines Hundeteams liegt irgendwo zwischen schnellem Gehen und langsamen Laufen.

Man braucht einige Zeit, bis man sich an dieses Tempo gewöhnt hat. So trabt man hinterher, schiebt mit, hebt den Schlitten über Hindernisse, treibt die Hunde an und benutzt, wenn es nicht anders geht, auch mal die Peitsche. Oder noch schlimmer: Man muß, vor allem im frühen Winter, wenn der Schnee noch nicht festgepackt ist, mit seinen Schneebrettern vor dem Schlitten hergehen und erstmal einen „trail brechen", das heißt, eine Bahn schaffen, damit die Hunde nicht bis zum Bauch durch die weiße Pracht waten müssen und ihre Kräfte viel zu rasch erschöpfen.

Schlittenhunde sind keine Schoßmöpse. Sie sind halbwilde, unabhängige und sehr verschiedene Charaktere – und trotzdem dem Menschen auf wundersame und ergreifende Weise zugetan. Einer braucht die harte Hand oder gar die Peitsche, der andere reagiert sensibel auf ein leises Wort oder gar eine knappe Handbewegung.

Wer sich näher mit Hunden befaßt, mit ihnen arbeitet, stellt bald verblüfft fest, wie sehr sich im Laufe der Jahrtausende die Hundespyche der des Menschen angepaßt hat. Hunde registrieren menschliches Verhalten sehr genau und setzen es mit ihren Mitteln um.

Auch unter ihnen gibt es eine Vielfalt von Charaktereigenschaften. Manche sind anerzogen, manche stecken tief verborgen in den ererbten Genen. Da gibt es die ehrliche Haut, den aufrechten, gehorsamen Arbeiter ebenso wie das oft intelligentere, nicht unsympathische Schlitzohr, das nur so tut und nur dann gehorcht, wenn er keine andere Möglichkeit sieht oder sich dadurch einen Vorteil verschafft. Es gibt Faulpelze, Drückeberger, Hysteriker, Neurotiker, Sensibelchen, Hartgesottene, Frohnaturen, Führerfiguren, hinterfotzige Gesellen, Mitläufer und Finsterlinge. Heimtücke und selbstlose Zuneigung treten ebenso auf wie Feigheit, Mut. Hündinnen und Rüden sind so verschieden wie Mann und Frau. Es gibt die sozialen, anschmiegsamen Typen ebenso wie die Einzelgänger, die in Ruhe gelassen werden wollen.

Manche Individuen kommen sehr gut miteinander aus, andere können sich auf den Tod nicht ausstehen. Aggression, Phlegma, Ausgeglichenheit, Eifersucht, Schmerz, Freude, Trauer, Zuneigung kommen in tausendundeiner Nuance und in manch eigener Mischform vor.

Man muß nicht soweit gehen, wie einer meiner Freunde. (Ich behalte seinen Namen für mich, weil seine Frau möglicherweise dieses Buch liest und dann das Häuschen abreißt.) Dieser Freund behauptet: Echte Liebe existiert nur zwischen Mann und Hund. Ich möchte soweit nicht gehen. Doch es lohnt sich, darüber nachzudenken.

Von den Schlittenhunden wird erwartet, daß sie unverdrossen ihre Arbeit tun, daß nie der geringste Zweifel in der vorgegebenen Hackordnung aufkommt, mit dem „musher“ an der Spitze und dem Leithund an zweiter Stelle. Auch während der ärgsten und wildesten Beißerei untereinander dürfen sie nie nach den Beinen oder Armen ihres „Herrn“ schnappen.

Trotzdem ist das alles pure Theorie. In der Praxis besteht die Winterreise auch mit dem gehorsamsten und besttrainierten Team meist aus einer ganzen Kette von Zwischenfällen. Einer der Hunde braucht sich nur mit seiner Leine an einem Baumstumpf zu verfangen. Prompt wird aus der hintereinander geordneten Reihe der braven Zugpferdchen im Bruchteil einer Sekunde ein jappendes, strampelndes, sich windendes Wirrwarr aus ineinander und um die Bäume ge- und verschlungenen Leinen, ein teuflisches, haariges, scharfzähniges und -kralliges Gewürge von Hundepfoten, Köpfen, Schwänzen, Körpern.

Oder „die besten Freunde des Menschen“ entschließen sich unvermittelt und ohne erkennbaren Grund, aber mit der größten Begeisterung zu einer blutigen Beißerei, wo man sofort hart mit dem Knüppel dazwischenfahren muß. Oder der Schlitten kippt nach einer unvermittelten und unvorhergesehenen Wendung um. Oder sie nehmen die Witterung einer in der Gegend herumschlurfenden Elchkuh auf, und keine Macht der Welt scheint sie von der Fährte abbringen zu können, bis der Schlitten sich irgendwo festkeilt; und – siehe oben.

Doch das alles ist vergeben und vergessen, wenn sie einen in einem wie fünf Dutzend tollwütige Teufel heulenden, schneestiebenden Blizzard, bei dem man den Leithund nur noch als schwachen Schemen ausmachen kann, wo dem Menschen jegliche Orientierung abhanden gekommen ist, sicher und wohlbehalten in direkter Linie am Zielort abliefern.

Der Hundeführer steht vor einer ähnlichen Aufgabe wie der Fußball-Trainer: Er muß sein Team optimal zusammen- und jeden auf den Platz stellen, den er am ehesten ausfüllt. Hundeverstand kann man nicht erlernen. Vollkommenheit kann der Mensch in dieser Hinsicht nur erreichen, wenn er mit Hunden aufwächst. Nicht zuletzt kommt es auf ihn selbst, auf den Charakter des Hundeführers an: Viele fühlen sich berufen, aber nur wenige sind auserwählt.

Die spätere Ankunft des Motorschlittens und das dadurch ausgelöste Verschwinden der Teams aus dem Norden sahen die Betroffenen mit gemischten Gefühlen: Das Dasein der Schlittenhunde war hart und oft genug grausam. Getreten, geschlagen, geschunden waren sie der Macht des Menschen und all seinen Launen und Bösartigkeiten ausgeliefert. Sie sahen sich im oft heißen Sommer schutzlos der Witterung wie auch der höllischen Insektenplage an der kurzen Kette ausgesetzt und bekamen nichts weiter als einen einzigen, rohen Fisch am Tag als Futter.

Andere wurden nach dem Motto „no work – no feed“ vielfach nach dem Abschmelzen des Eises einfach auf eine Insel im Great Slave Lake oder anderswo gebracht und erst im Herbst wieder abgeholt. Nur die stärksten überlebten bis zum nächsten „freeze-up", dem Zufrieren.

Aber im Winter wurden sie in vielen Fällen auch für ihre Leistungen belohnt, genossen ein aufregendes Dasein, erfuhren echte Zuneigung und erwiderten sie mit ihren Mitteln.

Wenn die Hunde sieben, acht Jahre alt und abgenutzt waren, wurden sie getötet. Sie konnten froh sein, wenn sie ihrem Herrn, dem sie sich auf ihre Art zeitlebens treu und brav ergeben gezeigt hatten, noch einen Schuß Pulver wert waren und nicht am Halse aufgehängt wurden, bis sie sich zu Tode gestrampelt hatten.

Zwei in den Augen des Unbedarften negierbare Gefahren drohen mit oder ohne Hunde dem Winterreisenden: Einmal ist es das sogenannte „mal de raquette", eine bei der Benutzung der Schneeschuhe durch die Überanstrengung der Achillessehnen hervorgerufene, höllische Schmerzen verursachende Reizung – und die Schneeblindheit, bei der es einem nicht nur schwarz vor den Augen wird, sondern die auch rasende, schier unerträgliche Kopfschmerzen und oft genug Übelkeit und Erbrechen hervorruft.

Kanada, ein Wintermärchen? Die Antwort ist sowohl ein überzeugtes Ja wie auch ein klares Nein. Das Ja gilt für den gesunden, unabhängigen Typ, der seine Lektion gelernt hat und weiß, wie er mit Väterchen Frost umzugehen hat. Einer, der entsprechend ausgerüstet ist, seine Erfahrungen gesammelt hat; der die Wildnisregeln kennt, sie beherzigt. Wichtigste Voraussetzung ist, daß er nicht in der Tretmühle des Arbeitslebens steckt und „unter allen Umständen" etwas tun muß, was die Eingeborenen angesichts der widerwärtigen Gegebenheiten ablehnen würden.

Deren wichtigste Überlebensregel besteht darin, nicht immer und unter allen Umständen den eigenen Willen durchsetzen zu wollen. Wer nicht abwarten kann, bis die Eisriesen Atem schöpfen und Mutter Natur den Weg freigibt, der setzt sich tödlichen Gefahren aus.

Schwieriger wird es, wenn – wie in meinem Falle – von einem erwartet wurde, daß der Betreffende und Betroffene, ich also, alles daran setzte, den Posttrip innerhalb einer angemessenen Zeitspanne zu absolvieren. In meinem Falle galt es, mitunter den Kampf aufzunehmen und auch dann loszufahren, wenn die Indianer im Zelt, am bullernden Blechofen hocken blieben und den Sturm in aller Ruhe und Gelassenheit abwetterten.

Sie verfuhren nach dem einleuchtenden Prinzip, lieber in diesem Leben ein paar Tage zu spät, als im künftigen ein paar Jahrzehnte zu früh anzukommen. Doch neben dem reichlichen und guten Essen, dem ausgiebigen Schlaf, spielte auch die mit Spannung erwartete, pünktliche Postverteilung eine wichtige Rolle zur Erhaltung des Arbeitsfriedens und der -moral innerhalb des Camps.

Wie bei allen Naturphänomenen, ist auch die Beschreibung der Zauberwelt des nordischen Winters nur ein matter Ersatz für das eigene, direkte Erlebnis – auch wenn es manchmal in ein Erleiden mündet. Es sind Eindrücke, denen weder der geschmeidige, noch der wortgewaltige Autor voll gerecht wird. Ich fürchte, man kann die große, weiße Faszination nicht mal auf der Geige spielen.

Das fahle Licht des Morgens, die blendende Helle des Mittags, die unendliche Stille, die sich abends über das Land senkt, sind nur schwer für den mit diesen Eindrücken Unvertrauten nachzuempfinden. Dazu gehört auch die verwunschene, sich langhinziehende „Blaue Stunde", die Dämmerung. Bis dann endlich die Sterne zwinkern, funkeln, blitzen – in einer Pracht, wie sie nur der Norden hervorbringt. Anders, ganz anders ist die Vollmondnacht mit ihrem kalten, hellen, vom Schnee und Eis wie von Silberpapier tausendfach reflektierten Licht.

Wann hatte ich seit staunenden Kindertagen und -augen mit vollem Bewußtsein zum letzten Mal die ganze Grandiosität des Sternenhimmels betrachtet? Da war der Große Wagen, die fünffache Verlängerung seiner Hinterachse: der Polarstern. Da drüben, der Orion, dort, etwas weiter weg: Wie hieß dieser besonders helle strahlende Fixpunkt nochmal? Die Venus, natürlich! Früher hatte ich mich mal besser ausgekannt ...

Klar, dieses Band, das war ganz eindeutig die Milchstraße und dort blinkten die roten und grünen Positionslichter eines Flugzeuges in großer Höhe ... Doch im Norden – da hielt sich ein eigenartiger, metallischer Schimmer.

Aus dem diffusen grünen Glimmen züngelten helle Speere, Bündel von Lichtpfeilen jagten aus glühenden Köchern heraus und zuckten über das halbe Firmament hinweg. Funkelnde Vorhänge entfalteten ihren gleißenden Faltenwurf. Es waren Vorhänge mit milchigweißen, blaßgrünen Bändern, Schärpen, die auf die Erde hinunterzufallen, die Baumspitzen fast zu berühren schienen.

War da nicht auch ein Klingen, Knistern, Zirpen? Nein, das war eine Täuschung. Ich wußte, daß das Phänomen des Nordlichtes keine akustische Seite hat. „Ein schöner Vogel braucht nicht auch noch singen zu können", sagte ich mir. Dem Nordlicht reicht die optische Darstellung. Die allein schon ist überwältigend.

Gegen das Nordlicht, die Sterne, den Mond, das Firmament, so grübelte ich, gegen die ewige, losgelöste Poesie des Alls sind die roten und grünen Positionslichter des dummen, wichtigtuerischen Flugzeuges doch nichts weiter als banale, flüchtige, erdgebundene Prosa.

Von gänzlich anderem Kaliber ist der Blizzard. Auch er ist ein phänomenales Naturereignis, dessen grobe, elementare Wucht das Männlein, auch das Weiblein, noch kleiner macht, als sie angesichts der überwältigenden Natur schon sind. Selbst die Wärme und Sicherheit einer geschützt stehenden, soliden Blockhütte läßt den Menschen die furchterregende Macht und die schreckliche Wut eines entfesselten Ungeheuers wie des Wintersturmes spüren.

Es beginnt mit einem flammenden Sonnenaufgang: „Red sky in the morning – sailor's serious warning." Nach einer krachendkalten Nacht ist es absolut windstill.

Lumber Camp Chisholm

Es dauert nicht lange und die Sonne, anfänglich noch als leuchtende, klar begrenzte Scheibe den südöstlichen Himmel beherrschend, verliert ihre Strahlkraft und Kontur. Sie wird zu einem nur noch schwachschimmernden, hellen Fleck. Der Schneedecke kommen ihre ihre optischen Details abhanden, sie mutiert zu einem grauschlierigen, diffusen Bettbezug, der die Erde zudeckt. Nur die Fichten stehen scheinbar unbeeindruckt, scherenschnittartig klar abgegrenzt, schwarz und ernst vor dem hellen Hintergrund.

Im Südosten hat sich eine unheildrohende, dunkle Wolkenbank über den Horizont gelegt, der Rest des Himmels ist eine hellgraue Soße. Die Temperatur, am Morgen noch -35 Grad Celsius, ist auf -12 Grad gestiegen. Auch wenn in ehernen Lettern das Wort „Blizzard" am Himmel erscheinen würde – die Anzeichen könnten deutlicher nicht sein.

Die Fichten bewegen müde ihre äußeren Äste in den ersten, noch schwachen Atemzügen des Windes. Ein paar dünne Schneeflocken taumeln zur Erde.

Nur Minuten später ist es vorbei mit der stoischen und unbeeindruckten Ruhe der Fichten. Sie stehen da, schütteln empört ihre Häupter, werfen gegen das drohende Unheil aufbegehrend ihre Äste wie Arme nach oben; sie scheinen ängstlich und hilflos von einem Bein aufs andere treten zu wollen. Sie sehen aus wie die Brut von auf unsicheren Füßen stehenden, eben dem Ei entschlüpften Watschelenten, die vergeblich mit ihren Stummelflügeln die Balance zu halten versuchen.

Die paar kleinen, weißen, herumirrenden Flocken haben sich wie durch einen

Zauberschlag milliardenfach vermehrt. Sie fegen in einem chaotischen Durcheinander umher, wie vom Siebengeschwänzten persönlich gejagt. Man muß schon lange hinschauen, um überhaupt eine grobe Zielrichtung zu erkennen. Sie taumeln, strudeln, wirbeln um die sich neigenden, sich biegenden Fichten herum. Manche scheinen wieder den Wolken zuzufliegen, aus denen sie gekommen sind, andere tauchen ab, werden herumgerissen, streben zurück.

Weiße Schleier wehen vorbei. Sie verdecken für Sekundenbruchteile den Ausblick auf die Fichten vorm Fenster. Es sind vom Dach heruntergerissene, am Fenster vorbeifliegende Schneelasten. Das Aussichtsfeld verengt sich. Die Flocken verkleistern die Scheibe. Der Sturm poltert, donnert in wuchtigen Stößen gegen die Wände, die Giebel der Hütte. Ein Schneegespinst wie aus Brüsseler Spitzen kriecht über das Glas. Von der rechten, unteren Ecke des Rahmens her wächst eine kleine Schneewächte.

Ein letzter Blick fällt auf das felsige Steilufer des Great Slave Lake. An den groben, grauschwarzen Felsklötzen ziehen riesige, helle Fahnen vorbei. Manchmal sieht es aus, als hätte sich das dunkle Gestein in Bewegung gesetzt und das weiße Gestiebe vor ihnen sei in statischer Ruhe erstarrt. In solchen Augenblicken erscheint mir das Felsufer als eine Reihe schemenhafter, hintereinander in Kiellinie herziehender, eiszeitlicher Mammuts.

Danach hat der Blizzard das Fenster zugeweht. Draußen ist „whiteout", drinnen „blackout." Ich entzünde die Petroleumlanmpe, lege nochmals ein paar Scheite in das Feuerloch des Ofens. Hinter der Türritze bildet sich auf dem Bretterboden der Hütte eine kleine Schneewächte.

Auch in der Sicherheit, der Wärme und dem Komfort meiner Unterkunft beschleicht mich ein dumpfes „Monte Christo-Gefühl" der Gefangenschaft, der Hilflosigkeit, des Ausgeliefertseins.

God help a sailor in a night like that!

Hoffentlich hält das Dach, hoffentlich kracht keine der Fichten über die Hütte, hoffentlich muß ich nicht zum Pinkeln raus, muß nicht hinein in das weiße, wirbelnde, beängstigende Chaos. In einem solchen Inferno sind schon Leute zwischen den Häusern eines Dorfes vom Kurs abgekommen, sind orientierungslos umhergeirrt und erfroren. Gläubig oder ungläubig: Der Blick geht dankbar zum Himmel. Hier in der Hütte sitze ich sicher und warm. Doch das Gefühl von Gemütlichkeit mag sich nicht einstellen.

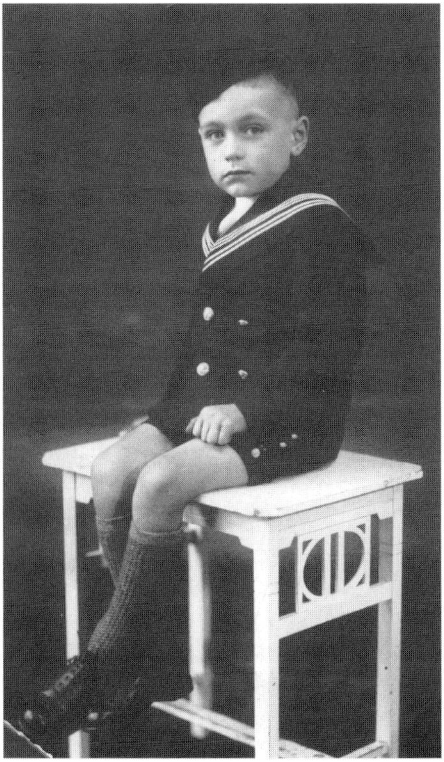

Roland
5 Jahre jung

Die Heimat: Die Ludwigsburg oder die Lumpenburg?

Ich muß etwas weiter ausholen, ein bißchen Ahnen- und Heimatkunde betreiben, weil womöglich der Schlüssel, die Erklärung, warum alles so gekommen ist, wie es kam, in der ferneren Vergangenheit seinen Ursprung hat. Schicksal, Zufall, die vielzitierten Gene, die Umwelt, die Zeitumstände, die Erziehung, die Fügung einer höheren Macht – ein Mantra meinetwegen, mögen eine Rolle gespielt haben: Doch was – beim besten Willen, ich weiß nicht – was ausschlaggebend war! Ich will es auch nicht ergründen. Einmal, weil es nicht ergründbar ist, zum zweiten, weil es gut war, wie es gekommen ist.

Ahnen- oder Geschichtsforschung haben meine direkten Vorfahren nie betrieben. Sie waren – wie die übrigen Angehörigen der „niederen Stände" – vollauf damit beschäftigt, sich und die Ihren durchzubringen. Darauf konzentrierte sich ihr Tun und Trachten – darauf mußte es sich konzentrieren, sonst hätten sie nicht existieren können.

Was sie fühlten und dachten, angesichts des exorbitanten Luxus und der Prachtentfaltung, der unumschränkten fürstlich-königlichen Macht, die sie tagtäglich vor Augen hatten, ist nicht überliefert. Vielleicht sahen sie die Residenz, das hochherrschaftliche Schloß, das Treiben darin und drumherum, als gottgegeben an. Vielleicht ballten sie eine Faust in der Tasche und sprachen hinter der anderen vorgehaltenen Hand nicht von der Ludwigsburg, sondern von der „Lumpenburg“. Das kam nicht von ungefähr:

Herzog Eberhard Ludwig hatte im Jahr 1704 den Grundstein für die Errichtung der repäsentativen Residenz gelegt, des nach ihm „Ludwigsburg“ genannten Schlosses. Vorbild – wie für alle zeitgenössischen kleineren und größeren Potentaten auch dieseits des Rheins – war das prunkvolle Versailles der Franzosenherrscher.

Natürlich war es mit einem Schloß allein auf grüner Flur nicht getan. Der Provinzpotentat brauchte für die Infrastruktur und den adäquaten Hintergrund eine blühende Stadt. Vielleicht – wie böse Zungen behaupteten – war die Idee dazu dem Kopf seiner ebenso ehrgeizigen wie schönen Gespielin und Maitresse Wilhelmine von Grävenitz entsprungen, die das Volk knapp und wenig respektierlich „das Mensch“ nannte.

Jedenfalls gewährte der Fürst interessierten Bürgern Steuerfreiheit für 15 Jahre, die Garantie einer unbeschränkten Religionsausübung sowie Handels- und Gewerbefreiheit, damit sich, wie es in dem entsprechenden Dekret hieß: „allerhand Commercien, Manufacturen und Künste“ ansiedeln mochten.

Was schließlich auch geschah. Irgendwie waren auch meine Ahnen, die Vorfahren der Kiemles und Bauers, in den Sog geraten. Jedoch nicht als wohlhabende und privilegierte Bürger oder Inhaber einträglicher Ämter, sondern wahrscheinlich als Maurer, Zimmerleute oder – Tagelöhner.

Die Prachtentfaltung und der Größenwahn kostete natürlich Geld, viel Geld. Damals wie heute preßten es die Mächtigen den Ohnmächtigen ab. Des Fürsten williges Werkzeug und genial im Erfinden immer neuer Abgaben war die historische Gestalt des Jud Süss, ein Abenteurer des Geldes, der schließlich selbst zu reich und mächtig wurde und seinen „Übermut“ am Galgen büßen mußte.

Wer mit seinen Schriften gegen den Stachel löckte, sollte mit Arrestdrohung und Schreibverbot zur Raison gebracht werden – oder er mußte aus der Heimat flüchten (wie Friedrich Schiller), oder er wurde in den Kerker geworfen (wie Christian Friedrich Daniel Schubart).

Bei alledem waren die auf der Ludwigsburg residierenden Potentaten keinesfalls schlimmer als ihre Kollegen und Kolleginnen im übrigen Europa, doch waren sie auch nicht besser. Das verachtete Volk diente ihnen als Basis und Quelle des eigenen Wohlergehens. Sie waren, insgesamt gesehen, recht durchschnittliche Landesfürsten. Ganz bestimmt waren sie keine Lichtgestalten, auch wenn die Heimatliteratur das manchmal glauben machen will.

Andere Württemberger hätten eher einen Ehrenplatz in der Landesgeschichte verdient. Einer von ihnen ist der 1837 in Stetten geborene Karl Mauch. Mauch – wer erinnert sich noch an ihn? – unternahm zwischen 1863 und 1873 ausgedehnte Forschungsreisen in Südafrika. Er war es, der die Ruinen von Zimbabwe und einer untergegangene Zivilisation entdeckte. Er fand aber auch die Goldfelder im damaligen Südrhodesien.

Viele Jahrzehnte zuvor war in den alten Schriften erstmals ein gewisser Hyronimus Kiemle aufgetaucht, ein junger, 17jähriger Mann, der sich 1787 freiwillig in das von Herzog Karl Eugen aufgestellte, sogenannte „Kapregiment" gemeldet hatte. Karl Eugen war – wie seine Vorgänger und viele seiner Kollegen in dem durch die Kleinstaaterei zerstückelten Deutschland – ständig in Geldnöten.

Eine Chance zum Aufstocken der Kasse bot sich durch den Verkauf von Soldaten, sprich ganzer Regimenter, an zahlungswillige und -fähige, an fremde Potentaten. In diesem Fall waren das die Holländer, die ihr weltweites Handels- und Kolonialimperium gegen die Raubgier der Engländer verteidigen wollten.

Der Menschenhandel war ein durchaus einträgliches Geschäft für die herzoglich-württembergische Staatskasse: Die Holländer zahlten pro Rekruten 160 Gulden, zusätzlich 72.000 Gulden für den Tranport nach Vlissingen und nochmals 65.000 Gulden pro Jahr unter der Bedingung, daß die „Abgänge", sprich Verluste, durch die Untertanen des Herzogs stetig aufgefüllt wurden. Die Soldaten selbst sollten einen Sold von 9 Gulden pro Monat erhalten.

Es war kein Problem, die 2.000 Mann des Regiments anzuwerben. Auf diese Art und Weise entledigte sich manche Familie ihrer ungeratenen Söhne, man vermied lästige Erbauseinandersetzungen. Auf diesem dato nicht ungewöhnlichen Wege konnte der Herzog selbst ein halbes Dutzend mit verschiedenen Maitressen gezeugten Bastarde entsorgen, die unter den Namen „v.Franquement" bzw. „v.Ostheim" als Offiziere beim Kapregiment zu dienen hatten.

In den meisten Fällen werden wohl Fernweh und Abenteurerlust die ausschlaggebenden Faktoren gewesen sein, die diese jungen Menschen unter die Fahnen Hollands lockten.

Unter klingendem Spiel und wehenden Standarten zogen sie hinaus und sangen jenes Lied, das der auf dem Hohenasperg einsitzende Schubart gedichtet hatte:

„Auf, auf ihr Brüder, und seid stark!
Der Abschiedstag ist da.
Schwer liegt er auf der Seele, schwer!
Wir wollen über Land und Meer
Ins heiße Afrika!"

Von 1788 bis 1791 blieb das Regiment in Kapstadt, doch brannte es auch anderswo im holländischen Kolonialreich. Eine Abteilung der Württemberger fand sich plötzlich auf der anderen Seite der Erdhalbkugel, auf Celebes (heute Sulawesi) wieder. Andere wurden auf die Molukkeninsel Ambonia beordert, wieder andere landeten auf damaligen Ceylon (heute Sri Lanka).

Schon die Überfahrt nach Kapstadt hatte an die 150 Tote gefordert. Die auf Ceylon stationierten Württemberger fielen den Engländern in die Hände und gerieten in Kriegsgefangenschaft.

Das Tropenklima raffte viele dahin. Von den ausgezogenen 2000 Soldaten plus der ihnen zur Aufstockung der Sollstärke nachfolgenden 1200 Rekruten, hatten bis zum Jahre 1808 – 2300 Mann das Leben eingebüßt. Die Übriggebliebenen ließen sich teils von den Engländern anwerben, teils wurden sie in die Königlich-Holländische Kolonialarmee integriert. Lediglich rund 100 kehrten in ihre Heimat zurück. Einer dieser wenigen war mein Ur-Urgroßvater Hyronimus Kiemle.

Damit waren seine Kriegsabenteuer keineswegs beendet: Mit tausenden weiteren Württembergern zog er nochmals für einen anderen fremden Kriegsherrn, für Napoleon I, ins Feld. Diesmal gegen Rußland. Nur wenige kehrten aus diesem blutigen Feldzug zurück. Einer von ihnen war Hyronimus Kiemle.

Nach seinem unverhofften Wiederauftauchen im Jahre 1815 heiratete mein Urahn und zeugte unverzüglich einen Sohn, meinen Urgroßvater. Der wiederum zeugte Johann Kiemle (geb. 1857), meinen Großvater, und der zeugte meinen Vater Hermann, der im ersten Jahr des neuen Jahrhunderts das Licht der Welt erblickte.

Leider hat Hyronimus Kiemle keine Aufzeichnungen hinterlassen. Es ist anzunehmen, daß er nicht einmal lesen oder schreiben konnte. Ganz sicher hat er aber von seinen Abenteuern erzählt. Doch meine Vorfahren haben vergessen, sie weiterzugeben – vielleicht, weil sie sie für unglaublich hielten.

Wie auch immer: Ich hebe mein Glas auf jenen braven Kapsoldaten und Streiter für Napoleons Großmachtträume Hyronimus Kiemle, der möglicherweise mit seinen Genen dazu beigetragen hat, daß ich abseits der breiten Menschenströme meinen Lebensweg suchte, und die mich aus mancher haarigen Situation wieder herausfinden, die mich bis zum heutigen Tag leben und überleben ließen! Ich widme ihnen Walter Mehrings Lied:

„Wir haben die ganze Welt geseh'n,
die Welt war überall rund,
um alle paar Monat' vor Anker zu gehn
bei einem Mädchenmund.
Wir sah'n eine Mutter im schneeigen Haar
die verkuppelte uns ihr Gör
Wir fraßen pfundweis' den Kaviar
direkt von der Quelle, dem Stör.“

Der erste, der klar aus dem Nebel der Sippenvorgeschichte der Kiemles und Bauers (der Mädchenname meiner Mutter) auftaucht, ist mein Großvater, Johann Kiemle, meines Vaters Vater. Er wohnte in der Bauhof-Straße.

Großvater Johann war ein wohlhabender, wenn nicht sogar reicher Mann. Ihm gehörten um die Jahrhundertwende nicht weniger als sechs stattliche Häuser, plus umfangreiche Stallungen. Er durfte sich „Königlicher Hoflieferant“ nennen. Sein Geld verdiente er im Pferdehandel. Es muß ein tolles Abenteuer gewesen sein, die Pferde von den Beduinen irgendwo im heutigen Palästina oder in Transjordanien aufzukaufen, dann durch Syrien, Anatolien, die europäische Türkei bis nach Bulgarien zu treiben, wo sie in die Eisenbahn verladen wurden und endlich Ludwigsburg erreichten, wo die „feurigen Araber“ die Zierde des Marstalls des Württembergischen Königshofes wurden.

Großvaters Handelspartner waren Juden, sowohl im Vorderen Orient wie auch in Ludwigsburg. Sie beherrschten den Viehhandel. Alle Geschäfte wurden per Handschlag und in bar abgeschlossen. Es gab keine Rechnungen, Verträge oder sonstige Papiere. Man kannte sich in diesem Geschäft, hatte eine gute oder schlechte Reputation.

Mein Großvater ließ auf die Viehjuden, die ihm seine Pferde lieferten oder abnahmen, nichts kommen. Wer sich übertölpeln ließ, verstand nichts von Pferden und erst recht nichts vom Geschäft. So einfach war das damals. Mein Großvater hat nach 1933 manchem seiner Partner dabei geholfen, sich aus dem nazistisch und militant antisemitisch gewordenen Deutschland abzusetzen. 1938, als das Judenprogrom massiv einsetzte, war mein Großvater bereits tot.

Er wäre wahrscheinlich ebenfalls eingesperrt worden. Das unendliche Unrecht, das den Juden angetan wurde, hätte er nach Ansicht meiner Großmutter nie verwunden oder widerstandslos hingenommen. Es ist sehr schade, daß ich meinen Großvater nicht mehr kennengelernt habe. Er war ein handfester Kerl von echtem Schrot und Korn. Lediglich die exotischen Orden und Medaillen habe ich als Kind noch bestaunen dürfen, auch seinen vergilbten Königlich-Württembergischen Reisepaß bekam ich zu sehen. Er war voller Stempel und Visa. Viele davon waren in geheimnisvollen arabischen Schriftzeichen abgefaßt.

In seinen letzten Lebensjahren, zu jenen Zeiten, als ich die damals turbulente Weltbühne betrat, war sein Besitz schon arg zusammengeschmolzen. Auf anderthalb Häuser, wie es heißt. „Die Kneipe – und beim Spiel hatte er auch noch schlechte Karten“, wurde im Familienkreis kopfschüttelnd hinter der vorgehaltenen Hand kolportiert.

Was solls? Großvater Johann, du hast dein Leben gelebt. Auch du hast mir Wichtigeres hinterlassen als Geld und Gut: Die Lust am Leben, am Umherschweifen, am Abenteuer!

Mein Vater Hermann war das zweitälteste der sieben Kinder, vier Söhne, drei Töchter, die Großvater mit seiner Frau Kathrina gezeugt hatte.

Die Erinnerungen an meinen Vater stammen aus dem Krieg, der zusammenfiel mit meinen frühen Kinderjahren. Mit Sehnsucht erwarteten meine Mutter, meine Schwester und ich die Tage, an denen mein Vater auf Urlaub nach Hause kam.

Er war Mechaniker, galt als freundlicher, überall beliebter, als charmanter Mann. Er war Mitglied im „Ludwigsburger Arbeiter- und Sportverein" und war gewerkschaftlich organisiert. Als blutjunger Rekrut hatte er im 1.Weltkrieg die Hölle der Grabenkämpfe und Materialschlachten Frankreichs überlebt. 1939, mit knapp 40 Jahren, wurde er als einer der ersten wieder eingezogen.

Mein Vater war Mitglied einer Untergruppierung der Waffen-SS innerhalb einer Grenzschutz-Abteilung. Jetzt galt er als in Frankreich vermißt. Doch wir erhielten ein Lebenszeichen über einen Stuttgarter Journalisten, der aus einem Gefangenenlager geflüchtet war. Nachdem die Fronten in Frankreich zusammengebrochen waren, hatte eine Gruppe deutscher Soldaten, darunter mein Vater, versucht, sich in die neutrale Schweiz durchzuschlagen. Es gelang ihnen, die Grenze zu passieren, doch dann wurden sie von den Schweizern festgenommen und an die Franzosen ausgeliefert. Fest steht, daß mein Vater sich bei Kriegsende wieder in Gefangenschaft befand.

Ich hatte ihn nur während seiner viel zu kurzen Urlaubstage gesehen.

Meine angeheirateten, wie auch meine „echten" Onkel waren fast alle in irgendeiner Form in der Arbeiterbewegung, ob sozialdemokratisch oder kommunistisch, organisiert gewesen. Einer von ihnen hatte mit Noske in Berlin auf den Barrikaden gegen die Reichswehr gekämpft. Sie waren ein widerspenstiger, verschworener, roter Haufe. Wie alle anderen mußten sie die Köpfe während der Nazi-Zeit einziehen. Freiwillig mitgemacht hat keiner von ihnen. Einen von ihnen hätte es fast erwischt. Im Zuge der Verhaftungswelle nach dem Hitler-Attentat wurde er eingesperrt. Ein Schicksal, das er mit einigen Männern aus den roten Zirkeln der Nachbarschaft teilte. Wie die anderen, kam auch er wieder frei.

In den dreißiger Jahren war es üblich gewesen, daß die ganze Familie, Kinder, Enkel, Onkel, Tanten, Cousinen und Vettern – auf ein paar mehr oder weniger zufällig anwesende Freunde und Nachbarn kam es nicht an – sich samstags bei meiner Großmutter trafen. Manchmal saßen alle im Garten, manchmal im Haus, je nach Wetter. Es wurde Unverfängliches gesungen, wie: „Kein schöner Land ...", „Am Brunnen vor dem Tore ..."

Der schöne Brauch kam durch den Krieg keinesfalls zum Erliegen. Zur vorgerückten Stunde jedoch erklangen dann längst verbotene Arbeiterlieder wie „Auf, auf zum Kampf, zum Kampf sind wir geboren. Auf zum Kampf, zum Kampf sind wir bereit ..."

Als alle dann in den Refrain einstimmen wollten, wo es heißt: „... dem Karl Liebknecht haben wir's geschworen, der Rosa Luxemburg reichen wir die Hand ..." klopfte es an die Fensterläden. Alle erschraken. Der die Verdunklung kontrollierende,

Wir geloben dir .....

hundertfünfzigprozentig braune Blockwart hatte angeblich einen Lichtschimmer gesehen.

Glücklicherweise hatte der Kerl keine Ahnung vom sozialistisch-kommunistischen Liedgut der Arbeiterschaft. Er zog zufrieden weiter, als es von drinnen hinter ihm her erschallte: „... dem Adolf Hitler haben wir's geschworen, dem Führer reichen wir die Hand." Nur der aus Rußland für einen kurzen Urlaub zurückgekommene Onkel schrie:

„Friede den Hütten, Krieg den Palästen" und „Alle Räder stehen still, wenn ein starker Arm es will", und andere verbotene sozialistische Parolen. Glücklicherweise war das braune Gespenst zu diesem Zeitpunkt schon weg. Solche Äußerungen waren gefährlich. Sie konnten ins Zuchthaus, Strafbataillon, KZ oder gar aufs Schafott führen.

Die Nazi-Zeit erlebte ich nicht nur hautnah mit, sondern auch ich war Betroffener und Beteiligter, soweit man als Kind betroffen und beteiligt sein kann. Ich wurde, wie die allermeisten meiner Generation, von dieser Woge aufgesogen und mitgenommen.

Die Erwachsenen waren für uns die unbestrittenen Autoritäten. Sie gaben die Beispiele und leisteten die Vorgaben. In ihren Erzählungen dominierte Vordergründiges: Sie sprachen von den vergangenen schlimmen Zeiten: Arbeitslosigkeit, Inflation, Not und Elend – von der Knebelung des deutschen Volkes durch den Versailler Vertrag, die politische Zerrissenheit der Weimarer Republik. Es ist mir bis heute noch nicht klar, inwieweit die Erwachsenen zumindest meines Bekannten- und Verwandtenkreises den dunklen, häßlichen, verbrecherischen, menschenverachtenden und -vernichtenden und letztendlich selbstzerstörerisch-tödlichen Wahn des Nationalsozialismus wahrnahmen. Wenn sie es taten, gaben sie nichts davon an uns Kinder weiter.

Die schlimmen Jahre nach dem Ersten Weltkrieg hatten sich in den Augen unserer Eltern, Verwandten und der übrigen Erwachsenen mit dem Beginn der Nazi-Zeit mit einem Donnerschlag zum Besseren, wenn nicht gar optimal gewendet. Jeder, der arbeiten wollte oder konnte, hatte sein Auskommen. Das Geld hatte seinen Wert, die Infrastruktur funktionierte, für jeden und jede sichtbare Riesenprojekte entstanden. Es ging aufwärts, vorwärts. Die allermeisten hatten das Gefühl, in irgendeiner Form an alledem mitzuwirken, teilzuhaben, eine große Zukunft zu formen. Die allermeisten waren optimistisch und stolz darauf, Deutsche zu sein. Die Frauen waren unpolitisch und überließen diese Dinge lieber den Männern – und die kamen aus der Arbeiterbewegung.

Denen war die braune Flut unheimlich. Sie stemmten sich auch hin und wieder dagegen, doch letztendlich wurden auch sie von ihr weggerissen und trieben halb gewollt, halb ungewollt mit.

Nachdem ich mit meinesgleichen eingeschult worden war, hatte man die Kruzifixe längst abgenommen und durch Hitler-Bilder ersetzt. Unsere Lehrer versuchten, uns bereits in der Volksschule zu indoktrinieren, den Nationalsozialismus in unsere kindlichen Seelen einzupflanzen. Doch so recht kapierten wir nicht, um was es da letztendlich ging. Genausowenig, wie die Katholiken im Religionsunterricht das Dogma von der Unbefleckten Empfängnis kapierten. Doch damals gab es kein Pardon: Wenn die Autoritäten – die erwachsenen Lehrer, Pfarrer, Pastoren, Eltern usw. – etwas anordneten oder auch nur sagten, so war das genauso, wie zwei mal zwei vier ist. Wir hatten uns danach zu richten. Wir sprachen nicht darüber, dachten auch nicht darüber nach und zweifelten erst recht nicht an alledem.

Einer unserer Lehrer in der damaligen „Volksschule" hieß Uhl. Er war ein SA-Mann und ein erfolgreicher Drückeberger vor dem Militärdienst. Heute würde man ihn als Sadisten einsperren. Er war ein von uns gehaßtes, autoritäres Arschloch, aber in der Stadt eine geachtete und ebenfalls gefürchtete Persönlichkeit. Daß er uns als ungewaschene Saubande, versehentlich aufgezogene Nachgeburten und dergleichen beschimpfte, daß wir alle am Galgen enden würden, das steckten wir lokker weg. Aber daß er bei den nichtigsten Anlässen brutal auf uns einschlug, uns an den Haaren riß, an den Ohren zog, ins Gesicht boxte, das erbitterte uns. Vor allem bei den Jungs, deren Väter im Krieg waren, glaubte er freie Hand zu haben. Bei den anderen gab er sich friedlicher, weil er Angst hatte, es mit Männern zu tun zu bekommen, die ebenfalls zuschlagen könnten. Wir Kinder hatten für Lehrer Uhl nichts als Haß und Verachtung übrig.

Die Katholiken in unserer Klasse organisierten heimlich eine Gebetstunde, wo sie den Herrn anflehten, dafür zu sorgen, daß des Nachts eine Fliegerbombe das Uhl'sche Haus treffen mochte. Das Gebet wurde leider nicht erhört. Erst lange nach dem Krieg, als mein Freund Schlock und ich den Uhl während einer Hamsterfahrt in einem überfüllten Waggon wiedertrafen, zahlten wir es ihm heim: Gemeinsam warfen wir ihn aus dem glücklicherweise langsam fahrenden Zug.

Wir verachteten Uhl, weil er kein Soldat war. Sie waren unsere großen Vorbilder. In unseren Augen waren sie allesamt unerschrockene Siegertypen. Einmal eine echte Uniform zu tragen, Waffen in der Hand zu halten, Soldat zu werden, das absolute Abenteuer zu wagen, war unser innigster Wunsch. Unsere Augen leuchteten, wenn wir einen Landser oder den Vater auf Heimaturlaub zu Gesicht bekamen. Wir verschlangen die Heftchen, in denen die „Heldentaten" dieser Männer glorifiziert wurden. Wir konnten uns nicht sattsehen an den Bildern in den Zeitungen und Illustrierten, die ihre Taten verherrlichten. Wenn wir mal ins Kino mitdurften, so war das das Allergrößte. Leider ging das wirklich Interessante, das Kriegsgeschehen, mit der Wochenschau viel zu schnell vorbei.

Panzer, Geschütze, Flugzeuge als Spielzeug war das Optimum – soweit wir überhaupt drankamen. Wenn das Wunder geschah, dann hüteten wir das kleine Kriegsgerät mehr als unsere Augäpfel.

Den Frontverlauf steckten wir auf der Landkarte nach jeder Sondermeldung mit Fähnchen neu ab, ähnlich wie heute die Fußballfans am Samstagabend ihre Tabelle mit den Emblemen der Bundesliga-Mannschaften abstecken. Oben vor Murmansk, am Eismeer, stand das nördlichste Fähnchen, ein anderes bei dem damaligen Leningrad, eins vor Moskau, noch je eins an der Wolga, im Kaukasus. Andere Fähnchen steckten in Nordafrika im steten Wechsel zwischen Bengasi, Tobruk, Derna, Marsa Matruk, El Alamein.

Es sollte nicht allzulange dauern, und ich würde mit eigenen Augen sehen, welchen Schrecken die Kriegsfurie auch auf diesem Schauplatz, auf dem es angeblich so „fair" zuging, hinterlassen hatte.

Daß man als Soldat verstümmelt, verkrüppelt, getötet werden konnte, daß die Kriegsmaschine Hekatomben von Beteiligten und Unbeteiligten verschlang, das bekamen wir zwar am Rande mit, nahmen es aber so recht nicht wahr. Und wenn, dann betraf es ohnehin immer nur die anderen. Vor allem die Feinde, die es nicht besser verdient hatten. Wir wußten, daß es mitunter auch einen der Unsrigen traf. Dann aber starb er den Heldentod für Führer, Volk und Vaterland. Es gab nur Kopfschüsse und keine heraushängenden Gedärme. Man war angeblich stolz auf den Toten. Trauer und Verzweiflung blieben nur den direkt Betroffenen, den Frauen, den Müttern, Vätern, den Kindern, den Schwestern und Brüdern, den Freunden vorbehalten.

Selbstverständlich gingen wir zum Jungvolk, der Vorstufe zur sogenannten Hitler-Jugend. Wir bekamen unsere erste Uniform. Ein braunes Hemd mit einem Kop-

Jungvolk

pel und einem Schulterriemen über einer kurzen, schwarzen Hose. Als sogenannter Pimpf hatten wir den ersten Schritt in Richtung unseres erträumten Daseins gemacht, des Soldatentums. In ein paar Jahren, in der Hitler-Jugend, würde man schon in dessen greifbarer Nähe sein, da konnte man sich schon freiwillig melden und dazugehören zur alles andere überstrahlenden Gemeinschaft der Soldaten.

Vielleicht langte es noch – um noch an dem, wie alle glaubten, nahe bevorstehenden Endsieg mitzuwirken.

Merkwürdigerweise interessierte uns die eigentliche Ideologie des Nationalsozialismus recht wenig. Wichtig für uns war, daß wir Soldat spielen konnten.

Wenn wir, das Jungvolk, antraten zum Flaggengruß und „Heilig Vaterland, in Gefahren ..." sangen oder „Vorwärts, vorwärts, schmettern die hellen Fanfaren ..." dann schmetterten unsere hellen Kinderstimmen mit und wir waren mit heißen Herzen und aller Inbrunst dabei. In solchen Augenblicken hätten wir uns für Führer, Volk und Vaterland in Stücke reißen lassen.

Als einmal bei einem anschließenden sogenannten Geländespiel – zuvor und danach hieß es „Räuber und Gendarm" oder „Indianer und Cowboys" – einer der unseren, der dicke Pongo, ungeschickt wie er war, in einen Stacheldraht-Weidezaun fiel und sich ein paar oberflächliche Kratzer und Stichwunden zuzog, da luden wir den Rotz und Wasser heulenden Jungen auf unsere Schultern und sangen lauthals: „Ich hatt' einen Kameraden ..."

Pongo hörte auf zu schreien und ächzte nur noch. Wir anderen glaubten nach Pongos Stellvertreter-Verwundung, wir seien nun wirklich „hart wie Kruppstahl, zäh wie Leder und flink wie die Windhunde." Pongo hatte in der internen

Hackordnung unter uns Jungen ein halbes Dutzend Sprossen auf einmal erklommen.

Die nur wenig älteren Jungenschaftsführer und Jungzugführer beließen es bei kurzen, mit wenig Enthusiasmus vorgetragenen theoretischen Unterweisungen in der nazistischen Ideologie. Da war der Katechismus-Unterricht bei den Katholiken wesentlich gefürchteter und anstrengender. Außer einer Handvoll Daten, Führers Geburtstag, Tag der Machtübernahme etc. brauchten wir nichts auswendig zu lernen. Letztendlich war es nicht viel anders als mit Schule, Religion und der sonstigen Erziehung: Es gab viele Ausrufezeichen und kaum ein Fragezeichen.

Die älteren HJ-Jungs erzählten von den „Heldentaten" eines Horst Wessel oder Albert Schlageter, von den Luftsiegen eines von Richthofen und des späteren Reichsmarschalls Hermann Göring im Ersten Weltkrieg, von des Gefreiten Adolf Hitler Einsätzen als Melder während der blutigen Grabenkämpfe in Frankreich. Doch wesentlich mehr Spaß zu machen schien unseren Anführern die Weitergabe der Abenteuer der Forscher und Entdecker im Schwarzen Afrika.

Wir lauschten den Erzählungen aus zweiter oder dritter Hand mit großer Hingabe und heißen Ohren. Wenn wir darüberhinaus auch noch Filme sehen durften, dann erfüllte uns eine überschäumende Vorfreude und Begeisterung. Unsere Augen klebten gebannt auf der Leinwand, wenn die kühnen Entdecker unter ihren Tropenhelmen in der chaplinesken Sechzehner-Bildfolge durch Urwald und Savanne wackelten und stolperten, während die Schwarzen die Lasten trugen und zu ihrem und unserem Vergnügen ihre wilden und barbarischen Tänze tanzten. Als die Frauen dran kamen, hielt der Vorführer die Hand vor das Objektiv des ratternden Vorführgerätes.

Damit waren natürlich Neugierde und Forscherdrang in uns erst recht geweckt. Wir brachen heimlich in die sogenannte Asservatenkammer ein, bestückten das Gerät mit dem fraglichen Streifen, setzten es in Gang und warteten gespannt, was da kommen sollte, was wir nicht sehen durften, was uns die hausgemachte Zensur vorenthalten hatte: Des Rätsels Lösung waren die nackten, wippenden Brüste tanzender, junger, draller Negerinnen. Die nur wenig älteren, bereits kräftig pubertierenden Jungvolkführer schlossen von sich auf uns: Sie befürchteten, daß auch wir beim Anblick der blanken Busen in unzeitgemäß-unkontrollierte, präpubertäre Erregungszustände verfielen. Doch wir kugelten uns auf dem Boden vor Lachen. Was war da schon dabei! Sowas sahen viele von uns Pimpfen jeden Samstagabend, wenn die Mutter oder die große Schwester badete!

Wie auch immer: Wenn nicht Soldat, dann würden wir allesamt Afrika-Forscher werden!

Die hohe Zeit des Nationalsozialismus hat uns Kinder sicherlich nicht entscheidend „geprägt". Ganz einfach deshalb nicht, weil die Epoche zu kurz war, während der wir ihm ausgesetzt waren; weil uns später, als sogenannten Heranwachsenden, die verbrecherischen Seiten dieser Ideologie drastisch vor Augen geführt wurden. Weil danach noch genug Zeit und Freiraum vorhanden war, uns neu zu orientieren.

Doch wir haben aus den Trümmern dieser furchtbaren Weltanschauung ein paar Dinge mitgenommen in unser künftiges Leben: Begriffe, für die heute viele junge Leute nur noch ein müdes Lächeln übrig haben, wie Kameradschaft, Selbstbeherrschung, aber auch Selbstvertrauen, Hilfsbereitschaft, Idealismus, Genügsamheit, Ehrgefühl, Verläßlichkeit, Tapferkeit, Durchhaltevermögen, Solidarität, Fairness; die Lust, sich im Freien aufzuhalten und zu bewegen, Entdeckerfreude, Selbstbehauptungs- und Überlebenswillen, Würde; die Fähigkeit, sich in eine Gruppe einfügen und wenn es sein muß, sich auch unterordnen zu können.

Auf der negativen Seite unserer Werteskala standen: Stubenhockerei, Wehleidigkeit, Feigheit, Selbstmitleid, unreflektierter Egoismus, coolness – (bei der doch nur die Passivität auf die Spitze getrieben wird), Narzismus, Strebertum, Modebewußtsein, Konsumgeilheit.

Ich will damit nicht sagen, daß wir dieser Ethik in unserem künftigen Leben in ihrer reinen Form immer und überall Rechnung trugen. Doch eine Menge von alledem blieb uns – und sei es nur als Bodensatz – haften und bestimmte unser späteres Denken und Handeln zumindest mit.

Was wir ebenfalls mitnahmen, war die Freude am gemeinsamen Singen. Wie sollte es uns damals schon bewußt sein, daß der gemeinsame Gesang nicht nur dazu taugt, positive Stimmungen zu vermitteln? Gerade die Nazis spielten meisterlich auf der emotionalen Klaviatur dieser Form der Beeinflussung und nutzten sie wie so vieles andere in ihrem Sinne. Das nazistische Liedgut wurde zu Recht verboten. Doch deshalb sollte man das Kind nicht mit dem Bade ausschütten.

Der Verzicht darauf fiel uns überhaupt nicht schwer. Es gab Ersatz mehr als genug – es gab viel eingängigere und schönere Wander-, Fahrten-, Volks-, Landsknechts- und Vagantenlieder. Gemeinsames Singen als Ausdruck der Lebenslust, der Sehnsucht, des Fernwehs, der Wehmut, der Heimattreue, der Freude und Trauer – schlicht aller nur denkbaren Gemütsäußerungen – wurde bei uns zum unverzichtbaren Bestandteil des Daseins.

Abschließend und nüchtern betrachtet, bleibt mir die lapidare Feststellung: Hätte das Tausendjährige Reich nicht ein solch jähes und katastrophales Ende genommen, wir wären, in unserer überwiegenden Mehrheit der frühen bis mittleren dreißiger Jahrgänge, wahrscheinlich aktive, tüchtige und auch überzeugte Nationalsozialisten geworden. Nicht auszuschließen ist aber auch, daß wir später als Rebellen und Widerstandskämpfer in den Untergrund gegangen wären. Heiß oder kalt. Lau zu sein, das hatten wir verinnerlicht: Das war nie unser, das war nie mein Bier. Das wird es auch für den Rest meiner Jahre nie und nimmer sein.

Der Mann mit der Sense hatte während des Krieges unter den zwanzig- bis dreißigjährigen Männern überreiche Ernte gehalten.

Auch der Kiemle-Clan war arg zur Ader gelassen worden: Großmutter mußte schon in den ersten Kriegstagen, beim Einmarsch in Polen, den Tod eines Enkels –

d.h. meines älteren Cousins – beweinen. Ein zweiter verlor später in Rußland ein Bein, ein dritter lief in eine MG-Garbe. Er überlebte, doch unter fürchterlichen Umständen. Einen weiteren traf es ebenfalls. Er verunglückte an der Front so schwer, daß nicht einmal der „Heldenklau", der das Land nach dem letzten Kanonenfutter durchkämmte, mit ihm etwas anfangen konnte.

Lediglich einer von Großmutters vier Söhnen sollte die Nachkriegszeit relativ gesund erleben: Es war der jüngste, der als Fahrer eines Sanitätswagens die Blutbäder Rußlands überstanden hatte. Die drei übrigen waren gefallen oder an den Kriegsfolgen gestorben.

Der Großvater mütterlicherseits besaß in Ludwigsburg einen Flaschner- und Installationsbetrieb. Er war ein angesehener Handwerksmeister.

Großvater Bauer hatte nach dem Tode seiner ersten Frau nochmal geheiratet. Mit der „Zweiten" wollte man allerdings nicht viel zu tun haben. Auch meine Mutter sah das so. Vielleicht war das der tiefere Grund, weshalb sich Großvater Bauer in „Stuttgarter Gefilde", d.h. nach Bad Cannstatt „absetzte", wie man sich ausdrückte.

Ich selbst habe auch ihn in guter Erinnerung.

Er war ein Schwabe von rechtem Schrot und Korn. Wer sich nicht mit seiner Hände Arbeit sein Leben verdiente, der taugte allenfalls etwas, wenn er es zum Beamten gebracht hatte. Festes Einkommen und eine ordentliche Pension, Sicherheit vor allem anderen, das war das erklärte Ziel der einfachen Leute. „Schaffe, schaffe, Häusle baue ..." kommt nicht von ungefähr. Alle anderen Menschen waren in Großvater Bauers Augen Tagediebe. Adolf Hitler gehörte nach seiner Ansicht ebenfalls in diese Kategorie.

Der Alte hatte kräftige Fäuste. Wenn er seine Sauftouren durchzog, geriet er nicht selten mit den „Braunen" aneinander. Er verpaßte manchem Nazi eine blutige Nase. Glücklicherweise wurde das nicht an die große Glocke gehängt, man machte das nach guter schwäbischer Tradition unter sich aus. Aber die Braunen waren nachtragend. Bei irgendeiner Gelegenheit richteten sie Opa Bauer dermaßen zu, daß er es danach „in den Beinen hatte" und kaum noch gehen konnte.

Da er sich dickköpfig weigerte, einen Luftschutzkeller aufzusuchen, wurde ich, der damals Neunjährige, bei meinen Besuchen in Stuttgart damit beauftragt, ihn mit einem Handwagen in den Schutzraum zu bringen. Dafür nahm er mich mit auf seinen Straßenbahnfahrten durch die Stadt. Während die fensterlose Bahn durch Trümmerfelder zockelte, vorbei an Menschen, die in der Verwüstung nach etwas noch Verwertbarem suchten, die mit eingezogenen Köpfen durch die Gegend irrten, erklärte mir Großvater Bauer, wie Stuttgart zuvor ausgesehen hatte. Trotzdem konnte ich mir's nicht vorstellen. Schwelende Ruinen gehörten zu meinem kindlichen Weltbild.

„Der wackre Schwabe forscht sich nit ..." Großvater Bauer hielt mit seiner Meinung nie hinterm Berg. Als Stuttgart nach einem verheerenden Bombenangriff von einem bis zum anderen Ende brannte, stellte er sich auf die Straße und schrie so laut, damit es auch jeder hören konnte: „Wer Kirchen anzündet“, – er meinte damit die Synagogen – „der steckt auch den Rest der Welt in Brand.“

Das war eine von den Äußerungen, die manchen den Kopf gekostet hatte.

Als Großvater Bauer kurz nach Kriegsende starb – als Toter wurde er wieder als Vollmitglied im Familienclan aufgenommen – und wir zur Beerdigung nach Stuttgart gingen, waren wir einen vollen Tag unterwegs. Wir brauchten für diese Reise Dokumente und Passierscheine. Ludwigsburg lag für kurze Zeit in der französischen – Stuttgart in der amerikanischen Besatzungszone.

Großvater Bauer hat mir als einziges Erbe sein Taschenmesser hinterlassen. Damals war es ein Schatz. Ich habe es gehütet wie eine Reliquie.

Wenn ich die Verwandtschaft von Mutterseite her weiter in der Erinnerung passieren lasse, nimmt der jüngste Bruder meiner Mutter, Onkel Richard, einen besonderen Rang ein. Er galt als das Problemkind. Er wollte sich nicht einordnen, wechselte oft seine Arbeitsstelle und vertrieb sich seine Freizeit – in einem schwäbischen Umfeld etwas Unerhörtes – mit dem Malen von Bildern und dem Lesen von Büchern. Von ihm erhielt ich die Hefte mit den Abenteuern von Tom Mix, Rolf Torring, Billy Jenkins, John Kling. Er gab mir Hans Dominiks „Atomgewicht 500“ zu lesen. Onkel Richard bereiste und erlebte Wüsten, Urwälder, die Arktis, die Taiga auf seine Art: Er sah sie durch die Welt der Bücher und öffnete mir ganz nebenbei sperrangelweit die Augen für die Welt.

Doch ich wollte und sollte mich nicht damit zufriedengeben, nur sehnsüchtig durch das Fenster des Kämmerleins zu blicken, sondern alles daran setzen, die Welt selbst und direkt in Augenschein zu nehmen.

Später im Krieg lernten wir, den Wert des trockenen Brotes zu schätzen. Butter, Milch, Eier waren zu Luxusgütern geworden. Die ersten Bomben fielen. Der Tod war plötzlich nicht mehr ein abstraktes Ereignis, das sich in der Ferne in den Weiten eines abseitigen Landes abspielte.

Erst waren es die jaulenden, Verderben bringenden Bomben, später waren es die auf alles und jedes feuernden amerikanischen Jagdbomberpiloten, die zur direkten Lebensbedrohung wurden. Wir Kinder erfuhren, was Todesangst ist.

Die Erwachsenen sagten, sie hätten's schon lange kommen sehen, sie hätten gewußt, daß es so kommen würde, so kommen mußte. Hatten sie wirklich? Zumindest hatten sie es uns Kindern gegenüber nie rausgelassen.

Auch wenn anfangs die Bomber nur über uns hinwegflogen, mußten wir raus aus unseren Betten und runter in den Luftschutzkeller.

Der nächtliche Alarm, die hastige Flucht in den Keller wurden zur Regel. Nicht einmal schlafen konnten wir dort, obwohl ein paar Bettstellen aufgeschlagen worden waren. Die Hausbesitzerin verbot es aus unverständlichen, unbekannten Gründen. Am nächsten Tag in der Schule hingen wir in den Bänken; zum Glück waren auch die Lehrer müde.

Dann der direkte Angriff. Die Sirenen heulten, die Flak ballerte, die schweren Motoren der Bomber röhrten direkt über uns, „Christbäume“ – Zielmarkierungen der den eigentlichen Verbänden vorausfliegenden „Pfadfinder“ – standen am Himmel, die anfangs noch fernen Einschläge wummerten.

Es folgte der Angriff auf die Weststadt. Die Bomben kündigten sich mit einem durch Mark und Bein gehenden, infernalischen Pfeifen an, bevor sie mit dumpfen Detonationen die Fundamente erbeben – die Fensterscheiben zerklirren und den Putz von der Decke springen ließen.

In schrecklicher Erinnerung ist mir der 25.Juni 1944 in Stuttgart geblieben, als 600 Bomber ihre tödliche Last über uns abluden. Nachdem Entwarnung gegeben worden war und wir rauskamen, zog ein scharfer Brandgeruch durch die Stadt, und blutrot spiegelte sich der Feuersturm unter den Wolken.

Die Bestie Krieg fuhr ihre Krallen immer weiter aus: Der Bann 180 des Jungbannes Hohenasperg hatte ein gemeinschaftliches Geländespiel aller Jungvolk-Gruppierungen des Kreises Ludwigsburg angesetzt. Wir waren natürlich begeistert, an einem solchen Aufmarsch teilnehmen zu dürfen. Wir kamen uns vor wie die Grenadiere des Alten Fritz bei Kunnersdorf, als wir mit wehenden Wimpeln, mit Trommeln und Pfeifen in breiter Phalanx über das Lange Feld bei Stuttgart zogen.

Das Hochgefühl hielt nicht lange vor. Amerikanische Jagdflugzeuge tauchten auf und begannen mit einem gnadenlosen Scheibenschießen. Wie die Habichte stießen sie auf uns herunter. Ihre Maschinenkanonen ratterten, das infernalische Jaulen, als die Piloten nach einem Angriff die Maschinen wieder hochzogen, ging durch Mark und Bein. Wir spritzten auseinander, verkrochen uns in Mulden, versteckten uns hinter Büschen, heulten, schissen vor Angst in die Hosen. Wir wären in das kleinste Mauseloch gekrochen, wenn wir hineingekonnt hätten. Es floß Blut, viel Blut von uns irregeführten Kindern.

Als der grausame Spuk vorbei war und wir uns wieder aufrappelten, machte die Todesangst einer fürchterlichen Wut Platz – Wut auf jene amerikanischen Piloten, die sich offenbar „just for fun“ uns wehrlose Kinder als Zielscheiben vorgenommen hatten. Sie hatten uns gejagt, wie die Hasen auf der Treibjagd gejagt werden. Wenn uns zu diesem Zeitpunkt einer von denen in die Hände gefallen wäre, wir hätten ihn mit unseren kleinen Fäusten in Stücke gerissen.

Die amerikanischen, kanadischen und britischen Jagdbomberpiloten schossen keinesfalls blind in die Gegend; sie sahen uns. Sie sahen uns deutlich, während sie – ungestört von der deutschen Abwehr – tief auf uns herabstießen; sie sahen, daß wir Kinder waren und sie schossen trotzdem. Sie waren ja selbst noch halbe Kinder und man hatte ihnen beigebracht, daß sie ihren Beitrag zur Vernichtung des Nazivolkes zu leisten hatten. Sie wollten sich von den Bomberpiloten nicht in den Schatten stellen lassen, die ja auch ihre verderbliche Last in erster Linie auf Zivilisten herabregnen ließen. Wahrscheinlich machte es ihnen teuflischen Spaß, zu sehen, wie die Winzlinge da unten in ihrer Todesangst auseinanderspritzten und versuchten, sich noch kleiner zu machen, als sie ohnehin schon waren.

Die deutschen Soldaten erwischten sie ohnehin kaum. Die saßen tagsüber in gut versteckten und getarnten Stellungen und beschränkten ihre Truppenbewegungen auf das Dunkel der Nacht.

Merkwürdiger- und unerklärlicherweise bestärkte uns die blutige Katastrophe in unserem blinden Gefolgschaftsgeist dem „Führer" gegenüber.

Wir sangen in kindlichem Trotz:

„Jugend, Jugend! Wir sind der Zukunft Soldaten,
Jugend! Jugend! Träger der kommenden Taten.
Ja, durch unsere Fäuste fällt,
was sich uns entgegenstellt."

In die Schule brauchten wir längst nicht mehr zu gehen. Statt dessen mußten und durften wir helfen, nach den Fliegerangriffen Trümmer zu beseitigen, und nachdem die Kriegsfurie sich anschickte, mit ihrer zerstörerischen Gewalt über Stadt und Land ein letztes Mal hinwegzutoben, da durften wir mithelfen, die letzten, vergeblichen Verteidigungsanlagen, Schützenlöcher, Splittergräben, Panzersperren zu bauen. Das heißt, um eine schwere Schubkarre zu schieben, langte es noch nicht. Dafür stärkten wir die Verteidigungsbereitschaft des sogenannten „Volkssturmes" mit geschnorrtem Most und aus „Eigenanbau" gedrehten Zigaretten.

Den bedrohlich näherrückenden Kanonendonner, die vermehrten Angriffe der Jagdbomber erfüllten uns mit jener merkwürdigen Angstlust, den man heute mit „thrill" beschreibt. Für das Gewummer der Artillerie hatten wir nur ein Hohnlächeln. Die alten Frontkämpfer hatten uns beigebracht, wie man damit umgeht: Solange man das Geschoß pfeifen hört, geht es ohnehin vorbei – und wenn man es nicht pfeifen hört, dann naja ... Bis dann doch eine Panzergranate in die Scheune einschlug, in der ich Zuflucht gesucht hatte. Zu meinem Glück war das Geschoß ein Blindgänger, konzipiert, erst eine Panzerung zu durchschlagen und dann zu explodieren. Sonst ...

Einmal sahen wir einen Luftkampf, wo ein paar hoffnungslos unterlegene Me 109-Jäger sich mit einem Pulk „Thunderbolts" herumschlugen und einer der „Unseren" abgeschossen wurde. Der Pilot konnte sich am Fallschirm hängend retten. Wir rannten hin, bewaffnet mit Knüppeln und Fahrtenmessern. Doch als wir hinkamen, war die Polizei schon da. Der Abgeschossene war zu unserer Enttäuschung ein Angehöriger der eigenen, der deutschen Luftwaffe.

Mit grimmiger Genugtuung erfüllte uns dagegen der Absturz eines viermotorigen britischen Lancaster-Bombers. Die Besatzung hatte den Ausstieg nicht mehr geschafft. Man drückte uns ein paar Kartoffelsäcke in die Hand, vergatterte uns, die noch nicht detonierte, scharfe Munition nicht anzurühren und nur die Leichenteile unter den weitverstreuten Trümmern herauszuklauben.

Heute noch läuft es mir kalt den Rücken runter, wenn ich mich erinnere, mit wieviel zähnknirschender Genugtuung wir unserer Aufgabe nachkamen. Leichen, gräßlich verstümmelt und zur Unkenntlichkeit verbrannt, waren uns nach all den Bombenangriffen ohnehin ein fast alltäglicher Anblick geworden. Diesmal hatte es aktiv Beteiligte des sinnlosen Mordens getroffen.

Etwa zur gleichen Zeit regte sich eine jugendliche Widerstandsgruppe aus dem Kölner Raum mit folgendem Lied:

1. *Hello boys die Invasion ist da!*
   Eisenhower führt sie an.
   Wilde Männer von Amerika
   greifen mit dem Messer an.

2. *Am sechsten wars um Mitternacht*
   da hat es plötzlich BUMMS gemacht.
   Da kam, wie lange erwartet schon:
   tschäp , tschäp doodle datsch.......
   die Invasion.

3. *Ein Schnellboot fuhr um Mitternacht*
   auf Überraschung wohl bedacht
   da tönts durchs Megaphon:
   tschäp, tschäp doodle datsch.......
   die Invasion

4. *Offiziere, Helferinnen,*
   wälzen sich auf weißem Linnen
   da erklingts am Telefon:
   tschäp , tschäp doodle datsch ....
   die Invasion.

5. *Lastensegler, Fallschirmspringer,*
   und noch andre nette Dinger
   Bombenteppich monoton -
   tschäp, tschäp doodle datsch ....
   die Invasion

6. *Panzerwagen hört man rasseln*
   durch die Strassen durch die Gassen
   Plötzlich kommt was angesaust......
   tschäp , tschäp doodle datsch ....
   die Panzerfaust.

7. *Halt den Spiegel vors Gesicht*
   bist dus oder bist dus nicht.
   Ich sag dir es ganz genau:
   tschäp , tschäp doodle datsch ....
   der Kohlenklau .

Ein Teil der Jugendlichen wurde vor Kriegsende noch gefaßt und hingerichtet.

Die kläglichen Reste der „schimmernden Wehr Großdeutschlands" zogen sich vor allem nachts zurück mit dem Ziel der „Frontbegradigung" und „um bessere Verteidigungspositionen zu beziehen". Die einzigen, die das glaubten, waren wir, die beim Jungvolk versammelten Buben. Wir wußten nämlich Bescheid. Das „geheime" Gerücht war umgegangen, der Führer verfüge noch über eine verheerende Wunderwaffe, die er erst in letzter Minute zum Einsatz bringen – und die die gegnerische Übermacht in die Knie zwingen würde.

Diese Geheimnisse wurden unter dem „Schwursiegel der Verschwiegenheit" von Pimpf zu Pimpf weitergegeben, bis wir alle Bescheid wußten. Merkwürdigerweise glaubten sogar einige Erwachsene daran.

Wir hätten uns in letzter Minute noch für „Führer, Volk und Vaterland" totschießen lassen, als die alten Männer des Volkssturms, „das Volk steht auf, der Sturm bricht los", vor den heranrückenden Franzosen widerwillig ihre letzte Verteidigungsstellung im Osterholz, im Westen der Stadt bezogen. Glücklicherweise schickte uns der Kompanieführer weg, bevor es ernst wurde.

Wir liefen einem Spähtrupp des Feindes direkt in die Hände. Es war eine Abteilung Schwarzer aus dem Senegal. Sie erschraken – wir erschraken. Die dunklen Männer hatten offenbar gute Augen und als sie sahen, daß sie Kindern gegenüberstanden, legten sie ihre Waffen zur Seite. Wir nahmen die Beine in die Hand. Unser Rückzug fiel in die Kategorie „fluchtartig" und „ungeordnet".

Einen Tag nach „Führers Geburtstag", am 21. April 1945, marschierte „der Feind" in Ludwigsburg ein.

Die wahrscheinlich letzte Kugel in diesem Frontabschnitt traf ausgerechnet den alten Altpapierhändler Volp. Ich half, ihn in einen Handwagen zu laden und ins inzwischen „befreite" Heim zu bringen.

Lockruf der Wildnis

Kehren wir zurück nach Kanada – in das Land, in dem „zehn Monate lang gutes und zwei Monates lang schlechtes Schlittenfahren" angesagt ist. Das elementare Erlebnis jenes zuvor beschriebenen Blizzards führt dem Menschen recht drastisch vor Augen, was er eigentlich ist: Nichts weiter als ein unwichtiges, meist nichtsnutziges Stäubchen im großen Universum. Manchmal tanzt es um das eigene Ich, manchmal wird es von anderen, mächtigeren Kräften im Kreis herum oder ganz fortgewirbelt. Es ist nichts weiter als ein flüchtiger Furz im Hagelsturm – und vergeht spurlos in der Unendlichkeit.

Warum, so frage ich, muß man die Welt, sich selbst so furchtbar ernstnehmen? Warum soll man nicht mal die Nase in den Wind halten, mal das riskieren, wozu man sich berufen fühlt?

Ein flaches, ereignisloses Dasein, das ist doch die wahre Hölle!

Manchmal und manchem gelingt es, einen Mittelweg zu finden, sich nicht allzuweit von den einstürmenden Kräften wegtragen zu lassen, sondern wie ein Segler den günstigen Wind nach Kräften zu nutzen, ohne ein Opfer des Sturmes zu werden. Ich wußte, ich war dabei, einen schmalen, schwierigen Pfad beschreiten, der auf der einen Seite an mancherlei Abgründen vorbeiführen würde, der mir auf der anderen den Einblick und Aufenthalt in paradiesische Regionen gestattete.

Ich hatte geschuftet, bis ich im wahren Sinne des Wortes vor Erschöpfung umfiel. Aber ich hatte ein Ziel vor Augen und legte dafür Cent für Cent, Dollar für Dollar beiseite: Das Ziel bestand nicht darin, materielle Werte oder Sicherheiten zu schaffen, sondern mir weiterhin den Wind der Welt um die Nase wehen zu lassen.

Den ersten und entscheidenden Schritt in diese Richtung hatte ich mit meiner Auswanderung nach Kanada getan. Ich hatte es aus eigener Kraft geschafft. Ich hatte keine der kostenlosen Kredite in Anspruch genommen, die an Leute mit dem richtigen Gebetbuch verteilt wurden. Ich hatte, neben einer minimalen Erbschaft von meiner Großmutter, mir die Freiheit mit eigenen Mitteln erkämpft und erworben.

Inzwischen war mir klar geworden, daß der Weg in die Freiheit eines klassischen Auswandererlandes wie Kanada schnell in eine Sackgasse führen kann. Daß es letztendlich kaum einen Unterschied macht, ob man in einer deutschen oder kanadischen Fabrik schuftet, ob man sich in eine europäische oder amerikanische Konsumgesellschaft wie in einen Kokon ausweglos einspinnen läßt.

Ich hatte mehr als nur in die Wildnis hineingeschmeckt, ich hatte mich mit dem kanadischen Urwald und dem Winter im Rahmen meines Daseins als Holzfäller und Schlittenführer auseinandergesetzt, ich hatte sie erlebt und erlitten. Doch letztendlich war ich, wie ein Hund an der Kette, an den Job gebunden. Das ließ mir wenig Raum für das echte Erleben, das nun einmal darin besteht, auf eigene Faust loszuziehen, das Abenteuer zu suchen, ohne im voraus zu wissen, wie es letztendlich ausgehen würde.

Ein Freund und ich wollten unsere Freizeit nutzen, während des Sommers, per Kanu die echte, fern von jedem Menschenwerk liegende Wildnis zu erleben. Jene Wald- und Wasserkonfiguration der Northwest Territories, die nur ein paar Indianer wirklich kannten. Wir beabsichtigten, uns samt Kanu mit dem Buschflugzeug von Yellowknife aus rund hundert Meilen weit ins Landesinnere einfliegen zu lassen zu den Quellseen des Snare River, in die Gegend, wo noch ein großer weißer Fleck auf der Landkarte prangte, der mit „unmapped" ausgewiesen war.

Auf eigenem Kiel wollten wir in Richtung des Nestes, das sich einmal „Hauptstadt" der Northwest Territories nennen sollte, zum Great Slave Lake hinunterrauschen. Ich hatte zwar schon mal in einem Boot gesessen, doch echte Ahnung hatte ich nicht. Als dann mein Freund in letzter Sekunde den Schwanz einkniff, zögerte auch ich einen Augenblick, doch dann sagte ich mir, verdammt nochmal, dann mach ich's eben allein!

Das Kanu glitt scheinbar schwerelos über die glatte, schwach geraute Wasserfläche, auf der die Spitzlichter der Sonne funkelnd irrlichterten. Die schwarz gezackten Linien der Ufer und die blauen Hügel dahinter schienen Welten entfernt. Ich hatte den Eindruck, ich befände mich auf einem fernen, fremden, unbewohnten, noch paradiesischen Planeten. Dann schlief auch dieser matte Windhauch ein. Der Kosmos schien sich auf mich und mein Spiegelbild zu reduzieren. Wenn ich ins Wasser blickte, sah ich den Himmel, die weißen Wolken, mich selbst, das Paddel, die Bordwand des Kanus. Ich hatte das Gefühl, als schwebte ich in unbekannten, unwirklichen Sphären.

Wo hört die Wirklichkeit auf, wo fängt die Illusion an? Die lockende Tiefe schien mich in unsichtbare Zauberfäden einzuspinnen. Ich hatte Mühe, dem Reiz zu widerstehen, den Spiegel unter mir nicht nur mit den Augen, sondern auch mit dem ganzen Körper zu durchdringen, mich einfach fallenzulassen, einzutauchen in die geheimnisvollen, unendlichen Gründe des Sees.

Während ich weiter Ausschau hielt und nach unten blickte, aber weder Nixen und Najaden, noch die Lorelei mit Richard Wagners Rheintöchtern oder Kapitän Nemo mit seinem Unterseeboot entdecken konnte, und nur noch ab und zu das

Paddel ins Wasser tauchte – da bemerkte ich, wie mir der Seeboden entgegenzustreben schien. Ich erschrak, fürchtete einen Augenblick, ich sei wirklich dabei, auf immer zum Grund abzutauchen. Aber ich schüttelte die Traumvisionen ab, zerriß die sich zu einem Kokon verspinnenden Zauberfäden. Ich mühte mich um nüchterne, realistische Gedanken: „Alles darf der Bootsmann – nur von Nixen träumen darf er nicht!"

Ich hatte keine Vorstellung, in welche Richtung ich paddeln mußte, um ein Gewässersystem zu finden, das mich nach Yellowknife bringen würde. Wald und Fels schlossen den See scheinbar lückenlos ein, Landzungen überlappten sich, Inseln lagen vor den Stränden und verdeckten die Uferlinie dahinter. Die Indianer lesen in sowas wie in einem aufgeschlagenen Buch. Aber ich?

Beim großen Neptun: Die Nähe des Grundes bedeutete doch nichts anderes, als daß der See hier flacher wurde. Dann erkannte ich, wie die Wasserpflanzen, die Seerosen, das Fischkraut und das Schilf in eine bestimmte Richtung, das heißt – erst nach Süden zeigten. Was bedeutete das? Es bedeutete nichts weiter, als daß eine unmerkliche Strömung existierte. Ein unsichtbarer Stromzug, der mich zwangsläufig dem Ausfluß des Sees näherbringen müßte!

Ich schüttelte den letzten Rest der versponnenen, befremdlich-bestrickenden Unterwassermagie ab. Ich schwang das Paddel und fuhr direkt hinein in die schmerzhaft gleißende Helligkeit der Morgensonne.

Eine Stunde später sah ich die unscheinbare Kerbe im Zackenband des Uferwaldes. Das mußte er sein, der Ausfluß des Sees, da mußte ich durch, danach würde ich meinem Ziel ein entscheidendes Stück nähergekommen sein.

Mit dem Verlassen der großen Wasserfläche gewann das Abenteuer für mich eine neue Dimension: Die breit angelegte, scheinbar stagnierende, unauslotbare Elegie des Sees mutierte zur vordergründigen, eher faßbaren Dramatik des fließenden Wassers. Der kleine Fluß nahm mir die Arbeit mit dem Paddel weitgehend ab. Aber ich mußte aufpassen: Unter der Oberfläche lauerten scharfkantige Felsbrocken, die es auszumanövrieren galt; vom Steilufer waren Fichten in den Stromzug gestürzt; ihnen mußte ich ausweichen; aus der niedrigen Perspektive des Kanusitzes waren die Durchlässe, die Wasserzungen zwischen den Kies- und Geröllbarrieren oft nur schwer erkennbar.

Ich meisterte diese noch harmlosen Probleme, ich gewann Sicherheit, lernte das Boot zu beherrschen, vermochte es meinem Willen unterzuordnen.

Was für ein Glück: Das Gefälle war nicht sonderlich stark, der stetige, gleichmäßige Stromzug ließ mir Zeit, zu reagieren. Bald wich die gespannte Konzentration, die Spannung löste sich. Ich begann, die Fahrt zu genießen. Es blieb mir Zeit und Muße, die Wildnis aus einer gänzlich ungewohnten, aus der Bootsperspektive heraus, von der Wasserseite her kennenzulernen, die langsam vorbeiziehenden Ufer zu betrachten, mich über eine Entenfamilie zu amüsieren, die vor mir durch die kleinen Wellen schaukelte.

Flußfahrt im Northwest Territorium

Es machte mir Spaß, mich lautlos nahe an den dicken Biber heranzupirschen, der mich, in die Schälarbeit an einer Birke vertieft, erst in letzter Minute bemerkte, sich dann mit allen Anzeichen des Entsetzens ins Wasser stürzte, sofort wieder auftauchte. Ich glaubte, Empörung aus dem Gesichtsausdruck des großen Nagers herauslesen zu können – bevor dieser sich mit einem ärgerlichen, knallenden Schwanzschlag endgültig von der Oberfläche verabschiedete.

Diese Flußfahrt war für mich eine neue Form der Vorwärtsbewegung, bei der hinter jeder Biegung ein neues, spannendes Abenteuer wartete. Eine aufregende Reise auf einem Weg, der selbst läuft. Ich begann, der Geschichte eine überaus positive Seite abzugewinnen. Erst summte ich vor mich hin, sang erst leise, dann lauter und lauter.

„Über meiner Heimat Frühling
seh' ich Schwäne nordwärts fliegen.
Ach, mein Herz möcht' sich auf grauen
Eismeerwogen wiegen.

Grüß das Eismeer, grüß das Nordkap!
Sing den Schären zu, den Fjorden:
Wie ein Schwan sei meine Seele
auf dem Weg nach Norden."

Mit einem Wort: Ich fühlte mich unbändig.

Die Strömung zog mich hinaus auf einen zweiten langgestreckten See. Er war viel kleiner, schmäler als der erste. Ich hatte nach ein, zwei Stunden Paddelei nicht die geringste Mühe, den Auslauf zu finden.

Der merklich gewachsene Fluß machte inzwischen Tempo. Glatt und rasch zog er nach Süden. Der entgegenwehende Wind trug ein merkwürdiges Summen aus dem Grund des weiten Tales herauf. Das Summen wurde zum Rauschen, bedrohlichem Grummeln, Grollen. Während der Strom mich immer schneller mitriß, sah ich die Fichten vor mir abknicken. Nur noch ihre Spitzen überragten zu beiden Seiten die Ufer. In das Rauschen mischte sich ein gefährlicher Unterton. Über der weit vor mir abbrechenden Stromkante hing ein befremdlicher Dunst.

Mit ein paar wuchtigen Paddelschlägen riß ich das Kanu herum, stellte den Bug gegen die Strömung, versuchte, dagegen anzupaddeln. Vergeblich. Ich mußte raus, mußte sofort raus. Ich kam dem Ufer näher, aber wie sollte ich anlegen? Einen Herzschlag lang glaubte ich, die einzige Rettung bestünde in einem entschlossenen Sprung über Bord. Nein, alles nur das nicht. Das Kanu wäre verloren und damit meine Rettungsleine gekappt. Nur zusammen mit dem Boot würde ich wieder rauskommen aus dieser unbewohnten Wildnis!

Das Ufer kam näher, da war eine vorspringende Felsnase. Das Boot rutschte über die Schwelle, tauchte ein in das weiße Gebrodel dahinter. Unsichtbare Hände schienen die rasende Fahrt zu stoppen. Ich sprang auf den aus dem Kehrstrom ragenden Felsen, schnappte die Leine, vertäute sie aufatmend. Dann turnte ich die paar Schritt zur Abbruchkante und blickte schaudernd hinein in ein tosendes, brüllendes, schauriges Chaos von Fels und Wasser, von Gischt und Schaum, von Strudeln und Wirbeln.

Es lief mir kalt den Rücken runter: Mein Gott, wenn ich da hineingeschlittert wäre! Das wäre das unwiderrufliche Ende nicht nur der Flußfahrt gewesen – das hätte das definitive Aus und Vorbei bedeutet. Geblieben wäre eine grünbemooste Wasserleiche, die irgendwann irgendwo angetrieben worden wäre.

Ich war ratlos. Ich wußte nicht, wie es weitergehen sollte, ich mußte mir erstmal einen Überblick verschaffen. Ich bestieg einen sich knapp über die Baumwipfel hinaus erhebenden Felsknollen. Vor meinen Augen dehnte sich ein anderer, ein weiterer See, in den sich „mein" vordem so freundlich hilfreicher und jetzt so plötzlich brutal mörderischer Fluß ergoß und sich zum sanften, behäbigen Tragetier zurückverwandelte.

Während ich noch überlegte, wie ich das Kanu durch diese Waldwildnis ins Unterwasser schaffen könnte, sah ich den halb zugewachsenen Trail. Ich folgte ihm dreißig, vierzig Schritt weit und stand an einer stillen, einer geradezu lieblichen Sandbucht.

„Zuckerbrot und Peitsche, das und nichts anderes ist ein solcher Wildnistrip. Diesmal wird mir das Zuckerbrot serviert", knurrte ich vor mich hin.

Es dauerte keine halbe Stunde, dann hatte ich die wilde Kaskade auf dem Land-

Flußfahrt im Yukon

weg überwunden. Mein Kanu stach hinaus auf eine unbewegte, in den Gelb-, Orange- und Rottönungen des Abendlichtes magisch schimmernde Wasserfläche.

Ich hatte mein Lager für die Nacht aufgeschlagen. Ich war nachdenklich geworden. Das grausige Bild der tosend taumelnden, der stürzenden, alles verschlingenden Kaskade ließ sich nicht verdrängen. Vielleicht war es doch ein Fehler gewesen, allein loszufahren? Meine Ungeduld, mein Übermut und Leichtsinn hatten mich in die Bredouille geritten! Wie schon öfters in meinem Leben. Aber beim alten, vor sich hinsabbernden Moses, ich saß in der Scheiße und mußte durch. Am besten, sich am eigenen Schopf packen und raus damit. Vielleicht würde es gar nicht so schlimm. Ich mußte halt aufpassen auf dem Fluß! Vor jeder unklaren Ecke mußte ich anlegen und mir das Problem angucken, und wenn's zu riskant war, mußte ich das Kanu aufasten und umtragen! So wirds gemacht und nicht anders. Da sollte es doch mit dem Teufel zugehen, wenn ich's nicht schaffen würde!

Ich hatte keinen rechten Appetit. Statt mir überm Feuer ein frisches Bannockbrot zu rösten, kaute ich mißmutig an den vergammelten Resten des Frühstücks herum. Dann wickelte ich mich in eine Decke, legte – für alle Fälle – die Axt parat. Obwohl mich manch übler, erschreckender Gedanke noch eine Weile beschäftigte, schlief ich endlich ein.

In der Nacht schreckte ich auf. Ich vernahm ein fernes Rauschen, das hin und wieder zu einem Brausen wurde, das abklang, um dann noch drohender als vorher anzuschwellen. Ich richtete mich auf.

„Mein Gott, ist denn dieser Fluß verrückt geworden?" dachte ich, „hat sich dieser verfluchte Katarakt, hat sich diese hundsgemeine Kaskade aus ihrer Verankerung gelöst und sich aufgemacht, mich hier zu überfallen?" Gespannt und besorgt lauschte ich eine Weile, sah aus der heruntergebrannten Glut des Lagerfeuers ein Paar Funken in die Höhe stieben. Wind war aufgekommen. Ein Sturm war losgebrochen, der den Lärm des Kataraktes zu mir hertrug, der in scharfen Böen in den Wald fegte, die Wipfel peitschte. „Wind, Sturm, was soll mir das schon anhaben?" dachte ich trotzig. Schließlich befand ich mich auf dem festen Land und nicht auf hoher See. Ich ließ mich aufatmend zurücksinken.

„Trotzdem, ich muß aufpassen", überlegte ich, „ich muß einen klaren Kopf behalten. Das Ganze darf sich nicht zur Psychose entwickeln. Aber verflucht nochmal, solange ich nicht weiß, wo ich bin, wie soll ich da auch nur ahnen, was auf mich zukommt?"

Ich drehte mich auf die andere Seite, versuchte, wieder einzuschlafen. In dieser Nacht ging mir der Gedanke an den Snare River nicht mehr aus dem Kopf. Die Erinnerung vermittelte mir immer schärfere Bilder: Bilder von mörderischen Stromschnellen, Kaskaden und Wasserfällen, die ich überflogen hatte. Eine davon war Hell's Gate, das Höllentor. Wenn ich da reingeriet, dann Gute Nacht! Die Frage war: Befand ich mich noch vor oder bereits hinter dieser Wasserhölle? Der eigentliche Snare ist ein Gewässer von beachtlichem Volumen, ganz im Gegensatz zu dieser Seenkette mit den Flußabschnitten dazwischen. Bei halbwegs realistischer Einschätzung der Situation gab es kaum einen Zweifel: Ich befand mich vor Hell's Gate! Da mußte ich durch, oder mich irgendwie drumherum mogeln. Mir grauste bei dem Gedanken an das Höllentor.

Oder war es ein anderes, weniger gefährliches Seen- und Flußsystem, auf dem ich herumkrebste? Auch das schien mir möglich, aber wenig wahrscheinlich. Egal, ich mußte mich an die Schwierigkeiten herantasten und dann überlegen. Vielleicht ergab sich sogar die Möglichkeit, über Land zu gehen, Hölle, Teufel, diesem Scheißfluß ein Schnippchen zu schlagen.

Schon im ersten Morgengrauen war ich auf den Beinen und unten am Ufer. Der Fluß war mein einziger Weg, meine Rettung. Oder mein Verderben. Die Chancen standen 50:50. Mutter Natur bestimmte den Kurs. Es hatte keinen Sinn, sich verrückt zu machen, sich den Kopf zu zermartern. Das Gegenmittel, überlegte ich mir, ist eine Tasse Tee, ein ordentlicher Brocken Bannock und dann ins Kanu und los und ab und weiter.

Der Himmel hatte sich bezogen. Der Wald sah aus wie in graue Grießsuppe getaucht, der See schien von einem gigantischen Reibeisen graugerauht, die Uferbüsche standen trist-traurig Spalier. Die vorher so leuchtenden Farben waren verblaßt, Konturen und Kontraste verschwommen.

„November überm Moor", dachte ich. Eine steife Brise wehte aus dem Nordosten. Sie würde mich schieben, würde mir die Mühe des Paddelns abnehmen. Ich brauchte nur Kurs zu halten.

Auf dem folgenden Abschnitt schien das Reisevergnügen auf einem „Weg, der selber läuft“ wiederzukehren. Wenn jetzt auch noch die Sonne schiene! Aber man kann nicht alles haben auf der Welt und erst recht nicht alles auf einmal, tröstete ich mich.

Es mochten fünf, es mögen vielleicht acht Kilometer sein, während denen das Gewässer klar und stetig zwischen hohen Böschungen durch ein breites, sandiges Tal zog. Unvermittelt rückten die Ufer wieder zusammen. Ich glaubte, ein fernes Grollen zu vernehmen. Donner? Ein aufziehendes Gewitter? Oder schon wieder so ein fürchterlicher Wasserfall? Womöglich gar das Hell's Gate?

Der Fluß drehte sich in eine scharfe Kehre hinein. Von den stromab sichtbar werdenden Uferfichten sah ich einmal mehr nur die Spitzen. Aha, der bewußte Knick nach unten. Noch lief alles glatt. Durch vorsichtiges Rückwärtspaddeln versuchte ich, das Boot in der zunehmenden Wassergeschwindigkeit abzubremsen. Angespannt und aufmerksam forschten meine Augen in die Richtung, wo die Oberfläche abbrach, wo die Kante des Wasserfalls lauerte.

Bis dorthin dürfte es noch ein gutes Stück sein. Wenn ich konzentriert und vorsichtig weiterfuhr, würde ich rechtzeitig rauskommen. Bei meinen Überlegungen übersah ich die kleine, harmlose Felsstufe direkt vor meinem Bug. Das Kanu neigte sich unvermittelt nach vorn, ich hielt überrascht den Atem an, tauchte in das schaumige Gebrodel, schoß wieder hoch. Ein kurzer Augenblick des Triumphes: Ich war unbeschadet durchgekommen!

Das kleine Glücksgefühl erwies sich sehr rasch als trügerisch und verflüchtigte sich in Sekundenschnelle. Es kippte, es stürzte ab in panisches Entsetzen: Die glatte, scharfe Strömung saugte, schluckte mich samt meinem Boot unwiderstehlich in die eigentliche Kaskade; sie riß mich – ich mochte mich wehren, wie ich wollte – wie ein hilfloses Streichholz in der Regenrinne mit sich fort. Schaudernd sah ich die schaumigen Spritzer, die hinter der Abbruchkante der glatten, wie feuchter Anthrazit schimmernden Stromzunge als groteske Geisterhände hochkamen; ich hörte, wie das Rauschen zum Brausen und das Brausen zum Donnern wurde. Ich spürte, wie sich etwas in meiner Brust verkrampfte, wie es säuerlich aus dem Bauch hochkam. Die Maus in den Löwenpranken!

Dann hatte mich der Strom auch schon in den Rachen des großen Schluckers, in eine schäumende, wirbelnde Zentrifuge geworfen. Ich stürzte mit meinem Kanu direkt in Nöcks weißgischtende Kluse. Mir stockte der Atem; vor und in meinen Augen, in meinem Mund, um mich herum war nur noch weißes, blendendes Wasser. Das Boot tauchte, taumelte aus der brodelnden Gruft hervor, wurde hochgeschleudert, balancierte einen bangen Augenblick auf dem Scheitel des Schwalls und sauste hinein in einen neuen, atemraubenden Höllenschlund, in dem die Lorelei, hundert Nixen und Najaden mit den Wassergeistern Nöck und Göck, mit einem Dutzend Gespenster eine rasende Orgie feierten. Aber sie hielten das Kanu nicht fest. Übermütig warfen, stießen sie es weiter. Es flog hinauf auf den nächsten Wasserberg, fiel hinunter in den folgenden, brodelnden Trog.

Der rasende Strom stockte um den Bruchteil eines verfliegenden Gedankens, um sich mit rücksichtsloser Berserkerwut gegen eine Felsbastion zu werfen. Ich erkannte in einem grauenvollen Augenblick des Entsetzens, daß das Kanu an ihr wie eine Eierschale zerplatzen mußte. Ich wehrte mich mit panischer Besessenheit, doch der tobsüchtige Fluß hohnlachte meinen panischen Paddelschlägen. Er riß mich halb herum, trieb mich quer vor die finstere, naßschründige Wand, die wie ein Schiffsbug in der Flut stand. Das rasende Element würde mich im nächsten Augenblick wie eine Fliege an die Wand klatschen.

In letzter Sekunde schien es, als schrecke der Fluß vor diesem unverrückbar massiven Hindernis zurück. Vielleicht wollte er auch nur neue Kraft für einen weiteren Ansturm sammeln? Der Schwall des Rückstaus bremste das Kanu einen Augenblick, der Querstrom riß es weiter, riß es Zentimeter an den sich schwarz türmenden Gesteinsmassen vorbei. Ich glaubte, nach einer alptraumhaften Fahrt durch den Tunnel einer Geisterbahn endlich Licht zu sehen. Da packte zuböserletzt der Fangzahn eines nur wenige Zentimeter überronnenen Felsblocks das Boot und kippte es zur Seite. Ich stürzte in den Fluß, wurde hinuntergesogen und wieder an die Oberfläche gespuckt. Ich schaukelte durch ein paar hohe, aber harmlose Schwälle, bis sich diese auf der stillen, schaumigen Fläche eines kleinen Sees verliefen.

Ich kraulte an Land, rieb und schüttelte das Wasser aus Augen und Ohren. Ich sah mein Kanu kieloben langsam wegtreiben. Ich blickte einen Augenblick hinterher, erstarrt und unfähig, einen klaren Gedanken zu fassen.

Mich durchzuckte der Gedanke: „Das Kanu, das Kanu, das brauche ich doch." Ich stürzte mich erneut ins Wasser, kraulte los. Mit letzter Kraft, drückte, schob und zerrte ich mein kopfüber im Wasser liegendes, schwer und störrisch reagierendes Gefährt an Land. Ich atmete auf: Meine Nabelschnur, meine Verbindung zur Außenwelt war intakt geblieben. Doch alles andere war weg. Ich hätte Verpflegung und Ausrüstung anbinden müssen.

Danach hockte ich zitternd und zähneklappernd in der bedrückenden Düsternis des tropfenden, schutzlos gewordenen Dickichts. Das Wetter hatte sich weiter verschlechtert; es war kalt geworden. Ein heulender Regensturm schleppte die nassen, schweren Säume trauerschwarzer Titanenkleider über Wald, Seen und Tundra.

Außer dem Kanu und einem Paddel besaß ich nichts mehr als das nasse Zeug, das ich am Leib trug. Alles andere war abgeschwommen. Vergeblich hatte ich versucht, mit klammen, bebenden Händen ein Feuer zu entfachen. Die Streichhölzer waren unter diesen Verhältnissen unbrauchbar. Es gab keine Möglichkeit, sie zu trocknen.

In der Nacht fiel ich in einen flachen, fiebrigen Schlaf, aus dem ich immer wieder aufschreckte: Ich glaubte, ein unheimliches Knarzen und Fauchen zu vernehmen, wie es nur Windigos Geisterschlund entweichen konnte. Ich sah glühende Krallen, die aus der Dunkelheit heraus nach mir griffen. Ich blickte in entsetzliche

Elchbullen

Geisterfratzen. In meinen Ohren schrillte ein unirdisches Pfeifen, dem folgte ein gespenstisches, langgezogenes, klagendes Heulen. Ein Röhren, wie aus dem Rachen eines riesigen urzeitlichen Höhlenbären, ließ mich bis ins Mark erschauern. In die Produkte meiner Fieberphantastereien mischte sich das ganz reale Brausen, Donnern und Dröhnen, die furchtbare, vom Wind herbeigetragene Akustik des Kataraktes.

Es war der Nachhall des schrecklichen Erlebnisses, der tödlichen Gefahr, der ich nur durch ein Übermaß an Glück entkommen war. Was danach auf mich warten würde, ahnte ich nicht einmal. Nur eins war sicher: Es sah nicht gut aus.

Den schrecklichen Lautgemälden folgten Phasen, in denen ich in ein bodenloses, schwarzes Loch zu fallen glaubte, aus denen mein Geist nur mit Mühe heraustaumelte, um erneut von Delirien eingeholt und überfallen zu werden. Als endlich der Morgen graute, fühlte ich mich als übriggebliebenes, vom Licht des heraufdämmernden Tages getroffenes Gespenst. Ich hustete und kotzte mir fast die Seele aus dem im Schüttelfrost zitternden Leib; ich fieberte mit klappernden, klirrenden Zähnen. Meine Gedanken, mein Wille deuteten nur noch in eine einzige Richtung: Ich mußte fliehen, mußte fort – weg, nur weg von diesem dämonischen Ort.

Ich taumelte, als ich zum Kanu hinunterging.

Währenddessen geißelte der Wind unerbittlich die regenschweren Wolken. Sie schüttelten sich, entledigten sich ungehemmt ihrer Last. Vielleicht glaubten sie, dadurch dem Sturm eher entkommen zu können. Sie überschütteten Tundra, Wälder und Seen mit prasselndem, treibenden Regen. Sie durchweichten mich weiter und füllten das Kanu. Aber ich hatte den Sturm im Rücken, die Windsbraut peitschte mich über den See.

Der Strom gebärdete sich wie ein durchgehender, nach allen Seiten auskeilender Bronco. Der in der Tiefe lauernde, böse Wassergeist hatte seine Krallen ausgefahren, war bereit, sein Opfer zu packen und in die Tiefe zu reißen. Und ich bekam in meinen Fieberdelirien kaum noch etwas mit von alledem.

Die Indianer, die mich gesehen und mir unbemerkt gefolgt waren, passierten mein breitseits durch Wellen, Schwälle und Brecher schaukelndes Boot. Sie mußten wohl haarsträubende Manöver riskieren, um nicht selbst von der Wasserhölle geschluckt zu werden.

Sie schafften es, wenn auch total durchnäßt und mit etlichen Gallonen Wasser im Boot. Sie steuerten aufatmend in die Kehrströmung, den sanft und breit auslaufenden Wirbel, der ihnen half, ihre Position zu halten.

Wie sie mir später erzählten, trauten sie ihren Augen nicht: Mein Boot wippte, schaukelte, drehte und wand sich über die höchsten Schwälle und Brecher. Es kippte und kenterte nicht, es schlug nicht einmal voll. Es schwamm wie ein Holzstückchen im Bach. Es schwamm, ohne zu zerbrechen; es kam heil mit mir als untätigem Passagier durch und auf ebenem Kiel unten an.

Vielleicht war's der Regen. Das Hochwasser hatte die scharfkantigen Felsen, hatte die Reißzähne im Rachen der Flußdämonen überspült.

Von ihrem Camp aus beorderten die Indianer über das Funkgerät einen Buschpiloten mit seinem Wasserflugzeug zu sich her. Sie stopften mir allerlei Pillen in den Hals, flößten mir heißen Tee, weitere Pillen und ein paar geheimnisvolle Mittelchen ein. Ich war viel zu geschwächt und apathisch, um mich dagegen aufzulehnen.

Was letztlich mir geholfen hatte, mich nach zwei, drei Tagen wieder voll auf die Beine zu bringen, ist mir heute noch nicht klar. Vielleicht alles zusammen. Ich beschloß, es den Indianern gleichzutun und den Flußgöttern mit dem allergrößten Respekt zu begegnen.

Ich habe mich zeitlebens daran gehalten.

Halbstarke Nachkriegsjahre – Erinnerungen

Meine Rekonvaleszenz gab mir Zeit und Gelegenheit, einmal mehr im Fotoalbum meiner Erinnerungen zu blättern. Auf einem Foto erscheint ein schlacksiger, ein bißchen unterernährt aussehender, halbausgewachsener Typ; einer, der mit einer unverkennbaren Skepszis in die Kamera guckt. Der Typ – das bin ich.

Wir waren seinerzeit in Ludwigsburg von französisch-marokkanisch-senegalesischen Truppen vom „Nazijoch befreit worden". So hieß es offziell. Unsere „Befreier" benahmen sich, wie sich seit altersher Sieger Besiegten gegenüber benehmen. Es wurden Anschläge ausgehängt: „Es ist verboten", „Es wird mit dem Tode durch Erschießen bestraft", „Sperrstunde ist von – bis". Eine Verhaftungswelle setzte ein. Unnachsichtig traf es Überzeugungstäter, Mitläufer und viele, viele Unschuldige. Die Lager der Franzosen waren gefürchtet. Was dort ablief, kam nie ans Tageslicht. Auch die einstigen Insassen der Lager haben kaum darüber gesprochen. Jedenfalls kehrten nicht wenige überhaupt nicht mehr – andere als kranke oder gebrochene Männer zurück.

Die Franzosen befreiten uns von allem, was ihnen mitnehmenswert erschien: Armbanduhren, Fahrräder, Radios, Werkzeug ... Sie requirierten die noch unzerstörten Häuser, um selbst darin zu residieren und jagten die Eigentümer davon. Mochten die unterkommen, wo sie wollten. Sie hausten wie die Vandalen. Sie vergewaltigten, plünderten nach Belieben, erschossen die Leute, die sich ihren Übergriffen widersetzten. Sie knallten im Schloßpark die Hirsche ab. Die Messieurs les Officiers griffen nicht ein. Sie hoben die Schultern. C'est la guerre ...

Sie überließen es ihren Mannschaften, für das Rache zu üben, was deutsche Soldaten in Frankreich während der Besatzungszeit – angeblich und in Wirklichkeit – an Verbrechen verübt hatten. Auge um Auge, Zahn um Zahn. Die schlimmsten und weitaus gefährlichsten waren die Marokkaner. Rache kann wohl kaum ihr Motiv gewesen sein. Kein deutscher Soldat hat je marokkanischen Boden betreten.

Nachdem die Franzosen und ihre Soldateska den Rahm abgeschöpft hatten, kamen die freigelassenen „Fremdarbeiter". Es waren Zwangsverpflichtete vor allem aus den sogenannten „besetzten Ostgebieten", d.h. aus Polen, vom Balkan, aus der damaligen Sowjetunion. Viele dieser Männer und Frauen hatten sich bewaffnet. Sie lösten eine zweite Plünderungswelle aus. Sie waren gründlicher als die Soldaten.

Da sie mehr mitnehmen konnten, rafften sie Überreste von dem zusammen, was ihnen brauchbar erschien. Wieder waren Mord und Totschlag an der Tagesordnung. Wer sich ihnen unbewaffnet in den Weg stellte, der mußte dran glauben. Das französische Militär sah diesem Treiben passiv oder auch hohnlachend zu.

Wir zogen erstmal die Köpfe ein. Unsere Begeisterung für Führer, Volk und Vaterland war wie eine Kerze im plötzlichen Luftzug erloschen. Wir brauchten immer noch nicht zur Schule zu gehen. Alle hungerten. Es gab weder Strom noch Wasser. Die geringen Vorräte waren erschöpft oder den Plünderern zum Opfer gefallen. Es gab hin und wieder eine kleine Brotzuteilung, zum Sterben zuviel, zum Leben zu wenig.

Wir sahen uns durch den Überfluß der Besatzer herausgefordert. Wir Kinder begannen, zu klauen wie die Raben. Wenn ein französischer Jeep unbewacht herumstand, waren wir da und räumten ab. Wir erbeuteten nicht nur Lebensmittel.

Als es dann hieß, die Franzosen müßten das Feld räumen und es den Amerikanern überlassen, ging eine Welle der Erleichterung durch die Stadt. Schlimmer konnte es kaum noch kommen ... Am 4. Mai 1945 war es endlich soweit. Doch die Leute ächzten unter einer dritten Plünderungswelle. Was die abziehenden Truppen nicht mitnehmen wollten oder konnten, das schlugen die in Trümmer, zündeten es an. Sie schissen auf die Tische, in die Schränke und in die Klaviere. Nochmals wurden wahllos Zivilisten verhaftet und deportiert.

Immerhin konnten wir Ludwigsburger froh sein, daß es uns nicht so ging wie den Menschen im nicht weit entfernten Freudenstadt. Dort war ohne ersichtlichen Grund eine beispiellose Plünderungs- und Vergewaltigungswelle durch die Stadt und das Umland gefegt. Zum bösen Schluß ließ General König (oder war er gar der Anstifter?) zu, daß einer der schönsten, erhaltengebliebenen historischen Marktplätze Deutschlands beim Abzug noch rasch abgefackelt wurde.

Den Einzug der Amerikaner sahen wir mit einer Mischung von Angst, Mißtrauen, Erleichterung, Bewunderung ob des enormen Kriegsmatererials, Neid ob der luxuriösen Verpflegung und all den übrigen, ihnen verfügbaren, scheinbar unbegrenzten Ressourcen. Wir machten große, runde Augen und – nachdem wir die GIs im Prinzip als (uns gegenüber) harmlos erkannten – kamen wir aus dem Staunen nicht mehr heraus. Mit einher ging ein Gefühl von Erleichterung. Die direkte Bedrohung für Leib und Leben durch die Kriegsereignisse und die Maltraitierung unter dem Regime der Franzosen gehörte erst einmal der Vergangenheit an.

Das bedeutete keineswegs, daß damit unsere Probleme gelöst waren. Lebten wir im letzten Kriegsjahr am Rande des Existenzminimums, so überschritten wir diesen schmalen Grat während der Monate danach. Wir drohten, ins Jenseits, das heißt, in Hunger und Not abzustürzen.

Es ging weiter um das schiere Überleben, wenn auch auf anderer Ebene. Es galt, zusammenzuraffen und heimzutragen, was greifbar war. Not kennt kein Gebot.

Diese Volksweisheit wurde Allgemeingut. Wir beklauten die Reichen, das war das amerikanische Militär, wo und wie wir nur konnten.

Es war ein Survival-Training, das sich über Jahre hinzog. Stolz und Selbstachtung konnten wir uns nicht mehr leisten. Trotzdem gab es die Hilfsbereitschaft und Solidarität der Habenichtse. Das war damals die überwiegende Mehrzahl der Deutschen.

Auch wenn sich die Versorgungslage kaum gebessert hatte – mit den Amerikanern zog eine zuvor unbekannte Lässigkeit ein, auf der anderen Seite aber auch eine gewisse Form von Law & Order. Die Leute atmeten auf. Sie bekamen Maisbrot und Corned Beef. Maisbrot deshalb, weil irgend ein Verwaltungstrottel von Korn oder Roggen, als dem für die Bevölkerung überlebenswichtigem Gut gesprochen hatte. Die Amerikaner hatten nicht „Korn“ (Roggen) sondern „corn“ (Mais) verstanden. Eine Woge ihres Überschusses von Maismehl rettete viele vor dem Verhungern, ließ aber bei manchem einen schalen Geschmack zurück.

War die Versorgungslage der Franzosen schon um ein Vielfaches besser als die der Zivilbevölkerung, schwammen die Amerikaner förmlich in kulinarischen Kostbarkeiten. Wir Kinder bemühten uns nach Kräften, ihren Überfluß wenigstens zum Teil abzubauen. Vor allem bei den Schwarzen kamen wir gut an und mit ihnen auch gut aus. Wir besorgten ihnen illegal gebrannten Schnaps und gaben ihnen Hinweise, wo sie auch mal ein „Fraulein“ aufreißen konnten, das sich nicht an der Hautfarbe störte. Sie gaben uns Schokolade, Kaugummi, Kekse, Konserven, Zigaretten, ließen uns Sprit abzapfen und schauten weg, wenn auf dem Bahnhof ein Güterzug stand und reiche Beute versprach.

All diese Herrlichkeiten behielten wir keinesfalls für uns, sondern lieferten sie brav ab oder verhökerten sie weiter für Kleidung, Schuhe, Brot, Butter, Fleisch.

Manchmal ging es auch schief. Beispielsweise in jenem fatalen Fall, wo wir ein paar Kisten mit olivfarbenen Dosen erbeutet hatten. Auf den Dosen war das Wort „oil“ – also Öl – deutlich erkennbar. Öl war ein überaus geschätzter und hochwertiger Tauschartikel. Doch bevor wir unseren Schatz nach Hause schaffen konnten, fiel eine Gang größerer und stärkerer Jungs über uns her und nahm uns einen Teil unserer Beute ab. Immerhin behielten wir mehr als genug übrig, um unsere Angehörigen und auch noch den gutgelittenen Teil der Nachbarschaft zu versorgen. Alsbald hob ein allgemeines, fröhliches Pfannkuchenbacken an.

Nicht mal eine Stunde danach zeigte sich die fatale Folge von damals fehlenden Englischkenntnissen: Männer, Frauen und Kinder der Umgebung schissen sich förmlich das Gedärm aus dem Leib. Das „oil“ war Torpedo-Schmieröl, wie alsbald einer, der Bescheid wußte, den Betroffenen erklärte. Wie es ins tiefe Binnenland nach Ludwigsburg gekommen war, lag in den unergründlichen Aktionen der Militärbürokratie verborgen.

Außer einer gründlichen Purgation, einem gewissen Prestigeverlust unsererseits, zeitigte der Schmierstoff glücklicherweise keine negativen Folgen. Wir trösteten

Osterlager 1951 am Gardasee

Schwäbische Jungenschaft

uns: Den verdammten Kerls, die uns einen Teil unserer Beute abgenommen hatten, brannte das Arschloch genau wie uns selbst. Sie ließen uns künftighin in Ruhe.

Im Sommer 1945 kam die schreckliche Nachricht: Mein Vater war in französischer Gefangenschaft gestorben. Wie meine Mutter diesen Schlag verkraftete, ist mir heute noch ein Rätsel. Vielleicht tröstete sie sich damit, daß es Millionen von Frauen in jener Zeit nicht besser ging. Wahrscheinlich hatte sie überhaupt keine Zeit, in depressiver Trauer zu versinken. Sie mußte schließlich zwei Bälger, meine Schwester und mich, und sich selbst durchbringen. Das war in jenen Hunger- und Leidensjahren eine heroische Leistung. Es gab vorläufig auch keine Rente für uns.

Der „Dank des Vaterlandes“ bestand in den Schikanen durch die Behörden, weil mein Vater angeblich der „verbrecherischen Organisation der SS“ angehörte. Auch damit mußte meine Mutter fertigwerden. Obwohl sie dafür nun wirklich nichts konnte. Nicht einmal mein Vater war dafür verantwortlich: Er wurde eingezogen und als fast vierzigjähriger Veteran dem Grenzschutz zugeteilt. Daß diese Truppe dann der SS unterstellt wurde, dafür konnte er wirklich nichts.

Es waren oft die, die früher am lautesten „Heil“ geschrien hatten, die jetzt schon wieder wie die Maulwürfe nach oben gekommen waren, das Maul aufrissen und den Gang der Dinge zumindest mitbestimmten. Es waren die, die nach unten traten und nach oben buckelten und später als CDU-Mitglieder wieder Posten und Pöstchen ergatterten.

Meine Mutter besaß keine Ersparnisse; das Geld hätte ohnehin keinen Wert gehabt. Es gab kein Vermögen. In unserem Haushalt gab es kaum verzichtbare Dinge, die sie gegen Lebensmittel hätte eintauschen können. Als ob dies nicht genug gewesen wäre: Meine kleine Schwester Gerda hatte aufgrund der Unterernährung einen schweren Leberschaden davongetragen und wurde von einem Krankenhaus ins nächste geschickt.

Meine Mutter hatte – wie die meisten Frauen damals – keinen Beruf. In eine Fabrik oder sonstwohin zu gehen, war undenkbar; es lag ja alles in Trümmern! Sie half sich, indem sie in mehreren Haushalten gleichzeitig mitarbeitete. Sie hielt sich selbst für unwichtig. Hauptsache, die Kinder hatten wenigstens halbwegs was zu essen und anzuziehen. Bei ihrer Arbeit ging es weniger ums Geld, sondern darum, Lebensmittel und abgetragene Kleider zu bekommen.

Mit elf, zwölf Jahren mußte ich meinen Beitrag leisten, die Familie zu ernähren. Ich war mittags nach der Schule Austräger einer Wäscherei und half am Abend in einer Buchdruckerei mit. Wenn meine Freunde auf der Straße Fußball spielten, mußte ich der verdammten Arbeit nachgehen.

Es war nicht so sehr diese Arbeit, die mich fertigmachte. Es war das Eingespanntsein, der Freiheitsverlust. Außerdem: Wie und wann sollte ich Hausaufgaben machen, zu Hause lernen, mich vorbereiten?

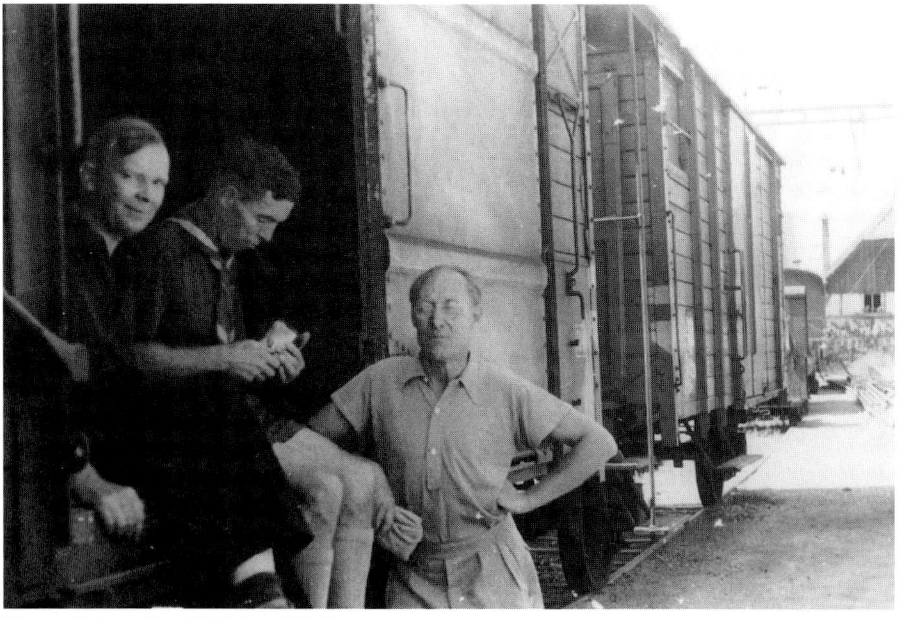

Werner Helwig, Karl Mohri und Wickler

Osterlager Vogelhof 1950

Wenn ich auf etwas stolz sein kann, dann auf die Tatsache, daß ich noch als halbes Kind meinen Beitrag leistete, ein bißchen was verdiente, ein bißchen was organisierte, ein wenig dazu beitrug, meiner Mutter ihre Bürde zu erleichtern. Abends saß sie dann da und änderte die Anzüge, Mäntel und Hemden meines Vaters um, damit wir was anzuziehen hatten. Meine Mutter gehörte zu den Frauen, denen es nie vergönnt war, einmal die Hände in den Schoß zu legen, die sich – ich weiß, es klingt pathetisch, doch es war so und nicht anders – für ihre Kinder aufopferten.

Natürlich bereitete auch ich ihr Sorgen. Wir waren ja alles andere als brave, angepaßte Knaben. Wie oft kam ich mit zerrissenem Schuhwerk, durchlöcherten Hosen nach Hause. Das war eine Katastrophe, denn Ersatz war nur im Tauschgeschäft zu bekommen und riß dann anderswo ein beträchtliches Loch.

Wie die meisten meiner Generation, war auch ich sehr früh ins kalte Wasser geworfen worden und mußte sehen, wie ich schwamm. Selbstbehauptung und Durchsetzungsvermögen waren im täglichen Kampf überlebenswichtig. Meine Aggressivität führte auch innerhalb der Familie manchmal zu Trotzreaktionen und Aufsässigkeiten. Auch damit mußte meine Mutter fertigwerden.

Für sie war wichtig, daß die Nachbarn nicht schlecht über mich sprachen, daß ich und später meine Schwester einmal etwas „Ordentliches“ lernten.

Wie es auch gewesen sein mag: Sie hat mir vieles nachgesehen und mich immer in Schutz genommen. Ob ich, wie einmal geschehen, mit einem Wanderzirkus durchbrannte – wie auch später, als ich „auf Fahrt“ ging und für diese Zeit als Miternährer ausfiel.

Ich geriet mit meinen Lehrern in Konflikt. Überhaupt die Schule und die Lehrer! An sie habe ich die unangenehmsten Erinnerungen meiner Kindheit.

Nach dem Krieg waren wir in dieser Hinsicht vom Regen in die Traufe gekommen. Die Hitlerbilder waren abgehängt, die Kreuze wieder aufgehängt worden. Statt des Nazi Uhl maltraitierte uns jetzt ein anderer Vogel, der Pfau. Pfau war in unseren Augen auch kein „Echter“. Er war bei der Flak und damit kein Frontsoldat und in unseren Augen kaum besser als der Drückeberger Uhl.

Ich erinnere mich noch gut, wie er in seiner Luftwaffenuniform, von der er Litzen und Hoheitsabzeichen abgetrennt hatte, vor uns stand, arrogant auf den Fußballen wippte und uns wie zuvor Uhl nach Lust und Laune durchwalkte.

Mein größtes Problem waren die elenden Hausaufgaben. Mir fehlte einfach die Zeit dazu. Hinzu kam die Doppelbelastung Schule und Arbeit und das bei halber Verpflegung. Das machte sich trotz Schulspeisung bemerkbar: Ich kippte mehrfach aus den Latschen und wurde von dem verdienstvollen Pädagogen Pfau dafür noch vor der gesamten Klasse lächerlich gemacht! Ich hätte ihm die Gurgel durchbeißen können.

Aber sich zu Hause zu beklagen und womöglich die Eltern da mithineinzuziehen, das war undenkbar.

Es hätte für mich die Chance bestanden, auf dem Gymnasium weiterzumachen, da wir ohnehin mit diesem zusammengelegt worden waren. Doch dafür fehlte uns das Schulgeld, die Mittel zum Kauf der Bücher. Es war vielleicht ganz gut so. Ich wäre erst sehr spät, allenfalls nach dem Abitur zum Geldverdienen gekommen und hätte dann auch noch studieren müssen ... Ein utopischer Gedanke, angesichts der bestehenden Verhältnisse!

Wie alle Kinder besaßen auch wir einen natürlichen Sinn für Fairness und Gerechtigkeit. Sich mit einem Gleichstarken oder einem Stärkeren anzulegen, das war okay. Einen Schwächeren oder Jüngeren zu verprügeln, galt als Schande. Wir verachteten schon deshalb den Pfau, weil wir keine Chance hatten, uns gegen ihn zu wehren.

Wenn uns beispielsweise einer von den jüngeren nickelig daherkam oder uns gar piesakte, dann bekam er auch eine gefegt, aber mit der offenen Hand. Wenn einer aufgab, dann war ohnehin Schluß. Nachgeschlagen wurde nicht.

Nicht der Klassenprimus hatte das Sagen, sondern der beste Kämpfer, der nicht unbedingt der Stärkste sein mußte. Wie selbstverständlich entstand dadurch eine Art von Faustrecht, eine Hackordnung mit ganz bestimmten Regeln, die sich über den Schulhof bis auf die Straße fortsetzte.

Nach einer nicht sonderlich bemerkenswerten Straßenschlägerei mit meinesgleichen bekam ich es mit einem Kriminalbeamten zu tun. Ich hatte einen riesigen Bammel, als er mich zu sich bestellte. Doch es wandte sich alles zum Guten: Mir drohten weder die Einlieferung in eine Jugendstrafanstalt noch sonst irgendwelche Repressalien. Ich sollte statt dessen Mitglied des Boxsportvereins O7 Ludwigsburg werden und mit der Jugendstaffel trainieren! Der Kripo-Bulle war dort Jugendtrainer. Ich war begeistert. Ich war stolz und aufgeregter als jene Nonne, die im Wald einen nackten Mann trifft, als ich bei einem Kampf gegen den damals besten Verein Deutschlands, den Boxsportclub Neckarsulm, im Papiergewicht erstmals „ins Rampenlicht der Öffentlichkeit" trat. Ich kämpfte auf Socken. Schuhe besaßen nur die älteren Sportler in den oberen Gewichtsklassen.

Das Boxen erwies sich nicht nur als Mittel der Körperertüchtigung und Charakterschulung, sondern auch als eine weitere Form der Überlebensstrategie: Nach den Kämpfen gegen die Teams der Amerikaner gab es soviel zu essen, wie hineinging. Wir konnten sogar noch was mit nach Hause mitnehmen. Zusätzlich bekamen wir auf diese Art eine vernünftige Sportausrüstung.

Diese Schiene eröffnete manchem von uns eine zusätzliche Einnahmequelle: Es war die Arbeit auf den Bowlingbahnen der amerikanischen Clubs. Aufsetzmaschinen gab es damals noch nicht, dafür brauchte man Hiwis wie uns. Es war eine schweißtreibende Arbeit für flinke Hände und ebenso flinke Füße. Aber es lohnte sich. Sowohl was das Geld anging, wie auch die Trinkgelder und manche heißbegehrten Naturalien.

Es wäre alles prima und in Butter gewesen, wenn das alles nicht soviel Zeit gekostet hätte. Zeit, die mir fehlte zum Box-Training, zum Rumtoben auf der Straße.

Es half nichts: Ein paarmal in der Woche mußte ich auch abends arbeiten. Sonst kamen wir zu Hause nicht durch.

Es herrschten immer noch jene Zeiten, wo wir Kinder nicht davon träumten, Lokomotivführer oder Astronaut zu werden, sondern eine Dose Kondensmilch ganz allein und ohne Abzusetzen austrinken zu können. Oder ein Dutzend Bratheringe auf einmal zu verschlingen, sich einmal richtig rundum sattessen zu können.

Später, als die Verhältnisse sich nach den damaligen Begriffen wieder zu normalisieren begannen, setzte die sogenannte Umerziehung ein. Von der Allmacht des Führers und seiner Partei war so gut wie nichts übriggeblieben. Das bißchen, das möglicherweise von der Ideologie an uns hängengeblieben war, streiften wir ab wie eine verbrauchte Schlangenhaut. Wir hatten andere Sorgen. Wir träumten von einem vernünftigen Dach überm Kopf, von intakten Fensterscheiben, von Wärme im Winter, von vollen Bäuchen, von ordentlichen Hosen für den Hintern, ungeflickten Hemden für den Leib, vernünftigen Schuhen für die Füße. Wir träumten von einem richtigen Fußball oder ordentlichen Boxhandschuhen.

Es wurde uns beigebracht, wie die Demokratie funktioniert; die Religion erhielt einen besonderen Stellenwert und die christlich-abendländische Kultur überhaupt. Da es sich mit einem richtigen Feindbild besser argumentiert – das hatten auch die Nazis schon früh erkannt -, entstand uns eins im Osten, bzw. man schuf es sich. Wir ließen es über uns ergehen, wie zuvor den Religionsunterricht, die theoretischen Formen der nazistischen Ideologie.

Doch es gab einen kleinen, feinen Unterschied: Wir waren skeptisch geworden. Nicht nur, weil die größten Nazis bald wieder – zu den frömmsten Christen mutiert – aus ihren Löchern krochen und ausgerechnet sie uns neue Wege weisen wollten, sondern es machte sich im Unterbewußtsein die Einsicht in vielen von uns breit, daß politische Überzeugung, Ideologie, Religion und Philosophie jeglicher Richtung und Tendenz letztendlich nichts weiter sind als Krücken. Sie mögen manchem das Leben leichter machen, doch laufen, laufen muß letztendlich jeder selbst.

Nach Abschluß der Volksschule sollte ich eine Lehre bei der Bundesbahn beginnen. Doch auch das war mit Schwierigkeiten verbunden. Mein bereits erwähnter Onkel Richard war zu meinem Vormund bestellt worden. Ich sollte beim technischen Institut der Bundesbahn eine Ausbildung machen. Obwohl ich alle Voraussetzungen mitbrachte, wurde mir die Aufnahme letztendlich doch verweigert, mit der hanebüchenen Begründung, bei nur einem Elternteil sei die Garantie für eine einwandfreie Führung leider nicht gegeben! Übrigens wurde meine Schwester, als sie sich für die kaufmännische Lehre bewarb, mit dem selben Hinweis abgeschmettert.

Ich kann es heute noch kaum fassen: Wenn die Millionen nach dem Krieg vaterlos aufgewachsenen Kinder zu miesen, nichtsnutzigen Charakteren mißraten wären, wie hätte es da zu jenem unvergleichlichen Aufschwung in der damaligen Bundesrepublik kommen können?

Doch vielleicht war es gut so: Bei der Bahn waren die Geleise so gelegt, daß sie in einer Dauerstellung mit Pensionsanspruch mündeten. Von jungen, bei der Bahn beschäftigten Männern, davon träumten Millionen von Müttern mit heiratsfähigen Töchtern. Mein Lebenszug wäre nicht in die spätere Richtung gefahren, wenn er auf die bahneigenen Schienen gesetzt worden wäre.

Schlock, mein Freund aus Kindertagen und dem Jungvolk, mein Partner beim Kegelaufsetzen, mit dem ich durch dick und dünn gegangen war, nahm mich mit zu den Zusammenkünften seines Jugendbundes, d.h. zur Schwäbischen Jungenschaft. Hier träumten und sprachen alle von großen Fahrten in ferne Länder, die bald wieder möglich sein würden. Ich ließ mich von jenem Bazillus, der heute noch in mir steckt, nur allzugerne anstecken.

Jetzt wußte ich es: Ich hatte ein Ziel vor Augen, das ich mit jeder Faser meines Körpers und jeder Zelle meines Hirns verfolgen sollte: Fahrten und Abenteuer in die fernsten aller Regionen und Weltteile – das sollte und mußte mein Lebensinhalt werden! Ich hatte noch keine Ahnung, wie ich das zustande bringen könnte und genügend Realitätssinn, zu erkennen, daß das von hunderttausenden nicht mal einer schaffte. Doch dagegen stand die ganze Begeisterung meiner Jugend. Koste es, was es wolle: Ich wollte alles, was mir gegeben war, in die Waagschale werfen. Ich beschoß, auch wenn ich manchen Umweg gehen mußte, die Utopie Wirklichkeit werden zu lassen!

Bald zogen wir hinaus, samstags und sonntags; wir hockten im Wald rund um die Feuer, waren unter uns, sprachen über unsere Gedanken, Träume, Pläne und sangen unsere Lieder. Ich wünschte mir schon am Montag den Samstag herbei.

Dann brauchte ich nur noch ein paar Stunden zu arbeiten, und dann gings hinaus in die freie Natur! Ich begann, nur noch für die Samstagnachmittage und Sonntage, für das Zusammensein mit Gleichaltrigen und Gleichgesinnten zu leben.

Auch wenn wir nicht immer direkt beisammen waren, war Schlock in meinem ganzen weiteren Leben irgendwie immer gegenwärtig. Das Schicksal hatte ihm ähnlich mitgespielt. Auch er hatte seinen Vater im Krieg verloren. Auch er mußte mithelfen, seine Familie noch als Kind zu ernähren.

Grossfahrt

Bevor die Währungsreform anstand und sich das Wirtschaftswunder ankündigte, da trampten wir schon hinauf zur Nordsee und Ostsee. Danach hinunter in die Alpen. Wir saßen abends am Lagerfeuer, sangen und sprachen von den kommenden Fahrten über die Grenzen Deutschlands hinaus. Das Fernweh hatte uns fest im Griff.

Danach wollten wir erstmals ins Ausland, hinüber in die benachbarte Schweiz. Es war im Jahre 1949, exakt am Himmelfahrtstag. Es sollte keine Himmel-, eher eine Höllenfahrt werden. An der Grenze bei Tengen wurden wir – Schlock, Schlonz und ich – von einer eidgenössichen Streife geschnappt. Wir erklärten, daß wir nichts weiter wollten, als den Rheinfall bei Schaffhausen zu bestaunen, den wir auf der deutschen Seite vermuteten.

Die Schweizer ließen sich davon nicht beeindrucken und übergaben uns an die deutschen Behörden. Die konnten ebenfalls nichts mit uns anfangen und übergaben uns der französischen Besatzungsmacht. Die Militärpolizisten legten uns Handschellen an, stiegen mit uns in einen brechendvollen Zug. Wir trugen unsere blauen Jungenschaftsblusen und kurze Hosen. Die Leute guckten. Wahrscheinlich hielten sie uns für Mitglieder der „Werwölfe" – jene nicht existente und nur in den Köpfen der Besatzer herumspukende Naziorganisation, die auch nach der totalen Niederlage das Geschick Deutschlands im Sinne der einstigen braunen Machthaber nochmals wenden sollte. Wir sahen ziemlich verdattert aus und hofften, daß das alles nicht so schlimm werden würde.

Wir wurden im Gefängnis von Singen am Hohentwiel einquartiert. Da am Freitag und erst recht am Wochenende keine Amtsperson aufzutreiben war, die sich für unser weiteres Schicksal zuständig erklärte, blieben wir bis Montag – in Einzelzellen, versteht sich – eingesperrt. Dann endlich wurden wir dem französischen Kommandanten vorgeführt.

Der entschied nach eingehender Vernehmung, daß wir weder für den Ruhm noch die Ehre der „Grande Nation" und auch nicht für deren „siegreiche Streitkräfte" eine Gefahr darstellten. Trotzdem vergatterte er uns, daß wir uns beim Jugendamt Ludwigsburg unverzüglich nach unserer Ankunft zu melden hätten. Er gab uns weiter an die deutschen Behörden. Die zahlten uns pro Kopf überraschenderweise DM 1,50 aus und ließen uns laufen.

Vaters Grab in Frankreich 1952

Wir berieten uns kurz und trampten weiter zum Bodensee, hielten uns aber in respektvoller Entfernung von der Schweizer Grenze. Der Schock saß tief. Unsere wilden Träume von Fahrten in die weite Welt hatten zwar einen Dämpfer erhalten, doch keineswegs an Intensität verloren.

1951 zu Ostern war es dann endlich soweit. Wir trampten zum ersten Mal ins Ausland, zum Gardasee. Wir brauchten damals noch Visa – Visa für Österreich und Italien. In unseren kurzen Hosen erbärmlich frierend, stemmten wir uns gegen einen wüsten Schneesturm, als wir über den Brenner tippelten. Doch dann am Gardasee, da blühten die Bäume, da leuchteten die Zitronen golden in all dem Grün, und dann kamen Gustav Pfirrmann und Oss Kröher mit ihrem alten Wehrmachtskrad angebrettert. Die Beiden waren auf dem Weg ins unendlich ferne Indien. Wir bewunderten und beneideten die beiden frühen Weltenbummler. Irgendwann in nicht allzu ferner Zeit würden wir's ihnen nachmachen! Dafür hatte nicht nur eine Nonne, dafür hatte die ganze fromme Kongregation gebetet!

Die Finanzierung unserer Großfahrt-Träume war natürlich die höchste aller Hürden. Doch da kam uns die Kriegsgräberfürsorge entgegen. Wir erhielten zwar kein Geld für unsere Arbeit, und darum ging es auch nicht. Für diese Institution unseren Beitrag zu leisten, war Ehrensache. Auf der anderen Seite sorgten diese Leute für unseren Transport und solange wir auf den Friedhöfen von Cervia und Nettuno tätig waren, auch für Unterkunft und Verpflegung. Wir bekamen ordentlich zu essen und erlebten das nahe, aber damals noch ferne, fremde Italien. Im folgenden Jahr fuhren wir wieder mit Unterstützung der Kriegsgräberfürsorge durch Frankreich. Auf dem Soldatenfriedhof von St.Etienne fand ich und stand dann auch am Grab meines Vaters. Es war, als risse in mir eine kaum verheilte Wunde wieder auf. Es war ein Schmerz, den ich heute noch spüre; es ist eine Narbe geblieben, die mir bis zum heutigen Tag zu schaffen macht.

Als Resumée unserer Frankreichfahrt entstand zusammen mit den Waldeckern Rudi Rogoll und Karl Mohri der Film „Burgen – Zelte – Gräber“ unter der Regie von Karl Mohri. Der Streifen lief lange Zeit in den damals beliebten Matinee-Vorstellungen der Kinohäuser.

Vor allem der Film, aber auch unser Beispiel führte zu einer beeindruckenden Hilfswelle zugunsten der Kriegsgräberfürsorge – vor allem von jungen Menschen, die bis in die heutigen Tage hineinreicht.

Schlock und ich beendeten zeitgleich die Lehrzeit und machten die Gesellenprüfung. Gleichzeitig bereiteten wir unsere erste echte Großfahrt, besser eine regelrechte Weltfahrt vor: Die ganz große Reise nach Indien sollte es werden, die Reise in die Märchenwelt des Orients. Schade, daß mein Freund Schlock sie letztendlich nicht mitmachen sollte.

Bei der Bündischen Jugend, der Schwäbischen Jungenschaft – sie war nach dem Zweiten Weltkrieg aus der dj 1.11 des „tusk“ (von ihm wird später noch die Rede sein) hervorgegangen, fand ich vormundschaftsfreie Geborgenheit, Solidari-

Carcassone – Schwäbische Jungenschaft Ludwigsburg

Ankunft auf der Waldeck

tät, aber auch Toleranz, eine Herausforderung, meine physische und psychische Heimat, frei von jeder Ideologie und doch mit greifbaren idealistischen Bezügen. Wir aßen Pudding und Erbswurst, schliefen in primitiven Zelten, in Scheunen oder unter freiem Himmel. Abends saßen wir um das Feuer, zupften unsere Klampfen und sangen aus Leibeskräften. Das Feuer war der zentrale Punkt, das große Symbol – und seine Glut und seine Flammen gaben unseren unartikulierten Sehnsüchten Form und Inhalt.

Die „Horte" der Schwäbischen Jungenschaft im Haus der Jugend in Ludwigsburg wurde für mich mehr als nur ein zweites Zuhause, sie gedieh neben der unumgänglichen Arbeit zu meinem Lebensmittelpunkt.

Ich nehme mir die Freiheit, diesen Umstand weiter ausholend zu erörtern und das Wesen und die Geschichte dieser Jugendgemeinschaften zu erläutern. Ohne die vielfältige und tiefgreifende Beeinflussung durch die Bündische Jugend wäre mein Lebenszug in eine andere – weiß Gott oder auch der Teufel – in welche Richtung gerollt.

Hervorgegangen ist die dj 1.11 – der Vorläufer der Schwäbischen Jungenschaft – zwischen den Weltkriegen aus der Bündischen Jugend. Sie ist eine von vielen Facetten und ein integraler Teil der Deutschen Jugendbewegung, die sich von allen Formen der Jugendpflege durch ihre weitgehende Unabhängigkeit von der Welt der Erwachsenen unterscheidet.

Während die Jugendpflege darauf abzielt, die Jugend durchaus positiv zu einer akzeptablen Vorstufe zum späteren Dasein zu machen, war und ist es das Bestreben der Jugendbewegung, eine weitestgehend autonome, von idealistischen Prinzipien geprägte Jugendwelt zu schaffen. Später, so war ihr utopisches Ziel, würden die herangewachsenen Jugendlichen die Welt mit diesen Idealen durchsetzen und im positiven Sinne verändern.

Ihrerseits ist die Jugendbewegung im wesentlichen aus dem „Wandervogel" der Kaiserzeit entstanden. Es war eine romantische, naturschwärmerische Bewegung, in erster Linie getragen von Gymnasiasten und Studenten, die das „Heraus aus grauer Städte Mauern" auf ihre Wimpel geschrieben hatten. Es war eine unpolitische, harmlose und doch tiefempfundene, eine im besten Sinne romantische Bewegung.

Nach dem Ersten Weltkrieg und aus den von ihm hinterlassenen ideologischen und materiellen Chaos waren die Jugendbünde entstanden, wie die „Freideutschen", die „Weißen Ritter", die „Neupfadfinder", die „Freischar Schill" und viele andere mehr. Von dem „Wandervogel" hatte die Bündische Jugend die Suche nach dem Naturerlebnis und die Fahrtenphilosophie übernommen, doch sie ging noch einen Schritt weiter: Sie hatte die völkische Erneuerung auf ihr Banner geschrieben. Es ging ihren Führern darum, Charaktere zu formen, dem Materialismus idealistische Wertbegriffe entgegenzusetzen. Ihre utopische Zielsetzung war, mit friedlichen Mitteln eine humanere, tolerantere und insgesamt lebenswertere Welt zu schaffen.

Romantisch-idealistische Symbole spielten bei der Bündischen Jugend in der

Zeit zwischen den Weltkriegen eine bedeutende Rolle: So die Mythen von Feuer, Führerkult, Elitedenken, Lager, Fahrten, Fahnen, Wimpel, Zusammengehörigkeitsgefühl. Die äußere Identifikation bei der dj 1.11 beispielsweise war die Pflege der Kleinschreibung, ein neuer Name für jedes Mitglied, eine sich langsam herausbildende gemeinsame „Kluft“ – kurze Hosen, Kniestrümpfe, eine dunkle Bluse, Halstuch, einheitliche Mützen.

Die Stärke dieser Bewegung gleichgesinnter, junger Männer – Frauen, Mädchen standen vorläufig gewollt (aber auch ungewollt) abseits – war der Verzicht auf jegliche religiöse oder politische Indoktrination. Theoretisch war es jedem jungen Kerl gestattet, sich diesen Gruppen anzuschließen, solange er die charakterlichen und auch physischen Fähigkeiten mitbrachte. Es gab allerdings eine Einschränkung. Man setzte eher auf Qualität als auf Quantität. Man suchte sie aus, beobachtete sie, sprach sie an, unterzog sie einer Probe, „keilte“ sie. Es wurde nie eine Massenbewegung.

Das Fehlen fester Organisationsformen hatte zur Folge, daß sich die Bünde immer wieder verbanden, spalteten, auflösten, sich neu formierten. Sie waren ständig in Bewegung und fanden nur selten zu einer über die eigene Horde oder Horte hinausgehenden, gemeinsamen Sprache oder zu übergreifenden Aktionen zusammen. Ihr vorgelebter Pluralismus, ihr Facettenreichtum waren die geistigen Kräfte, aus denen die Bündische Jugend schöpfte, sie waren gleichzeitig ihr Schwachpunkt.

Diese Jugendbünde als Wegbereiter für das „Jungvolk“ und die „Hitler-Jugend“ zu sehen, resultiert schlicht aus einem falschen Verständnis der historischen Tatsachen. Es waren die Jugendorganisationen der Nazis, sich bei der Jugendbewegung bedienten und ihre Ideale – soweit sie in ihre Ideologie paßten, für sich reklamierten!

Vor allem ein Gegensatz war offenkundig: Während die Bündische Jugend allenfalls 60.000 Jugendliche umfaßte – in der unausgesprochen immer ein elitäres Denken vertreten war – zielten die Nazis auf eine Millionen umfassende, allgemeine Massenbewegung.

Die Schwäbische Jungenschaft regte sich und machte von sich reden. Eine ihrer Gruppen formierte sich unter Fritz Jeremias „Muschik“ in Stuttgart und in Ludwigsburg, meiner Heimatstadt.

Schlock hatte mich zwar in die Jungenschaft eingeführt, doch es war Fritz Jeremias „Muschik“, der mich letztendlich „keilte“. Schlock war mein Kamerad, Muschik dagegen wurde mein bündischer Ziehvater. Die mir vorgelebten Charaktereigenschaften wie Empfindsamkeit, differenziertes Denken, Kargheit des äußeren Aufwandes, innere Redlichkeit, Disziplin, die strenge Verbindlichkeit und die daraus resultierende Lebenshaltung bis hinein in den sogenannten privaten Bereich, die Forderung nach dem ganzen Menschen und der Verzicht auf Halbheiten und Duckmäusertum – beeindruckten und prägten mich.

Die „Horte“ genannte Horde und vor allem „Muschik“ wurden der Maßstab, nach dem ich mein noch junges Leben einrichtete. Obwohl ich unendlich viel zu sagen hätte, brauche ich mich über „Muschik“ hier nicht besonders auszulassen. An seinem Grab hat Heiner Kröher die im Anhang wiedergegebenen Worte gesprochen.

Oss Kröher war aus Indien zurückgekommen. Mit einem ausgedienten Wehrmachtskrad mit Beiwagen hatten er und sein Kumpel Pfirrmann es bis nach Indien – und wieder zurück geschafft! Oss erzählte und erzählte ... Unsere Augen glänzten. Was für Abenteuer!

Indien wurde zum Land unserer Träume, zu unserer Obsession. Wir würden den Spuren Alexanders des Großen folgen. Über Persien, Kabul, Peshawar, den Khyber-Paß, Srinagar und die schwimmenden Gärten Kashmirs, Lahore, Jaunpur, Kalkutta, zu Ganges und Irawadi trampen. Wir würden auf der Straße nach Mandalay wandern bis hinunter nach Surabaya, wenn es sein mußte, wo in unseren Köpfen fast schon die Südsee anfing.

Auch wenn wir damit ein ordentliches Stück über das Ziel hinausgeschossen sein würden. Was spielte das für eine Rolle?! Hatte mein Onkel Richard nicht immer davon geschwärmt, abends einmal mit den Pantoffeln an den Füßen um die Ecke zum Zigarettenholen wegzugehen und dann drei Wochen später mit einem rauschenden Vollbart, von oben bis unten tätowiert, aber blitzenden Auges sich in einer üblen Spelunke am Hafen von Surabaya wiederzufinden, gemeinsam am Tisch mit einarmigen Piraten, willigen Weibern und ihre Heuer auf den Kopf hauenden Sealords? Er hat es nie geschafft, die auch in ihm schlummernden Verwilderungssehnsüchte zu erfüllen, mein armer Onkel Richard.

Aber wir, wir würden es tun! Wir würden in Flammen baden, Tiger zähmen, Elefanten reiten, den Palast der Winde besichtigen, glutäugige Schöne aus der Gefangenschaft des Serails befreien. Ich würde meinem neidvoll zuhörenden Onkel von alledem erzählen; ich würde vom untergegangenen Reich der großen Moguln erzählen, die Barbur, Humayun, Akbar, Jahangir hießen und allesamt Nachkommen im Geiste des großen Mongolen Dschingis Khan und Zeitgenossen des wilden Turkmenen Tamarlan waren.

Potentaten, Männer von rechtem Schrot und Korn, die soffen und hurten, Opium rauchten, Reichtümer anhäuften und nebenbei Indien eroberten. Männer, die auf dem Pfauenthron saßen, das Taj Mahal erbauten und mit harter Hand das Land nach ihrem Gutdünken regierten. Bis dann ein anderer Despot, der persische Shah Nadir in ihr Reich einfiel, den Pfauenthron raubte und das Land als leichte Beute erst der East India Company und dann den Briten zum Fraße vorwarf.

Vielleicht würden wir sogar den Pfauenthron zurückschaffen, dahin, wo er hingehörte, nach Delhi. Schließlich würden wir auf unserer Traumreise durch Persien, durch Teheran kommen – oder wo auch immer der Thron sich befinden würde. Was lag näher?

Auf dem Weg nach Mandalay

Wir würden uns auf weichen, reich ornamentierten Kissen räkeln, überhäuft mit Gold und Edelsteinen, von silbernen Tellern Kofta (gebratenes Lamm) und Tandoor (Hühnchen) tafelnd, köstlichen Reiswein aus güldenen Bechern schlürfen, während die schönsten Tempeltänzerinnen des Subkontinents, die Kathak, für uns und nur für uns tanzten!

Nach Indien, da wollten, da mußten wir hin. Das war glasklar. Wir, das waren Günter I und Günter II, da war Bruno und ich, Oske genannt, mit 16 der Jüngste.

„Wo der alte Moulmain-Tempel
ostwärts blickt aufs Meer hinein
sitzt ein braunes Kind aus Burma
und ich weiß, sie denkt jetzt mein.
Und der Wind geht in den Palmen,
Tempelglocke klingt dabei.
Komm zurück, du Britenkrieger,
komm zurück nach Mandalay!
Dort am Weg nach Mandalay
spielt der Flugfisch, jagt der Hai
und der Tag von China dämmernd,
schwillt wie Donner durch die Bai.“

Die Suche nach der Blauen Blume
Grossfahrt in den Orient

Wen der Virus einmal gepackt hat, wer sich den Wind des Abenteuers und der Fremde hat um die Nase wehen lassen, der läßt sich zwar eine Zeitlang aufhalten, doch ganz bremsen läßt er sich nicht. Ich bin der Ansicht, daß der Mensch neben Erbgut, Erziehung, Umwelt in seinen jungen Jahren in eine Richtung gelenkt wird, die er – ein fernes Ziel vor Augen – immer wieder einschlagen wird. Dieses Ziel ist in vielen Fällen ein Irrlicht, das sich nur selten greifen und festhalten läßt. Viele machen Umwege, die dann doch nicht zum Ziel führen, andere sind beim Versuche, ihre ureigene Blaue Blume zu finden, nicht konsequent genug. Die meisten resignieren und manche zerbrechen daran.

Wem aber, wie mir, in jungen Jahren zusätzlich ein Prägestempel in die Seele eingebrannt wird, dem wird der Zwang übermächtig, das Ziel zu erreichen. Er kann nicht anders, er muß es weiterverfolgen. Das Problem ist, über dem eingeschlagenen Weg die realen Bedingungen dieser Welt, die soziale Verantwortung, nicht aus den Augen zu verlieren, sie mit den eigenen Vorstellungen in Einklang zu bringen und trotzdem die einmal eingeschlagene Richtung konsequent weiterzuverfolgen.

Die Jugendbewegung zeigte mir den Weg, meine damalige erste Großfahrt in den Orient geriet zum unauslöschlichen Prägestempel. Ich halte es für sinnvoll und wichtig, ausführlich über diese Reise zu berichten.

Wir hatten in jenen frühen fünfziger Jahren jeden Pfennig gespart, ihn auf die hohe Kante gelegt, mit Behörden, Botschaften und Konsulaten um die Visa gerungen. Leider hatten sich die Zeiten seit Alexander dem Großen geändert, auf dessen Spuren wir nach Indien trampen wollten. Statt mit Schwert und Schild mußte man sich inzwischen mit Geld und Papieren wappnen. Je mehr Geld, umso leichter war und ist das mit den Papieren, mit den Visa. Doch unsere Mittel waren und blieben knapp. Wir bekamen zwar Visa für Griechenland und die Türkei, doch bei der persischen Botschaft fanden wir nur taube Ohren für unser Anliegen. Vielleicht fürchteten die wirklich um den Pfauenthron? Afghanistan, Pakistan, Indien, der Irak zeigten uns ebenfalls die kalte Schulter. Vorerst, wie wir glaubten.

Oss Kröher hatte es schließlich geschafft, wir würden es ebenfalls schaffen. Entscheidend ist das unbedingte Wollen und nicht der Geldsack, so sagten wir uns.

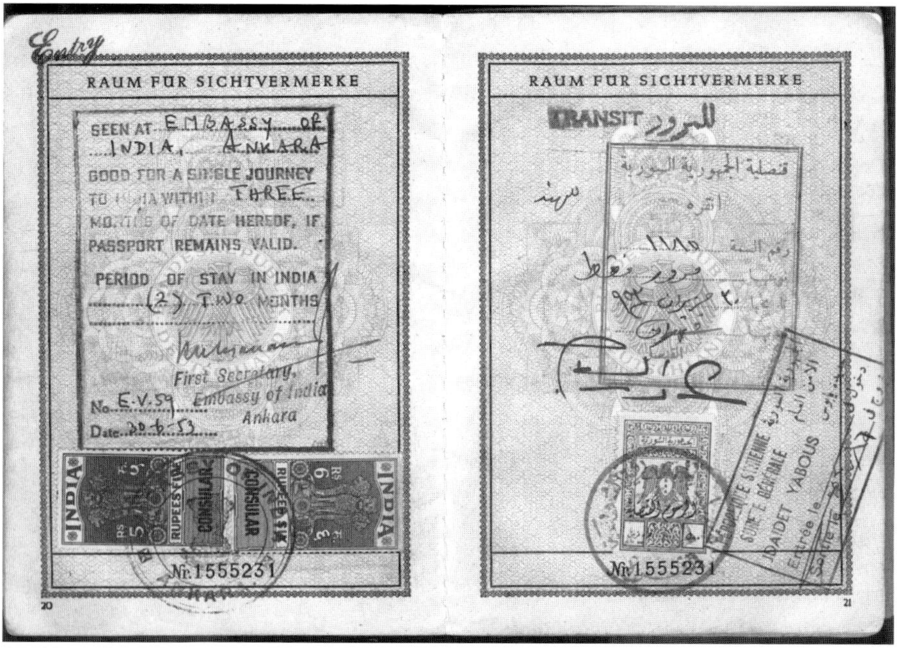

Das Visum für Indien und Syrien

Das müßte doch mit dem Teufel zugehen ... Direkt vor Ort, an der Grenze müßte es klappen.

Wir bekamen noch ein Visum für Syrien. Immerhin eine andere, eine weitere Möglichkeit, über den Irak in den Iran und noch weiter zu kommen. Bruno hatte bereits den Halbmond des Islam auf seine Klampfe eingebrannt. Ein Symbol, daß wir bereit waren, fremden Kulturen Rechnung zu tragen, Berge zu versetzen und uns nicht unterkriegen zu lassen.

„Hejoo – der Fahrtwind weht mit Macht und bläst in Segel und Tauen – nun eilet eure letzte Fracht – im Zwischendeck zu stauen.“

Das Zwischendeck war für Bruno und mich die Ladefläche eines Gemüseautos. Wir waren gespannt wie tusks Bogen und aufgeregt wie noch nie zuvor. Mittenwald war als Treffpunkt mit den beiden Günters ausgemacht, die wir als Vorgriff auf den Orient „die Scheiche“ nannten.

Das Verlassen Deutschlands, das Überschreiten der ersten und zweiten Grenze nach Österreich und dann Italien, betrachteten wir gewissermaßen als Routine. Wir hatten immerhin schon einige Großfahrten ins Ausland hinter uns.

Dann in Italien, dem einstigen Land der Topolinos und Vespas, gab es mit der Tramperei ein paar Schwierigkeiten: Gemeinsam paßten wir mit unseren, damals

„Affen“ genannten, Tornistern und Klampfen nicht recht hinein und kaum hinten drauf. Was tat's: Wir trennten und trafen uns an den verabredeten Orten. Das klappte ganz hervorragend. So auch in Riva am Gardasee. Aus einer Kneipe scholl fröhliches Geschrei.

„Berge von unten, Kirchen von außen, Gasthäuser von innen“, rief Günter I. „Hinein, nach guter, alter Vagantenart.“

Es war eine Trattoria dritter Klasse. Man könnte auch Spelunke dazu sagen. Verwegene Typen mit ihrem ebenso verwegenen weiblichen Anhang. Bis dann die Carabinieri erschienen und den Laden dichtmachen wollten. Wollten – aber nicht konnten. Als man einem von ihnen dann eine Gitarre in die Hand drückte und ihn zum Spielen aufforderte, vergaßen sie Vorschrift und Dienst. Da schlug auch unsere Stunde. Wir sangen und zupften unsere Instrumente, einer der Polizisten sang und spielte, die übrigen Gäste sangen auch.

„Tanz in der Taverne,
Flöten, Geigenklang
schwarze Augensterne
machen Mut und bang.
Hell die Klampfen klingen,
Becher wird nicht leer
singt zum Schlaf der Seewind
kühl von Morgen her.“

Die Erde erzitterte und der Gardasee geriet in Wallung. Nach der Polizeistunde wurde es zusammen mit der Polizei eine fulminante Party.

Als wir uns am nächsten Morgen die Köpfe kratzten und unsere Zungen sich wie hochschwangere Kröten anfühlten, als wir rotzten und kotzten, appellierte Günter I, der älteste von uns, an unsern Stolz und unser Standvermögen:

„Was, Vaganten wollt ihr sein, Zugvögel, die in der Tradition und auf den Spuren des fahrenden Volks, der Tippelbrüder des Mittelalters wandern? Wie dichtete doch schon Hugo von Orleans: ‚Lob mir der Väter Glas, vom Rebstock den Wein, der führt ins Leben ein.“

Günter I hielt eine seiner wenigen großen Reden: „Nicht nur die hehren Ziele der Bündischen Jugend, nicht nur nach tusks Schrift ‚Der gespannte bogen‘ wollen wir unser Leben einrichten, auch das Glück und Elend des Vagabundenlebens wollen wir bis zur Neige auskosten, die wir der Enge der vier Wände die Grenzenlosigkeit der Landstraße vorziehen. Nicht utopische Ideale, auch Freizügigkeit und derbe Weltlust stehen auf unserem Banner! Wollt ihr euch dem Adel der Ungebundenen zugehörig fühlen, ein Leben nach eurem Gusto führen oder als Spießer und Philister enden? Wie heißt es in den Carmina Burana: ‚Ordensrang mag solchem Bund

Manche Schöne macht mir Augen ...

drum mit Fug gehören, der von jedem Stand und Volk, Leute sich erküren, drum mag Der und Die und Das, unser Orden heißen, der sich jeglichem Geschlecht offen will erweisen.' So, ihr Kummerfratzen und Trauerleichen, tunkt eure Brummschädel tief in das klare, kalte Wasser des Gardasees und dann will ich nur noch fröhliche Gesichter sehen."

Es kann auch sein, daß Günter I es etwas anders formuliert hatte, doch wir taten wie geheißen.

Hinter Foggia, auf der Straße nach Barletta, machte Bruno ein paar Trottoirschwälbchen ausfindig. Wenn auch wie in diesem Fall eher stationär gebunden, gehörte die käufliche Liebe zu den großen Ws – Würfel, Wein, Weib – des historischen Vagantendaseins.

Die im Mittelalter umherziehenden Hürchen schafften es meist spielend, den glücklichen oder geschickten Gewinnern beim Würfelspiel schöne Augen zu machen und ihnen den schnöden Mammon wieder abzuluchsen und nicht nur ihnen.

Mit unserem Mammon war das so eine Sache nach jener Nacht am Gardasee. Aber die Mädchen hatten ein Einsehen mit uns. Sie waren noch so jung und wir waren es ebenfalls und sie wollten nur eine Handvoll Lire. Die Tugend hatte einmal mehr keine Chance. Wie heißt es doch in der Löwe-Ballade: „Und der Trompeter tat sich den Schnurrbart streichen und sich auf zur Seite schleichen, zu der Markentenderin".

So war und so geschah es denn. Die Elevinnen von Göttin Venus hatten ihren Boccacio verinnerlicht und waren uns natürlich mit ihren Kenntnissen in Liebesdingen ein ordentliches Stück voraus. Trotz unseres schmalen Beitrages zu ihrem Fortkommen gaben sie ihr Bestes. Wo wir es an filigraner Technik vermissen ließen, setzten wir die teutonischen Tugenden von Kraft und Ausdauer ein. Es war wie beim Fußball, wenn deutsche Mannschaften Dynamik und Power gegen südländische Spielkunst setzen. Die unterschiedlichen Fertigkeiten führen zu den interessantesten Matches. Ich weiß, der Vergleich hinkt – doch heute noch klingt mir im Ohr, wie Rosalia raunte:

„Piano, pianissimo ...si, si ... amore mio ... animato ... si, si ... agitato ... si, si ... non troppo, si ... piacevolo ... si, si ... agitato ... agitato con brio, si! si! avanti, caro mio, oh, fortissim o o o oh oh." Das junge Blut hatte flink die Sprachbariere überbrückt und angesichts meiner Klampfe assoziiert, daß mit dem Instrumentarium der internationalen Musikbegriffe sich auch die Liebeslust zum beiderseitigem Hochvergnügen steigern läßt. Sie biß mir sachte ins Ohr und flüsterte leise und ein ganz klein wenig verschämt: „da capo – si?"

„Nackt liegt Flora auf dem Bette, wie ihr weißer Leib mich freut, samt der Brüste Jugendglätte, die sich heben ungescheut, als zwei hübsche Kreise ..." dichtete einst der Vagant Hubert von Blois und ich, Oske, war auf der Straße nach Barletta zum Manne gereift.

Peter Otto Gern hatte geschrieben:

„Frauen sind den Wanderern deiner Art stets gefährlich,
Engel im Bett, Teufel am Wege.
Schläfst du mit ihnen, umarmst du sie,
nie ohne dein Messer in greifbarer Nähe.
Als letzte Rettung: Der Sprung aus dem Fenster.
Drum nimm sie, die Schönen,
heimlich im Walde
und wenn du verweilst,
lern ihre Sprache.
Vergiß nicht die Deine und laufe schon bald
eilig auf und davon!"

Uns blieb nach alledem nur noch übrig, das letzte große W der Vaganten nach Weib und Wein – das Würfelspiel – zu probieren. Doch da sahen wir uns vor. Die Gefahr, daß Indien ein Traum bleiben würde, war einfach zu groß. In dieser Hinsicht, so schworen wir uns, würden wir eisern bleiben.

„Blick auf zu den Sternen, aber gib acht auf der Straße!" lautet sinngemäß ein vielzitiertes Dichterwort. In der Kneipe am Gardasee und auf dem Weg nach Barletta

Mit griechischen Pfadfindern

hatten wir versucht, die Sterne einzufangen und jetzt, auf der Straße nach Brindisi waren unsere Beutel schlaff und leer, und entsprechend leer fühlten sich auch unsere Mägen an. Wir hungerten.

Glücklicherweise hatten wir unsere Tickets für die Überfahrt für die Deckspassage auf der „Kolokotronis" nach Piräus in Griechenland in der Tasche. Auf einer Bank in Athen hatten wir Bargeld deponiert, die stolze Summe von 100,- DM pro Nase. Aber Athen war noch weit weg.

Die Hoffnung, unseren Hunger mittels des Erlebnisses einer Seereise durch die blaue Adria zu verdrängen, erfüllte sich nicht. Wir versuchten es mit Gesang. Auch der wurde dünn und immer dünner. Dann mit faulen Witzen. Auch das nutzte nichts. Aber – so sagten wir uns, auch das ist eine Facette des Vagantendaseins! Wir versuchten, tapfer zu lächeln. Ein paar Grad Auftrieb verliehen unseren Gemütern die Mädchen einer höheren Schulklasse, die auf Korfu zustiegen. Der Anblick der hübschen, dunkelhaarigen, kniebestrumpften und kurzberockten Teenies (damals sagte man noch Backfische) munterte uns so weit auf, daß wir unsere Klampfen wieder hervorzogen und einen schwachen Gesang anstimmten. Es war alles, was die Leibeskräfte noch hergaben.

„Manche Schöne macht mir Augen
meinet, ich gefiel ihr sehr
wenn ich nur was wollte taugen,
so ein armer Lump nicht wär."

Schade, die jungen Nachkommen der Griechengöttinnen waren besser bewacht als die britische Home Fleet im Hafen von Scapa Flow. Außer ein paar rasch hingeworfenen, glühenden Blicken aus kohlschwarzen Augen fiel für uns nichts ab. Wir legten unsere Klampfen zu Seite. Der Hunger wühlte weiter in unseren Eingeweiden. In Patrasso gingen die Maiden ohnehin von Bord.

Dafür packte uns in der lieblichen Adria ein ausgewachsener Sturm. Das Hungergefühl verabschiedete sich, unsere Mägen stülpten sich um. Wir – und nicht nur wir – erfuhren zum ersten Mal, was es heißt, seekrank zu sein. Mit dem Hunger verabschiedete sich im ersten Stadium dieses Leidens jeglicher Liebes- und Lebensmut so radikal wie bei einem armen Sünder, dessen Hals bereits in der Schlinge steckt. Im zweiten Stadium zog sich die Schlinge zu und wir glaubten, das nächste Würgen wäre das letzte. Die dritte Phase dieser Krankheit ist erreicht, wenn einen eine ganz eigene Form von Sterbenselendigkeit überfällt, die sich zur Furcht steigert, nicht bald sterben zu können oder zu dürfen. Die „Kolokotronis" wurde für uns zum Totenschiff. Sollte der elende Kasten doch hinabfahren zu den Fischen! Je eher, je besser! Basta!

Irgendwo im Golf von Korinth entfachte sich der letzte, ersterbende Lebensfunke wieder zu einer noch schwachen Glut. In Piräus waren wir zwar physisch wieder regeneriert und soweit hergestellt, daß wir uns auf den Beinen halten konnten, doch zu essen hatten wir immer noch nichts. Das wimmelnde Getriebe des größten Hafens Griechenslands ließen wir links liegen und strebten sofort nach Athen, wo uns auf der Bank der Mammon erwartete.

Ich übertreibe nicht, wenn ich von Mammon rede: Ich konnte nur hoffen, daß der Bankbeamte ein ehrlicher Mann war. Ich kam mit dem Zählen der Scheine einfach nicht mehr nach. Das konnte doch nicht wahr sein! Drachmenbündel um Drachmenbündel schob er mir über den Tresen. Ich kam mir vor wie Hans im Glück mit seinem Goldklumpen. Oder lag da ein Irrtum vor? Während mein Atem immer schneller ging und meine Augen größer und größer wurden, versuchte ich ein blasiertes Gesicht zu machen. Als ob Bankgeschäfte dieser Größenordnung für mich, den Kurzbehosten, alltäglich seien.

Ich will es kurz machen: In einer Papiertüte trug ich 711.000 (in Worten: siebenhundertelftausend) Drachmen aus der Bank heraus! Noch nie war ich meiner ersten Million so nahe. Leider schmolzen die Tausender auch beim bescheidenen Essen und Trinken nur so dahin. In Griechenland herrschten gerade inflationäre Zustände und das Märchen von Hans im Glück bewies auch in der Folge seine Symbolkraft. Doch wir kamen gut zurecht und in Konstantinopel, besser in Istanbul, würde womöglich ein neuer Geldsegen auf uns herabregnen, dann allerdings in türkischen Lira.

Auch wenn wir uns mit dem harzigen Geschmack des Retsina nicht so recht anfreunden konnten – die vollen Bäuche weckten nicht nur die Lebensgeister – sie weckten auch wieder das Interesse an Land und Leuten, am Ambiente und an der Wiege der abendländischen Kultur trotz der Backofenhitze, die uns ahnen ließ, was uns im Orient in dieser Hinsicht blühen würde.

Nur Bruno blieb einsilbig. Trotz des enormen Geldsegens. Irgendetwas bedrückte ihn. Wir anderen versuchten, ihn aufzumuntern und wiesen ihn darauf hin, daß unser erstes großes Reiseziel, der Vordere Orient mit seinen Geheimnissen und Verlockungen, nur noch eine einzige Grenze weit weg – und damit quasi zum Greifen vor uns lag.

Schließlich eröffnete Bruno unserem Ältesten, Günter I, daß er wieder nach Hause wollte. Es traf mich hart. Bruno stand mir in der Altersstruktur der Gruppe am nächsten. Für ihn hegte ich die stärksten freundschaftlichen Gefühle. Ich hatte schließlich Bruno gekeilt und hätte für ihn die Hand ins Feuer gelegt. Nun wollte ausgerechnet er so kurz vor dem Erreichen des Nahziels Kleinasien – verdammt und zugenäht – die Flinte ins Korn schmeißen!

In mir tobte ein Mischmasch von Gefühlen. Beim großen Neptun! Ich fühlte mich verantwortlich. Die ganze Akropolis und die unendliche Vielfalt der Griechengötter hätte ich drangegeben, wenn Bruno geblieben wäre. Aber es war seine Entscheidung. Ich oder wir mußten sie respektieren. Es gab keine harten Worte zu Brunos Abschied, sondern nur noch ein resigniertes Winken.

Danach waren wir nur noch drei. Also schloß ich mich näher an die beiden Scheiche an. Zu dritt geht auf einer Trampfahrt manches leichter, tröstete ich mich.

Ein junger Pariser Journalist, den wir schon auf der „Kolokotronis" getroffen hatten, lief mir wieder über den Weg. Er wollte zu einer mysteriösen Ägäis-Insel. Es ging um eine geheimnisvolle Geschichte, von der er nichts herauslassen wollte. Schwammtaucher, Dynamitfischer vielleicht? Ich könne ja mitkommen ... Ein zweiter Mann wäre möglicherweise von Nutzen. Normalerweise hätte ich mir die Aussicht auf ein solches Abenteuer nicht entgehen lassen. Doch nach dem Ausscheiden von Bruno wollte und konnte ich nicht auch noch fahnenflüchtig werden – und außerdem hatten wir ein Ziel vor Augen: den Orient, Indien!

Während die beiden Scheiche Günter I und Günter II von den griechischen Boy Scouts in Beschlag genommen wurden, absolvierte ich mit beträchtlichem Enthusiasmus Besichtigungs- und Museumstouren. Hatten nicht die Vaganten und reisenden Scholaren des Mittelalters dem einzigen, strengen, jeglichem Genuß angeblich abholden Christengott das wimmelnde, liebes- und trunk- und vergnügungssüchtige, das menschlichere, lebensfreudige, griechische Pantheon entgegengesetzt? Hatten sie nicht die griechische Philosophie, die klassische Literatur wieder aufleben lassen?

Die wandernden Scholaren wiedererweckten das Interesse an der versunkenen griechischen Kultur, verbreiteten Dichtkunst, philosophische und wissenschaftliche Kenntnisse. Im Gegensatz zur etablierten Wissenschaft, seinerzeit identisch mit einem verknöcherten Klerus, verwoben sie in ihren Liedern die Sagen des klassischen Altertums mit handfesten Freuden des Damals, mit der Schönheit der Natur, mit der Wissenschaft und der klassischen Bildung. Sie fanden geneigte Ohren bei manchem der Reichen, Mächtigen, bei manch hoher Frau und sonst sittsamer Bürgerin.

Sie waren eine Minderheit, sie lebten und liebten den Augenblick und pfiffen auf die Ewigkeit. Auch wenn sie nicht bis Indien gekommen waren, funkelten sie doch in dem sonst so finsteren Mittelalter als schillernde Facette. Sie waren der frische Windstoß, der den miefigen Staub der klerikalen Kammern in den ersten beiden Jahrhunderten dieses Jahrtausends gehörig durcheinanderwirbelte.

Auch der Alltag unserer Vorbilder, der fahrenden Scholaren, der entlaufenen Mönchlein, der clereci vagi, der heimatlosen Landsknechte, der Possenreißer und Hanswurste, der Magier von eigenen Gnaden, der fahrenden Spielleute oder musici ambulanti wurde bestimmt von reinem, ausgelebten Hedonismus, vom Dienst an den Gottheiten Bacchus, Venus und Decius.

Sie sangen von fernen Ländern, von der Süße des Nichtstuns, von dionysischer Trunkenheit, vom dem Thrill des Würfelsspiels und von der Macht des Eros. Wir gelobten uns feierlich, ihr Angedenken in Ehren zu halten und weiter ihrem Vorbild – vom Würfelspiel abgesehen – gemeinsam zu folgen und drückten uns die Hände.

Leider fand ich keine Brücke zwischen dem dynamisch-hektischen Pulsschlag der heutigen griechischen Metropole und der statisch in sich ruhenden Vergangenheit. Mein Enthusiasmus für Museen und hellenistische Ruinen schmolz trotz aller Scholarentradition wie ein Schneeball in der Junihitze dahin. So beeindruckend sich das Land mit seinem Übermaß an Fels und Meer zeigte, so fesselnd ich althellenistische Literatur fand und finde, so ermüdend wurden für mich die Betrachtung von Ruinen, von Artefakten und Kunstzeugnissen einer großen Epoche. Es gab einfach zu viel davon. Vielleicht habe ich damals den Knacks bekommen, der mir heute noch anhängt: Museen – und seien sie noch so geschickt gestaltet, verbreiten für mich den Geruch des Moribunden. Ich schäme mich überhaupt nicht, es einzugestehen: Nicht, daß ich grundsätzlich Museen meide, aber mit großer Begeisterung erfüllen sie mich keineswegs.

Griechenland – den Göttern sei's geklagt – erfuhr von uns nicht die Aufmerksamkeit, die es verdient hätte. Das Land der Griechen muß man mit der Seele suchen, sagte bereits der alte Goethe.

Vielleicht mußten wir uns erst einmal an die mörderische Hitze des Südens gewöhnen, vielleicht war und ist Griechenland noch zu europäisch, um die Aufmerksamkeit junger Männer zu fesseln, deren Sinnen und Trachten auf den fremdartigen Zauber des Orients gerichtet ist.

Wie sang schon Horaz: „Griechenland, gefangen genommen von einem barbarischen Eroberer, trug mit sich seine Kunst in ein stupides Rom.“ Mhmmm ...

Am Grenzbahnhof vor Edirne

Über Saloniki – Komotina – Alexantropolis und nach einem kleinen Zwischenspiel mit wilden, bewaffneten, aber freundlichen Männern, von denen wir später erfuhren, daß es sich um bulgarische Freischärler handelte, zuckelten wir im Schnekkentempo per Zug ganz gemächlich, unspektakulär und ereignislos über die türkische Grenze nach Edirne oder Andreanopoli, wie es früher einmal hieß. Mit uns im Zug saß ein türkischer Ingenieur. Als wir ihm erzählten, daß wir mit der „Koloktronis" über die Adria geschippert waren, horchte der vorher so nette Mann auf. Sein Gesicht verfinsterte sich.

„Koloktronis, dieser räudige Hund, dieser elende Bandit, möge das Schiff, das seinen Namen trägt, von den Wellen verschlungen werden!" Er spuckte aus.

Wir sahen uns betroffen an: Hatten wir etwas falsch gemacht? Der Mann verzieh uns unbedarften Knaben und lieferte Nachhilfeunterricht in den historischen, nachbarlich nicht ungetrübten Verhältnissen zwischen Griechenland und der Türkei. Koloktronis, nach dem die Fähre benannt war, ist in den Augen der Griechen der große nationale Freiheitsheld. 1827 war er mitbeteiligt an der Seeschlacht von Navarino, in der die Flotte des Sultans Mahmut zu den Fischen geschickt wurde. Es war das entscheidende Geschehnis, das Griechenland vom türkischen Joch befreite.

Die Türken sehen das naturgemäß anders, ganz anders. In ihren Augen war Koloktronis nichts weiter als ein blutgieriger, raubsüchtiger Halunke, der die im damaligen Griechenland lebenden Türken und die Muslim beraubt, ihre Töchter und Frauen geschändet, ihnen selbst nach dem Leben getrachtet hatte. Letztlich war er verantwortlich, daß Griechenland als bedeutender Brückenkopf auf dem europäischen Kontinent verloren ging und die Türkei vom Sockel einer orientalischen und europäischen Großmacht heruntergestoßen wurde.

Wir nahmen uns vor, das Wort „Koloktronis" aus unserem Sprachschatz zu streichen und auch nicht weiter positiv über Griechenland zu reden, solange wir uns auf türkischem Boden befinden würden. Es ist ungefährlicher, unter den Königsblauen im Parkstadion von Gelsenkirchen eine gelbschwarze Borussenfahne zu schwenken, als sich in der Türkei als Griechenfreund auszugeben.

Immerhin waren wir keine Griechen, sondern Deutsche – im Ersten Weltkrieg sogar Verbündete – und das sprach für uns. Der türkische Ingenieur hatte bald den ungewollten Affront vergessen. Daß der Grenzübertritt so reibungslos verlief, hatten wir vielleicht ihm zu verdanken; vielleicht, weil die Türken andere Sorgen hatten. Wir waren sogar ein bißchen enttäuscht. Wir hätten bei unserem Einzug in den Orient schon einen kräftigen Paukenschlag, Janitscharenmusik oder zumindest ein paar Fanfarenstöße erwartet. Nun gut, wir waren schließlich immer noch in Europa, noch war es nicht so weit, daß wir den Fuß auf asiatischen Boden setzen durften!

Edirne – angeblich einst eine der schönsten türkischen Städte – sah nicht viel besser aus als Ludwigsburg oder Stuttgart nach einem schweren Bombenangriff der Alliierten. Trümmer, Brände, ganz und halb zusammengekrachte Häuser, Schutthaufen, verschüttete Autos, aufgeplatzte Straßendecken, geknickte Telefonmasten, verängstigte Menschen. Die Folgen eines immer noch nicht abgeklungenen Erdbebens. Wir bekamen das unheimliche Zittern, Beben, Rucken und Stoßen der Erde in der folgenden Nacht in unserem kleinen Zelt voll mit. Wir wußten, es konnte uns nichts passieren. Unsere leichte Leinwandbehausung konnte nicht einstürzen, es konnte nichts auf uns herabfallen, und doch ging etwas so Bedrohliches und Beängstigendes von diesem elementaren Naturereignis aus, daß wir den Atem anhielten, die Finger ineinander verkrampften und hofften, daß es bald vorüberginge.

Endlich – in Istanbul empfing uns der Orient! Oder war er es immer noch nicht? Zu verwirrend und zu widersprüchlich waren die Eindrücke, die uns überfielen: Europäische, großzügige und vertraute Baukultur und Flair und entsprechend gekleidete Menschen neben orientalisch-verwinkelten Gassen und Gäßchen; Moscheen des Islam, die mit ihren Minaretten die Silhouette der Stadt bestimmen und prägen; Männer in unauffälligen Geschäftsanzügen oder sonstwie europäisch gekleidet, aber auch solche unter Turban oder Fez in wallenden Gewändern; braunhäutige, schwarzhaarige Frauen mit grellbunten, metallisch-schimmernden, enggeschnittenen Kleidern und geblümten Kopftüchern; andere, die wie wandelnde, schwarz oder braun gefärbte Trauerweiden in ihrem Tschador einhergingen; wieder andere waren offenbar nur darauf aus, den letzten Pariser Chic vorzuführen; dazwischen bewegten sich die laufenden Berge der Lastenträger mit den über die Köpfe hochgetürmten Körben und Ballen und Kisten; in den Basaren wimmelte und menschelte es in einem atemberaubenden, vielfältigen Gedränge und einer exotischen Buntheit von Waren, dem Geschrei der Händler und Käufer; die Unzahl fremder und verlockender Gerüche der Garküchen auf der Galatabrücke kitzelten unsere Nasen. Istanbul kam uns vor wie ein schillerndes Kaleidoskop mit tausendundeiner Facette.

Wir waren wie vor den Kopf geschlagen und wußten nach einigen Tagen immer noch nicht, was wir mit Istanbul, Konstantinopel oder Stambul anfangen sollten. Wie konnten wir auch, wir unbedarften, eben dem Knabenalter entwachsenen Kerlchen, wo welterfahrene, gestandene Leute zwischen atemloser Bewunderung und resignativem Kopfschütteln hin und hergerissen sind.

Der Vater der neuen Türkei, der Staatsmann und Reformer Kemal Atatürk, hat die Gefahr, in den unentrinnbaren Malstrom dieses urbanen Phänomens, der Millionenmühle und des schillerenden Chamäleons gerissen zu werden, erkannt und hat seine Hauptstadt in sicherer Distanz in ein einst elendes Nest tief in der Steppe, nach Ankara verlegt.

Auf späteren Reisen habe ich es dann mehrfach erlebt: Die Stadt am Goldenen Horn an der Nahtstelle zwischen Okzident und Orient ist unverwechselbar in ihrem Charakter – doch greifbar oder auch nur erklärbar ist dieser nicht.

Wie schrieb schon der alte Spötter Mark Twain über das damalige Konstantinopel: „Ein ewiger Zirkus. Mehr Leute als Bienen in einem Bienenstock. Menschen, gekleidet in fremdartigen, herausfordernden, grotesken, extravagantem, grellen Farben. Das Werk eines von sieben Teufeln besessenen und sich im delirium tremens befindlichen Schneiders. Eine unvorstellbare Maskerade."

Was einem angesichts des Rätsels Istanbuls bleibt, ist die fundamentale Erkenntnis: Der Philosoph, er kanns nicht fassen, da liegt der Fels und er muß ihn liegen lassen.

Unser Ziel lag ohnehin weiter im Osten, unser Ziel war Indien!

Wer allerdings die Türkei als Teil des größten aller Kontinente Klein-Asien genannt hat, muß nicht richtig im Kopf gewesen sein. „Klein" ist da überhaupt nichts! Bereits die erste Hälfte Anatoliens schien uns endlos. Staubig, ausgedörrt, abweisend. Dabei lachte uns das Tramperglück: Wir reisten komfortabel in einem Buick Eight bis nach Ankara, der türkischen Hauptstadt.

Welch ein Gegensatz zu Istanbul, zur wirklichen Metropole des Landes: klar, weiträumig, modern, übersichtlich angelegt, mit grünen Parks, prächtigen Alleen, überall Wasser in Form von Springbrunnen und künstlich geschaffenen Teichen – das heutige Ankara ist eine freundliche, wenn auch etwas langweilige Oase der modernen Zivilisation in der anatolischen Steppe!

Gleich am nächsten Morgen tippelten wir zur Deutschen Botschaft. Was sag ich, Botschaft?! Es war eine beeindruckende und einschüchternde Residenz unter der schwarz-rot-goldenen Flagge! Gepflegte Blumenbeete davor, eine imposante Parkanlage dahinter. Wie geschaffen als Zeltplatz und – da mitten im Diplomatenviertel gelegen – Ausgangspunkt für unsere Bemühungen um die Visa für den Iran, Afghanistan, Pakistan, Indien. Vielleicht würden uns die Damen und Herren von unserer Vertretung Wege aufzeigen, Hilfestellungen geben – so dachten wir.

In dieser Hinsicht kann ich nur warnen: Wanderer, strandest du in der Fremde, suche überall Hilfe, aber suche sie nicht bei unseren beamteten Landsleuten! Wir hätten genausogut fragen dürfen, ob uns der Herr Botschafter seinen Dienstmercedes zu einer Sightseeing-Tour durch Ankara zur Verfügung stellen würde. Das „Nein" auf unsere Frage, ob wir in der äußersten Ecke des Parks unser Zelt aufstellen dürften – es hätte nicht entschiedener und entrüsteter ausfallen können. Ebenso eisig war die Ablehnung, uns bei unseren Bemühungen zur Einreise in die Länder des Mittleren Orients auch nur den kleinen Finger zu reichen. An den indignierten bis empörten Gesichtern dieser dunkelgewandeten und dezent beschlipsten Herrschaften konnten wir ablesen, daß wir, die Kurzbehosten, wohl nicht richtig tickten, ihnen mit solch lächerlichen Angelegenheiten zu kommen, wo das Ansehen der noch jungen Bundesrepublik auf dem Spiel stand!

Ziemlich belämmert zogen wir ab und fanden auf Vermittlung eines deutschsprachigen, wildfremden Türken, auf das direkte Betreiben des Präsidenten des „Roten Halbmonds" im leerstehenden Raum einer Berufschule eine sehr akzeptable Unterkunft. Unter den Türken begegneten uns Freunde, Freunde und nochmals Freunde. Wir konnten uns kaum retten.

Dugun corbasi – Eiersuppe; Kozu eti, Yaprak dolmasi – gefüllte Weintraubenblätter; Shish kebab – gegrilltes Lammfleisch; Piyaz – Bohnensalat; Bakalava – sündhaft süßes, syruptriefendes Gebäck; Ströme von Cay, Kahve aber auch Sarap – Wein, Bira – Bier, Raki – Schnaps. Allah möge ein Nachsehen haben mit uns und unseren Gastgebern! Üzüm, Weintrauben, Incir – Feigen zum Nachtisch. Und dann gab es noch etwas, was in der blumenreichen Sprache des Orients mit „Wonne des Imans“ aber auch „Glocken der Heimat“ bezeichnet wurde. Gegrillte Hammelhoden! Ach was, runter damit. Nur der dumme Bauer frißt nicht, was er nicht kennt!

Zwischen alledem: großes Geschrei, Freudentänze und gegenseitiges Schulterklopfen. Wir bekamen das Visum für Indien! Die Tür zu unserem Ultima Thule stand endlich weit offen! Jetzt brauchten wir nur noch die Durchreisegenehmigung für den Irak, den Iran und Pakistan, ach ja, Afghanistan hätte ich fast vergessen – und Indien, Indien, wir kommen! Auch die Hürde Pakistan geriet ins Wanken und fiel. Jetzt waren es nur noch der Irak und der Iran – ja natürlich auch Afghanistan.

„Und sie trug ein gelbes Röckchen
und ihr Häubchen, das war grün,
und sie nannt' sich Supi-yawlat,
grad wie eine Königin.
Dort am Weg nach Mandalay
spielt der Flugfisch, jagt der Hai,
und der Tag von China dämmernd,
schwillt wie Donner durch die Bai.“

Ich will es kurz machen: Wir hätten alle 114 Suren des Koran auswendig gelernt, hätten uns fünfmal täglich gegen Mekka verneigt, hätten zusammen mit dem Muezzin mit unseren Klampfen und unserem Gesang vom Minarett hinunter die Gläubigen zum Gebet aufgefordert. Wir wären womöglich sogar zum Islam übergetreten, wenn's nur geholfen hätte. Statt dessen ernteten wir bedauerndes Kopfschütteln, hilflos erhobene Hände. Es war nichts zu machen. Ein fliegender Teppich war die einzige Lösung. Doch den gibts nur im Märchen, und dessen moderne Version, das Flugzeug, war für uns unbezahlbar. Der Iran, der Irak und Afghanistan – sie blieben für uns verschlossen.

Also sagten wir unseren Freunden „Allahhaismarladik“, worauf diese mit betrübten Gesichtern „güle güle“ riefen, winkten – und wir zogen weiter in Richtung Syrien mit dem Ziel Damaskus. Da war in biblischen Zeiten ja schon mal aus Saulus ein Paulus geworden. Dort vielleicht ...

„Als Kaiser Rotbart lobesam ...“ Immer wieder zitierten wir die Uhland-Ballade auf dem Weg zur türkischen Südostgrenze. Um uns war eine karge, abweisende, trockene Gebirgslandschaft mit sehnigen Menschen in staubigen Gewändern mit

Hakennasen und braunen, zernarbten Raubvogelgesichtern. Uns begegneten die ersten Kamelkarawanen. Wir sahen schiefe Lehmhütten, die wie wir in der Backofenhitze vor sich hin buken, Ziegenherden, die die vertrockneten Gräser zupften.

Ein Lastwagenfahrer, der uns mitgenommen hatte, zückte sein Messer, wollte uns nicht nur alles Geld, sondern mir auch noch meine Klampfe entreißen. Den Verlust der letzten Lira hätte ich vielleicht hingenommen, aber nicht den meiner Klampfe!

„Der wackre Schwabe forcht sich nit" – um bei dem zitierten Uhlandgedicht zu bleiben – ich brüllte den Kerl an, um ihn abzulenken, ich würde ihm – ich konnte ja boxen – meine Rechte ins Gesicht knallen, sobald ich den Bruchteil einer Chance sehen würde, seinem Messer aus dem Wege zu gehen. Die beiden Günter, die Scheiche, schrien vor Angst, Empörung oder Schrecken ebenfalls Zeter und Mordio. Der Lärm lockte einen Polizisten auf den Plan, der seinerseits mit seinem Messer auf den Übeltäter einstach. Der wehrte sich. Nur eine Fülle von zerlumptem Filz verhinderte ein Blutvergießen.

Zu unserer Sicherheit verfrachtete uns der Ordnungshüter in ein Hotel – eher eine heruntergekommene Karawanserei. Es roch schlimmer als die Socken eines mumifizierten, altägyptischen Potentaten zu stinken vermögen, die dieser die letzten 3.000 Jahre nicht mehr von den Füßen gekriegt hat. Der Polizist, einmal in Rage, warf drei nur schwach protestierende, zerlumpte Kerle kurzerhand von ihrem miserablen Lager und wies es uns an. Wir versuchten, wachzubleiben, um gegen weitere Übergriffe gewappnet zu sein. Am Morgen waren es nur Wanzen, Flöhe und Läuse, die nach unserem Blut gelechzt hatten.

Wir näherten uns dem wilden Kurdistan. Die Fahrt über die hohen Pässe des zerklüfteten Taurusgebirges brachte Kühlung. Aber dann, in einer als Kneipe dienenden Lehmhütte, wo wir heißhungrig Arnavut cigeri – gebackene Leber mit Zwiebeln, höllisch scharfe Paprikaschoten zu uns nahmen, mit Strömen von Raki – Allah verzeih uns auch diese Sünde – hinunterspülten, kehrte man das Gesetz der Gastfreundschaft um: Nicht etwa wir wurden eingeladen, sondern man forderte uns kurz angebunden auf, auch für den Rest der Kundschaft mitzubezahlen. Wildäugig und mit vorgehaltenem Karabiner deckte ein zufällig anwesender türkischer Soldat unseren Rückzug.

Das gängige Verkehrsmittel im Südosten der Türkei waren damals klapprige Lastwagen, die zu ihrer Ladung auch noch die anfallende Menschenfracht transportierten und nach längerem Feilschen ein nur knapp unter dem Bahnpreis liegendes Honorar verlangten. Da unsere türkischen Lira knapp wurden, sparten wir, wo es nur ging und stiegen mit auf. Vielleicht hatten wir zu sehr gefeilscht, denn der Fahrer setzte uns auf freier Strecke irgendwo im Tal von Adana ab. Diesmal waren es keine Menschen, die uns behelligten, dafür aber Schlangen, die offenbar zu einer Tagung zusammengekommen waren. Giftig oder nicht – wir hielten es mit dem lebenden Mäuslein statt mit dem toten Löwen und zogen weiter, bis wir uns vor dem gefährlichen Gewürm in Sicherheit wähnten.

Dieser Teil der Türkei war uns nicht eben freundlich begegnet. Wer weiß, wie es ausgegangen wäre, wenn nicht der Polizist, wenn nicht der Soldat ... Aber waren wir nicht unterwegs, um das Abenteuer zu suchen und zu bestehen? Was uns nicht umbringt, macht uns nur härter, sagten wir uns, tauschten die restlichen Lira gegen syrische Pfunde ein und trampten weiter in Richtung Grenze.

Der negative Punkt auf dem i während dieses Teiles der Reise war der syrische Omnibusfahrer, der uns als ungläubige Ausgeburten der Hölle beschimpfte und sich weigerte, uns mitzunehmen. Es war massive Fremdenfeindlichkeit, wie man heute dazu sagen würde, wie wir sie zuvor und auch danach nur noch einmal erlebten.

Ein syrischer Offizier beendete die Argumente mit einem gezielten Peitschenhieb über das Gesicht des Chauffeurs. Dann entschuldigte er sich und erklärte uns, der stinkende Schakal von Busfahrer hätte uns nicht nur für Christenhunde, sondern auch noch für franchesi, für Franzosen gehalten. Aber er wüßte, mit wem er es zu tun hätte, zwinkerte uns mit dem rechten Auge zu und salutierte stramm. Das kam uns sehr merkwürdig vor, auch weil man uns von da an mit großer Zuvorkommenheit behandelte, uns Zigaretten anbot, im Bus die besten Plätze überließ.

Des Rätsels Lösung war einfach: Es wurde hinter vorgehaltener Hand getuschelt, wir seien die neuen, verdeckt einreisenden britischen Ausbilder der syrischen Armee. Hatte das britische Militär im letzten Krieg nicht auch kurze Hosen getragen? Die Syrer haßten die alte Kolonialmacht Frankreich und fühlten sich den Briten freundschaftlich verbunden.

In Syrien zeigte sich der wirkliche Orient. Unsere Mitreisenden waren schwarzgewandete Araber mit weißen Umhängen, mit dem Krummdolch im Gürtel. Die tief verschleierten Frauen sahen wie echte Haremsdamen aus. Hin und wieder reichte der Chauffeur den Wassersack aus einem Ziegenbalg nach hinten. Wir versuchten es den Einheimischen nachzumachen, den Sack über unsere Gesichter zu heben und ein paar Schluck in unsere weit aufgesperrten Mäuler rinnen zu lassen. Es gelang uns nur unvollkommen, unseren Durst zu stillen. Aber der Vorgang diente der Kurzweil und Erheiterung unserer Mitreisenden.

Im Bazar von Aleppo wimmelte es von Schlangenbeschwörern, Märchenerzählern, Teppichhändlern, Melonenverkäufern, Marktschreiern, Eseln, Kamelen und Touristen. In all dem Gewimmel sprach uns ein Zunftgenosse an; Manfred aus Speyer am Rhein. Wir nahmen ihn in unserer Mitte auf und waren jetzt wieder vier.

Auf dem Weg nach Damaskus fragten wir uns, ob das schon die Wüste war? Dieser blendende Ozean aus Staub, Fels und Feuer; die Dünen mit scharf gesichelten Kämmen aus windgeripptem, schattenlosen Sand; die wahllos verstreuten Gesteinsblöcke. Der Horizont waberte, flimmerte; weißes, schmerzendes Licht brannte in den Augen. Wir erblickten Kamele, über denen sich die Reiter wie Statuen erhoben.

Nein, das ist, das war sie nicht, noch nicht. Wir sollten es später erfahren. Die Wüste ist kein Sightseeing-Objekt. Sie ist ein Phänomen, dem man nicht beikommt, indem man es durchs Busfenster betrachtet. Man muß sich den Sand durch die Finger rinnen lassen, muß die Wüste in direktem Kontakt in ihrer endlosen, elementaren Unfaßbarkeit erleben und erleiden.

Damaskus, die syrische Hauptstadt. Wir verloren keine Zeit und gingen zur irakischen, zur persischen Botschaft. Nein, da war nichts zu machen. Weder hier noch da. Absolut nichts. Da konnten wir uns Afghanistan schenken. Ein Schlag, den wir erstmal verkraften mußten. Die Landkarte hatten wir im Kopf. Ägypten bot eine minimale Chance: Durch den Suezkanal, das Rote Meer, am Horn von Afrika vorbei, durch den Indischen Ozean nach Bombay. Im Kielwasser Sindbad des Seefahrers!

„Laßt mich über Suez fahren,
wo noch jeder Kerl was gilt,
wo nicht jeden, den der Durst quält,
frömmelnd man als Säufer schilt.
Denn die Tempelglocken läuten
ewig mir und locken laut.
Dort am Weg nach Mandalay
liegt die Flotte schon am Kai.
Sailor, hiß am Mast die Fahne
denn wir sind vor Mandalay!“

Also, nichts wie hin zur ägyptischen Botschaft. Dort behandelte man uns überraschend freundlich, war direkt zuvorkommend, gab uns die Visa und wünschte – Gute Fahrt! Ägypten war uns auf Anhieb sympathisch – und Ägypten, das lag doch in Afrika! Ich erzählte den beiden Scheichen und Manfred von dem Film, den wir verbotenerweise beim Jungvolk gesehen hatten, von den straffen, braunen, wippenden Brüsten der jungen Negerinnen.

„Da ist möglicherweise was dran“, sagte Günter I auf seine bedächtige Art. Wir beschlossen, sollte das mit dem Schiff und Sindbad dem Seefahrer nicht klappen, uns im Schwarzen Kontinent umzusehen. Den Spuren von Johann Karl Christian Nachtigall, Carl Peters, des Amerikaners Stanley: „Mister Livingstone, I presume“, zu folgen, und uns – hatten wir nicht auf der Straße nach Barletta bewiesen, was für Kerle wir sind!? – auch nicht von der geballten Erotik barbusiger Afrikanerinnen ins Bockshorn jagen zu lassen. „Inschallah – es soll geschehen, wie es in der Schrift vorbestimmt ist“, sagte Günter I und schnalzte mit der Zunge.

Zunächst blieben wir in Damaskus. Die orientalische Gastfreundschaft der Syrer stellte die der Türken Ankaras noch in den Schatten. Die Boy Scouts bewirteten uns königlich, Oliven, Hammel, Wein, Zigaretten, Pilav, exotische Früchte in Hülle und Fülle. Sie besorgten uns eine fürstliche Unterkunft – Herz, was begehrst du! Sie führten uns in die dreitausendjährige Geschichte der Stadt ein, von der aus einst die Aramäer die alttestamentarischen Israeliten bekämpften, in der sich die Straßen nach Aleppo, Bagdad, Mekka, Beirut, Sur und Haiffa kreuzten.

Die Pfadfinder erzählten mit Begeisterung und leuchtenden Augen von dem Assyrer Titglatpilesar III, der die Stadt vor 3.000 Jahren eroberte und sie zum Zentrum Neubabylons machte, von den Persern und Alexander dem Großen, den Ptolemäern und den achämenidischen und seleukidischen Reichen, von Pompeius, dem Römer, der sich hier eingenistet hatte, von den Kalifen, die in Glanz und Gloria in Damaskus residierten. Die Jungs berichteten nicht ganz ohne Häme, wie sich „unsere“ Kreuzritter an diesen Mauern blutige Köpfe holten und von Timur oder Tamerlan, der Damaskus dann endlich doch eroberte. Das nämlich war schon einer, mit dem sie sich selbst identifizierten. Timur und Tamerlan – ach ja, dieser Turkmene hatte sich seinerzeit mit den indischen Moguln manch harten Strauß geliefert! Ob es uns vergönnt war, es selbst je zu sehen, dieses Indien? Tamerlan – das war schon fast die Neuzeit (genau 1401). Damaskus geriet danach in die Hände der Mamelucken, der Türken, der Drusen, der Franzosen – bis dann Syrien 1944 endlich unabhängig wurde.

Unsere freundlichen Gastgeber begleiteten uns zum Baden und in ein Eiskaffee, an dessen Stirnwand ein großes, mit Lorbeer umkränztes Hitlerbild prangte. Wir bedankten uns, machten, daß wir so schnell wie möglich wieder rauskamen. Wir erkundigten uns statt dessen nach den berühmten Damaszenerklingen und den Damaststoffen und den kostbaren Seidenstickereien, für die die Stadt so berühmt ist. Unsere Gastgeber schleppten uns in die entsprechenden Ausstellungen. Wir brauchten nur einen Wunsch zu äußern, und er wurde uns erfüllt. Es war wie Aladdins Wunderlampe oder wie ein Märchen aus Tausendundeine Nacht.

Zwischen Syrien und Ägypten liegen – wie jeder geographisch auch nur halbwegs Bewanderte weiß – Israel und/oder Jordanien. Irgendwie waren wir es leid geworden, nach Visa und dergleichen herumlaufen zu müssen. Also beschlossen wir, über den Libanon zu trampen, wo wir an der Grenze die zur Durchreise erforderlichen Reisepapiere erhalten würden. Von dort würden wir direkt nach Port Said und zum Suez-Kanal schippern. Da würden wir weitersehen. Wenn uns schon die Reise auf Marco Polos Spuren verwehrt war, so würden wir eben dem Kielwasser Sindbad des Seefahrers folgen!

Die Libanesen galten immer schon als äußerst geschäftstüchtig. Sie hatten ihr Land zu einer Art von Schweiz des Vorderen Orients gemacht. Aber zehn Pfund für den Grenzübertritt plus vierzehn Pfund für die Passage nach Port Said – das überstieg unsere Mittel. Doch es hieß, sie ließen mit sich handeln, die Libanesen – sie waren und sind schließlich Levantiner!

Günter I und ich machten uns auf zur Grenze, um vor Ort nach billigeren Mitteln und Möglichkeiten zu suchen. Günter II und Manfred begaben sich mit gemischten Gefühlen zum Deutschen Konsulat, um trotz vorheriger übler Erfahrungen mit unseren behördeten Landsleuten nach einer Chance zu suchen. Ihre Skepsis bestätigte sich schnell. Man zeigte ihnen die kalte Schulter und ließ sie nicht mal telefonieren. Um das Unglück voll zu machen, wurden sie kurz danach verhaftet und eingesperrt, da sie sich nicht ausweisen konnten (wir hatten ihre Pässe mitgenommen) – und kein hilfreicher Boy Scout zur Stelle war.

Die Grenzer des Libanon zeigten Verständnis oder hatten Mitleid, sie versorgten uns mit Speis und Trank, aber den ominösen Stempel drückten sie nicht in die vorgehaltenen Pässe. Zehn Pfund – nein, drunter ging nichts. Guter Rat war teuer – im wahren Sinne des Wortes.

Dann tauchten Günter II und Manfred auf und erzählten von ihrem Abenteuer. Sie hatten die erstbeste Gelegenheit am Schopf gepackt und waren ausgebüchst. Vielleicht war das auch die simpelste und unaufwendigste, die orientalische Lösung. So war man sie am schnellsten losgeworden.

Nach vielem Hin und Her, nach Bitten, Beschwörungen und großem Lamento kamen wir mit fünf Pfund pro Nase als Durchreisegebühr davon, und nach heftigem Feilschen konnten wir auch die Schiffspassage für etwas mehr als die Hälfte, für acht Pfund buchen. Für Manfred jedoch war das immer noch zuviel. Wir erwogen, unsere Mittel zusammenzuwerfen, doch dann wäre es in Port Said, an der Schwelle Afrikas oder – sollte es doch mit dem Dampfertramp nach Bombay klappen – zappenduster gewesen, und zwar für alle.

Manfred kämpfte mit den Tränen und verabschiedete sich von uns in Richtung Türkei, um dann – mochte Allah oder der Christengott wissen wie – wieder heimatliche Gefilde zu erreichen.

Als wir mit der „Eolia“, einem griechischen Seelenverkäufer, als Deckspassagiere nachts die israelische Küste und die Lichter von Haiffa passierten, drängten sich die Araber an die Reling, spuckten in Richtung des Erbfeindes, schüttelten die Fäuste und stießen uns unverständliche, offenbar grimmige Flüche aus. Einige gingen sogar soweit und pißten in Richtung ihres Reichs des Bösen. Es waren nichts weiter als Drohgebärden – ebenso obszön wie hilflos.

In Port Said am Suez-Kanal, die Passage nach Indien direkt vor Augen, hatten wir dann die Bescherung: Wir durften nicht von Bord. Die Polizisten schüttelten unnachsichtig die Köpfe. Nein, nichts zu machen, militärisches Sperrgebiet. Auch der Purser der „Eolia“ machte ein langes Gesicht: Er mußte uns mitnehmen nach Alexandria, und zwar kostenlos.

Scheiße, sagten wir uns, das mit Indien – das wird wohl nichts mehr! Doch

Ankunft in Alexandria

unterkriegen wollten wir uns nicht lassen. Wenn nicht die Quellen von Ganges und Brahmaputra, so würden wir eben die des Blauen Nils, des Niger oder des Sambesi entdecken.

Und da war ja noch was anderes. Was sich in Italien so erfrischend mit Wein, Weib und Gesang, mit herz- und sinnerfreuendem Vagantentum angekündig hatte, das hatte sich, was Wein anging, in der Folge bestätigt, obwohl der Prophet sowas überhaupt nicht gerne gesehen hätte, und gesungen hatten wir ebenfalls nach besten Kräften. Doch was das Weib anging, da waren unsere Chancen ebenso kümmerlich wie die eines Besuchers der Männerklöster auf dem griechischen Berge Athos.

Da half auch nicht die junge Bauchtänzerin aus Gütersloh, die uns in Damaskus angesprochen hatte – sie wollte lediglich einmal ein paar originaldeutsche Worte hören.

Wir konnten uns durchaus vorstellen, welch gertenschlanke, anmutige Frauenkörper sich unter fließenden Gewändern verbargen. Wir sahen manch edelgeformte Stirn, schöngewungene Augenbrauen, mit Samthaut überspannte Backenknochen; wir sahen kohlschwarze Augen, die sogar hin und wieder in unsere Richtung blitzten. Wie mochten sie wohl heißen? Hadja, Fatima, Sadia, Hammia, Suleika? Wir sahen mehr europäisch angezogene, aufregende Frauen als gut für uns war, doch wir kamen nicht einmal in Sprechkontakt mit ihnen. Entweder waren sie zu stolz, oder zu abweisend. Vielleicht nahmen sie uns in unseren kurzen Hosen nicht ernst – oder die Annäherung zwischen den Geschlechtern vollzog sich im Vorderen Orient nach Ritualen, die wir (noch) nicht durchblickten.

So blieb das auch in Alexandria, wo wir nach Asien unsere Füße auf einen neuen, bis dato fremden Kontinent setzten. Wir kamen gleich in einem Camp der Boy Scouts unter, wenn auch bei weitem nicht so komfortabel wie in Damaskus, wurden auch viel einfacher verpflegt – Kernbohnen und Tee zum Frühstück, Hammelfleisch und Salat am Abend – doch ein Dach überm Kopf und einen wenigstens halbwegs vollen Bauch, das ist schon die halbe Miete im Vagantenleben!

Die sudanesischen „Boy Scouts“, die mit uns das Lager bevölkerten, arbeiteten allesamt in den Baumwollspinnereien der Stadt. Ich fürchte, die Ideale eines Baden-Powell sagten diesen Jungs unter dem Zeichen der Lilie nicht viel. Ihnen ging es – wie auch uns – um die billige Unterkunft und um die ebenso billige Verpflegung.

Als einer von ihnen sich ungefragt Günter IIs Lederhose bemächtigte, sie anzog und Günters Proteste ergebnislos blieben, schien es mir angesichts der sudanesischen Übermacht nicht geraten, mit Gewalt dem Kerl die Hose wieder abzunehmen. Ich verfiel auf eine List, deutete auf die Hose, ahmte die Grunzlaute eines Schweines nach und machte dem Typen pantomimisch klar, daß es sich um eine Schweinslederhose handelte.

Als wäre die Hose mit brennenden Nesseln ausgelegt: Weder zuvor noch danach habe ich jemanden so schnell und mit allen Anzeichen der Abscheu und des Entsetzens aus seinen Beinkleidern fahren sehen! Der Sudanese verlor keine Sekunde, rannte in den Waschraum, aus dem er erst nach Stunden wieder auftauchte. Er murmelte, böse Blicke um sich werfend, Unfreundliches gegen uns Christenhunde.

Die Angelegenheit zeitigte keinerlei negative Folgen für uns: Der Jahrestag der Revolution nahm alle Aufmerksamkeit in Anspruch. Es war die Wiederkehr des Datums, an dem General Naguib dem fetten Schmarotzer Faruk die Macht aus den Händen gerissen und das Königreich Ägypten zur Republik gemacht hatte.

Wir – das winzige Fähnlein der drei aufrechten deutschen Wandervögel – wurden dazu ausersehen, als Delegation der Bundesrepublik unter einer extra zu diesem Anlaß genähten schwarz-rot-goldenen Fahne in der Parade mitzumarschieren. Mit strammer Haltung und geübtem Schwung taten wir wie geheißen, während hinter uns die auf Hochglanz polierten, aus britischen Beständen übernommenen, alten Chieftain-Panzer herrasselten. Als dann das Gedröhn der Motoren schwächer wurde und endlich ganz verstummte, fragten wir uns, ob wir wohl vom Wege abgekommen seien. Doch es wurde uns bedeutet, weiterzumarschieren. Auch das übrige Volk lief weiter. Des Rätsels Lösung, wo die Tanks abgeblieben sein mochten, erfuhren wir alsbald: Nachdem Ägyptens schimmernde Wehr die Ehrentribüne passiert hatte und außer Sichtweite war, bog sie an der nächsten Seitenstraße ab, umfuhr

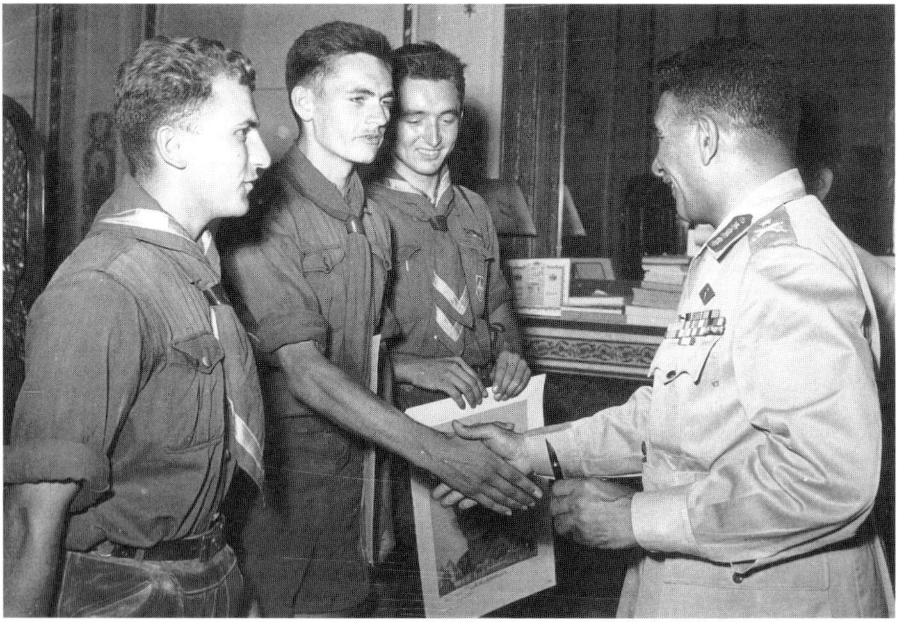

Empfang bei General Naguib in Kairo

Ausflug zu den Pyramiden

den Block und erschien erneut, um auf diese Art vor den Offiziellen gleich mehrfach Eindruck schinden zu können.

Als wir eine Woche danach in Kairo im Kino saßen und uns die Wochenschau ansahen, deutete Günter II ganz aufgeregt auf die Leinwand: „Määäänsch, guck mal, da, da, das sind doch wir!“ Alle Köpfe fuhren herum. Tatsächlich, da sah man uns unter der Bundesflagge vorneweg marschieren! Wir fanden, daß wir eine hervorragende Figur abgaben, waren stolz und von uns selbst sehr beeindruckt. Für ein paar Sekunden fühlten wir uns als Berühmtheiten in einer Reihe mit Clark Gable, Dieter Borsche, O.W.Fischer und anderen zeitgenössischen Kinohelden.

In dem folgenden Kriegsfilm war das Erlebnis Publikum mindestens so spannend wie das Geschehen auf der Leinwand. Die Ägypter gingen und fieberten mit. Als ein britischer Froschmann einen deutschen Wachposten beschlich, schrien und pfiffen die Leute, um den Nichtsahnenden zu warnen. Sie klatschten Beifall auf offener Szene, wenn es einen Engländer traf und murrten, wenn ein Deutscher fiel. Britannien als einstige Kolonialmacht hatte offenbar ganz schlechte Karten bei den Ägyptern. Die Kenntnis gewisser historischer Zusammenhänge und bestehender Animositäten war uns wieder einmal von Nutzen.

Dann kam das ganz große Ereignis, mit dem wir nicht gerechnet hatten: Wir wurden in den Regierungssitz eingeladen und tatsächlich vom Präsidenten der Republik und amtierenden Premierminister, von General Naguib, persönlich empfangen. Der „Vater der ägyptischen Revolution“ entsprach dem Ruf, der ihm vorausging. Er unterhielt sich angeregt mit uns. Er gab sich nicht nur – er war auch menschlich, bescheiden, anteilnehmend. Zum Abschluß der Audienz schenkte uns der General ein Foto mit persönlicher Widmung. Ich besitze es immer noch und halte es hoch in Ehren.

Bei dem abschließenden Ausflug zu den Pyramiden und nach der schweißtreibenden Besteigung der des Cheops wurde mir zweierlei klar: Reisen ist auch ein Gespräch mit der Vergangenheit, mit den Jahrhunderten oder – wie in diesem Fall – den Jahrtausenden. Es ist ein Gespräch mit Menschen, die einstmals gelebt haben.

Aus der Vogelperspektive heraus wurde mir klar: Ägypten ist nichts weiter als eine langgestreckte, schmale, übervölkerte Flußoase, von zwei Seiten her bedrängt von den endlosen, leeren Wüsten im Westen und Osten. Doch diese Oase hat es in sich: ein Viertel afrikanisch, ein Viertel europäisch, ein Viertel arabisch – und der Rest eben ägyptisch.

Als wir uns nach unserer Rückkehr nach Kairo um die Weiterreise bemühten, den Fahrer eines VW-Busses der deutschen Kriegsgräberfürsorge ansprachen, und uns im Verlaufe des weiteren Kontaktes eine Fahrtgelegenheit nach El Alamein – auf dem Weg zur lybischen Grenze – angeboten wurde, kamen wir nach langer Beratung zu dem gemeinsamen Entschluß, die Quellen des Nil, Sambesi und Kon-

Der Suchtrupp der Kriegsgräberfürsorge

Kriegsfriedhof El Alamein

go ebenso wie die Schwarzen Schönen mit den wippenden Brüsten linksliegen zu lassen, unsere Rundreise durch den Vorderen Orient und Nordafrika in Libyen zu beenden und von dort nach Sizilien überzusetzen.

Das Abenteuer Indien wie auch die Erforschung des Restes von Afrika würden wir uns für spätere Zeiten aufheben. Wir waren ja noch so jung und standen erst am Anfang des Menschenlebens. Wie dieses weitere Menschenleben aussehen würde, war zumindest mir klar. Es sollte eine einzige, ununterbrochene Großfahrt werden!

El Alamein. Es war der Wendepunkt des Afrika-Feldzuges. Das deutsche Afrikakorps unter Rommel war auf seinem Weg zum Suez-Kanal bis über El Alamein hinaus vorgestoßen und hatte die Alliierten in Angst und Schrecken versetzt, die um den kriegswichtigen Kanal fürchteten.

Winston Churchill hat später über El Alamein gesagt:

„Bis hierhin hatten wir alle Schlachten in Afrika verloren, danach haben wir alle gewonnen."

Damit hatte er es auf den Punkt gebracht. Was er aber nicht erwähnte, waren - zigtausende von Toten auf beiden und auch auf italienischer Seite, waren die mehr als hunderttausend Verwundeten, waren die langen Jahre von Gefangenschaft zumindest für die meisten der deutschen Soldaten. Trotzdem galten Afrika-Feldzug (und Rückzug) als „fairer" Krieg. Der sogenannte Wüstenfuchs Rommel steht auch heute noch (fast) ebenbürtig neben Feldmarschall Montgomery als geschichtliche Größe in Britannien in hohem Ansehen. Eine Ehre, die nicht nur ich als fragwürdig ansehe.

Sei's drum. Neben den auf dem Asphalt totgefahrenen Schlangen passierten wir die Relikte des Krieges: halbversandete, abgeschossene Panzer, umgeworfene Geschütze, ausgeplünderte Autowracks, halb zugeschüttete Schützengräben, Granat- und Bombentrichter, mächtige Ausschachtungen im Wüstenboden: einstige Panzerfallen, tückische, wenn auch mit Warnschildern versehene und eingezäunte Minengürtel.

Auf den Soldatenfriedhöfen von El Alamein ruhten die sterblichen Überreste von 30.000 Briten und 18.000 Deutschen und Italienern. Es kamen immer noch neue hinzu. Aus Marsa-Matrouk, Sidi-Abdel-Rachman, Sidi-Barrani.

Wir fuhren mit dem VW-Bus, beladen mit Tauschartikeln, in die Wüste. Bald umgab uns ein eintöniges Gelbbraun, vor einem im Dunst verblassenden Horizont. Der Boden war steinig, hartgebrannt. Wir hatten keine Probleme mit dem Bulli. Allenfalls die Wadis oder trockenen Flußtäler stellten uns und den VW-Bus auf die Probe mit ihren Abbruch-Ufern und dem Treibsand in der Sohle. Auch die Orientierung war nicht einfach: Alle Bodenwellen sahen im flimmernden Glast der Mittagssonne gleich aus, alle Täler glichen sich in unseren Augen wie ein Ei dem anderen, erschienen uns wie ein endloses, einförmiges Meer. Nur am Abend warf das dürre Gesträuch filigrane Schatten über die Erde; da begannen die fernen Kuppen zu glühen, bevor eine violette Dämmerung einsetzte.

Frühmorgens im ersten, noch grauen Licht begann erst die Spitze der Funkantenne aufzublitzen, dann zeigte sich ein rosa Schimmer auf den Zelten, und endlich rollte eine gewaltige blutrote Sonnenscheibe über den Horizont, schien eine Weile dort zu verharren, bis sie stetig heller und blendender wurde, um endlich weiß und brennend über uns zu hängen.

Wenig später stand die Luft wie in einem überhitzten, festverschlossenen Raum. Nur in der Ferne hingen merkwürdige Fahnen, feingewobene Schleier.

Alle waren gereizt. Der Fahrer, die übrigen Helfer. Ich selbst. Ein Nichts von einer harmlosen Mücke an der Wand hätte gereicht, einen bitteren Streit vom Zaun zu brechen.

Ständig fuhr meine Zunge über die trockenen, aufgesprungenen Lippen. Ich glaubte, den Staub zu schmecken. Alle hingen an den Wasserflaschen wie an einem lebensspendenden Tropf.

Dann schien es, als würde uns die heiße Luft förmlich anspringen. Mich überfiel ein merkwürdiges, unausbalanciertes Gefühl, eine Mischung von Erleichterung, daß es endlich losging, aber auch von Besorgnis. Ein weiterer Windstoß.

Eine Wolkenbank, ein Wall aus aufgewirbeltem Sand raste auf uns zu. So etwas hatte ich bis dahin noch nicht gesehen, geschweige denn am eigenen Leib erlebt. Eine dunkelbraune, langgestreckte Wolke – es schien, als habe jemand die Wüste in Brand gesteckt.

Keiner tat mehr etwas. Alle standen da wie gelähmt, mit weit aufgerissenen Augen. Es dauerte keine Minute, und um uns war nur noch brauner, treibender, prickelnder, stechender Sand. Mit einem Schlag war es dunkel geworden. Stand ich überhaupt noch mit beiden Füßen auf dem Boden oder driftete ich bereits in einem endlosen Sandmeer? Oder hatte sich die ganze Wüste aus ihrer Verankerung gerissen und war ins Treiben gekommen? Es knirschte, rieb, krachte zwischen den Zähnen. Ich versuchte, mit der Hand die Augen zu schützen. Mich überfiel eine panische Angst.

Der VW-Bulli. Vor ein paar Minuten stand er doch noch da! Aus zusammengekniffenen Augen sah ich einen kantigen Schemen. Das mußte er sein. Ich lief darauf zu, riß die Tür auf und schwang mich hinein.

Keiner sprach ein Wort. Wir alle starrten auf die treibenden Massen, die wütenden Wirbel. Wir horchten hinaus, auf das Brausen, Rauschen; wir warteten auf die mächtigen Stöße, die Schläge, unter denen das Fahrzeug erbebte.

Es wurde brütendheiß. Auf das Lenkrad, das Armaturenbrett, auf die Sitze, auf uns selbst legte sich eine Staubschicht. Das Atmen fiel uns schwer. Schweißperlen zogen feuchte Bahnen durch die von feinem Schmutz überpuderten Gesichter.

Ich weiß nicht, wie lange dieser Alptraum dauerte. Urplötzlich war die Sonne wieder da. Der Sand tanzte nur noch mannshoch um den Bulli, wenig später fegten letzte, einzelne Wirbel flach über die Erde.

Einer reichte die Wasserflasche herum, ein anderer kurbelte die Fenster herunter. Keiner wußte, wie lange der Aufruhr der Elemente gedauert hatte. Wir stiegen aus und schwiegen. Es war vorbei. Die Wüste dehnte sich lichtüberflutet und endlos wie zuvor, wie danach. Nichts hatte sich verändert, doch nichts war wie zuvor.

Die Beduinen kannten die Lage von vielen der Einzelgräber und zeigten sie uns gegen einen entsprechenden Obolus. Dann gingen wir daran, die im trockenen Sand mumifizierten Leichen auszugraben. Identifizierten wir sie als Engländer, meldeten wir sie mit der genauen Lagebezeichnung den Behörden. Waren es Deutsche, gruben wir sie mit Hacke und Spaten aus, legten sie vorsichtig in Papiersäcke und transportierten sie ab.

Ich verzichte in diesem Zusammenhang auf Einzelheiten. Aber ich wünschte mir, daß alle an den Schalthebeln sitzenden Mächtigen, die womöglich über Krieg und Frieden zu entscheiden haben, sich mit ihren eigenen Händen nur ein paar Tage lang einer solch grausigen Tätigkeit unterziehen müßten. Die Welt würde besser aussehen, es würde sicher ein paar Kriegsschauplätze weniger geben.

Wir selbst hatten uns dieser Aufgabe aus einem Pflichtgefühl heraus unterzogen und sie keinesfalls als verspätete Heldenverehrung verstanden. Wir wollten irgendetwas tun, um unserer Betroffenheit greif- und sichtbaren Ausdruck zu verleihen.

Der Höhepunkt unserer Großfahrt war überschritten; der Rest ist schnell erzählt. Schon auf dem Weg nach Bengasi kündigte sich Europa an. Wir sahen Felder und Plantagen, wie wir sie in Italien gesehen hatten; sie wurden von den wenigen, aus der Kolonialzeit übriggebliebenen Italienern bewirtschaftet.

In dieser zweitgrößten Stadt Libyens fuhr uns ein vorletzter Schrecken in die Knochen: Günter I wurde ernsthaft krank und mußte ins britische Hospital gebracht werden. Es bestand der Verdacht auf Magentyphus. Wir warteten betroffen ab, hofften, daß es so schlimm nicht sein würde. Darüberhinaus langweilten wir uns.

Ein Senussi zeigte uns deutsche Zeitungen aus der Kriegszeit, die er als eine Art Reliquie hütete. Beim Durchblättern stieß ich auf eine Karikatur, auf ein Mini-Comic: Auf dem ersten Bild schleppt ein schweißtriefender, deutscher Soldat des Afrikakorps unter der brennenden Sonne schweres Kriegsgerät durch die Dünen. Vor seinen Augen gaukelt eine Fata Morgana: verschneite Tannen, darüber eine strahlende Wintersonne, ein halbnackter Mann, der sich wonnetrunken mit kühlem Schnee die Brust abreibt.

Das nächste Bild zeigt einen vermummten, halberfrorenen Landser mit Eiszapfen an der Nase in den Weiten Rußlands, sich mit Mühe dem heulenden Schneesturm entgegenstemmend. Vor seinen Augen ist eine ganz andere Fata Morgana erstanden: Meeresküste, Palmen, Wärme, Menschen, sich am Strand suhlend – Nordafrika.

Die fernen Täler erscheinen uns nun einmal grüner als die nahen. Wenn das nicht der Fall wäre, brauchte man nicht wegzufahren – oder?!

Als Günter I halbwegs über den Berg war, beschlossen wir, ihm den überwiegenden Rest unseres Geldes dazulassen und uns auf Teufel komm raus nach Hause durchzuschlagen.

Es sollte ein letztes, böses Erlebnis auf uns warten: Als Günter II und ich einen Bus stoppten, fanden wir diesen vollbesetzt mit Arabern, die von einer Pilgerfahrt aus Mekka zurückkehrten. Sie waren offenbar übermüdet, fanatisiert, aggressiv – wahrscheinlich alles zusammengenommen. Sie stiegen aus, umringten uns, stießen uns schreiend herum. Messer blitzten. Sie waren drauf und dran, uns, den Christenhunden, die Hälse abzuschneiden. Ich schrie „Alemany, Alemany“. Es half nichts. Das Gebrüll wurde lauter, die Gesten obszöner, bedrohlicher.

Ich sah keinen Ausweg mehr. Ohne zu überlegen, zeichnete ich in meiner Todesangst mit einer Fußspitze ein Hakenkreuz in den Sand. Die Männer stutzten, steckten zögernd erst die Messer weg, klopften uns dann auf die Schultern, bezeichneten uns als ihre Brüder und luden uns zum Mitfahren ein.

Uns zitterten die Hände, während wir ihnen klarmachen konnten, daß wir uns im Bus getäuscht hätten, daß wir ein anderes Fahrzeug erwarteten. Als sie endlich am Horizont verschwunden waren, scharrte ich schnell das Hakenkreuz mit der Schuhsohle weg. Wir schnappten immer noch nach Luft, waren betroffen, daß uns ausgerechnet das Symbol, unter dem unfaßbarer Tod und Verderben einhergegangen waren, uns aller Wahrscheinlichkeit nach das Leben gerettet hatte.

Wir waren danach zurück nach Bengasi getippelt und hatten ein Busticket nach Tripolis gelöst.

Unser Traum vom märchenhaften Orient war in Libyen zwar nicht wie eine Seifenblase geplatzt, doch war er, vor allem in den letzten Tagen, durch die reale Anschauung, das direkte Erleben, den Schrecken beeinträchtigt worden. Die Erinnerungen beherrschte der ewig rinnende Sand, die obszöne Fliegenplage, der unentrinnbare Schmutz und die Langeweile, während wir bangen Herzens hofften, daß auch Günter I das Abenteuer gesund überstehen würde.

Auch in Anatolien hatten wir ein paar haarsträubende Augenblicke durchlebt, doch die eben erst überstandene, geballte Aggressivität der Araber hatte mir einen Schock versetzt, einen inneren Krampf ausgelöst, von dem ich mich nur langsam befreite.

Die Sache mit dem Hakenkreuz ging mir nicht aus dem Kopf: Ich hatte das Gefühl, mich schämen zu müssen. Vielleicht ist es so den frühen Christen ergangen, die – um ihr Leben zu retten – ihrem Glauben abschworen. War es Feigheit, oder hatte der Selbsterhaltungstrieb dominiert? Ich fand lange keine Antwort auf diese Frage.

Glücklicherweise schaut der junge Mensch nach vorne, weil er glaubt, daß er unsterblich – und seine Zukunft unendlich sei. Es war merkwürdig, wir waren immer noch in Afrika, und doch war dieser Kontinent bereits ein Stück Vergangenheit. In unseren Köpfen formten sich neue Bilder. Unsere Gedanken konzentrierten sich auf das Kommende. Mir ging jener Teil des Comics einfach nicht aus dem Kopf, die Fata Morgana der verschneiten Fichten, der jappenden Huskies, der heimeligen Blockhütte unterm Polarstern. Ich träumte bereits von den unendlichen Wäldern, Seen, Bergen – von der klaren, kühlen Wildnis des Nordens, von Kanada.

Zu viert waren wir ausgezogen. Jetzt saßen nur noch Günter II und ich mit unseren Klampfen an Deck der „Salvatore Torrecelli“ unter dem dunklen Zeltdach der Nacht, in dem Millionen blitzender und funkelnder Lichter aufgehängt waren. Rudi Rogolls Lied fiel mir ein als wir 1951 vom Gardasee heimtrampten und wir griffen zur Gitarre:

„Zogen vier zur Heimat,
nordwärts Tag und Nacht,
über Land und Meere
fort in wilder Fahrt.
Letzte Wacht am Feuer,
Morgenglockenschlag
Abschied bringt und Trauer
und den neuen Tag.“

und sahen hinauf zu dem märchenhaften, geheimnisvollen, unerreichbaren und mit schimmernden Edelsteinen überworfenen Baldachin über uns, während das Schiff, eine silberne Spur hinter sich ziehend, auf Nordkurs in Richtung Italien dampfte.

Eine schöne, reife Frau, eine ägyptische Lehrerin, gesellte sich zu uns. Sie sprach ein gestochenes, hart akzentuiertes Deutsch und erzählte, sie habe in Marburg Germanistik studiert und dabei sich ganz besonders der Romantiker angenommen. Sie zitierte Eichendorff: „Wem Gott will rechte Gunst erweisen, den schickt er in die weite Welt ...“

Ich erzählte ihr von unserer Reise.

„Ja, die Jugend. Sie besitzt zwar keine Privilegien, aber die besorgt sie sich – und das ist ihr gutes Recht.“

Mir war inzwischen der Gedanke gekommen: Die Bündische Jugend, die Jugendbewegung überhaupt, war nicht nur von den Vaganten des Mittelalters, sondern auch von den Romantikern des späten 18.Jahrhunderts und frühen 19.Jahrhunderts beeinflußt – vielleicht mehr als von einer Persönlichkeit, die sich „tusk“ nannte.

„Ich weiß nicht, wer oder was tusk ist. Aber die Männer und Frauen des ausgehenden 18. und anbrechenden 19. Jahrhunderts hatten klar erkannt, daß das Leben sich nicht in der Tätigkeit des Gehirns erschöpft, sondern daß Erkennen, Fühlen, Riechen und Schmecken – daß die Wahrnehmung der Sinne hinzukommt.“

Günter bestätigte: Ja, die Romantiker Wandervögel und alle Wandervögel sind Romantiker. Und wir, wir wandern in ihren geistigen Fußstapfen.

„Ein geheimer Orden ohne äußere Bindung, ohne Uniform, ohne Ideologie. Ein Orden, der die sogenannte vorgegebene Ordnung der Welt mißachtet. Der all die Dinge, die einen im Leben weiterbringen, unter den Scheffel stellt und seine Ideale in der Verträumtheit, im Gefühl, im Seelischen sucht. Es schläft ein Lied in allen Dingen...“

Das Problem, so sagten wir, seien Gefühle, die manchen Menschen nicht gegeben sind, und dementsprechend von diesen als nicht vorhanden angesehen werden.

„Wenn man der Vernunft die Vorherrschaft nimmt, entdeckt man eine bis dahin unbekannte Wirklichkeit, eine Wahrheit, die möglicherweise der Realität viel näher kommt.“

Ich wandte ein: Vielleicht endet die Suche nach Wahrheit und Wirklichkeit wie die Suche nach der Blauen Blume.

„Es mußte kommen. Das große, schöne Symbol. Seine unwiderstehliche Anziehungskraft wirkt nur auf völlig reine Menschen. Es ist das Aufleuchten des Unendlichen im Irdischen. Habt ihr die Blaue Blume gefunden auf eurer Reise?“

Nein.

„Ihr konntet sie nicht finden, und ihr werdet sie nicht finden. Sie zu finden, wäre eine Katastrophe. Aber noch katastrophaler wäre es, die Suche nach ihr aufzugeben.

Der Weg ist das Ziel.“

Anlauf, Sprung und harte Landung

Nach jener Großfahrt durch den Vorderen Orient und den Norden Afrikas, nach dem Erlebnis der Fremde, hatte ich mit dem Nachkriegsdeutschland nicht mehr viel am Hut. Mit dem Süden und dem Vorderen Orient hatte ich meine Erfahrungen gemacht; die exotischen Verlockungen Indiens blieben erstmal hintangestellt.

Der unbekümmerte Enthusiasmus, mit ein paar Kröten in der Tasche auf Trampfahrt zu gehen und es darauf ankommen zu lassen, war einer realistischeren Sicht der Dinge gewichen: Um in der weiten Welt wenigstens halbwegs in Würde und Anstand überleben zu können, braucht man Geld. Nicht unbedingt viel Geld – aber ganz ohne Mittel durch die Lande zu ziehen – das schaffen nur Leute, die von sich behaupten, sie seien Paradiesvögel oder Lebenskünstler. Sie werden aber bald, vor allem, wenn sie in Massen auftreten, von ihren Mitmenschen als Schmarotzer angesehen und zu Recht so behandelt.

Da ich – wie der weitaus überwiegende Teil der Menschheit – nicht in feinem Zwirn und mit Nadelstreifen das Licht der Welt erblickt hatte, mußte ich mir das Geld zur Befriedigung meines Fernwehs mit eigener Hände Arbeit verdienen. Ein halbes Jahr arbeiten, ein halbes Jahr sich den Wind anderer Kontinente um die Nase wehen zu lassen, das ging nur in wenigen privilegierten Einzelfällen. Wer einmal in der christlich-abendländischen Arbeitswelt, sprich Tretmühle, bis zum Hals drinsteckt – das war mir klar, der findet kaum noch den Absprung.

In den riesigen Räumen des Nordens, die uns in unseren Tagträumen ausgerechnet in Libyen umgaukelt hatten, schien mir insbesonders in Kanada Platz genug, um alle meine Phantasien ausleben zu können: Raum und Zeit, um auf Fahrt zu gehen, Gelegenheit en masse, das Abenteuer zu suchen, Natur und Wildnis hautnah zu erleben, die Chance aber auch, sich das zu alledem erforderliche Kleingeld zusammenkratzen zu können. Also auf nach Kanada!

Leichter gesagt als getan. Ich will niemand mit der Schilderung des Papierkrieges langweilen. Das Einzige, was mir half: Wenn ich mir mal was in den Kopf gesetzt habe ... Meine verstorbene Großmutter hatte mir etwas Geld hinterlassen. Das reichte für die Schiffspassage nach Quebec, das Railway-Ticket nach Winnipeg und eine eiserne Reserve von 23 Dollar.

Ich war damals 18 Jahre alt, besaß neben den obigen Vermögenswerten einen

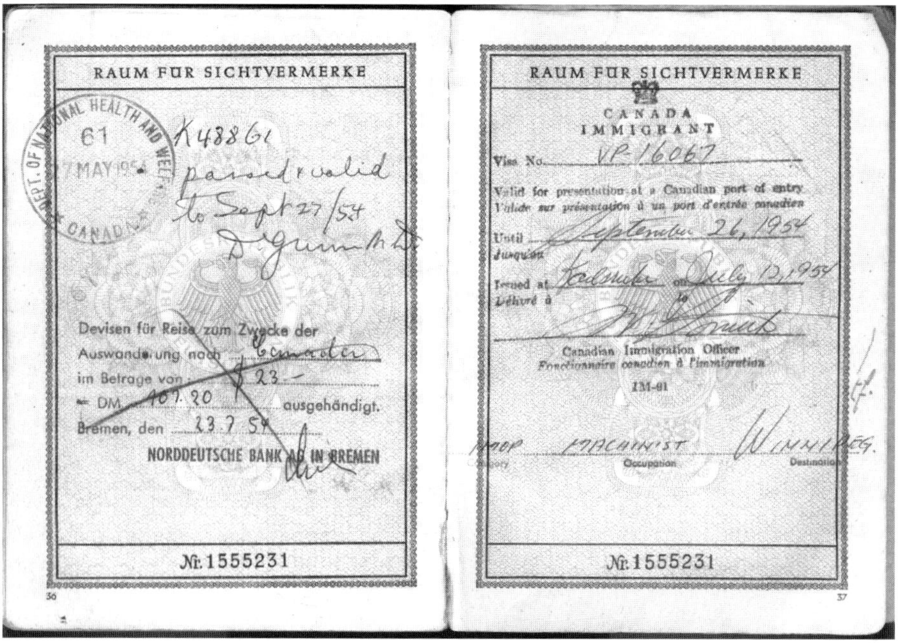

Mit 23 Kanadischen Dollars in ein neues Leben – Das Visum für die Einwanderung

Haufen Selbstvertrauen, eine robuste Gesundheit und nicht die geringste Scheu, jede nur denkbare Arbeit anzunehmen.

Was für eine Truppe war auf dem Auswandererschiff zusammengekommen! Da wollte einer ganz schnell einen Haufen Geld machen und als reicher Onkel aus Amerika mit Glanz und Gloria wieder in die alte Heimat zurückkehren. Ein anderer wollte eine Ranch kaufen und hoch zu Roß über die Weite der Prärie galoppieren. Ein dritter gedachte, auf den Spuren Jack Londons in den Wäldern des Nordens nach Gold zu schürfen, ein vierter wollte als Pelzhändler im Dienste der Hudson's Bay Company mit Indianern und Eskimos Handel treiben; eine fünfte – ja, es gab auch Frauen an Bord – redete mit leuchtenden Augen davon, wie sie sich einen von den schwerreichen Typen angeln würde, die in Amerika nur auf eine wie sie warteten, wie sie sich als Millionärsgattin mit Schmuck und teuren Kleidern behängen, einer Luxusresidenz vorstehen, in einem riesigen Buick mit Weißwandreifen durch die Gegend brausen würde.

Es hat mich später gewundert, daß die „Seven Seas" die Passage über den großen Teich ohne Havarie, Schlagseite oder sonstige Mißhelligkeiten überstand: Sie war total überladen mit Träumen, Plänen, Illusionen, mit undefinierten Sehnsüchten, aber auch mit nur mühsam verdrängten Ängsten vor dem Unbekannten und der Fremde. Ein Glück, daß das in der Praxis kaum etwas wiegt.

Abschied von Deutschland

Auf der Zugreise nach Winnipeg erhielten wir den ersten, sich scheinbar unendlich lang hinziehenden Eindruck von den enormen Dimensionen des zweitgrößten Flächenlandes dieser Welt: Im Gegensatz zur heutigen Fliegerei, wo einen zwar ein schmerzender Hintern an die zurückgelegte Entfernung erinnert, wo einem aber der Trost bleibt, daß alles in ein paar Stunden vorbei ist, „erfuhr" man damals das Land und seine Weite noch im wahren Sinne des Wortes: Per Canadian National oder Canadian Pacific, jenen beiden Bahnlinien, die das Land vom Atlantischen bis zum Stillen Ozean durchqueren.

Für beide Gesellschaften galt damals noch die Faustregel: „Ein Reitpferd, das nicht in der Lage ist, einen Eisenbahnzug zu überholen, ist keinen Schuß Pulver wert!"

Das mag etwas übertreiben sein, doch der Gleisunterbau ist in der Regel so miserabel, daß sich Geschwindigkeiten von mehr als 40 Meilen oder 60 km/h von selbst verbieten. Es sollte zweieinhalb Tage und Nächte dauern, bis wir einschließlich aller vorgesehenen und nicht vorgesehenen Aufenthalte unser Ziel Winnipeg erreicht hatten.

Weiträumig ist das Land, weiträumig und fremdartig sind auch die Städte, wo der Immigrant erstmal hängenbleibt. Da ist nichts zum Flanieren, da ist kein be-

Nordatlantik

schauliches Auf-sich- Einwirkenlassen. Es existiert keine Kneipe an der Ecke, wo man mit den Einheimischen ins Gespräch kommen oder ein Café, wo man sich, zeitunglesend für wenig Geld, die Menschen angucken, den halben Tag verträumen und seinen Gedanken nachhängen kann. Statt dessen existierten die unsäglichen und berüchtigten „beerparlors“ – abstoßend häßliche Tränken mit verhängten Fenstern und der Atmosphäre und dem Publikum eines Wartesaals vierter Klasse – oder die Plüschfetzen der „fashionablen“ Bars, wo man sich ebenfalls, aber in moderater Form und unter sich bleibend, für teures Geld den Schädel vollknallte.

Die Amerikaner und ihre nördlichen Nachbarn, die Kanadier kannten und mochten keine Zwischentöne: Sie mögen dich – oder stoßen dich ab. Sie laden dich spontan ein, aber untersteh dich und komm wirklich! Entweder man gehört zu einem gewissen Kreis oder man bleibt ganz draußen. Wenig durchdringt die Oberfläche. Der sogenannte „american way of life“ ist eine Fassade, hinter die man erst im Laufe der Zeit zu blicken lernt.

Die Menschen lachten über andere Scherze, sie legten ein anderes Tempo vor, sie sprachen – obwohl ich soviel englisch konnte, daß ich öfters als Hilfsdolmetscher einspringen mußte – in einem mir oft unverständlichen Jargon. Die Uhren Kanadas, das wurde mir zwar hinterher klar, laufen etwas anders als die ihres südlichen Nachbarn USA, doch der Unterschied ist für einen frisch herübergekommenen Europäer kaum sichtbar. Hier wie da sind die Augen erhoben zu einem einzigen Götzen, und der heißt Dollar. „Hast du Geld, bist du ein Held. Hast du keins, pack dich eins.“

Ankunft in Quebec

Ich merkte bald: In diesem Land, in diesem Kontinent wird mit härteren Bandagen gekämpft. Vogel, friß oder stirb – und bleib mir vom Hals mit irgendwelchen Sentimentalitäten!

Immerhin hatten die kanadischen Behörden eine minimale Vorsorge getroffen: Im Immigration Building, gleich neben dem Bahnhof wurden wir untergebracht und verpflegt. Das kostete zwei Dollar pro Tag und sollte – nachdem der erste Job gefunden und das erste Geld verdient worden war – zurückgezahlt werden.

Ich wurde nachdenklich, als ich erfuhr, daß einige schon monatelang in dieser Kaserne hausten und festsaßen. Kanada hatte uns zwar die Tür geöffnet, doch damit hatte es sich. Kümmer dich selbst, Junge! Das war die Devise. Niemand kam, um uns mit offenen Armen aufzunehmen oder uns für unsere Arbeitskraft gar noch Geld hinterherzuwerfen.

Die ersten Tage hielt ich mich als Hilfsdolmetscher schlecht und recht über Wasser. Erstaunlich viele der Einwanderer sprachen deutsch, obwohl es kaum Deutsche unter ihnen zu geben schien: Dafür umso mehr Schweizer, Österreicher, Holländer, Luxemburger, hin und wieder ein Bayer. Deutsche waren als Arbeitskräfte zwar nicht unwillkommen, doch sonst zeigte man uns die kalte Schulter. Die Erinnerung an den Krieg, an die Verbrechen der Nazis war noch zu frisch. Deshalb segelten viele unserer Landsleute unter falscher Flagge. Nur die Bayern vertrauten darauf, daß die Kanadier sie für eine eigene, irgendwo am Rande des Balkans angesiedelte, obskure, nichtdeutsche Nation hielten. Was meistens auch klappte.

Inzwischen waren zwei Wochen vergangen, während denen wir in Winnipeg rumliefen und uns um Arbeit bemühten. Um irgendwelche Arbeit, um irgendeinen Job.

Es war vergeblich. Wir fluchten und schimpften. Dieses Kanada könnte uns gestohlen bleiben! Unser Entschluß stand fest: Sobald wir was finden würden, würden wir ranklotzen, was das Zeug hielt, Dollar auf Dollar häufen, das Geld gut festhalten – und dann nichts wie ab, nichts wie zurück nach Deutschland!

Doch es tat sich nichts in Winnipeg. Irgendwann wurde das auch den kanadischen Behörden zu dumm. Sie schoben uns weiter – oder ab, wie man will – ab nach Edmonton.

Hier gab es zumindest etwas zu tun. Es war nicht mein Beruf, es war nicht das, was ich gesucht hatte, es war mit 1,10 Dollar pro Stunde lausig bezahlt, aber wir hatten einen ersten Job. Der Anfang war gemacht. Wir waren „earth mover". Das heißt – wir planierten die Erde in einem Neubaugebiet und verlegten Rasen für die Vorgärten.

Wir hatten die Nasen voll von den Immigrations-Kasernen. Phillip, ein junger Landsmann und ich mieteten uns ein Zimmer im billigen Eastend.

Die Unterkunft war bescheiden, sie war nicht eben groß, sie war auch nicht komfortabel, sie roch schlecht und sie lag nicht im besten Teil der Stadt. Wir erfuhren bald am eigenen Leibe, was „Eastend" bedeutet, erlebten die schäbige Rückseite der funkelnden Münze Amerika.

„Eastend" ist der Teil der Stadt, wo der Rauch und der Dreck, der Gestank, der auch im besseren, fashionablen Westend produziert wird, in der vorherrschenden Westwinddrift hingeblasen wird. Die Trennungslinie sind meist die Geleise von Canadian National oder Canadian Pacific. Entweder man lebt auf der „richtigen" oder auf der „falschen" Seite des Schienenstranges. „Born on the wrong side of the track" ist auch heute noch ein geläufiges und oft zitiertes Sprichwort.

Hier residieren die, die glauben, es geschafft zu haben, dort haust das sogenannte Strandgut der Gesellschaft und die, die es verstehen, auch noch aus diesen elenden Typen ihren Profit zu ziehen. Es ist ein Konglomerat der Händler, Schlepper, Barkeeper, Säufer, Arbeitslosen und -scheuen, der Taugenichtse jeder Couleur, Diebe, Penner, Bettler, Hobos, Nutten, Kiffer, der Neuankömmlinge wie wir, aber auch der Entwurzelten, Abgestürzten, Verkommenen aus aller Herren Länder; der Menschen aller Rassen und Farben.

Unter den Säufern und Nutten, das erstaunte und erschütterte uns, waren erstaunlich viele Rothäute, „urban indians", verstädterte Indianer. Von wegen stolze und freie Krieger der endlosen Prärien hoch zu Roß! Es waren schwankende, abgerissene Gestalten, stumpfe, ausgemergelte oder aufgeschwemmte Gesichter mit glasigen, leeren Augen. Mit kurzen Fähnchen behängte, breitflächige, grellgeschminkte, dunkelhäutige Fassaden die Frauen; kaum verständliche Flüche ausspuckend und uns den Finger zeigend, wenn der Aufforderung zum schnellen Fick gegen cash nicht Folge geleistet wurde.

Zwischendurch kurvten Chryslers, Buicks und Chevrolets im Schrittempo herum. Die Fahrer hinter den Lenkrädern taxierten mit kalten Augen und verhaltener Gier das Angebot an weiblicher Ware. Der sogenannte „trash“, die Trottoirschwalben und ihr Anhang, reflektierten mit ihrem Verhalten die totale Ausgrenzung und tiefe Verachtung, die ihnen die sogenannte bessere Umwelt entgegenbrachte. Lockte ein Geschäft, knipsten sie ein betörendes Lächeln an, ging man nicht darauf ein, zeigten sie einem den Finger und überschütteten einen mit Unflat. Sie zeigten nicht einmal jenen Rest von Aura und menschlicher Würde, die auch noch den letzten Bettler im Orient umgibt. Von dem erotischen Charme der Mädchen auf der Straße nach Barletta waren sie Lichtjahre entfernt.

Einer der Indianer, ein groß und breitgewachsener Typ mit dunkler Haut sprach mich vor dem Liquor Board, der einzigen staatlichen Schnaps-Verkaufstelle an:

„Ich bin Big Chief, ein echter Blood-Indianer.“

„Hey, großer Häuptling“, sagte ich beeindruckt.

„Mann, tust du Big Chief ‚n kleinen Gefallen?“

„Gerne.“

Er blickte sich scheu um, drückte mir einen Fünfdollar-Schein in die Hand und deutete mit dem Kinn auf das Liquor Board.

„Zieh los und besorg mir eine Flasche!“

„Warum gehst du nicht selbst?“

„Sie mögen keine Injuns – weißt du.“

„Ich weiß nicht, da scheint mir ein Haken ...“

„Willst du mit einer Frau schlafen?“

„Grundsätzlich habe ich nichts dagegen ...“

Er nahm mich um die Schulter. „Siehst du, mein Freund. Du holst mir eine Flasche Whisky und dann schläfst du mit meiner Frau. Sie hat solche Möpse.“

Er deutete die Größe von zwei Luftballons an.

„Okay. Ich geh ja schon. Weil ich ein Freund aller Indianer bin. Aber deine Frau – nein, danke!“

Der Gefallen, den ich meinem roten Bruder getan hatte, hätte mir die sofortige Deportation oder gar fünf lange Jahre Gefängnis einbringen können. Der Alkoholverkauf oder Ausschank an Indianer war damals bei drakonischen Strafen verboten, was ich nicht wußte.

Kurz danach erklärte mir Peewee, ein Gestrandeter weißer Hautfarbe, was es mit diesem Indianer, mit „Big Chief“ auf sich hatte: Er war der Kopf, na, nennen wir es mal einer illegalen Organisation für „ff. Weine & Spirituosen“. Der Handel mit diesem Teufelszeug unterlag und unterliegt zum Teil immer noch in Kanada strengen Auflagen. Er befindet sich ohnehin in Staatshänden. Die auf dem Schwarzmarkt von sogenannten „bootleggers“ angebotenen Spirituosen waren zu teuer. Deshalb brannte Big Chief das Gesöff selbst. Er reicherte es mit Capsicumpfeffer, einer Prise Schießpulver, Frostschutzmittel und anderen Ingredienzen an und verkaufte den sogenannten „Blackfoot-Whisky“ schluckweise. Der Schluck für einen Quarter, für 25 Cents.

Seine Vertriebsorganisation unter der Woche bestand aus einer Gruppe bekennender Alkoholiker, die sich die Mittel für den Eigenbedarf durch den Detailverkauf verdienten. Leider besaß Big Chief ein Herz, weiter als ein Elchpansen. Seine Einnahmen deckten nicht immer die Ausgaben.

Um Aktiva und Passiva wieder auszugleichen, vermietete er seine Frau gegen geringes Honorar minuten- und stundenweise. Soweit wie möglich, bezahlte er auf diese Art und Weise auch seine Rohstoff-Lieferanten. Aber auch in dieser Hinsicht besaß er für seine Freunde ein großes Herz und rechnete – ebensowenig wie seine Frau – nicht auf Heller und Pfennig ab.

Big Chief war aufgrund seiner Großzügigkeit und Körperkraft zwar nicht zu Reichtümern, aber in der Szene doch zu großem Respekt und Ansehen gelangt. Ich war entsprechend beeindruckt, als mich der Indianer zu einer Wochenend-Party einlud:

„Heaps of Booze, plenty of girls“, sagt er und schnalzte mit der Zunge. „Bring your own bottle, big party.“

Wie zu Hause, dachte ich mir: Da kommt man ja auch nicht mit leeren Händen, wenn man eingeladen ist. Ich will's kurz machen: An den Wochenenden kamen „echte Indianer“. Cree, aber auch Assiniboine, Blackfoot, Blood, Piegan, eine Handvoll Sioux, die seinerzeit mit Sitting Bull vor der US Army nach Kanada geflüchtet und dort hängengeblieben waren. Sie kamen aus den oft weit entfernten Reservaten und trugen hohe, schwarze Kopfbedeckungen, die sogenannten „reservation hats“. Über ihren Ohren hingen geflochtene, schwarze Zöpfe, sie hatten Moccasins an den Füßen.

Die Reservats-Indianer standen die ganze Woche über im Trockenen und lechzten nach einem Drink. Also gingen sie zu einem der Ihren, zu Big Chief, und veranstalteten mit ihm, seiner ausufernden Verwandschaft und seinen Freunden ein großes „Fest“.

Ich konnte mich aus dem Staub machen, bevor meine trunkenen roten Brüder ernsthaft damit begannen, Big Chiefs spärliche, ohnehin ramponierten Möbel in Stücke zu schlagen, seine Behausung in ein Trümmerfeld zu verwandeln. Die Polizei konnte ein größeres Blutbad verhindern, die zweite Schlacht am Little Big Horn fand nicht statt.

Alkohol und Indianer – das war mir eine Lehre für meine weiteren Unternehmungen in Kanada – vertragen sich ganz schlecht. Mit Rothäuten kam und komme ich immer noch gut aus. Doch wenn's an den Whisky geht, verlasse ich die Szene. Es ist der Gesundheit zuträglicher.

In den Back Lanes vom Eastend stank es schlimmer als in der Kanalisation von Kalkutta. Urin, verschüttetes Bier, Erbrochenes. Es roch nach feuchten, verschimmelten Kellern und hin und wieder nach altem Brand. Musikfetzen dröhnten aus den Bars, hin und wieder flackerte Geschrei auf, da jaulten die Sirenen der Polizei und der Ambulanzen.

Im Orient hatte ich Armut, Verlassenheit, Elend, Schmutz gesehen. Auch wenn die Menschen hungrig, durstig, zerlumpt und barfuß einhergingen: Zumindest die Augen der Orientalen schienen noch nicht erloschen. Die menschliche Gesellschaft hatte sie zwar auf eine tiefere Stufe gestellt, aber nicht abgestoßen. Das schien mir hier in Nordamerika anders: Entweder du lebst auf der besseren Seite, im Westend oder auf der schlechteren, im Eastend. Eine Brücke über den Abgrund scheint nicht zu existieren.

Es dauert eine Weile, bis man lernt, unter all den Zukurzgekommenen, zwischen den einzelnen Individuen – zwischen den gefährlich aggressiven, den friedlichen oder gar liebenswürdigen Typen zu unterscheiden. Wie zum Beispiel der bereits erwähnte Peewee. Ein Mann von napoleonischer Körpergröße, einem Gesicht grau und verhuntzelt und mit Bartstoppeln übersät wie ein schlecht geschnittener, vertrockneter Rasen in der Prärie, wo es zwanzig Meilen bis zum nächsten Wasserloch und dreißig zum nächsten Baum sind.

Im Gegensatz zu dem kleinen Korsen besaß Peewee nicht die geringsten imperialistischen Ambitionen. Ganz im Gegenteil: Sollte es einen Friedensnobelpreis für Penner geben, Peewee hätte ihn verdient! Peewee – so genannt nach einem kleinen, neuseeländischen Vogel – war einer der letzten, echten „hobo" genannten Eisenbahn-Vagabunden. Er war ein zuverlässiger – wenn auch nicht zahlender – Kunde aller Bahnlinien zwischen Rio Grande und dem Athabaska.

Es hieß, er sei schon über hundertmal vorbestraft. Seine immer wiederkehrenden Delikte: vorsätzliche Erschleichung des Bahntransports – oder wie das unter Juristen heißen mag, dann Ladendiebstahl und vorsätzliche Zerstörung fremden Eigentums. Das widersprach, wie gleich erklärt wird, nicht dem pazifistischen Verhalten dieses Mannes.

Peewees Fürsorge galt dem Augenblick. Für die kommenden Stunden hatte er wenig, für das Morgen gar nichts übrig. Alles was danach kam, lag für ihn in nebelhaften, in weiten, kosmischen Fernen.

Sein Frühstück beschaffte er sich aus den auch im Eastend überquellenden Abfalltonnen der Supermärkte, der billigen Restaurants. Zudem hatte er ein paar ergiebige Privatadressen. Danach konzentrierte er sich auf die Geldbeschaffung.

Drohte der harte Präriewinter, ging Peewee mit seinem Freund Moser in den nächsten Supermarkt. Sie füllten sich die Taschen und ließen sich mit einem breiten

Lächeln auf den Lippen erwischen. Reichte das nicht für die Polizei und zur Festnahme, dann schlugen sie schnell noch eine Schaufensterscheibe ein. Diese Tat sorgte allemal für die Überwinterung in der Wärme und Geborgenheit hinter Gefängnismauern.

Nach ihrer Entlassung im Frühjahr tauchten die beiden Zugvögel prompt wieder im Eastend auf: der eine klein und schmächtig, seitwärts schaukelnd wie ein Seemann auf Landgang, der andere groß und schlaksig, wie ein Metronom vor- und rückwärtspendelnd.

„Hey, Mister, haben Sie nicht einen Dime für einen kleinen Kaffee?“ Es ging ihnen natürlich nicht darum, sondern für ihr Lebenselixier, den Alkohol. Wenn es mal nicht ganz langen sollte, dann tat's auch Vanille-, Zitronen-Extrakt, und wenn auch das nicht funktionierte, dann mußten sie eben mit Schuhpolitur vorliebnehmen oder zu einem Typen hinüberwandern, der sich darauf spezialisiert hatte, alte Schallplatten aufzukochen und den braunen, high-machenden Sud trinken.

Leider sei es manchmal leichter, an die „dimes“ zu kommen, als an weggeworfene Schallplatten, sagte Moser.

A propos Moser! „Es schläft ein Lied in allen Dingen ...“ und auch in den Schicksalen der meisten Menschen. Oft ist es ein trauriges Lied. Als ich Moser zum erstenmal gesehen hatte, stand er im „Edelweiss“, in einer von Deutschen frequentierten Bar an der Music Box, und die Tränen liefen ihm übers Gesicht, während er mitsummte:

„Freut eu-euch des Lebens, solang noch das Lä-ämpchen glüht, pflücket die Ro-ose ...“ Moser besaß im Gegensatz zu dem Winzling Peewee eine, wenn auch inzwischen von den Jahren und Lebensumständen gebeugte Figur im Gardemaß. Aber was Aussehen und Kleidung anging, war er eher ein Ritter von der traurigen Gestalt.

Ich sprach ihn an. Er drehte sich nicht einmal um, sondern deutete auf den Spiegel, aus dem mir sein bartstoppliges, zerknittertes Gesicht mit wäßrigen Augen und einem schiefen Lächeln entgegensah.

„Wenn ein Affe hineinguckt, kann kein Apostel herausschauen.“

„Come on, Mister“, sagte ich beschwichtigend.

Moser drehte sich um, deutete auf einen Typen, der mit seinem Kopf auf dem Tisch in einer Bierpfütze lag und schnarchte:

„Was ist der Mensch? Spottgeburt aus Dreck und Feuer. Halb Tier, halb Engel. Die Freuden, die man übertreibt, verwandeln sich in Schmerzen“.

Moser war Österreicher und bereits in den zwanziger Jahren ausgewandert. In den weiten Ebenen Saskatchewans hatte er es zu einem kleinen Laden, zu einem gewissen Ansehen, zu Frau und Kind und finanziellem Rückhalt gebracht.

„Amerika, du hast es besser, das verkündete schon der große, alte Goethe. Spendierst du mir ein Glas Milch?“

Ich bestellte uns zwei Bier.

„Man spricht vom vielen Trinken stets, doch nie vom großen Durste; wohl bekomm's, Chef." Moser berichtete, wie er den Sprüchen und Verlockungen des Rattenfängers aus Braunau erlegen war, wie er in Kanada lauthals dessen Ideologie zu verbreiten versucht hatte und in die sich damals auch in Nordamerika unter den Deutschstämmigen und -sprachigen breitmachende Nazi-Partei eingetreten war. Mit dem Ausbruch des Krieges wurde er in den Augen der Kanadier zu einem Sicherheitsrisiko und in einem Lager in den Rocky Mountains interniert.

„Ein Teil von jener Kraft, die stets das Böse will und auch das Böse schafft. Das ist meine persönliche Version des berühmten Faust-Zitats", erklärte er und erzählte weiter.

„Als der braune Spuk vorüber war und ich entlassen wurde, fand ich meinen Besitz heruntergewirtschaftet, und in meinem Wohzimmer bei meiner Frau saß ein fremder Mann und rollte seine bösen Augen in meine Richtung.

‚Doubt thou, the stars are fire, doubt the sun doth move, doubt truth to be a liar, but never doubt I love' das ist Shakespeare oder auf Deutsch: ‚Zweifle an der Sonne Klarheit, zweifle an der Sterne Licht, zweifel ob lügen kann die Wahrheit, nur an meiner Liebe nicht!' Das stand in einem ihrer letzten Briefe. Und dann ..."

Er trank einen Schluck, seine Hand zitterte.

„Mit der Handvoll Dollar, die mir geblieben waren, versuchte ich, wieder auf die Beine zu kommen, wieder Fuß zu fassen, doch vergeblich. Ich wills kurz machen, ich landete auf der ‚skid road' – auf der abschüssigen Straße, von der es für die wenigsten eine Wiederkehr gibt. Alle wohlmeinenden Versuche der in Österreich zurückgebliebenen buckligen Verwandtschaft, mich in meine einstige Heimat zurückzuholen, habe ich mißachtet. Ein unnütz Leben ist ein früher Tod. Hin ist hin, verloren ist verloren."

„Ach was, nichts ist verloren ..." sagte ich. Doch es war mir klar, daß Moser nicht mehr wollte, selbst wenn er gekonnt hätte.

Im Sommer hauste er wie sein Freund Peewee in den leerstehenden Hausruinen des Eastend oder in abgestellten Eisenbahnwaggons. Sie bettelten Passanten an, verkauften Schnaps für den Big Chief, kassierten ein paar Dollar von der Fürsorge oder gemeinnützigen Institutionen. Den harten Präriewinter wetterten sie komfortabel im Gefängnis ab.

Ich sah Moser öfters. Manchmal erwachte er für Stunden, manchmal sogar für Tage aus seinem Tremens. Dann plagte ihn schreckliches Heimweh, dann wurde ihm die Hoffnungs- und Ausweglosigkeit seines Daseins bewußt. Wenn ich ihm vorschlug, doch die Angebote seiner Verwandtschaft anzunehmen und nach Österreich zurückzukehren, dann straffte sich seine Gestalt und in seinen Augen flackerte es trotzig:

„Nein, alles nur das nicht. Der Gemeine geht klaglos zum Orkus hinab. Ich stecke zu tief im Dreck drinnen, viel zu tief. Auch drüben in der Alten Welt könnte ich dem König Alkohol die Gefolgschaft nicht mehr aufkündigen. Wie ließ Goethe den Faust deklamieren: ‚Also taumel‘ ich von der Begierde zum Genuß und im Genuß verschmacht ich nach Begierde’ – oder Fusel, wie du willst ... Ich würde mich auch in der Alten Welt zu Tode saufen. Ich müßte mich mit Psychiatern, wo du nicht weißt, ob die nicht noch bescheuerter sind als du selbst, mit selbsternannten, wohlmeinenden Geistern herumschlagen, von der Verwandtschaft einmal ganz abgesehen. Man würde sich meiner schämen. Ich müßte Spott, schlimmer noch, Mitleid erdulden. Nein, mein Freund, da geh ich lieber in der Anonymität zu Grunde."

Er deklamierte einmal mehr mit düster gefärbter Stimme: „Du, Hölle, mußtest dieses Opfer haben! Hilf, Teufel, mir die Zeit der Angst verkürzen. Was geschehen muß, mag gleich geschehen." Er machte eine Pause und sagte dann mit einem halb bitteren, halb schiefen Lächeln:

„Hier kräht kein einziger Hahn nach mir und das ist das Gute an der Sache."

Mosers Schicksal war im Grunde der Nationalsozialismus. Auch wenn er sich dieses Opfer weit weg von seiner Brutstätte entfernt gegriffen hatte.

Ich weiß eigentlich nicht warum, vielleicht um ihn zu trösten, vielleicht wollte ich ihn ablenken, vielleicht ihm sagen, daß das Leben auch mit anderen Menschen böse umspringt – ich erzählte ich ihm von meinem Engagement in der Bündischen Jugend, von so manchem der Älteren, die in denselben bösen Konflikt hineingeraten waren. Ich erzählte ihm von der Tragik um eine der herausragenden Führerpersönlichkeiten der Jugendbewegung, um den bereits erwähnten Eberhard Köbel, genannt tusk.

In Moser schienen, wie aus weiter Ferne, verschwommene Bilder zurückzukehren: „Hans Graul – die öjk – das österreichische jungenkorps – ja, da war die Rede von einem tusk. Die beiden waren wohl Brüder im Geiste – tusk und Graul."

„Hast du auch dazu gehört? Sag, Moser, hast du?"

Moser wehrte ab: „Ja und nein, höchstens halb und halb. Hätte ich damals nur ... Aber ich setzte auf eine andere Karte, ich folgte dem Herrn der Ratten und der Mäuse, der Fliegen, Frösche, Wanzen, Läuse. Du siehst, mit welchem Resultat. Aus, vorbei ..."

Ich hätte gern mehr gehört, aber nein, Moser mochte nicht weiter über seine wie auch immer gearteten Kontakte zur Bündischen Jugend reden.

„Prophete rechts, Prophete links, das Weltkind in der Mitten, den Teufel spürt das Völkchen nie und wenn er es am Kragen hätte", sagte Moser und hob die Schultern. Er schien immer und in jeder Lage ein passendes Zitat aus der klassischen Literatur bereitzuhaben.

tusk und Moser: Zwei gänzlich verschiedene Menschen und doch gibt es Parallelen. Der einer hatte sich dagegen, der andere dafür entschieden. Doch Beiden wurde der Nationalsozialismus direkt oder indirekt zum Verhängnis. Beide Schicksale haben mich tief bewegt. tusks Schriften wie der „Gespannte Bogen" waren ein wichtiger Bestandteil unserer Jugendphilosophie. Führer wie muschik waren von ihnen beeinflußt und hatten sie an uns weitergegeben.

tusk sollte ein paar Monate nach jenem Gespräch, das ich mit Moser geführt hatte, achtundvierzigjährig, am 31.8.1955 sterben. Ein kranker, gebrochener, verbitterter Mann. Ein Wanderer zwischen den Welten, der auf der Strecke geblieben war. Nur anderthalb Monate später traf es Moser: Er wurde mit weit offenen, gebrochenen Augen neben einer Mülltonne gefunden. In seiner Brust steckte ein Messer.

Im Gegensatz zu tusk (im Anhang sind diesem Feuerkopf, der zur tragischen Figur wurde, einige Zeilen gewidmet) ist Moser längst vergessen. Vielleicht tauchte die Erinnerung an ihn in Peewee hin und wieder auf, wenn die Alkoholschwaden in dessen Kopf sich zwischendurch mal ein wenig lichteten. Doch auch Peewee ist verschollen. Nach Mosers Tod hat ihn keiner mehr gesehen. Moser und Peewee – sie verglühten keineswegs als weithin sichtbare, eindrucksvoll-bestaunte Kometen. Sie waren winzige, unstete Lichter am großen Weltenhimmel. Aber auch sie verkörperten individuelle Schicksale, die sich in meiner Erinnerung unauslöschlich verankerten.

Die Begegnung mit den beiden, im Sturm des Lebens schiffbrüchig gewordenen Typen hatte in mir denselben dauerhaften Nachhall gefunden wie manches der sogenannten großen Abenteuer. Reisen, das hatte ich erkannt, ist vor allem das Gespräch mit Menschen, die Beschäftigung mit und die Teilnahme an ihren Schicksalen. Diese Dinge sollten für mich ebenso wichtig werden, wie das eigene Erleben, das eigene Abenteuer. Auch wenn der Mensch unterwegs ist, lebt er keinesfalls im luftleeren Raum, sondern in einer Welt, die angefüllt ist mit einer Unzahl von Mitmenschen und ihren komischen wie tragischen Schicksalen.

Das Kapitel „Jugendbewegung“ war für mich mit der Auswanderung nach Kanada keineswegs abgeschlossen. Aber es wurde eher eine geistige Haltung, eher eine wichtige innige Stütze für mich, vielleicht die wichtigste überhaupt. Es ging allerdings nicht mehr um Äußerlichkeiten. Ich hatte die kurzen Hosen ausgezogen. Anderes, Existenzielleres hatte sich in den Vordergrund geschoben. Es galt für mich, erstmal in Kanada zu überleben, dann Fuß zu fassen und die Herausforderung der neuen, fremden Welt anzunehmen, das heißt, in ihr zu bestehen.

Geld für die Rückreise hatte ich ohnehin nicht mehr.

Eins war mir an Mosers und Peewees bösem Beispiel klar geworden: In der Neuen Welt ist es nur ein schmaler Grad, der Erfolg vom Absturz trennt. Das Schicksal Mosers und auch Peewee’s stand mir in Zukunft ständig vor Augen. Ich würde alles daransetzen, es nie teilen zu müssen.

Häuptling Walking Buffalo

Bürgerliches Heldenleben oder Aufbruch zu neuen Ufern – am Scheidewege

Auch in der Wildnis des Nordens, in den Buschcamps, in denen ich erst als Holzfäller, später als Postfahrer, als Büffelzähler im Nationalpark und als Uranschürfer arbeitete, fühlte ich mich nach wie vor als Gefangener. Es ging nur darum, Geld zu verdienen. Die lockende Freiheit des weiten Nordens blieb bei alledem und letztendlich hinterm Zaun. Doch um auf die andere Seite zu gelangen, mußte ich erst einmal meine Wissensbasis erweitern.

Also besorgte ich mir Bücher vom Canadian School Board und schrieb mich in einem College in Edmonton als externer Student oder „Fernschüler" ein. Ich büffelte in meiner Freizeit und sperrte Augen und Ohren auf, um die Chance, einen besseren Job zu ergattern, nicht zu verpassen.

Sie wurde mir eröffnet durch eine Ausschreibung der Royal Canadian Navy, die einen Maschinisten suchte. Eine Voraussetzung dafür war die kanadische Staatsbürgerschaft, die ich – noch – nicht besaß. Es war ein bürokratischer Bocksprung, der mir diese Chance auftat: Auf dem inzwischen erworbenen kanadischen Führerschein war, ich weiß heute noch nicht warum, als Geburtsort Calgary aufgeführt. Von den Angaben dieses Dokuments, das in Amerika auch als Personalausweis gilt, wurde der Geburtsort Calgary auf das Social Insurance Book übertragen. Damit hatte ich es nicht nur schwarz auf weiß, sondern gleich doppelt.

Meiner Anstellung zur Probe auf der Navy Base in Esquimalt auf Vancouver Island stand nichts mehr im Wege. Die Jungs auf der HMS „Scott" hatten ganz offenbar auf einen wie mich gewartet. Alles, aber auch alle Arbeiten, die mit Öl, Dreck, Abfall und veritabler Scheiße zu tun hatten, fielen in meinen Verantwortungsbereich. Manchmal glaubte ich, auf immer und ewig in dem stinkenden, heißen Wellentunnel der „Scott" eingesperrt zu bleiben. Das war alles andere als die erträumte Seefahrerromantik. Nach ein paar Monaten sagte ich „goodbye", zeigte der Royal Canadian Navy den Finger und zog mich tief in den Schatten grüner Fichten zurück, weit genug weg von jeder Gefahr, im Dreck zu verkommen – oder seekrank zu werden. Ich siedelte nach Calgary um.

Es kam, wie es in jenen Jahren kommen mußte: Ich lernte ein hübsches, junges Mädchen kennen – die einzige unter der Sonne.

Chief Sitting Eagle mit Undine – Banff Indian Days 1954

„Eyes like a morning star,
Cheeks like a rose -
Laura was a pretty girl, God Almighty knows
Weep all ye little rains, wail, winds, wail
All along, along, along the Colorado Trail."

Das einzige, was an dem Lied nicht stimmte, war der Name. Sie hieß nicht Laura, sie hieß – heißt immer noch Undine. Ohnehin kein Freund langer Verlobungen, heirateten wir alsbald.

Das bedeutete, daß die Notwendigkeit, Geld zu verdienen, noch dringlicher geworden war. Damit vergrößerte sich die Gefahr, hinter den Gitterstäben der kanadischen Bürgerlichkeit ausweglos gefangen zu werden.

Ich bekam einen ordentlich bezahlten, festen Job bei Volkswagen Kanada, belegte gleichzeitig während der Abendstunden in der „Vocational School" einen Technikerkurs.

Im Sommer 1957 – während meines Jobs bei VW Calgary – bastelte ich an einem der ersten VW-Bullis herum, die in Kanada auf den Markt gekommen waren. Das Getriebe war noch nicht synchronisiert und das Schalten war eine kleine Wissenschaft, es erforderte einiges Geschick: Fein dosiertes Zwischengas mußte gegeben werden, sonst krachte es gar fürchterlich.

Zwei ältere Herren plus eine recht attraktive junge Frau erschienen danach auf der Bildfläche und versuchten, mir in bruchstückhaftem Englisch klarzumachen, daß es so nicht ginge mit dem Fahrzeug. Es war zu jenen Zeiten, da man in Kanada noch den Deutschen von der gegenüberliegenden Straßenseite her erkannte. Also sprach ich die drei in meiner Muttersprache an und siehe da, es handelte sich um den bekannten Tierfilmer Eugen Schuhmacher, den Schriftsteller Paul Eipper und dessen junge Frau.

Wir redeten erst über das widerspenstige Getriebe, dann über VW ganz allgemein und schließlich über das Vorhaben der Drei. Es bestand in einem Buchprojekt über die Kanadischen Rockies einschließlich einer Film- und Fotodokumentation über alles, was da kreucht und fleucht. Als sich dann noch herausstellte, daß Eugens Frau eine Cousine meines Vaters war, war das Eis vollends gebrochen – und ich selbst fand mich als Mitglied der Expedition wieder.

Wir fuhren gemeinsam in die damals noch größtenteils einsame und wilde Bergwelt des Banff-Nationalparks. Meine Aufgabe bestand vor allem darin, die Bärenreviere ausfindig zu machen, Köder auszulegen, um Grizzlies vor Schuhmachers Kamera zu locken.

Es machte mir unendlich viel Spaß, und abends am Feuer ging uns der Gesprächsstoff nie aus. Das Resultat der gemeinsamen Bemühungen konnte sich sehen lassen.

Schuhmachers Film „Im Land der schwarzen Bären" kam in die Kinos und Paul Eippers Buch „Hundert Tage in den Rocky Mountains" wurde ein Bestseller und Kanada-Klassiker, der mehr Touristen in das Land locken sollte als die teuersten Anzeigen-Kampagnen der kanadischen Fremdenverkehrsbehörden zusammengenommen.

In der Zwischenzeit war unser Allan geboren worden. Noch heute bewundere ich Undine, wie sie das alles ausgehalten hat. Die langen, eisigen Präriewinter gingen uns unter die Haut. Also planten wir den Umzug an die pazifische Küste. Undines Eltern besaßen in der unmittelbaren Nähe von Vancouver eine Farm.

Nach einem weiterführenden Lehrgang in Vancouver und einer entsprechenden

Prüfung durfte ich mich dann „Mechanical Engineer“ nennen. Quasi direkt von der Schulbank weg wurde ich als Wartungs- und Sicherheitstechniker angestellt bei McMillan & Bloedel, dem größten Holzkonzern des Landes.

Vancouver ist die Stadt mit dem mildesten Klima, der schönsten Umgebung und dem größten Freizeitwert und – wenn man so will – mit der höchsten Lebensqualität Kanadas. Seinerzeit war sie noch nicht zugestellt mit auf die Kante gestellten, riesigen Schuhschachteln, sprich Hochhäusern. Bis in den April hinein kann man im Hochgebirge direkt hinter der Stadt Ski laufen, während die ersten Sonnenanbeter sich bereits unten am Strand suhlen.

Trotzdem schien mein künftiges Dasein vorgezeichnet: Ein Haus in irgendeiner der Suburbs (Schlafstädten) mit Rasen und ein paar winterfesten Ziersträuchern davor, ein mächtiger, amerikanischer Schlitten in der Garage, „social life“ im deutschen Club oder sonstwo. Nur an den Wochenenden und im karg bemessenen Urlaub hätte ich raus in die Berge oder an die See gedurft. Da ich keiner bin, der sich aus der Verantwortung herausstiehlt, biß ich erstmal die Zähne zusammen und fügte mich in die vorgegebenen Bahnen des Angestellten-Daseins.

Vancouver besitzt aber auch einen bedeutenden Hafen und ist Kanadas Tor zum Pazifik. Die Ferne, das Abenteuer lockten, doch diesen Sehnsüchten konnte und durfte ich nicht nachgeben. Dafür kam das Abenteuer zu mir ins Haus. Ich hatte immer schon einen großen Bekannten- und Freundeskreis, ich hatte auch einige Berichte für die Ludwigsburger Zeitung geschrieben. Die Folge waren Besucher, viele Besucher. Deutsche Seeleute, deren Pötte im Hafen auf Fracht warteten und gestandene Abenteurer wie Heinz Helfgen („Ich radle um die Welt“) gaben sich die Klinke in die Hand. Es kamen andere Auswanderer; es kamen erste, wagemutige Touristen, die sich noch vorsichtig in diesem fremden, so erstaunlich großen und vielfältigen Kanada umsahen. Ich zeigte ihnen die nähere und weitere Umgebung, soweit meine Freizeit mir es erlaubte.

Job, Weiterbildung und „Kundenbetreuung“ erwiesen sich als enorme Belastung. Ohne Undines Verständnis und Hilfe hätte ich es nie geschafft.

Über alledem kam ich ins Grübeln: Irgendwie müßte es doch zu schaffen sein, meine Neigung und den Finanzbedarf meiner Familie unter einen Hut zu bringen, die grandiose Landschaft am Pazifik mit all ihren Möglichkeiten touristisch einzubringen, meine eigene Reiselust und die anderer zum gegenseitigen Nutzen und Frommen in gewisse Bahnen zu lenken.

Doch Kanada ist ein Riesenland. So schnell mal am Wochenende irgendwohin rauschen – ist nicht drin. Die große Wildnis des Nordens beginnt nun nicht einmal gleich hinter dem Stadtrand von Vancouver. Wir mußten uns selbst einmal gründlich umsehen, bevor wir unsere Erfahrungen weitergeben konnten.

Undine und ich brachen zwischen zwei Jobs per Auto zu einer Großfahrt zum Yukon und nach Alaska auf. Es war damals noch ein echtes Abenteuer. Nicht nur die gewundene, staubige Schotterpiste des Alaska Highway, auch die von dieser Arterie abzweigenden Routen waren wilde, einsame Wege in eine großartige, urwüchsige Landschaft. Wir zelteten an Flüssen und Seen und sogen über alle Poren die Nordland-Atmosphäre in uns ein. Der alte Spruch: „Wer einmal von diesen Wassern getrunken hat, wird immer wieder hierhin zurückkehren" – bewahrheitete sich einmal mehr. Vor allem der Yukon hatte es mir angetan. Er sollte sogar eine Art von zweitem Zuhause werden. Doch davon später mehr.

Diese Reise geriet zur Geburtsstunde unserer späteren Tätigkeit – man könnte auch Lebenswerk dazu sagen- , anderen Menschen unvergleichliche und nicht von der Stange käufliche Naturerlebnisse zu vermitteln. Doch vorerst war es noch nicht soweit. Wir brauchten Erfahrungen, Kenntnisse – und ein kleines Kapital.

Während des folgenden Sommers erkundeten wir zu Fuß und per Kanu die Bergwelt British Columbias, wobei Allan bereits mit durfte. Gary, unser zweiter Sohn, blieb bei der Oma. Die ersten Anfragen waren ins Haus geflattert, auch die ersten Buchungen. Es schien sich alles sehr gut anzulassen.

Bis sich dann bei einer Routine-Untersuchung herausstellte, daß der kleine Gary einen angeborenen Herzfehler hatte. Die Ärzte in Vancouver empfahlen uns, mit der lebenserhaltenden Operation bis zum 6. Lebensjahr zu warten und dann 25.000 Dollar auf den Tisch zu blättern. Eine solche Summe hätte ich mir leihen müssen, das hätte mich und uns alle nicht nur finanziell in die Steinzeit zurückgeworfen, das hätte mir für die nächsten 20 Jahre die Flügel gestutzt und die Hände gebunden. Trotzdem hätte ich das Opfer gebracht, ohne einen Augenblick zu zögern. Aber ich hatte damals nicht den Eindruck, mit und nach dieser Operation würde Garys späteres gesundheitliches Schicksal in normalen Bahnen verlaufen.

Wir suchten fieberhaft nach anderen Möglichkeiten, konsultierten Dutzende von Ärzten. Nach längerem Hin und Her tat sich ein Ausweg auf: Er bestand darin, zurückzugehen nach Deutschland und dort von kanadischen Fachleuten empfohlenen, deutschen Spezialisten die Operation durchführen zu lassen.

Es fiel mir nach zehn Jahren Kanada, wo wir uns inzwischen eingelebt hatten und auch finanziell aus dem Groben heraus waren, verdammt schwer, mich wieder mit der Enge Europas abzufinden, mich dort wieder einzuleben und nochmal von vorne anzufangen.

Glücklicherweise gab es keine finanziellen Probleme. Für Leute mit meiner Ausbildung und Erfahrung lagen damals in Deutschland die Jobs auf der Straße. Wohnen konnten wir erstmal bei Undines Eltern, die ebenfalls nach Heidelberg zurückgekehrt waren.

Da Kanada uns vorläufig verstellt war, machten wir Reisen nach Lappland. Auch hier durfte man vom Norden träumen. Doch wer einmal in die Unendlichkeit der kanadischen Urwälder, der Seen, Gebirge und Tundren hineingeschmeckt hat, für den bleibt Lappland nur ein matter Ersatz. Vielleicht hing es auch damit zusammen, daß Garys anstehende Herzoperation eine Sache auf Leben und Tod sein würde, die

Petty Officer II. Class, Royal Canadian Navy

Algonquin Class Destroyer Escort – 230 Mann Besatzung

wie das bewußte Damoklesschwert über uns hing und unsere Gedanken, unser Tun und Trachten beherrschte.

Als es dann soweit war, sprachen wir mit unserem Sohn darüber, versuchten ihm Vertrauen einzuflößen, ihn auf den gefährlichen Eingriff vorzubereiten. Ich weiß nicht, ob er damals schon so stark war, oder ob er Undine und mir gegenüber ein grenzenloses Vertrauen besaß: Er zeigte weder Angst noch Wehleidigkeit. Doch der Blick, mit dem er uns nachschaute, als wir uns von seinem Krankenhaus-Bettchen zurückzogen, der zerriß uns förmlich das Herz und brannte sich tief und unauslöschlich in unsere Seelen ein.

Was dann folgte, war die schlimmste seelische Marter, die ich bis dahin und auch im späteren Leben durchzustehen hatte: Es waren jene acht Stunden, die die Operation in Anspruch nahm. Es half mir wenig, daß es für Undine, die Mutter, noch furchtbarer war. Nicht einmal meinem schlimmsten Feind würde ich jene Zeitspanne, jenes Schwanken zwischen Sorge, Hoffnung, Hilflosigkeit, Verzweiflung und Angst gönnen. Bis endlich die erlösende Nachricht kam: Alles ist nicht nur überstanden, sondern auch noch gut verlaufen!

Es waren Stunden, die meine Absichten, Bestrebungen, Ziele vollständig verschoben, die alle bisherigen Wertmaßstäbe versetzten.

Meinen Traum, mit Freunden, mit gleichgesinnten und ähnlich gelagerten Menschen Kanadas Wildnisregionen zu bereisen, hatte ich zwar zurückgestellt, doch zumindest die Hoffnung darauf hatte ich auch während des durch die Operation meines Sohnes verursachten Zwischenaufenthaltes in Deutschland nie ganz aufgegeben.

Statt mir die geleisteten Überstunden auszahlen zu lassen, ließ ich mir Urlaubstage gutschreiben. Auf diese Art und Weise konnten wir in unsere alte und neue Heimat – nach Kanada – zurückkehren, knapp sieben Wochen dort bleiben, wieder fußfassen, bei den zurückgebliebenen Freunden und Verwandten Anker werfen und uns schließlich wieder eine eigene Basis schaffen, auf der wir aufbauen konnten.

Es entwickelte sich ein Dasein zwischen zwei sehr verschiedenen Welten, zwischen Kanada und Deutschland. Ich konnte meinen Job aufgeben, meine Neigung zu meinem Beruf machen, meine eigenen Entscheidungen treffen.

Zweites Buch

Fremde Länder, ferne Kontinente

Der Yukon – Land der Mitternachtsonne

Ganz oben auf der Rangliste meiner Reiseziele stand und steht der Yukon. Spätestens, nachdem ich Jack Londons Erzählungen gelesen, ach was, gelesen – verschlungen hatte, hat dieser Teil Kanadas auf mich eine ganz besondere Faszination ausgeübt.

Man stelle sich nur vor: Ein Territorium, doppelt so groß wie die einstige Bundesrepublik, in dem sich wenig mehr als 20.000 Leute verlieren, in dem es mehr Elche als Menschen gibt!

Aber es ist nicht nur die Landschaft mit den Bergriesen, den endlosen Wäldern, den silbernen Flüssen – es sind vor allem die bizarren, die liebenswerten, die verschrobenen, manchmal sogar gefährlichen, die in jedem Fall aber so unendlich menschlichen Typen, die dieser Yukon offenbar mächtiger anzieht als das Licht die Motten.

Whitehorse ist das Verwaltungszentrum. Hier hausen meist sogenannte civil servants, Staatsangestellte, von denen man sagt, sie seien langweiliger als die Wollunterhosen einer puritanischen Matrone. Die Stadt selbst taugt zu nichts anderem mehr als zum Ausgangs- und Treffpunkt für Wildnistouren, Versorgungsstation, um die Ausrüstung einzukaufen bzw. zu ergänzen.

Das letzte, abenteuerliche und nicht ungefährliche Highlight der Stadt war das „Whitehorse Inn". In dieser Kneipe war immer was los: Musik, Tanz und so manch anderer Ringelpietz. 90% der Kundschaft bestand aus Indianern. Man konnte sicher sein, daß es vor Mitternacht eine Schlägerei gab. Es fing irgendwo harmlos an, wenn zwei sich die Meinung sagten, und wenn ihnen die verbalen Argumente ausgingen, dann nahmen sie zu Handfesterem Zuflucht. Alsbald griffen Freunde, Verwandte und Fans der beiden Kontrahenten in das Geschehen ein, auch manche Frauen wollten nicht abseits stehen.

Wenn dann der Warnschrei ertönte, daß die RCMP anrückte, wurden die Kampfhandlungen schlagartig abgebrochen. Man stellte mit fliegenden Händen die Stühle wieder auf, rückte die Tische zurecht, griff sich die nächststehende Person, ganz gleich, ob Kerl oder Weib und tanzte traumverloren miteinander. Gar mancher, der vorher seinem Gegner die Nase blutig geschlagen hatte, schwofte danach scheinbar hingegeben mit diesem im Kreis herum.

Leider wurde das „Whitehorse Inn" abgerissen. In einer bitterkalten Winternacht waren einige Gäste, nachdem sie rausgeflogen waren, direkt vor der Kneipe zusammengesunken und erfroren.

Die echten „Typen" konzentrieren sich heutzutage vor allem in der traditionsbeladenen Goldgräberstadt Dawson City. Die meisten von ihnen marschieren nach einem ganz anderen Trommelschlag als der übergroße Rest der Menschheit.

Dawson City, während des Goldrausches um die Jahrhundertwende die größte Stadt des kanadischen Westens, ist heute ein Nest von rund 1.500 Einwohnern während der Touristensaison in den kurzen Sommermonaten. Vor der krachenden Kälte des Winters, der Dunkelheit und dem damit verbundenen „cabin fever" der Subpolarregionen flüchten rund zwei Drittel von Dawsons Bevölkerung in den Süden.

Die „winterer", die hartgesottenen, echten Eingeboren, können und dürfen sich mit Fug und Recht als „sourdoughs" bezeichnen. Sie leiten den Ehrentitel von jenen Oldtimern ab, die immer einen Batzen Sauerteig in der Hosentasche mit sich führten, um auch in der einsamsten Wildnis Brot backen zu können. Als „sourdoughs" dürfen sich alle bezeichnen, die einen Sommer, das Zufrieren des Yukon, dessen Wintereis und den Aufbruch des Stromes im Frühjahr erleben und überleben.

Zu den im zähnebleckenden Frost gehärteten Naturen gehörte John Richard Stevenson, kurz Capt'n Dick oder auch schlichter „River Rat" genannt. Dick Stevenson stammte aus New Brunswick, von der anderen, der atlantischen Seite Kanadas, wo er vor inzwischen sieben turbulenten Jahrzehnten geboren wurde. Die Ortschaften an der atlantischen Küste Kanadas sind, nebenbeibemerkt, ebenfalls eine nie versiegende Brutstätte abenteuerlicher Charaktere.

Wie so viele vor und nach ihm war auch Dick dem Ruf gefolgt: „Go west, young man." Er wurde Cowboy, Holzfäller, Minenarbeiter; kam 1956 in den Yukon. Dick arbeitete am Bau, als Lastwagenfahrer, Fischerei-Aufseher, Wolfsjäger, Zeltplatzmanager.

Wie er selbst von sich sagte, „nahm er die Dinge zeitlebens zu sehr auf die leichte Schulter". Er hielt es als Fischerei-Beauftragter eher mit den Fischdieben und als staatlich bestellter Wolfsjäger eher mit den Wölfen als mit seiner vorgesetzten Behörde.

Nachdem ihm Göttin Fortuna oder ein verstorbener Verwandter 19.000 Dollar in den Schoß geworfen hatte, fühlte er sich zum „business man" berufen.

„River Rat" baute ein Touristencamp für Angler, dem nach seinen Angaben ein voller Erfolg beschieden wäre, hätte es nur die für ein solches Geschäft notwendige Kundschaft gegeben.

Nach diesem Fehlschlag erinnerte sich Dick Stevenson an die seemännischen Traditionen seiner Heimatprovinz, erwarb ein kleines Flußboot für sechs Passagiere, motzte es auf, taufte es „Gussie Lamour" nach einem um die Jahrhundertwende häufig frequentierten „Dance Hall Girl" – und warf sich erneut auf das Touristengeschäft.

Damit war natürlich kein Staat und auch nicht viel Geld zu machen, aber Dick überlebte und ersetzte alsbald die „Gussie Lamour“ durch ein Zehn-Meter-Boot und taufte es „Klondike Kate“. Letztendlich erwarb er eine stattliche Barge, die 40 Passagiere aufnehmen konnte. Wie es sich gehört, taufte er diese Errungenschaft endlich auf den Namen seiner Frau „Yukon Lou“. Es reichte sogar noch zum Erwerb einer Insel im Strom, die er mit einer Einrichtung zum Lachsräuchern und einem „Eßsalon“ bestückte.

Mit seiner „Yukon Lou“ schipperte „River Rat“ während des Sommers erlebnishungrige Touristen zu einen Original-Lachs-Barbecue auf seine Insel. Dabei wurden viele, viele Flaschen geleert. In ihrem Übermut bewarfen Kapitän und Passagiere mit dem Leergut, neben anderen sehr unterschiedlichen Zielobjekten, auch mal die Konkurrenz, die regierungseigene Fähre.

Normalerweise landet man für ein solches Vergehen im Gefängnis, doch im Yukon gingen und gehen die Uhren auch in dieser Hinsicht anders. Ein paar volle Flaschen mit starkem Inhalt, an die Be- und Getroffenen verteilt, ließen die Geschichte auf sich beruhen.

River Rat Dick Stevenson gelangte zu einer gewissen Berühmheit weit über die Grenzen des Territoriums hinaus. Doch er mußte die beiden bitteren Erfahrungen machen, daß

a) ein Boot ein von Holz umgebenes Loch im Wasser ist, in das man ununterbrochen Geld hineinschmeißt, das man nie wiedersieht;

b) daß er inzwischen genug ökonomische Schiffbrüche hingenommen und ausreichend Verstand zusammengekratzt hatte, um einzusehen, daß er zum erfolgreichen Geschäftsmann nicht geboren war.

Dick hatte Glück, er konnte sein Unternehmen an einen Freund verkaufen, dem es nicht darauf ankam, und seine Schulden zumindest teilweise tilgen. Er blieb aber als eine Art Manager und bezahlter Capt'n dem Dawson-Tourismus erhalten.

River Rat Stevenson war immer für ein paar – wie er selbst fand – lustige Einfälle gut. Er war mit einer Handvoll seiner Freunde kurz vor der Sommer-Sonnenwende hinaufgekariolt zum Top of the World Highway.

Dort oben, nicht weit von der alaskanischen Grenze, steht ein Roadhouse, die „Action Jackson Boundary Bar“, mit einem Flugzeug vor der Haustür. Wie um alles im Yukon, rankt sich auch um dieses Fluggerät eine Story. Es wird kolportiert, daß der Pilot an einer der längsten Poker-Partien in der Geschichte des Nordens beteiligt war. Sie begann im tiefsten Winter, zog sich über den „break up“ bis über die Schneeschmelze hin. Fatalerweise stand das Flugzeug auf Kufen. Es kam nicht mehr weg.

Der Pilot hielt nicht lange genug aus, bis wieder genug Schnee gefallen war, um wieder starten zu können. Er verschwand irgendwohin und tauchte nie wieder auf. Das Flugzeug ist inzwischen zu einer Art von deutlich sichtbarem Schicksalswink geworden, es mit der Spielleidenschaft nicht zu weit zu treiben. Es steht nämlich immer noch da und keiner kümmert sich darum.

Innen ist „Action Jacksons Boundary Bar“ tapeziert mit Dollarscheinen, mit Greenbacks, mit Einern, Zweiern, Fünfern, Zehnern. Es gilt als gutes Omen und Rückversicherung für schlechte Zeiten, ein paar Dollar beim Abschied dazulassen. Gar mancher, der voller Optimimus und mit einem Sack voll Geld die Kneipe verlassen hatte, erscheint nach Monaten oder auch nach Jahren wieder und ist total abgebrannt. Trotzdem bekommt er seinen Drink. Er braucht nur auf den oder die Scheine zu deuten, die er in einst besseren Zeiten hier deponiert hatte.

Überhaupt – die Kneipen hier oben am nördlichen Ende der Welt! Da ist nicht nur ein Hauch von Western-Atmosphäre zu riechen, da spielten und spielen Geschehnisse, die in jeden Wildwest-Film passen würden. Wie beispielsweise seinerzeit im Delta Junction Roadhouse in Alaska. Während des Baues der Pipeline fühlte sich eine Serviererin von einem durstigen Bauarbeiter nicht nur ein bißchen zu freundlich behandelt, der Kerl unterstand sich sogar, ihr in den Hintern zu kneifen. Das Fatale an der Geschichte war, daß sie den Übergriff zu Hause ihrem „hubby“, ihrem Gatten, erzählte. Auf dessen intensives Drängen beschrieb sie den Unhold so genau sie konnte. Im wesentlichen sagte sie, daß der Grabscher einen schwarzen Hut getragen und an einem runden Tisch gesessen hätte. Der „hubby“ fackelte nicht lange, stürmte mit gezogenem Revolver in die Bar – sah an einem runden Tisch zwei, drei Männer mit schwarzen Hüten – zielte und erschoß den falschen. Er mußte lebenslänglich für seinen Irrtum büßen.

Im Healey Roadhouse, nicht weit vom Denali National Park, prangen heute noch eine ganze Reihe von Einschüssen. Dort war vor Jahren urplötzlich eine Motorrad-Gang aufgetaucht. Die Jungs in Leder hatten in ihrem Übermut den dort sitzenden Rottenarbeitern von der Alaska Railway ins Bier gespuckt und sich auch sonst wie die bewußte Axt im Walde aufgeführt.

Keiner der Be- und Getroffenen sagte ein Wort. Doch wenn die Hell's Angels besser hingeguckt hätten, dann wäre ihnen aufgefallen, daß sich da was zusammenbraute. Wie auf Kommando standen die Railway Worker auf und gingen weg. Es dauerte keine Viertelstunde, und sie waren wieder da. Sie hatten Verstärkung gesucht und gefunden – und sie hatten sich bewaffnet.

Es kostete glücklicherweise kein Menschenleben, aber mit dem Motorrad fuhr auch keiner der Hell's Angels mehr nach Hause. Seit jener Begebenheit, so heißt es, drehen sie das Gas noch ein Stück weiter als sonst auf, wenn sie und ihre Freunde auf ihren Maschinen am Healey Roadhouse vorbeibrettern.

Dick und seine Freunde stärkten sich jedenfalls in „Action Jacksons Boundary Bar“. Sie vergaßen keinesfalls, ein paar Dollars für einen künftigen, möglicherweise schwächeren Gang der Geschäfte zu hinterlegen. Dann erinnerten sie sich. Hatten sie nicht unterwegs eine prächtige Schneewehe ausgemacht, die allen Angriffen der Frühlingssonne bis jetzt Widerstand geleistet hatte? Was also lag näher, als die Mittsommernacht mit einer zünftigen Schneeballschlacht zu feiern!?

Sie luden ihre Pick up's voll Schnee, kühlten in der Ladung die mitgenommenen Getränke und sprachen ihnen weiter kräftig zu. Dann kamen sie auf eine andere Idee, die darin bestand, die Bars, Parlours und Lounges in Dawson City abzufahren und die dort anläßlich des Festtages versammelte Kundschaft mit Schneebällen zu bewerfen.

Danach war immer noch genug Schnee vorhanden, um später während des eigentlichen Mittsommernachtsfestes, das traditonell auf dem legendären „Midnight Dome“ stattfindet, die geplante, lustige Schneeballschlacht abzuhalten. Leider kam es zu einer Schlägerei, in die nach Polizeiangaben über 300 Personen verwickelt waren.

„Wir hatten soviel Spaß, daß wir erst am 22. Juni gegen 3 Uhr nach Dawson zurückkehrten“, erzählte mir Dick später mit nur mühsam unterdrücktem Stolz.

Einmal angeleiert, steuerte Dick „Diamond Tooth Gerties“ Theater an. Die Tänzerinnen hopsten, als Elchkühe verkleidet, auf der Bühne herum und tanzten einen Cancan. Dick wollte, nein, mußte einfach mitmachen: Er stürmte mit einem verrosteten Vorderlader in der Hand auf die Bretter, die auch ihm die Welt bedeuteten, richtete seine Waffe auf die verkleideten Mädchen und schrie „peng, peng, peng!“ Die Mädchen fürchteten um ihr junges Leben, kreischten und rannten davon. Dick erhielt für eine Woche Lokalverbot.

Meine Tätigkeit im Yukon beschränkte sich natürlich nicht auf die Aufenthalte in Dawson City, so sehr ich die Gesellschaft der dort hausenden, bizarren Typen genoß. Mein Job bestand nach wie vor darin, Leute auf wilde oder auch weniger wilde Wildnistouren mitzunehmen. Leute wie Otto zum Beispiel.

Vancouver International Airport. Es war gegen 14:00 h und ich konnte mir Zeit lassen. Die Reisegruppe aus Deutschland sollte erst anderthalb Stunden später eintreffen. Zeit genug für ein, zwei Bierchen – so dachte ich mir. Es wurde nichts daraus. Die brünette Schönheit am Schalter von Canadian Pacific eröffnete mir nämlich, da wäre ein Kunde von mir, der schon seit dem Vormittag wartete.

Der Mann sah aus wie aus einem Journal für gehobene Herrenmode geschnitten: graumeliertes Haar, maßgeschneiderter Anzug, Nelke im Knopfloch. Das sollte ein Kunde für mich sein? Der sollte mit auf die Kanu-Tour in den Yukon, wo es durch Dreck und Speck gehen sollte und würde?

Nein, es war kein Irrtum. Der Herr hatte tasächlich gebucht mit allem drum und dran und war auch bereit, Schweiß und Kondition zu investieren – das sei ihm von Anfang an ganz klar gewesen.

Naja, dachte ich, auf einen mehr oder weniger kommts jetzt auch nicht mehr an. Ein bißchen zusätzliche Schlepperei, ein paar psychologische Tricks, um seinen

Ehrgeiz anzustacheln. Was hab' ich nicht schon alles durchgestanden in dieser Hinsicht...

Ich hatte mich getäuscht. Nachdem wir am ersten Tag die Boote an die drei Kilometer weit durch übelsten Busch und über miserable Trails geschleppt hatten, hatte der soignierte Herr sich in „Otto" verwandelt und brav seinen Strang gezogen.

Am abendlichen Feuer mußte ich dann doch meiner Neugier nachgeben und fragen: „Na Otto, mal ehrlich, welche Banane hat ausgerechnet dich in diesen Urwald gelockt?"

„Ich bin Teilnehmer am Stammtisch der Rechtsanwälte von Pinneberg", erklärte Otto mit sanfter Stimme. „und praktisch jeder meiner Kollegen ist in irgendeiner Form Jäger. Ich will nicht sagen, daß sie alle Lügner sind, doch wenn sie so ins Erzählen kommen, dann werden die Bären immer gewaltiger, die Hirsche immer größer, die Elche kriegen die Ausmaße von afrikanischen Elefanten. Das nervt mich inzwischen dermaßen, daß ich's den Jungs mal zeigen möchte und auch mal eine Trophäe mit nach Hause bringen will. Aber nicht erlegt mit einer Büchse über 100 oder 200 m, sondern mit der Kamera, auf Nahdistanz!"

Wie das so geht auf solchen Touren: Man sieht die Spuren des Großwildes, man sieht das Wild selbst. Aber immer kommt irgendetwas dazwischen. Das Biest ist zu weit weg, das Licht ist zu schwach, die Kamera ist gerade nicht fertig. Außerdem war Otto sehr kurzsichtig und wenn einer flüsterte: „Da, Otto, schau mal da drüben!" – dann hielt er seinen Fotoapparat garantiert in die falsche Richtung.

Es vergingen zwei Wochen, es vergingen drei Wochen und Otto war noch nicht zum Schuß gekommen. Ich hätte es ihm gegönnt, denn der Anwalt aus Pinneberg hatte sich als feinsinniger und guter Kamerad erwiesen.

Schliesslich kam der letzte Tag der Tour. Die letzte Nacht in der Wildnis – und Ottos Herzenswunsch hatte sich immer noch nicht erfüllt. Ich griff zum letzten drastischen Mittel: Das Geschirrspülen fiel aus. Töpfe und Teller wurden malerisch verteilt, ebenso die übriggebliebenen Lebensmittel, für die wir keine Verwendung mehr hatten. Zusätzlich rieb ich die nächststehenden Bäume mit einem angegammelten Lachs ein, den ich am Ufer aufgelesen hatte.

Der volle Mond hing wie ein großer Lampion über dem Camp. Es war eine zauberhafte Nacht, doch der Wald war leergefegt.

Irgendwann in den frühen Morgenstunden brach das große Spektakel los: Geschirr flog in der Gegend herum, ein gewaltiger Furz dröhnte durch die Stille. Ich tippte auf einen Elchbullen, der vor lauter Brunft den Verstand verloren hatte.

Ich schoß aus dem Zelt. Es war kein Elch. Auf dem Tisch des Campgrounds hockte ein Prachtexemplar von einem Schwarzbären und labte sich geräuschvoll an den von uns freigiebig verteilten Lebensmitteln.

„Otto", rief ich, „Otto, schnell, bring die Kamera!"

Otto hatte den Braten bereits gerochen und brachte sich mit fliegenden Händen in Schußposition auf eine Distanz, die man schon als todesmutig einordnen mußte.

Der Blitz erschreckte den Bären dermaßen, daß er auf seinem dicken Hintern auf den Tisch fiel, abrutschte und ausgerechnet auf meinem kleinen Einmannzelt landete. Das Biest verhedderte sich mit seinen scharfen Krallen im Stoff und in den Schnüren, geriet in Panik und raste in langen Sätzen davon, Zelt und Schlafsack hinter sich herschleifend.

Den Rest der Nacht verbrachte ich unter einem Baum hockend und verfluchte den Bären, Otto und meine Gutmütigkeit. Glücklicherweise war es die letzte Nacht. Der Schaden ließ sich ersetzen.

Drei Monate später hatte ich in Hamburg einen Vortrag zu halten und nutzte die Gelegenheit, Otto in Pinneberg zu besuchen. Die soignierte Vorzimmerdame sah mich mißtrauisch an, fragte nach Terminabsprache und dergleichen. Doch dann hörte ich durch die nur halbgeschlossene Tür einen Freudenschrei. Herausgestürmt kam Otto und schloß mich in seine Arme.

„Komm mit in meine Kanzlei, sieh dir das an!“

Dort hing eines der größten Poster, die ich je gesehen habe, fast so groß wie eine Plakatwand. Es zeigte den Kopf eines riesigen Bären mit weit aufgesperrtem Rachen, dessen Augen, groß wie Tennisbälle, furchterregend grünlich funkelten.

„Mein lieber Junge, du machst dir keine Vorstellung, wie die Brüder am Stammtisch gestaunt haben! Die haben ihre Mäuler nicht mehr zugekriegt und trotzdem kein Wort mehr gesagt, diese angeberische Versammlung von hinterhältigen Waldmetzgern! Sowas hatten sie bis jetzt nur bei ungefährlichen, mausetoten Tieren zu Gesicht bekommen, doch noch nie auf die Nahdistanz, wie ich.“

Otto deutete auf das Poster und wölbte die Brust vor: „Und da ist der Beweis: Ich, Otto, der Tierfreund – nur mit der Kamera bewaffnet, Aug in Aug mit der furchtbaren Bestie!“

Ich wollte eigentlich bei Otto vorsichtig anklopfen wegen Schadensersatz: Zelt, Schlafsack und noch ein paar andere Dinge, die ich seinetwegen eingebüßt hatte. Ich habs dann gelassen. Dieses große, erhabene, triumphale Gefühl durch solche materiellen Trivialitäten zu zerstören, nein, das brachte ich nicht übers Herz.

Eine der härtesten und damit unwiderstehlichsten Herausforderungen war und dagegen ist der Alsek River. Auf nette, angenehme Typen wie Otto muß man dabei verzichten. Der Alsek ist etwas für die harten Jungs.

Wenn sich ein Gewässer die Bezeichnung „Mörder unter den Flüssen“ mit Fug und Recht verdient hat, dann trifft das auf diesen Gletscherstrom zu. Mit dem nachstehenden Bericht, der schildert, wie es uns dort erging, möchte ich Neugierige und allzu Neugierige warnen.

Nicht weniger als ein Dutzend Gletscher drängen mit ihren Eismassen in das Urstromtal, von denen einige direkt in den Fluß kalben. Es kommt vor, daß von der Erosion zu Staub zermahlenes Geschiebe vom Wind emporgewirbelt wird und sich zu regelrechten Sandstürmen auswächst, wie man sie sonst nur in Wüstenzonen wie der Sahara antrifft. Riesige, von nichts und niemand zu beeindruckende Grizzlybären wandern an den Ufern entlang.

Das ist er – der Alsek River im „Dreiländereck“ zwischen British Columbia, dem Yukon und Alaska.

Es ist eine Gegend, die „wild“ zu nennen, eine gefährliche Untertreibung ist. Der Erstbefahrer, Walt Blanchard, hatte eindringlich und mit folgenden Worten gewarnt:

„Ich möchte, daß jeder, den es angeht, folgendes aufmerksam liest: Der Alsek-Canyon ist für Paddler absolut unbefahrbar. Was dort vorgeht, ist ebenso unglaublich wie furchtbar. Hört auf mich, und laßt den Alsek in Ruhe. Laßt ihn, wo und wie er ist. Dieser Fluß ist vollkommen verrückt und ihr seid es ebenfalls, wenn ihr euch ihm anvertraut.“

Aber so ist das nun einmal im Leben: Eine solche Warnung birgt gleichzeitig eine große Versuchung, der man irgendwann nachgibt.

Auf dem Dezadeash ließ sie sich ganz unschuldig und harmlos an, die Bootsreise zum Alsek. Doch schon am zweiten Tag zerplatzte die Vorstellung von der Harmlosigkeit dieser Gegend. Ein Sturm drosch auf uns ein wie ein versehentlich zu stark gedopter Schwergewichtler. Aber das Wasser selbst war nach wie vor rein und lieblich und floß gemächlich dahin.

Nach der Einmündung des Kaskawulch war es schlagartig vorbei mit der Spielerei und der Jungfräulichkeit des Dezadeash.

Der Fluß verliert mit seinem Namen auch seine Unschuld und Harmlosigkeit. Er wird zu dem ungehobelten, milchkaffeefarbenen, eiskalten Berserker, der Alsek heißt. Wir versuchen, uns mit Neoprenanzügen gegen die Kälte zu schützen.

Der Strom reißt uns mit, rast mit unglaublicher Geschwindigkeit dahin. Von seinem Grund dringt ein scharfes, durchdringendes Zischen und Mahlen: Es ist das Geräusch des durch das Bett gezogenen Geschiebes.

Trotzdem ist plötzlich das Wasser weg. Die Schlauchboote rumpeln über kinderkopfgroße Kiesbrocken und sitzen fest. Wir haben den Hauptarm verpaßt und sind in einer der unzähligen Verästelungen des Alsek aufgelaufen. Wir zerren und schleppen die schweren Gummiflöße zum Hauptarm.

Park, Lava und Raft Creek haben beträchtliche Geschiebekegel aufgeschüttet. Der Alsek braust auf, schäumt wütend dagegen an, besitzt aber in dem breiten Tal ausreichend Raum, um sich vorbeizudrängen.

Mitunter scheint es, als kippe der Strom nach vorne weg, als schieße er über den Rand der Welt hinaus in das bodenlose Nichts. Gischtfahnen wehen zu uns hinauf und es poltert, wie wenn ein schwerbeladener Güterzug über eine Brücke fährt. Der Alsek kollert tonnenschwere Gesteinsbrocken wie Kindermurmeln in seinem Bett herum.

Längst gleiten wir nicht mehr dahin. Unsere Boote haben sich in bockende, springende, sich schüttelnde Broncos verwandelt. Dort, wo sich die Blöcke tief in das Geschiebe auf dem Flußgrund eingegraben haben, wulstet sich die braune Brühe zu einem dicken Kissen auf und reißt dahinter ein langgezogenes, häßliches, schaumig brodelndes Loch auf. Es sind Löcher, die wir Steuerleute mehr fürchten als Pest und Cholera zusammengenommen.

Flußabwärts liegt über dem Tal ein eigenartiger, gelbbrauner Dunst, der zu uns herauffegt. Es ist ein prickelnder Staub, in dem die Augen tränen, der in die Haut beißt. Wir ziehen die Köpfe ein und kneifen die Augen zu Schlitzen zusammen. Doch dann müssen wir raus. Zwei, drei Anlegemanöver mißlingen, dann springen wir am Ufer ins nur noch knietiefe Wasser und bugsieren die Boote endlich aufs Trockene.

Wir sitzen mit vors Gesicht geschlagenen Händen wie sizilianische Witwen an den Gräbern ihrer Männer und versuchen, die Augen vor dem tränentreibenden Sand zu schützen. Dabei sollten wir die Lider offenhalten, um die Aussicht auf die bestaunenswerte Kulisse der über 5.000 m hochragenden Bergriesen der Elias Range zu genießen.

Doch was uns mehr fasziniert und uns während einer Atempause des Sturmes förmlich bis ins Mark erschrickt, ist der Blick auf die Flußstrecke weiter unterhalb: Dort hat sich ein Felsmassiv dem Alsek in den Weg gestellt. Ein grober Klotz, gegen den dieser Berserker mit grobem Keil angeht: Wie ein Wilder rüttelt er vergeblich an der Mauer, gischtet, wölbt sich an ihr empor, erkennt die Vergeblichkeit seines Tuns, rückt zur Seite und brandet vorbei. Das geschieht nicht, ohne daß er sich noch einmal empört umzudrehen scheint, um die Impertinenz dieses auch von ihm nicht zu bewältigenden Hindernisses nochmal zu betrachten. Dieses Sichumwenden hat eine kreisende Aufwärtsbewegung, einen wüsten Malstrom mit einem sich drehenden, saugenden, höllentiefen Trichter zur Folge, der wie ein nach Opfern suchendes, böses Zyklopenauge in dem ausgedehnten Strudel umherwandert.

Da hilft nur eins: die schweren Boote vorbeizuschleppen und unterhalb wieder einzusetzen.

Wir hätten das Nachlassen des Sturmes abwarten sollen. An der Wucht des Wassers haben wir uns vorbeigemogelt, doch vor dem anderen Element, der Luft, gibt es kein Entrinnen: Der Sturm drückt und schiebt uns trotz unserer verzweifelten Paddelschläge an die Abbruchkante des Lowell-Gletschers heran, von der ständig tonnenschwere Eisklötze in die Lagune davor stürzen.

Wenn es uns da hineintreibt, dann Gute Nacht! Als ob es nicht schon reichte mit der Aussicht, vom Fluß ersäuft, von Grizzlies gefressen zu werden: Jetzt bedroht uns auch noch die Gefahr, daß uns tausende von Tonnen abbrechenden Eises zu Brei schlagen!

Als unsere Paddel plötzlich und unvermutet über den Kies einer Untiefe schrappen, springen wir raus, lehnen uns gegen den Wind, halten die Boote mit

River Rat – Dick Stevenson

Tom Byrne und Buffalo Taylor

Dawson Original Tony Fritz

Yukon/Alaska – Grosses Land – andere Dimensionen

Portage am Gataga River

Flug mit Urs zum Gataga

Die Freiheit ist in Kanada noch lange nicht ausverkauft. Packen wir's an!

"Wer behauptet, von einem Bären gefressen worden zu sein, der lügt!" (kanadischer Oldtimer)

Der Mülltonnen Bär

Der Zufalls Bär

Der "Yogi" Bär

Der Camp Bär

Der Tote Bär

Ein 800 Kg Braunbär – von Kopf bis Fuß 250 cm

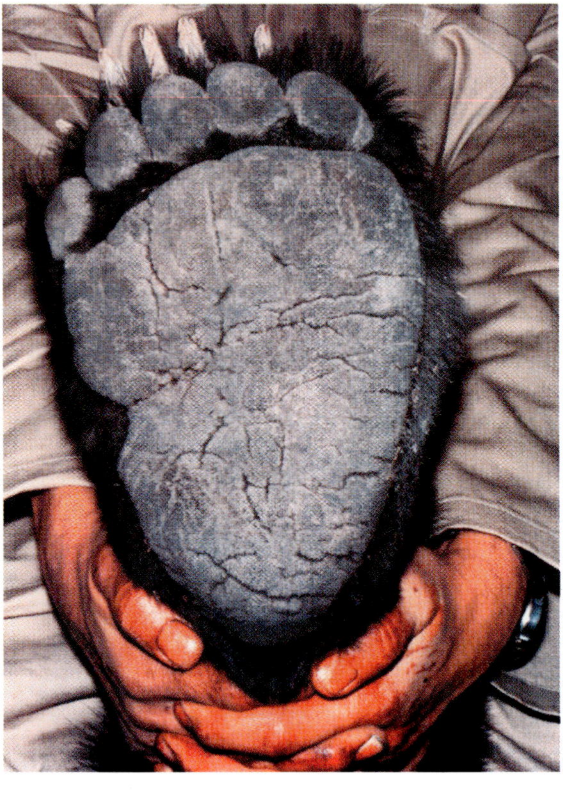

Bärentatze
44 cm lang

Alsek River

Oberhalb des Turnback Canyons

Ein Boot zerschellt an einer Felswand

Willi wird bewußtlos geborgen – wir hatten nochmals Glück

Das wars ...

Der Lowell Gletscher blockiert den Alsek

Wir müssen treideln . . .

Die Bruchlandung auf dem Dempster Highway

Der "Sour Toe"

Ein Grabstein für die bereits "verschluckten" Sour Toes

Gary und seine Crew umgehen eine 10 Km lange Schlucht

Auf dem Peel River

Fracht für die DC3

Indianisches Fischcamp am Peel River

104 Jahre jung – als junges Mädel auf der "Gjöa" von Roald Amundsen

Das Fluß – Delta des Mackenzie Rivers

unseren klammen Händen. Die Finger scheinen sich in Eisklumpen zu verwandeln, die Beine schmerzen in dem eisigen Wasser. Während je zwei Mann je ein Boot halten, steigen die anderen nochmals hinein, massieren sich gegenseitig ihre Extremitäten, damit das Blut wieder zirkulieren kann. Wir hoffen auf eine Flaute, halten Ausschau nach einem vielleicht zufällig vorbeikommenden Hubschrauber. Vergeblich.

Unsere Rettung besteht schließlich aus dem Eis, das uns kurz zuvor noch zu zermalmen drohte: Ein mächtiger, prächtig blauweiß schimmernder Brocken treibt langsam an uns vorbei. Er liegt so tief im Wasser und wird von der Unterströmung so kräftig mitgezogen, daß ihm auch der Sturm nichts anhaben kann. Wir legen uns wie nie zuvor ins Zeug, erreichen seinen Windschatten, bewegen uns langsam auf das Lee des Südufers zu und können endlich aufatmend anlegen.

Am nächsten Morgen schimmert die Gletscherlagune sonnenübergossen und bewegungslos in der klaren Stille. Sie liegt hingegossen und smaragdgrün vor uns, gesprenkelt mit Eisstücken und sieht aus wie ein harmloser Waldmeisterpudding mit Sahneflocken obenauf. Ich weiß, dieses zauberhafte Bild hat ebensowenig Bestand wie der so oft beschworene, immerwährende Friede unter den Völkern.

Der Alsek scheint alles daranzusetzen, die im Stau der Lagune des Lowell-Gletschers verlorene Zeit wieder aufzuholen. Er jagt uns über steile Schwälle, wirft uns in tiefe Tröge und überschüttet uns mit dem eisigen Wasser seiner Brecher. Er gebärdet sich wilder und berserkerhafter als je zuvor.

Einer brüllt: „Mann über Bord!“ Es ist der Fotograf. Nach ein paar haarsträubenden Manövern kriegen wir ihn zu fassen und zerren ihn zurück ins Boot. Da liegt er, unterkühlt und apathisch. Trotz Schwimmweste und Neopren hat er einen Kälteschock erlitten. Die einzige Rettung: Wir legen an und tauen ihn an einem lodernden Treibholzfeuer wieder auf.

Wieder unterwegs, haben wir kaum Zeit, zu reagieren. Dieser achtbeinige Sleipnir, dieses flüssige Riesenroß eines Stromes galoppiert mit uns auf seinem Rücken talwärts. Pro Minute sind es 500 Meter. 500 Meter dieser Zeiteinheit – das sind acht Meter pro Sekunde. Mit härtester Paddelarbeit, mit verzweifelten Ausschlägen der Heckruder versuchen wir, den schwersten Brechern und den schlimmsten Löchern auszuweichen.

Dann steht vor uns wieder eine Felsbastion quer im Fluß. Sie sieht aus wie eine zyklopische Burgmauer, die dem unentwegten Ansturm der Landsknechte hohnlacht. Der Alsek schäumt dagegen, wird zurückgeworfen. Wieder und immer wieder. Dann wendet er sich ab und rast in einem 45 Grad-Winkel weiter stromab.

Der Rückstau wird uns vorbeischrammen lassen, kalkuliere ich. Naß, schwarzdrohend scheint die Wand auf uns zuzurasen. Platsch, wasch – und wir sind daran vorbei und legen im diesmal hilfreichen Kehrstrom an.

Aber ein Wildfluß ist kein statisches, sondern ein äußerst lebendiges Wesen, das sich nie ganz berechnen läßt. Die anbrandenden Wellen sind unterschiedlich hoch.

Das uns folgende Boot kommt ebenfalls vorbei, doch die Besatzung schafft das Anlegemanöver nicht. Es wird mitgerissen, hinein in eine wüste Blockstrecke mit schweren Walzen und hohen Widerwellen und jagt auf eine weitere Wand zu. Es ist reines, durch nichts verdientes Glück, daß die Freunde und ihr Fahrzeug auch dort vorbeikommen. Das dritte Boot schafft es, genau wie wir, rechtzeitig im Kehrstrom zu landen.

Als ob der Fluß uns nicht schon genug zu schaffen machte! Die drei Grizzlies, die unserem Camp am Abend einen Besuch abstatten, sehen nicht eben wie unschuldige Chorknaben aus. Merkwürdigerweise interessieren sich die drei ausschließlich für unseren Doc, den sie ausgerechnet bei seinem friedvollen Abendschiß stören. Wie es der Doc schaffte, mit runtergelassenen Hosen die Fichte nahebei zu erklimmen, konnte er hinterher selbst nicht mehr sagen.

Ein paar Schüsse über die Köpfe der Störenfriede hinweg veranlassen die Bären, den Schauplatz ihres lebhaften Interesses von dem Fuß der Fichte in eine andere Region zu verlegen.

Der Nachhall des gestrigen wilden Rittes auf dem ungezähmten Fluß steckt uns tief in den Knochen. Zwei Stunden lang schleppen wir die beiden noch oberhalb liegenden Boote über Stock und Stein. Dann müssen wir rüber auf die andere Flußseite, um uns knapp vor einem weiteren Wildwasserfurioso in die dort erkennbare Fahrrinne einzufädeln.

Inzwischen ist es Mittag geworden. Es ist warm, um nicht zu sagen, heiß. Das bedeutet noch mehr Schmelzwasser, gesteigerte Wucht, höhere Wellen, mächtigere Walzen, tiefer aufgerissene Löcher im Strom.

Das Boot bockt und steigt, dreht sich, klatscht tief hinunter. Wir paddeln, was die Arme hergeben und schrammen mitunter doch nur knapp an der Katastrophe vorbei. Dem folgen die schlimmsten Tellerwirbel, die gigantischsten, sich hoch emporwölbenden, wanderden Wasserpilze, die ich je gesehen habe.

Es treibt uns rund einen Kilometer weit, bevor wir es schaffen, anzulegen und am Ufer Warteposition zu beziehen. Das zweite Boot kommt ebenfalls heran, jedoch nicht das dritte! Wir sehen, wie der Alsek das gelbe Gummifloß wie einen Pfannkuchen vor die Felswand klatscht, erkennen, wie ein paar bunte Puppen herauskollern, wie der nächste Schwall den gelben Fleck von der Wand wieder runterwischt, wie hier und da auftauchende Köpfe und das gelbe Boot auf uns zutreiben. Wir dirigieren unser Floß wieder in den Strom. Es ist – Neptun sei Dank! – einer der wenigen Abschnitte, auf denen sich der Alsek halbwegs zivil gebärdet. Wir kämpfen uns an die Schiffbrüchigen heran, ziehen einen nach dem anderen zu uns ins Boot.

Gerettet sind wir alle damit noch lange nicht. Wir sind ein gutes Stück abgetrieben. Der Alsek hat wieder Tempo zugelegt. Er rauscht weiter unten in einen engen Canyon hinein, aus dem es dumpf und böse herausgrollt. Wenn wir mit dem überladenen Schlauchboot da hineingesaugt werden, dann Ade, du mein Heimatland! Aber es gelingt uns sogar, auch noch das gekenterte Bootswrack zu bergen, bevor es vom Canyon verschluckt wird.

Am Ufer, wieder auf dem festen Land, halten wir Kriegsrat nach der – da beißt die Maus keinen Faden ab – verlorenen Schlacht auf dem Alsek. Wir sind zwar davongekommen, doch nur mit knapper Not. Das dritte Boot erweist sich als mit den uns zur Verfügung stehenden Mitteln als nicht mehr reparierbar. Ein beträchtlicher Teil der Verpflegung und Ausrüstung ist aus der Vertäuung gerissen und liegt auf dem Grund des Flusses. Die persönlichen Sachen der Schiffbrüchigen, ihre Schlafsäcke, Ersatzkleidung, ihr Regenzeug ist weg. Verpflegung ist nur noch für drei, höchstens vier Tage vorhanden.

Der einzige Trost: Es hat keine Todesopfer gegeben.

Vom sicheren Ufer aus erkunden wir den weiteren Verlauf des Alsek. Direkt unterhalb mündet die Eiszunge des Fisher-Gletschers. Unmittelbar daran anschließend, verschwindet der Fluß grollend und murrend in der Unterwelt des Turnback Canyons, vor dem Walt Blanchard so eindringlich gewarnt hat. Nein, das werden wir uns nicht antun.

Aber was ist die Alternative? Zu Fuß rauslaufen, das verbietet die wilde und unzugängliche Bergwelt. Die gesunden Boote umtragen? Das bedeutet eine fürchterliche Strapaze mit ungewissem Ausgang. Angesichts unserer Verpflegungssituation wäre auch das kaum zu verantworten. Von der Notwendigkeit einmal abgesehen, die Besatzung des dritten Bootes auf die beiden übriggebliebenen verteilen zu müssen, die Fahrzeuge damit zu überladen und ihre Manövrierbarkeit zu beeinträchtigen.

Obwohl es mir schwerfällt, empfehle ich – quasi mit knirschenden Zähnen, aufzugeben und an Ort und Stelle abzuwarten, bis der von mir vorsorglich zu einem bestimmten Stichtag mit der Suche beauftragte Hubschrauber erscheinen würde.

Es ist nicht einfach, und es fällt mir verdammt schwer, vor einem gesteckten Ziel aufzugeben, die Niederlage zu akzeptieren. Doch ich bin nicht lebensmüde und muß auch für das Dasein und die Gesundheit der mir anvertrauten Leute geradestehen.

Es gibt keine Ausrede, kein Wenn und kein Aber. Der Alsek hat mich, hat uns geschafft.

Ich war von einem Fluß, der mächtiger, kälter, gefährlicher, reißender ist als alles, was ich vordem kennengelernt hatte, in meine Schranken gewiesen worden. Es war eine tolle Fahrt auf einem Gewässer, das uns das Letzte abverlangte. Gegen einen solchen Gegner zu verlieren, ist keine Schande.

Der Aufenthalt im Norden ist kein Zuckerlecken. Er bedeutet aber auf der anderen Seite auch nicht einen unablässigen, unendlichen Überlebenskampf. Harmloser und weniger harmloser Spaß wechselt mit tödlicher Bedrohung in einem Rhythmus, wie es ihn anderswo nicht gibt. Einmal mehr war Capt'n Stevenson der Protagonist des Ereignisses.

Das Gesprächsthema bei meinem folgenden Besuch für „tout Dawson“ war Dicks Nackt- und Schönheitswettbewerb, den er auf seiner Insel durchführte. Die teilnehmenden Mädchen und Frauen waren allesamt nicht nur willens und bereit, sondern geradezu enthusiastisch, ihre körperlichen Vorzüge hüllenlos der kennerischen Öffentlichkeit zu präsentieren.

Leider hatten weder sie noch der Veranstalter die im Sommer hier einfallenden Moskitoschwärme bedacht. Die Insekten stürzten sich in obszöner Gier auf all die weit und paradiesisch offenliegenden Flächen und Formen und gebärdeten sich wie wild. Selbst unter den teilnehmenden stoischen Indianerinnen kam es zu ebenso spontanen wie unerotischen Bewegungen, Verrenkungen und anderen Abwehrreaktionen.

Das Publikum schrie und tobte, doch das Vergnügen war zu einseitig. Die nackten Schönen und nicht ganz so Schönen flüchteten alsbald in Dicks Lodge. Dort ging es zwar weiter, aber irgendwie war die Luft raus.

Allerhand Alternativen wurden diskutiert, um den von der Moskitoplage beeinträchtigten Schönheitswettbewerb doch noch zu einer Art institutionellem Ereignis gedeihen zu lassen. Doch dann wurde Dawson für eine Weile mit dem Disput über Dicks neuester Geschäftsidee in Atem gehalten.

Eigentlich war es selbstverständlich, daß auch „River Rat“ einen Goldclaim besaß. Leider war der recht unergiebig. Dick selbst hatte wenig Lust, in der Erde herumzuwühlen oder mittels schwerer Geräte das Unterste zuoberst zu kehren. Dazu fehlte ihm einmal mehr das erforderliche Kapital und die Kraft seiner Arme – na, lassen wir das. Also versuchte Dick zu verkaufen.

Da sich das als schwierig erwies, parzellierte er seinen Claim in fußgroße, quadratische Teile, die er nebst Zertifikat an solche Leute verhökern wollte, die gerne damit renommierten, im Yukon eine eigene Goldgrube zu besitzen. Obwohl er seinen Freund Tony Fritz zum Generalmanager für Mitteleuropa und mich als Repräsentanten für Bulgarien, Rumänien und die benachbarten Länder und Staaten gewann, machte das Geschäft keine nennenswerten Fortschritte, weil „River Rat“ die eingehenden Anfragen nicht mehr beantwortete.

Dick Stevenson hatte nämlich inzwischen die Bekanntschaft eines jungen Paares aus Finnland gemacht, das brennendes Interesse an dem Erwerb der Schürfrechte zeigte, dem aber die Mittel zum Kauf fehlten. Dick schlug darauf den Beiden vor, er würde den Claim auf ihren Namen überschreiben, wenn der weibliche Teil des Paares mit ihm Tisch und Bett während des kommenden Winters teilen würde. Wenn schon kein Gold oder Geld, so gedachte er zumindest, die Winterkälte durch die zur Abwechslung einmal jüngere, weibliche Nähe und Wärme zu mildern. Sein hochherziges Angebot wurde abgelehnt. Dicks Frau Lou knirschte mit den Zähnen, blieb jedoch, da an Kummer gewöhnt, äußerlich unbeeindruckt.

Dick ging in sich und dachte lange nach. Er hatte einen Fehler gemacht: Der

Yukonwinter war selbst für finnische Frauen zu bitter! Also schrieb er den Claim erneut aus: Diesmal für alle Frauen zwischen 20 und 35 Jahren, die gewillt waren, während des Sommers nach dem edlen Metall zu schürfen und seiner Gesellschaft, nebst allem Drum und Dran, wie er sich ausdrückte, teilhaftig zu werden. Das gefundene und gewonnene Gold – das dürften sie behalten – so Dicks großherziges Angebot. Als Lou davon erfuhr, kam es zu einer ernsthaften ehelichen Auseinandersetzung.

Claims, Schürfrechte, Gold, waren einmal mehr das Thema an der Bar des „Gold City Hotels" in Dawson. Mit mir am Tisch saßen Ron Atkinson, Besitzer des Hotels, Buffalo Taylor, sein Barkeeper, und David Howe, stolzer Eigner der Cessna CF – NHL.

Wie bei Thekengesprächen auch anderswo üblich, kamen wir vom Hundertsten ins Tausendste. Schließlich nahmen Argumente und Gegenargumente eine gänzlich andere Wendung. Diesseits und jenseits der Wasserscheide zwischen Mackenzie und Yukon River und nicht weit vom nördlichen Polarkreis war in den späten zwanziger Jahren eine der Verbrecherjagden über die Bühne gegangen, die den Ruf der legendären „Mounties", der rotberockten kanadischen Bundespolizisten, mitbegründet hatte.

Es war die Suche nach dem „Mad Trapper" Albert Johnson, der zwei Gesetzeshüter erschossen hatte und erst nach einer sich über Monate hinziehenden, gnadenlosen Jagd zur Strecke gebracht werden konnte – das heißt, getötet wurde.

Es ist eine von den Geschichten, deren verschiedene Aspekte immer wieder in den Kneipen und an den Lagerfeuern des Yukon diskutiert werden. Dabei geht es vor allem um die bis zum heutigen Tag noch nicht zweifelsfrei geklärte Identität des Protagonisten, des legendären „Mad Trapper", des „verrückten Fallenstellers", der den Namen Albert Johnson nur vorgeschoben hatte.

Es ging um jenen Mann, der ganz allein auf sich gestellt, ohne jegliche Hilfsmittel und im tiefsten Winter, Dutzende der besten und erfahrensten „Mounties" über Monate in Atem gehalten hatte.

David, der Pilot, gehört zu den Menschen, die nichts von langen Verlobungen halten, die auch eine scheinbar verrückte Idee unverzüglich in die Tat umsetzen: Sie bestand darin, sich das landschaftliche Szenarium jener Menschenjagd aus der Luft anzusehen.

Bereits eine Stunde später überflogen wir – Dave, der Pilot, Ron, der Hotelbesitzer, Buffalo, dessen Barkeeper, und ich die Tombstone Mountains, folgten Blackstone, Ogilvie und Peel River, bogen dann nach Westen ab, den Rat River hinauf, sahen den Summit Lake unter uns, den Little Bell, den Bell, den Eagle und schließlich den Porcupine. Wir landeten kurz in Old Crow und starteten zum Rückflug. Irgendwie war die Geschichte mit dem „mad trapper" in Vergessenheit geraten.

Irgendeiner hatte statt dessen die Idee, mit „Eagle Plains" die einzige Raststätte des damals gerade in Dienst gestellten Dempster Highway, anzufliegen, praktisch direkt auf dem Polarkreis zu landen, an der Bar einen zu trinken und wieder nach Dawson zurückzukehren.

Es war im wahren Sinne des Wortes eine Schnapsidee, doch wer nicht hin und wieder eine Schnapsidee in die Tat umsetzt, den bestraft das Leben mit einer ereignislosen Flachheit.

Den Dempster Highway zu bauen, war nicht viel anderes als eine andere Schnapsidee. Es war eine politische und damit absurde und nutzlose Entscheidung, für die der kanadische Steuerzahler Millionen und Abermillionen hinblättern mußte und immer noch muß. Der Verkehr auf dieser „Lebensader des Nordens" war und ist minimal. Die Aussicht, daß die dort landende CF – NHL mit einem entgegenkommenden Fahrzeug kollidieren könnte, war nicht größer, als am Eismeer von einer Klapperschlange gebissen zu werden. Außerdem konnten wir das endlose, leere Schotterband der Straße von oben auf Meilen hinaus überblicken.

Wir kamen glatt herunter, stellten das Flugzeug auf dem Parkplatz vor der Raststätte ab, tranken ein Bier an der Bar – wir waren die einzigen Gäste – und machten uns startklar, um den Rückflug anzutreten. Es war Mitternacht, und wie im Sommer hier am Polarkreis üblich, taghell.

Buffalo verständigte über Funk seine Freunde im „Gold City Hotel", die Bar bis zu unserer Ankunft offen zu halten, damit irgendein Geburtstag gefeiert werden – und auch der Pilot Dave Howe nach der Landung noch einen mit uns zusammen trinken konnte.

Dave brachte seine Mühle in Startposition und verkündete über Sprechfunk: „CF-NHL is taking off from Eagle Plains – destination Dawson City". Der Pilot schob das Gas rein, die Cessna gewann Fahrt, zog eine Staubfahne hinter sich her. Lose Steine klackerten an die Verkleidung. Mir fiel ein ganz merkwürdiges Schlingern auf.

„Zieh endlich hoch oder brich ab -" dachte ich noch, als Dave den Knüppel zu sich heranzog, etwas Höhe gewann – und seitlich abschmierte.

„Oh shit" brüllte Dave, dann Krachen, Brechen – der Aufschlag, der Überschlag. Herrgott, mein Kopf! Dreck, Feuchtigkeit, Glassplitter – ist das das Ende? Dann war es still, unheimlich still. Nur ein leises Pladdern – der Sprit – um Himmelswillen!

Hinter mir zwängten sich Buffalo und Ron aus den Türöffnungen. Auch für uns galt: Raus, nichts wie raus. David und ich – wir hatten Probleme, wir waren, mit den Köpfen nach unten hängend, zwischen Sitz und Armaturenbrett eingeklemmt; wir versuchten, die Sitze nach hinten zu schieben. Dann ein Knall, ein blendender Blitz, ein stechender Schmerz in den Ohren, ich wurde durch die Luft gewirbelt und knallte in das Moos zwischen den Bäumen.

Verdammt, was ist mit Dave? dachte ich und rannte die paar Schritt zu dem hellodernden Wrack der Maschine. Dann ein neuer Knall – die Druckwelle warf mich zurück, schmiß mich um. Ich kam schnell wieder auf die Füße – inzwischen brannte auch das trockene Caribou-Moos. Ich versuchte – absolut sinnlos – mit Händen und Füßen, das Feuer zu löschen, da sah ich Dave. Er war käseweiß im Gesicht und hockte da – vollkommen apathisch mit dem Rücken an einen Baum gelehnt. Seine Augen starrten ausdruckslos ins Leere.

„Wo ist Ron, wo ist Buffalo?" schrie ich den Piloten an. Keine Antwort. Er stand unter Schock, schien aber erstmal in Sicherheit.

Es war ein unwirkliches, ein gespenstisches Bild, die inzwischen lichterloh brennende Cessna, die schwarze Rauchsäule darüber, die grellen Lichtbögen des schmelzenden Magnesiums. Von wegen Sicherheit: Um uns herum flackerte immer mehr von dem trockenen Moos. Ich griff Dave unter die Arme und zerrte ihn ein gutes Stück weg.

Was war mit den beiden anderen? Ich wagte es mir nicht auszumalen. Oder waren sie doch rausgekommen? War es nicht so, daß sie als erste ...?

„You guys hurt?" Neben mir stand plötzlich ein Indianer. Er fragte, ob wir verletzt seien. Ich schüttelte den Kopf. „Wo sind die anderen?"

„Put them guys on the highway, clothes soaked." Ah, Gott sei Dank. Die beiden sind in Sicherheit. Ihre Kleidung war offenbar spritgetränkt. Ein einziger Funke würde genügen ... Doch auf dem Highway waren sie erstmal außer Gefahr.

So langsam fanden meine Gedanken halbwegs zu einer Art Balance zurück. Auch Dave kam zu sich – dann erschien auf recht wackligen Knien auch Ron. Er deutete auf mein blutdurchtränktes Hemd. In diesem Augenblick stoppte der Manager des Eagle Plains Hotel mit einem Jeep direkt neben uns. Er hatte Verbandszeug. Das Blut stammte aus einer breiten und tiefen Fleischwunde, gebrochen war nichts, so glaubte ich zu diesem Zeitpunkt.

Dann war auch ein Wasserwagen da. Eine Ambulanz rollte heran. Männer begannen damit, das brennende Caribou-Moos zu löschen. Buffalo hatte inzwischen das Bewußtsein verloren. Die Sanitäter vermuteten Schädelbruch ... Mein Gott!

Mit der Ambulanz fuhren wir die sich diesmal endlos ziehenden 450 km über den Dempster bis Dawson City. Dort stellte sich heraus, daß es sich „nur" um einen Haarriß in des Barkeepers Schädeldecke handelte.

Achja, ich hatte ein paar Rippen gebrochen.

Die anderen waren mit dem Schrecken davongekommen. Freund Hein hatte mit seiner Sense diesmal nur ganz knapp daneben gehauen.

Nachdem man mich wieder halbwegs zurechtgeflickt hatte, wurde ich während meiner Rekonvaleszenz mit Dicks neuester Geschäftsidee vertraut gemacht. Ich bin sicher, daß der zündende Gedanke mit unserem Absturz zu tun hatte. Dick bestritt das zwar heftig und behauptete, sie sei an einem der wenigen ruhigen Abende im „Westminster Hotel", im Volksmund „Moccasin Square Garden" genannt, geboren worden, wo die Kundschaft sich vorzugsweise aus Eingeborenen zusammensetzt.

Ich hatte meine Zweifel. Vier stattliche Leichen auf einmal ... Aber ich möchte nicht vorgreifen.

Zurück zum Moccasin Square Garden. Normalerweise genießt diese Stätte der Gastlichkeit und des gemütlichen Verweilens den Ruf, an jedem Abend ein paar Boxsport-Einlagen zu bieten, doch diesmal blieben die Gläser angeblich auf den Tischen stehen. Dick und sein Freund Toni Fritz fanden – so behaupteten sie zumindest – Zeit und Muße, ihre neue Geschäftsidee auszuarbeiten und nicht lange danach in die Tat umzusetzen.

Alsbald prangte ein Schild mit folgenden Preisangaben vor Dicks „Residenz“:
Tours in Town:
5,- $ – sitzend
10,- $ – Leichnam, gefroren
13,- $ – Leichnam, liegend

In enger Zusammenarbeit mit dem lokalen „undertaker“, dem Totengräber, der Mühe hatte, bis drei zu zählen, gingen Dick und Toni durch die Kneipen und spähten in Häuser, erkundigten sich angelegentlich nach dem Gesundheitszustand vor allem der älteren Herrschaften Dawsons. Dann gaben sie ihrem Geschäftspartner, dem Totengräber, genaue Anweisung, wieviel Gräber dieser ausheben sollte, bevor der mörderische Frost die Erde zu Stein werden ließ. Winterbestattungen waren nämlich wesentlich teurer als Sommerbeerdigungen.

„So was nennt sich Freunde!“ Empörte sich Dick, wie uns zugetragen wurde. „Vier Leichen auf einmal, das wäre die Boomsituation für uns gewesen.“ River Rat fuhr sich mit der Zunge über die Lippen. „Da fallen all die Jungs vom Himmel, und was bleibt für unser Geschäft? Nicht die Bohne, nicht einmal ein Flugzeugabsturz bringt unsereinem ein bißchen was ein!“

Leider erwiesen sich auch die älteren Bürgerinnen und Bürger Dawsons als so abgehärtet und überlebenstüchtig, daß Dicks und Tonis Geschäfte nicht richtig in Schwung kommen wollten. Dicks verzweifelte Drohung, „... mit der Axt durch Dawson zu gehen, um die verdammten Gräber endlich zu füllen“, wurde nicht ernst genommen und blieb letztendlich auch ohne die letzte Konsequenz.

Inzwischen hatte ich Gelegenheit bekommen und am Schopfe gepackt, des „Mad Trapper Johnson“ letzte Zuflucht, den Eagle River, per Kanu kennenzulernen.

Dieser Fluß, der in jenen Eagle Plains seinen Ursprung hat, ist ein Gewässer für bescheidene Verhältnisse. Wenn man ihn hier oben am Dempster Highway direkt unterm Polarkreis in einer dunklen, grünen Röhre verschwinden sieht, denkt man eher an einen Bach – allenfalls an ein Flüßchen, aber nicht an einen „river“, einen Fluß. Eine Handbreit Wasser unterm Kiel – für uns und unsere Boote reicht das immer. So glaubten wir.

Der Eagle hat sich tief eingegraben in die lockere Erde der Eagle Plains. Mitunter verschränken sich die Äste und Zweige der Ufererlen und -weiden zu beiden Seiten zu einem grünen Tunnel, unter dem das klare Wasser unbeeilt dahinzieht. Hin und wieder liegen starke Stämme quer über dem Bett und verstärken noch den Röhreneffekt.

Wir trieben mit unseren Kanus wie auf einer klaren Glasscheibe dahin und konnten zwischen versunkenen Ästen, hellem Sand, grauem Schlamm und grünem Fischkraut die Äschen erkennen, die bei unserem Herannahen wie Schatten in Deckung huschten.

Ab und zu klatschte es mächtig. Der platte Schwanz des Bibers war für den Knalleffekt verantwortlich. Wir hatten den Nager bei seiner beschaulichen Schälarbeit gestört, und er hatte auf diese Art und Weise empört seiner Verärgerung Ausdruck verliehen.

Wir, ein paar Freunde und ich, waren die personifizierte Harmlosigkeit. Wir hatten uns zwar mit Messern und Äxten bewaffnet, doch dienten die ersteren im wesentlichen zur Nahrungsaufnahme und die letzteren zum Zurechthauen des Holzes für das abendliche Lagerfeuer.

Wir befanden uns innerhalb der traditionellen Jagdgebiete der Loucheaux-Indianer aus Fort McPherson bzw. Old Crow. Es ist nicht zuletzt eine Frage des Anstandes und der Wildnisetikette, daß man in solchen Revieren nicht sinnlos herumballert.

Angst vor Bären hatten wir nicht. Ich habe mich selbst schon so oft in deren Einständen herumgetrieben, daß ich sie direkt vermisse, wenn sie sich mal nicht zeigen. Im Gegensatz zu Campingplätzen und Nationalparks sind ihnen in dieser unberührten Wildnis Menschen unvertraut. Sie verhalten sich ihnen gegenüber in der Regel sehr vorsichtig.

Einer von der Crew deutete ein gutes Stück voraus: „Sieh mal an, ein Hund!" Der Hund war ein ausgewachsener Timberwolf, der ebenfalls nichts anderes im Sinn hatte, als sich vor der herannahenden Armada der Kanus in die Büsche zu schlagen.

Als der Eagle seine Röhre verließ und sich in ein breiteres, offeneres Tal einfädelte, fingen unsere Probleme an. Das heißt, es waren keine echten Probleme, sondern die Alltäglichkeiten einer Wildnisreise. In unserem Falle war es die vorangegangene Trockenheit, die das ohnehin schon bescheidene Rinnsal des Eagle noch bescheidener machte und uns nötigte, die Boote über Kies-, Schlamm- und Schotterbänke zu ziehen.

Wie zum Hohn begann es auch noch zu regnen. Es war kein heftiger Regen, der dem Wasserstand auf die Beine geholfen hätte, es war eher ein verhaltenes Tröpfeln. Aber das hielt an und wurde impertinent. Es blieb relativ warm, und die Leute begannen unter ihrem oft zu schweren Zeug zu schwitzen.

Zelte im tropfenden Busch auf- und abzubauen, im Regen Feuer zu machen, im

Regen zu paddeln, zu treideln – irgendwann geht der Impetus flöten. Die Stimmung gerät ins Trudeln. Zu meiner Crew gehörten zwar nur vernünftige Typen, doch ich merkte sehr schnell, daß sie über meine Witze und die Geschichten, die ich ihnen zur Aufmunterung und Ablenkung erzählte, zwar noch lachten, aber eher aus reiner Höflichkeit und nicht mehr aus Überzeugung.

Die Leute waren vernünftig. Sie wußten, daß ich weder etwas für die elende Pisserei von oben – noch für die vorausgehende Trockenheit konnte. Doch hatte ich nicht – nach ihrer Ansicht lauthals – verkündet, das Wetter sei zu jenem Zeitpunkt stabil, der Fluß sei gut befahrbar, die Landschaft sei recht reizvoll!? Das alles traf mit einem Male nicht mehr zu.

Für das viele Geld hätte man ebensogut auf Bali Urlaub machen können und sich unter Palmen am Strand ... Dafür hätte man nicht nach Kanada zu fahren brauchen, das Scheißwetter hätte man schließlich auch zu Hause haben können.

Natürlich hatte ich allen vorher eingeschärft, daß es Abweichungen von der Norm geben könne und es sie in der Wildnis immer wieder gibt, daß der „thrill“ nach ein, zwei Tagen durchaus abhanden kommen kann undsoweiter undsofort. Doch wenn diese von der Norm abweichenden Situationen wirklich eintreten, dann erinnert sich keiner mehr an das Vorhergesagte.

In einer solchen Lage kann es nur heißen: Augen zu und durch! So zu tun, als sei das alles eine ganz stinknormale Angelegenheit. Obwohl man selbst ebenfalls dem Allmächtigen – oder wer auch immer für das Wetter verantwortlich ist – ernsthaft ins Gewissen reden oder gar die Gefolgschaft aufkündigen möchte. Man wünscht sich angesichts einer solch miesen Stimmung das Erscheinen einer wilden, angsteinflößenden Indianerhorde oder zumindest eines Bären, der oder dem man darauf furchtlos entgegentritt, auf daß sich die Leute wieder um einen scharen und zu einem aufblicken.

Beide Wünsche sollten in Erfüllung gehen. Zuerst tauchte der Bär auf. Es war ein offenbar noch junger Schwarzbär, der eben von seiner Mutter weggebissen und in die eigene Verantwortung entlassen worden war. Er kannte noch nicht die Gefährlichkeit der Zweibeiner und wußte noch nicht so recht, wie er sich, plötzlich ganz auf sich selbst angewiesen, durchschlagen sollte.

„Herr Kiemle, unternehmen Sie endlich was!“ rief, forderte die reife Dame, die im fernen Deutschland jobmäßig gewohnt war, daß man ihren Anweisungen Folge leistete. Mir war schon zuvor aufgefallen, daß die Kraft ihrer Arme im umgekehrten Verhältnis zu der Macht ihrer Stimme und der Eloquenz ihres Ausdrucks stand.

„Wir hatten vorher abgesprochen, keine Schußwaffen mitzuführen, gnädige Frau. Und gerade Sie als überzeugte Pazifistin hatten es gutgeheißen ...“

„Aber Sie können doch nicht zulassen, daß sich solch ein Untier hier herumtreibt und bei jeder Gelegenheit ...“

„Wenn Sie Angst haben, können Sie ja bei mir im Zelt ...“

„Wann haben Sie sich eigentlich zuletzt gewaschen ...? Wissen Sie überhaupt, was Sie sind? Sie sind ein ganz übler Macho!“

„Dann müssen wir eben abwechselnd am Feuer Wache schieben. Wollen Sie die erste, zweite, dritte oder die letzte Wache übernehmen?“

„Wenn man mir das bei der Buchung gesagt hätte ...“

„Gestern hatten Sie sich noch beklagt, daß man überhaupt keine wilden Tiere zu Gesicht bekäme – und außerdem hatte ich auf die Möglichkeit hingewiesen, daß Bären ...“

„Sie werden noch von mir hören – über meinen Anwalt...“

Die Unterhaltung löste bei einem Teil der Crew Heiterkeit aus. Andere meinten, so ganz unrecht hätte die Lady nicht. Der Bär verzog sich.

Ich teilte Wachen ein für die Nacht. Jeder der betroffenen Männer fühlte sich wie seinerzeit im Argonner Wald für das Schicksal seiner Kameradinnen und Kameraden verantwortlich.

„Die erste Reise ging nach Baltisch Port
nach Hoek und Rotterdam die zweite.
Ich weiß nur, daß es fort und fort
auf unser Segel schneite.

Leb wohl, Gesine, schönstes Angesicht,
der Kapitän ruft: Achterleinen los!
Ein Seemann wählt seine Reise nicht.
Ost oder West, der Ozean ist groß.“

Kein Bär ließ sich blicken.

Am Morgen, als der Bär dann doch wieder auftauchte, da schliefen alle den verdienten Schlaf der Gerechten. Mit verhaltenem Topfgeklapper und „husch, husch“ vertrieb ich das sich stickum wieder nähernde Untier, ohne daß jemand etwas bemerkte.

Wirkliche Probleme sollten wir jedoch dadurch kriegen, daß wir wegen der endlosen Treidel- und inzwischen auch Trödeleien trotz meiner Mahnungen in Zeitnot gerieten.

Ich hatte zwei, drei Tage Reserve eingeplant, doch die waren inzwischen draufgegangen, als wir endlich den Bell River erreicht und damit freie Fahrt hatten. Das mit der freien Fahrt, glaubte, erhoffte ich zumindest.

Jetzt aber pfiff uns ein ekelhafter Westwind ins Gesicht. Da sowohl Bell wie auch später der Porcupine nach Westen fließen, bedeutete das auf diesen nur schwach strömenden Gewässern harte Paddelarbeit.

Wir würden unsere Zielvorgabe Fort Yukon nur dann erreichen, wenn wir wirklich reinhieben, daß die Schwarte krachte, oder daß Fortuna uns endlich mal nicht ihren blanken Hintern zeigen, sondern uns zur Abwechslung mal mit einem freundlichen Grinsen beglücken würde.

Mir schien das Glück tatsächlich zu lächeln, für den Zeitraum eines halben Tages zumindest. Sogar die Züge der bewußten Dame, die mich mit Anwalt, Gericht und Schadensersatz finster bedroht hatte, entspannten sich.

Aha, dachte ich. Jetzt ist das Gröbste vorüber, jetzt kannst du mal ein Stück stromauf gehen und in aller Ruhe versuchen, ein paar Hechte zu angeln, von denen es am Porcupine eine ganze Menge und recht beachtliche Exemplare gibt.

Die Indianerfamilie winkte mir fröhlich zu, als sie mit ihrem flachen Outboarder an mir vorbei weiter stromauf fuhr. Ich winkte ebenso fröhlich zurück, dachte mir nichts dabei und machte mich auf den Rückmarsch.

„Ach, Herr Kiemle – wir hatten Besuch!" verkündete die reife Dame mit einem eigenartigen Leuchten in den Augen.

„Hab' sie gesehen – wahrscheinlich waren sie aus Old Crow."

„Es war ein richtiges, ein tolles Erlebnis, diese Männer, solche Kerle als Guides – sowas hätte ich mir schon eher, schon viel eher gewünscht."

Ich konnte ihren Augen ablesen, daß sie das „statt Ihnen" nur mit Mühe unterdrückte.

„Eine späte, vielleicht zu späte Erkenntnis, Madame."

„Was für herrliche, urwüchsige Typen, das sind ja fast noch echte Wilde! Überhaupt nicht scheu waren sie. Nicht dieses europäische Getue, diese vorgegebene Zurückhaltung. Wie die zugelangt hatten beim Essen ..."

Ich erbleichte. „Zugelangt hatten, beim Essen?"

Das Gesicht der Lady strahlte in verhaltenem Stolz. „Ich kam gar nicht mehr nach mit dem Pfannkuchen-Backen."

„Soso, ich wußte gar nicht, daß Sie ..."

„Und ob! Man muß mich nur richtig fordern! Die beiden Männer haben mindestens anderthalb Dutzend Pfannkuchen und die Kinder und die Frauen die restlichen ..."

„Und was ist mit uns? Was sollen wir ... Es sind noch mindestens acht Tage bis Old Crow und dabei ist nicht einmal gesagt, ob es in dem einzigen, in Joe Netro's Laden, überhaupt was zu kaufen gibt. Bei diesem niedrigen Wasserstand kommt die ‚Brainstorm', das Frachtboot, möglicherweise überhaupt nicht von Fort Yukon herauf!"

„Ach, die paar Dollar, die fallen doch überhaupt nicht ins Gewicht. Seien Sie beruhigt, es wird schon klappen, ich stehe in dieser Hinsicht unter einem glücklichen Stern."

„Möge er Ihnen weiterhin auf all Ihren Wegen leuchten, gnädige Frau." Und zu den anderen gewandt: „Frühstück morgen – halbe Rationen, Herrschaften. Das Pfannkuchenmehl ist alle. Unnötig verfüttert von dieser Lady."

Ich muß dem mit der Situation unvertrauten Leser erklären, daß es auf unserer Route, d.h. an Eagle, Bell und dem oberen Porcupine River kein Haus, kein Dorf und demnach auch kein Geschäft gibt. Auch nur ein Pfund Mehl einzukaufen, ist unmöglich. Am Porcupine selbst gibt es auf 600 km nur einen einzigen Laden. Das ist Joe Netro's in Old Crow. Old Crow hat keinen Straßenanschluß und hatte damals noch keine regelmäßige Flugverbindung mit der Außenwelt. Deshalb gähnten auch in Joe's Laden die Regale häufig in einer erschreckenden Leere.

Das bedeutete, jedes Gramm Verpflegung mußte mitgenommen werden. Da aber kein Kanu der Welt neben den Passagieren eine unbegrenzte Zuladung verkraftet, muß eingeteilt, muß gewirtschaftet und zur Not rationiert werden.

Ich will's kurz machen. Es kam wie befürchtet. Der Wind blies nach kurzer Pause wieder von Westen. Wir kamen mit unserem Zeitplan weiter in Rückstand. Joe Netro's Laden war so leer und sah so traurig aus wie ein Bordell nach einer erfolgreichen Polizeirazzia. Ich schlug vor, statt in Fort Yukon die Reise schon in Old Crow zu beenden. Mein Vorschlag wurde ohne Gegenstimme angenommen.

Die bewußte reife Dame hat mir übrigens später einen überschwenglichen Dankesbrief geschrieben und im PS nach der Adresse der Indianer gefragt.

Ich könnte über das Verhalten von Touristen, mitunter auch von sogenannten Freunden, nicht nur Bände, ich könnte eine halbe Bibliothek füllen. In der Wildnis fällt alle Firnis vom Menschen ab. Da zeigt es sich, was er wirklich drauf hat, ob er selbstkritisch ist, ob er noch imstande ist, zu lernen, mit ungewohnten und schwierigen Situationen fertig zu werden.

Mutter Natur macht bei allem die Vorgaben, sie ist der wahre Boss und in erster Linie für ein Gelingen eines solchen Unternehmens verantwortlich. In zweiter Linie bin ich es. Bei mir steht die Gesundheit der Teilnehmer im Vordergrund. Dem folgt der Versuch, es der Mehrzahl der Leute rechtzumachen, ihnen das Erlebnis zu vermitteln, das sie erwarten und für das sie Zeit und Geld geopfert haben.

Ich bin überzeugter Demokrat und beuge mich normalerweise einer Mehrheitsentscheidung. Doch wenn mir meine jahrzehntelange Erfahrung im Umgang mit der Wildnis sagt, daß die Mehrheit angesichts der Situation absurd – vor allem aber, wenn sie gefährlich abstimmt – dann setze ich meinen Standpunkt durch.

Ein gewisses Risiko ist bei alledem ohnehin nie auszuschließen. Aber, so erkläre ich den Leuten: Wo bliebe das Abenteuer, wenn alles in vorhersehbaren und berechneten Bahnen abliefe?

Zurück in Dawson, erkundigte ich mich gleich nach Dick Stevenson. Ich konnte immer davon ausgehen, daß während meiner Abwesenheit irgendetwas Spannendes passiert war. Bekanntlich zog Dick an allen nur möglichen Strängen, und in jenen abgelegenen Regionen mit nur wenigen verfügbaren Jobs ist das für unabhängige Geister wie River Rat ein unabdingbares Muß.

Prompt nahm mich Dick zur Seite, tat recht geheimnisvoll und fragte nach meinen Kenntnissen im Umgang mit Elektrizität. Ich mußte leider abwinken. Das war und ist nicht mein Fach.

Neugierig geworden, hakte ich nach. Dick hatte erfahren, daß Peter Jenkins, der Besitzer des „Eldorado Hotel“ und damit auch der „Sluice Box Bar“, die Hauptleitung angezapft hatte und auf diese Art und Weise sein Etablissement mit kostenlosem Strom versorgte. Diesem im wahren Sinne leuchtenden Beispiel wollte Dick folgen und den in seinen Augen unnötigen Ausgabenfaktor von Stromrechnungen und Ähnlichem eliminieren. Peter Jenkins war gelernter Elektriker, hütete sich aber, andere an seinen Kenntnissen teilhaben zu lassen.

Es half Peter Jenkins nicht viel, er wurde verpfiffen, verurteilt und mußte auf ein Jahr in den Bau nach Whitehorse. Seiner Popularität tat das allerdings nicht den geringsten Abbruch. Im Gegenteil: Die Handelskammer von Dawson City wählte Peter in absentia zum „business man of the year“. Die Bürger von Dawson City machten ihn – der immer noch einsaß – darüberhinaus zu ihrem Bürgermeister.

Peter hatte die Zeit hinter Gittern genutzt, er hatte die Theorie gebüffelt, hatte während seiner Freigänge den Flugschein gemacht, kaufte aber vorher noch einen Mordsschlitten, einen schneeweißen Imperial und fuhr mit diesem im Triumph nach Dawson City zurück.

Einmal mehr ein Beweis, daß das Gerechtigkeitsempfinden in Dawson City anders gelagert ist als in „normalen“, südlicher gelegenen Ortschaften, daß die Uhren im Yukon immer noch anders gehen als sonstwo.

Peter Jenkins hatte überhaupt ganz eigene Methoden und verstand, sie durchzusetzen. Hierbei muß ich vorausschicken, daß Kanada ganz offiziell zweisprachig ist, französisch und englisch. Alle offiziellen Hinweise müssen in den beiden Landessprachen abgefaßt werden. Natürlich spricht in Dawson niemand französisch, und Peter Jenkins schenkte sich die überflüssige Arbeit. Doch irgendein behördlicher Sesselfurzer bestand darauf, daß die Anschläge zweisprachig abgefaßt werden müßten.

Peter Jenkins zog mich zu Rate. Doch auch meine Kenntnisse in der Sprache der Verliebten und Diplomaten sind sehr begrenzt. Peter sah mich einen Augenlick an, dann hieb er mit seiner Pranke auf den Tisch: „I got it! We do it in German.“ Weiter wollte er wissen, ob das Deutsche vom Französischen wirklich so verschieden sei, daß einer, der keine der beiden Sprachen kenne, das merken würde.

Ich wußte nicht so recht, was ich sagen sollte. Trotzdem setzte ich mich hin, übersetzte und hackte all die Hinweise und Vorschriften auf deutsch in die Maschine. Peter Jenkins hängte sie eigenhändig als „special service“ neben die englischsprachigen Zettel und Plakate ins Postamt.

„Wir haben ohnehin so gut wie keine französischen Besucher, aber umso mehr deutsche. Also wird die erforderliche Zweisprachigkeit mittels der deutschen Sprache hergestellt“, kündete ein besonderes Plakat.

Wenn ich ein Jahr einmal nicht in Dawson City Station machte, ich konnte mir nicht helfen – dann fehlte mir irgendwas. Da ich alle interessanten Typen gut kannte und noch kenne, da ich um ihre ungewöhnlichen bis bizarren Charaktereigenschaften wußte und noch weiß, war und bin ich jedesmal gespannt auf das, was sich während meiner Abwesenheit ereignet hat.

Prompt stand wie üblich Dick auf der Matte. In einer Kneipe bei Anchorage hätte der Besitzer, so erklärte er, eine Trophäensammlung von Damenslips hängen – die angeblich ausschließlich von Stewardessen der verschiedenen Airlines stammten, die Anchorage anflogen. Ob man – er und ich als sein Partner – sowas nicht in Dawson City aufziehen könne, wollte Dick von mir wissen. Ich mußte ablehnen. Die „Twin Otter" oder die übrigen Buschflugzeuge, die Dawson City damals anflogen, hätten keine Stewardessen an Bord. Deshalb wäre die Geschichte schon mangels Masse zum Scheitern verurteilt.

Dick ließ nicht locker: „Von wegen mangels Masse – wenn ich meine Beziehungen zum ‚Moccasin Square Garden' spielen lasse", überlegte er, „da müßte doch was herauskommen, in dieser Richtung."

Um Gottes Willen, durchfuhr es mich, wenn ich an die dort aus und ein gehenden weiblichen Gäste denke. „Full House" ist unter ihnen die am weitesten verbreitete Damenunterhosen-Größe.

„Nein, Dick, auch das funktioniert nicht."

„Dann vielleicht ein anderes Mal", meinte Dick, drehte sich – schon im Weggehen – nochmal um und rief: „Schließlich habe ich was anderes zu tun, als mich mit dieser verdammten Weiberwäsche zu beschäftigen."

Ich fand rasch heraus, daß Dick Stevenson sich mit mehr als nur mit der Wäsche einer Dame beschäftigte. Die Romanze zwischen ihm und Grizzly Bear Sue war „Stadtgespräch". Sue war 27 und Dick nach eigenen Angaben knapp über 50. Dicks Frau Lou schien das Spiel mitzuspielen. Zu dritt kamen sie offenbar blendend zusammen aus, bis Dick – nach eigenen Worten – zu Sue sagte: „Come on, let's make love. Dreiviertel von Dawson glaubt sowieso, daß wir's zusammen treiben." Die Antwort Sues war: „Why the hell not?!"

Sue und Dick – sie trieben es nicht nur zusammen, sondern steckten auch gemeinsam mehr und mehr Claims auf der immerwährenden Suche nach Gold und dem damit verbundenen Reichtum ab. Als fünftes Rad am Liebeswagen, das mochte noch angehen, aber mit einer anderen einen Claim abstecken! schnaubte Lou. Sie hatte endgültig genug und verließ das gemeinsame Heim.

Wohl um sich von dem Beziehungsdurcheinander abzulenken, hatte Dick zwischendurch einmal mehr in Diamond Tooth Gertie's die Show gesprengt. Diesmal hatte er sich in einer Schubkarre von seiner neuen Liebe Sue auf der Bühne herumkariolen lassen. Dann sprang er heraus, und er und Sue mischten sich unter die Cancan-Tänzerinnen. Die Schubkarre wurde konfisziert. Sue und Dick erhielten Lokalverbot. Da es ein Wiederholungsfall war, diesmal für ein langes, volles Jahr.

Dicks Renommé hatte längst die Grenzen des Territoriums übersprungen. Er und Sue wurden zu einer TV-Show nach Vancouver eingeladen. Dick machte sein Verkaufsangebot für seinen Claim öffentlich, und siehe da – es fand sich ein potenter Käufer.

Dick reiste mit gefüllten Taschen mit einigen Kumpanen nach Costa Rica, aber seine Flamme Grizzly Bear Sue wollte nicht mitkommen. „Also, Roland“, erzählte mir Dick danach lakonisch, „flog ich allein, und wir kamen danach nicht mehr zusammen.“

Das war das traurige Ende von Dicks großer Liebe, nicht nur zu Lou und Sue – sondern zum Yukon selbst. Er ward in Dawson nicht mehr gesehen, und kein Mensch weiß, wo er sich aufhält. Möglicherweise steckt eine heißblütige, samthäutige Schöne aus den tropischen Gefilden Mittelamerikas hinter alledem. Vielleicht ist das seine allerletzte große Flamme, denn Dick wird bald 70 werden.

Man wird sich immer an ihn erinnern. Er hat sich nämlich ein Denkmal gesetzt, er ist unsterblich geworden mit dem „Sourtoe Cocktail“. Sein Ehrenplatz in Dawsons „Hall of Fame“ ist ihm sicher. Auch das ist wieder so eine Geschichte, wie sie nur der Yukon, wie sie nur Dawson City schreiben kann.

Dick – oder seine damalige Frau Lou, das ist nicht ganz klar – kaufte im Frühjahr 1973 eine Blockhütte tief in der Wildnis. Sie gehörte dem Otto Likens, einem deutschstämmigen Trapper, Prospektor und Schnapsschmuggler und dessen verstorbenen Bruder Louis.

Die zwei Landsleute machten während der Prohibitionszeit in den USA ihre besten Geschäfte, als sie von Kanada aus Schnaps über die grüne Grenze nach Alaska schafften. Obwohl die Alaska Rangers ein scharfes Auge auf die Beiden geworfen hatten, gelang es den Gesetzeshütern nicht, den Schmuggel zu unterbinden. Die Deutschen kannten Weg und Steg in dieser Wildnis wie ihre Hosentaschen, sie reisten mit ihren Hundeschlitten auch während der heulenden Blizzards und zogen sich immer wieder rechtzeitig auf kanadisches Territorium zurück, wo ihnen die Alaska Rangers nichts anhaben konnten.

Das Geschäft blühte, bis Mutter Natur dem Treiben der Likens-Brüder ein Ende setzte: Louis brach durch das Eis eines Baches, der Dicke Zeh des rechten Fußes erfror. Es war nichts mehr zu machen, Wundbrand setzte ein, nur eine schnelle Amputation konnte Louis retten.

Otto überlegte nicht lange, er füllte seinen Bruder Louis bis zur Halskrause voll mit Whisky, rückte dessen Fuß zurecht, lud seine Winchester und schoß den Zeh ab. Louis überlebte, mochte sich aber vom Rest seines liebgewordenen Glieds nicht trennen: Also steckte er den Zeh in ein zum Haltbarmachen mit Salz gefülltes Marmeladenglas.

Dick hatte die Geschichte schon vorher gehört, und als er die gekaufte Hütte ausräumte, brachte er den etwas eingeschrumpelten Zeh als Trophäe mit nach Dawson.

Am Discovery Day – am 17. August 1973 – saß er mit dem CBC-Korrespondenten Dennis Ball und dem Autor Don Sawasky in der Sluice Box Lounge des Eldorado Hotel. Nach einer Reihe von Drinks wurde die Idee des „Sourtoe Cocktail“ geboren: Sie bestand darin, ein Bierglas mit Champagner zu füllen, den erfrorenen Zeh darin zu versenken und dem unerschrockenen Gast aufzutragen, das Glas in einem Zug bis auf den Grund zu leeren und dabei vor Zeugen mit den Lippen den einzigen, von Louis Likens Erdenwallen verbliebenen Überrest zu berühren.

Wem letztendlich von den drei Zechern die Idee zuzuschreiben war, konnte nicht mehr rekonstruiert werden. Die direkt Beteiligten hatten Gedächtnislücken, die nicht mehr zu schließen waren und verwickelten sich darüberhinaus in Widersprüche.

Wie auch immer: Am selben Abend noch unterzog sich ein halbes Dutzend tapferer Männer der Prozedur und fand Aufnahme in den „Order of the Sourtoe“. Sie erhielten alle ein entsprechendes, von Dick Stevenson unterschriebenes Zertifikat.

Ich selbst hatte das Vergnügen, No.18 dieser ebenso ehrenwerten wie exklusiven Gesellschaft zu werden. Der „Sourtoe“ gewann eine ungeheure Popularität, die Medien – auch in Europa – berichteten von ihm und natürlich auch von Dick Stevenson.

Bis Mitte des Sommers 1980 hatte der „Club of the Sourtoes“ 725 Mitglieder und der Zeh den Status einer von allen verehrten Reliquie erreicht. Für Yukon-Verhältnisse entsprach der Status dem Heiligen Rock zu Trier oder den Gebeinen der Drei Könige zu Köln. In jenen unheilvollen Tagen geschah dann das furchtbare Unglück. Gary Young, ein Goldgräber – er hatte schwer und einseitig geladen – kippte beim Trinken des Cocktails mit seinem Stuhl hintenüber und verschluckte vor Schreck die einzigartige Devotionalie.

Gary Young schwebte danach eine Zeit in höchster Lebensgefahr. Als eine Behandlung mit Rizinusöl nichts bewirkte, rastete Dick aus, schrie Zeter und Mordio und wollte den Unglücklichen auf den Seziertisch des Hospitals schleppen. Als das abgelehnt wurde, mußte Dick von einer ganzen Reihe kräftiger Männer zurückgehalten werden. Er wollte den vor Scham und Schreck vor sich hinwimmernden Gary Young – noch bevor die Verdauung einsetzte – auf den Kneipentisch legen und mit dem Schlachtmesser den verlorenen Zeh wieder ans Tageslicht fördern.

Der schmerzliche und unersetzliche Verlust machte in der internationalen Presse Schlagzeilen. Aber es sollte bis zum Februar 1981 dauern – bis eine großherzige Dame aus Fort Saskatchewan einen der ihr zuvor amputierten mittleren Zehen stiftete. Das war zwar ein Ersatz, doch ein recht schwacher. Der Status des Damenzehs entsprach nicht mehr dem einer Reliquie, sondern allenfalls einer minderen Devotionalie.

Im Sommer 1982 wurde das Eldorado Hotel und auch die Sluice Box Bar umgebaut. Der Ersatzzeh ging samt der Tabakdose, in der er verwahrt wurde, verloren.

Im Februar 1983 erhielt das Hospital von Dawson quasi auf dem Dienstweg einen neuen Dicken Zeh, fachgerecht und ordentlich in Alkohol präserviert, von einem Trapper aus Faro. Der Spender hatte den Doktor in Whitehorse bevollmächtigt, das erfrorene und damit unbrauchbar und nutzlos gewordene Gliedrelikt nach Dawson zu schicken.

Doch auch dieser Zeh konnte nicht allzu lange der ihm zugedachten Aufgabe nachkommen: Urlaubende Soldaten der Canadian Army entführten ihn als Kriegsbeute in ihren Stützpunkt nach London, Ontario!

Zeh Nummer 4 kam von einem unbekannten Spender und füllte die Lücke. Seine Herkunft ist bis heute umstritten und Gegenstand wilder Spekulationen geblieben.

Eine bei der Führung der kanadischen Streitkräfte eingereichte, geharnischte Beschwerde brachte endlich auch Zeh No. 3 wieder zurück. Beide, Zeh No. 4 und Zeh No. 3, haben inzwischen ihren Ehrenplatz in der Sluice Box Bar des Eldorado-Hotels von Dawson, wo sie, wie es heißt, wie die sprichwörtlichen Augäpfel gehütet werden.

Bis zum September 1984 hatte der „Club of the Sourtoes" an die 3.000 Mitglieder. Inzwischen dürfte sie die Einwohnerzahl des Yukon längst erreicht oder gar überschritten haben.

Eine bessere PR hätten sich Dick Stevenson, Dawson City und die Tourismusmanager des Yukon kaum wünschen können. Aber Dick hat sich, wie erwähnt, in wärmere Gefilde zurückgezogen – und die sesselfurzenden Herren Touristikmanager in Whitehorse in ihren dezenten dunklen Anzügen, die soviel auf „Seriosität" halten, können von Glück sagen, daß die Berge ihre umwölkten Häupter weiter unbeeindruckt in den Himmel heben, daß die Flüsse nach wie vor ihre silbernen Bahnen ziehen, daß die endlosen Wälder und die Wildnis des Yukon nichts von ihrer Faszination für die Menschen aus dem Süden eingebüßt haben. Sie kommen weiter in hellen Scharen.

Von Typen wie Dick Stevenson und seinen Konsorten kann es jedoch kaum genug und nie zuviel geben. Ein einziges dieser Individuen wiegt schwerer als eine ganze Horde bleichgesichtiger, ideenloser Schreibtischhengste, die versuchen, ein Land, eine Landschaft touristisch zu vermarkten, in die sie ihren Arsch noch nie hineingehoben haben. Möge sich bald ein echter, handfester Kerl finden, der in Dicks Fußstapfen treten wird.

Einer hätte ganz gewiß das Zeug dazu, doch sein Revier ist weiter südlich – im Wesentlichen in British Columbia, aber auch in Alberta und zeitweise sogar in Ontario.

Als der Kanada-Tourismus in Deutschland begann, für Schlagzeilen zu sorgen, war Ed Krüger immer präsent. Eddy, wie er auch genannt wurde, war der Vorzeige-Cowboy, der Liebling der Medien, so mancher sonst respektablen Frau und aller Kanada-Fans. Der Spruch: „Wer Eddy nicht kennt, hat Kanada verpennt", besaß durchaus seine Berechtigung.

Dabei war Eddy keinesfalls der Typ, der ein Hufeisen mit den bloßen Fäusten aufzubiegen vermochte. Selbst mit Stetson und hochhackigen Cowboy Boots war er nur um die 1,70 m groß und eher schmächtig. Man konnte ihn auch nicht als ausgesprochenen Intellektuellen bezeichnen, doch Eddy war ein quirliges Energiebündel; er war einer, der für einen guten Spaß ein Nonnenkloster angezündet hätte – kurz, er hatte das gewisse Etwas.

Das war auch der Grund, weshalb er auf seiner Ranch sowohl Hollywoodgrößen wie Glen Ford empfing, wie auch Kanadas Staatsoberhaupt, die leibhaftige Queen Elizabeth II nebst Gatten Philipp, und sie mit seinem legendären „underground barbecue“ bewirten durfte.

Eddy war in jungen Jahren aus dem hessischen Korbach nach Kanada ausgewandert. Er schuftete erst beim Bau eines Tunnels unter den Niagara-Fällen, dann in den Goldminen von Bralorne in British Columbia.

Wer Eddy auf die Idee brachte, sich als Rancher zu versuchen, ist und bleibt wohl unter dem weiten Mantel der Geschichte verborgen. Von Rindern und Pferden hatte er kaum eine Ahnung, geschweige denn vom Umgang mit ihnen. Auch lagen seine Ambitionen kaum in dieser Richtung.

Der Ausweg lag im Aufbau einer sogenannten „Dude Ranch“, d.h. einer Ranch, die keinesfalls darauf spezialisiert ist, Rindfleisch auf'm Huf zu verkaufen, sondern um Touristen anzulocken, zu beherbergen und auf diese Art und Weise zu florieren.

Mit Eddy's Präsenz in den Medien, seinem Renommé, mit seinen Verbindungen zu Gott und der Welt wäre es ihm ein Leichtes gewesen, einem solchen Geschäft den angestrebten goldenen Boden zu verschaffen.

Doch Eddy, eher der happy go lucky-Typ als der gewiefte businessman, verschleuderte die ihm in den Schoß fallenden Talente. Er trieb sich monatelang in Europa herum, rauchte Villinger Kiel in Kette, trank entsprechend viel „kanadischen Landwein“ – d.h. Canadian Club Whisky – und schmückte mit seiner Anwesenheit so manche Party oder schmückte sich selbst mit allerhand illustren, sogenannten Freundschaften.

Da er nicht in jedem Fall und immer seinen Stetson tragen konnte und mochte, ihm aber nach eigenem Bekunden der Kopf durch die Haare gewachsen war, kaufte sich Eddy bei Woolworth eine Perücke. Es war nicht das teuerste Stück, aber allzuweit wollte Eddy sich in dieser Hinsicht auch nicht vorwagen.

Das Hotel Kempinski in Berlin schien ihm der adäquate Rahmen, seine neue künstliche Haarpracht vorzuführen. Seinerzeit ließ es sich die kanadische Regierung noch etwas kosten, ihr Land zu repräsentieren und hatte unter der Federführung ihres Fremdenverkehrsamtes zu einer touristischen Veranstaltung, auch „Kanada-Zirkus“ genannt, in jenes ebenso traditionsreiche wie exclusiv-teure Gemäuer geladen. Ebendort waren gleichzeitig die Spitzenpolitiker der CDU/CSU zusammengekommen.

Eddy hatte sich offenbar in der Tür geirrt oder er hatte einfach übersehen, daß es sich um zwei verschiedene Veranstaltungen handelte. Zirkus ist Zirkus – wird er wohl gedacht haben.

Eddy wurde jedenfalls gesucht, weil er ein paar Worte vom Podium des Kanada-Symposiums von sich geben sollte. Ich fand ihn schließlich umringt von allerhand staatstragend-konservativen Parteigrößen. Er saß da, prominenzumringt, den Stetson auf dem Kopf, ein Zigarillo zwischen den Lippen, die Füße auf einem Tisch, inmitten einer für Normalsterbliche unzugänglichen Partei-Clausur und referierte über seine Ranch, seine Erlebnisse, über Kanada überhaupt. Die hohen Herren bedauerten lebhaft, daß ich ihnen Eddy entführen mußte.

Als dann am späteren Abend, während der „dritten Halbzeit" am Tresen einer der Bars des Kempinski, sich touristisches Kanada und deutsche Politik mischten, war Eddy wieder Hahn im Korb.

Bis er dann endlich seinen Stetson ablegte und er von kanadischer Seite einige bösartige Bemerkungen hörte wie „mit deinem Toupet könnte man dich glatt mit einem Sasquatch verwechseln" – also dem legendären Monster der Wälder des kanadischen Nordwestens. Bis zu dem gutgemeinten Rat von Otfried von Finkenstein (seinerzeit Chef des Kanadischen Fremdenverkehrsamtes), daß ein gestandenes Mannsbild wie Eddy durch eine solch überflüssige Haartracht nur verlieren könne.

Inzwischen wieder mit Stetson, hatte sich Eddy darauf den in dieser Hinsicht unaufgeklärten CDU-Größen zugewandt. Es mag auch eine Weile gedauert haben, bis diese Mahnungen seiner kanadischen Freunde Wirkung zeigten. Dann, immer schon ein Mann von Konsequenz und schneller Entschlüsse, legte Eddy mit einer Hand blitzschnell seinen Hut ab, riß sich mit der anderen das Toupet vom Haupte.

Es gab ein schmatzendes Geräusch, als die Saugnäpfe nachgaben – und die CDU-Großkopfeten staunten nicht schlecht, wie sich da ihr neues Darling selbst skalpierte, seine Haarpracht kurzerhand in die Jackentasche stopfte und sich „die Sterne der Heimat" – d.h. die Kronleuchter des Kempinski – „sich auf seinem Haupte spiegelten, nachdem der Held seinen Helm abgenommen hatte", um Brecht frei zu zitieren.

Es sollte nicht lange dauern, und dann wars um das Toupet ganz geschehen. Um eine schummerig-erotisierende Atmosphäre zu verbreiten, hatte Eddy das gute Stück über die Nachttischlampe ebendieses Kempinski gebreitet, während er eine nicht näher bekannte Dame dazu zu überreden versuchte, den Komfort seines Lagers mit ihm zu teilen.

Der beißende Geruch eines sich anbahnenden Hotelbrands störte unzeitgemäß die Veranstaltung, und Eddy verzichtete in der Folge auf jede künstliche Haarpracht.

Leider war die Ranch aufgrund Eddy's häufigen Absencen nicht zu halten. Er war auf einmal nicht mehr „in". Seine deutschen sogenannten Freunde ließen ihn fallen wie eine heiße Kartoffel. Doch einer wie er ließ sich nicht unterkriegen. Er tauchte in der Folge mal in Toronto auf, mal in Edmonton, mal in Calgary, mal in

Vancouver. Er ist mir in der Folge noch mehrfach über den Weg gelaufen: als Präsident der Handelskammer des Cariboo, als Bodenspekulant, als unter der lenkend-zügelnden Hand einer ebenso attraktiven wie resoluten jungen Frau aus der Tourismusbranche ächzender Lebensgefährte, als leider etwas schwachbrüstiger Ölmagnat, als ständiger Begleiter einer erfolgreichen, verwitweten Businesswoman.

Mehrfach hörte ich, Eddy sei gestorben. Doch ich glaubte nie den Gerüchten. Und tatsächlich tauchte er, das unverdrossene Stehaufmännchen irgendwann, irgendwo immer wieder aus der Versenkung auf.

Eddy gehört zu den bunten Vögeln der harmlosen Sorte, für die man immer ein Zimmerchen freihält, sollten sie mal ein Nest suchen und wirklich keins finden.

Es gibt harmlose, sympathische Verrückte wie Dick Stevenson – und es gibt andere, die sind im Prinzip zwar auch harmlos, können einem aber unheimlich auf die Nerven gehen. Einer von der letzteren Sorte Mäuse war – Amundsen.

Ich habe so ziemlich alles über Amundsen gelesen, den größten aller Polarforscher. Später sollte ich ihn treffen – nein, nicht in irgendeiner transzendierten Form, sondern persönlich, in der Gestalt eines Menschen, den wir Amundsen nannten.

Das erste Mal war es auf einem Flug von Grönland zum Nordpol. Anläßlich des 50. Jahrestages von Nobiles fataler Fahrt per Luftschiff (Ballon- und Luftschiff-Leute sagen „fahren“ und nicht fliegen!) hatte der VDI (Verband deutscher Ingenieure) zusammen mit National Geographic eine Nobile-Gedächtnisreise zum Pol organisiert.

An Bord waren lauter VIPs, besser Nordpolveteranen. So zum Beispiel Dr. Behounek, der mit Nobile seinerzeit fast zwei Monate auf der Eisscholle ausgeharrt hatte, bis endlich Rettung kam. Weiter waren an Bord der Navigator, der auf dem russischen Eisbrecher „Krassin“ Dienst tat; auf jenem Schiff, das sich an der Suche nach Mobile beteiligte.

Weiter mit von der Partie waren ein früherer Kameramann und Dokumentarfilmer aus Freiburg, bekannt für seine Arbeiten für und mit Leni Riefenstahl und Ernst Udet.

Ebenfalls dabei war ein Schweizer Jounalist, der seinerzeit direkt und an Ort und Stelle von der Suchaktion berichtete, ein norwegischer Funker, ein deutscher Navigator und ein Maschineningenieur aus Heidelberg.

Zusätzlich an Bord war der bewußte Amundsen. Er hieß in Wirklichkeit zwar Müller oder Maier, aber wir nannten ihn alsbald Amundsen, weil er an dem Polarforscher den Narren gefressen hatte und möglichst jeden seiner Schritte auf seine Art nachvollziehen und Souvenirs sammeln wollte. Amundsen nervte die Leute mit dem Versuch, Marken mit einem Sonderstempel an den Mann zu bringen, den er sich hatte anfertigen lassen. Doch das Interesse war gleich null.

Pünktlich um Mitternacht sollten wir in 11.000 m Höhe den Pol überfliegen. Um dem Anlaß gerecht zu werden, stand eine ganze Batterie von Sektflaschen bereit und wartete darauf, geköpft zu werden.

Kurz bevor es soweit sein sollte, rief mich der Co-Pilot ins Cockpit, zeigte mir anhand der Karte und allerhand Schraffierungen, Zirkelschlägen und Linien exakt den einzigen Punkt auf der Erde, wo alles andere südlich liegt. Ich schnappte mir das Mikrofon und verkündete meinen Mitreisenden das Ereignis.

Sofort nutzten einige der alten Herren die Gelegenheit und versuchten, sich ebenfalls ins enge Cockpit zu drängen. Sie fuchtelten mit Karten, deuteten auf Striche und Punkte und waren der Ansicht, daß der Pilot einen völlig falschen Kurs geflogen sei und unsere Position sich noch weit, weit vom Pol entfernt befände.

Es gab eine hitzige Diskussion. Es dauerte, bis der Co-Pilot die alten Herren von der Verläßlichkeit der modernen Funk- und Navigationstechnik überzeugen konnte.

Der Pilot ging auf Sinkflug, brachte den Vogel von der „Eagle Air“ auf 3.000 Fuß herunter, überflog dann aus drei verschiedenen Richtungen jenen bewußten, imaginären Punkt, worauf dann endlich die Korken der Sektflaschen sprangen.

Danach gingen wir in Steigflug über und nahmen Kurs auf Spitzbergen. Doch das alles war für einen der alten Recken zuviel: Er kippte aus den Pantinen und mußte mit Sauerstoff beatmet werden. Dem Mann ging es schlecht.

Also mußten wir auf Spitzbergen runter und fahndeten nach einem Arzt, den es im Umfeld der dortigen russischen Kohlenmine geben sollte.

Doch die Norweger stellten sich stur: Sie hatten uns zwar runtergelassen, doch sie be- und verhinderten die Kontaktaufnahme mit dem russischen Arzt. Sie umstellten die Maschine vielmehr mit Bewaffneten. Dem Piloten blieb keine andere Wahl, als sofort wieder zu starten und das US-amerikanische Hospital in Keflavik auf Island anzufunken und um schnelle Hilfe zu bitten.

Als wir endlich runterkamen, stand bereits eine Ambulanz mit laufendem Motor bereit, um den kritischen Fall fachkundig zu behandeln. Doch kaum auf isländischem Boden, da erwachte der Todgeweihte wieder zu neuem Leben und beklagte sich bitterlich, wenn er statt des üblen Gesöffs von Sekt – echten Champagner bekommen hätte, wäre ihm das nie und nimmer passiert.

„So geht es mir immer“, erklärte er, „wenn ich minderwertiges Zeug saufe, dann krieg ich ein paar Gesundheitsprobleme!“

Na, dann Prost!

Das zweite Mal trat Amundsen in mein Gesichtsfeld, als er herausgefunden hatte, daß wir auf einer Kanutour yukonabwärts das Örtchen Eagle in Alaska passieren würden.

Das weltvergessene Nest hatte Berühmtheit erlangt, weil Roald Amundsen im November 1905, nachdem sein Schiff, die „Gjöa“, vor der Küste im Eis festsaß, nach einem unvorstellbaren Gewaltmarsch durch die Tundra mitten im tiefsten Winter dort aufgetaucht war. Der berühmte Polarforscher hoffte, von Eagle aus eine Nachricht an die Außenwelt absetzen zu können. Er wartete zwei Monate auf Antwort und trat am 3. Februar 1906 mit einer Last Zeitungen und Briefen den Rückweg an. Sechs Wochen später, am 21. März, übergab er seinen an Bord der „Gjöa“ zurückgebliebenen Leuten die langersehnten Briefe und Zeitungen.

„Unser“ Amundsen, nicht eben das Musterbeispiel eines Athleten, kam mit und fieberte Eagle entgegen. Ich mußte fast körperliche Gewalt anwenden, um zu verhindern, daß er das dortige Postamt nicht in Teile zerlegte und als Souvenir nach Hause schickte.

Als er dann erfuhr, daß in der Nähe der ehemaligen kanadischen Walfangstation Herschel Island noch alte Leutchen lebten, die sich an die „Gjöa“ und Amundsen erinnern konnten, flippte er fast aus und wollte unbedingt dorthin.

Leider waren wir auf dem falschen Flußsystem. Wir hätten statt des Yukon den Mackenzie befahren müssen. Amundsen studierte eifrig alle greifbaren Karten, doch dann mußte er einsehen, daß es nicht ging. Ich riet ihm, der im Gegensatz zu seinem Idol eben noch behende genug war, einen Barhocker ohne größere Mühen zu besteigen, die nächste Linienmaschine zu nehmen, nach Inuvik zu fliegen. Dort könnte er sich dann ein Buschflugzeug chartern und mit diesem nach Herschel Island oder gar nach Kingspoint fliegen, wo die „Gjöa“ überwintert hatte.

Danach verloren wir Amundsen aus den Augen, doch erinnern sollten wir uns noch eine Weile an ihn. Sein Geist schwebte nach wie vor über den Wassern, die wir befuhren. Bei einem Besuch im alaskanischen Nome beispielsweise nahm mich der dortige Museumsdirektor beiseite und sagte mir, er vermisse ein Stück der Bespannung des Luftschiffes „Norge“, das mit Amundsen und Nobile nach einem Flug über die Polarregion in der Nähe gelandet war. Ich hatte ein reines Gewissen und schwor bei allen Engeln und Heiligen, daß nicht ich den Stoffetzen geklaut hatte. Danach fand ich heraus: Amundsen was here!

Wochen später befuhren wir Ogilvie, Blackstone und Peel River. Zwei Tagesreisen von Fort McPherson, wo sich der Peel im Mackenzie-Delta zu verlieren beginnt, winkte uns eine Frau, eine Indianerin, vom Ufer aus zu. Es war nicht das fröhliche, beiläufige Winken, mit dem man die Insassen eines vorbeifahrenden Kanus grüßt; das Winken hatte etwas hektisch-Verzweifeltes.

Die Frau brauchte Hilfe, möglichst einen Arzt für ihr kleines Kind, das seit Tagen nichts mehr essen oder trinken wollte und völlig apathisch dalag. Glücklicherweise gehörte ein Mediziner zu unserer Gruppe. Der war zwar Augenarzt, doch er zog eine Spritze auf, stach zu, und innerhalb weniger Minuten geschah das Wunder. Der junge Indianer hob ein fürchterliches Gebrüll an.

Wir blieben noch eine Weile, wollten abwarten, ob die Kur anschlagen würde und wurden währenddessen mit Bannock und Räucherfisch gestopft.

Satt und zufrieden, ein gutes Werk getan zu haben, stiegen wir wieder in unsere Boote und paddelten weiter. Es dauerte nicht lange, und am Ufer stand ein Indianer und winkte heftig.

„Hoffentlich nicht schon wieder ein Notfall“, murmelte der Doktor. „Immerhin bin ich nur Augenarzt ...“

Nein, diesmal war es der Vater der Frau oder der Großvater des kleinen Patienten, der über die Buschtrommel oder ein ähnliches Verfahren von der wundersamen Heilung seines Enkels erfahren hatte. Auch er wollte uns zum Zeichen seiner Dankbarkeit ein Festessen vorsetzen: geräucherten Fisch, Bannock und Tee. Da hockten wir nun moskitoumschwirrt auf den Fichtenzweigen, mit denen der Boden ausgelegt war – und aßen nochmal, diesmal, um die Gefühle der Rothaut nicht zu verletzen. Im Hintergrund tönte aus dem Kofferradio Verdis „La Traviata“, gespielt von den Wiener Philharmonikern. Nicht in bester Stereoqualität, aber immerhin. Obwohl man nach ein paar Wochen auf dem Wasser essen kann wie ein Scheunendrescher, wir stießen an unsere Grenzen.

Ich will's kurz machen: Nach ein paar weiteren Meilen winkte uns auch noch der Urgroßvater des Patienten. Wir stemmten uns ächzend aus den Kanus, nahmen einen Bissen zu uns und ließen uns weiter stromab treiben.

Wir schworen, sobald das nächste Fischcamp auftauchte, uns mit aller Macht in die Riemen zu legen und vorbeizupaddeln, ohne die Köpfe zu wenden. Mochten sie soviel winken, wie sie wollten.

Doch wir hatten die Rechnung ohne den Wirt gemacht: Die jungen Kerle am Hauptcamp waren schneller, ihre kleineren Boote wendiger. Halb dirigierten, halb schoben sie uns zum Ufer, zum Lager. Es gab Räucherfisch, Tee und Bannock. Wir erklärten, daß wir bereits mehrfach ... Es half nichts. Der Ur-Ur-Großvater des kleinen Patienten, ein recht betagter Herr, wollte nicht aus der Reihe tanzen und sich ebenfalls erkenntlich zeigen. Als er dann sagte, daß er uns auch noch seiner Mutter vorstellen wollte, einer Miss (!) Eliza Steamboat, da dachten wir erst an einen schlechten Scherz auf unsere Kosten.

Die alte Dame war blind, wahrscheinlich als Folge der schlecht gelüfteten und verräucherten Winterquartiere, aber sie war noch hellwach und sage und schreibe 104 Jahre alt! Die herumwuselnden schulpflichtigen und damit englischsprechenden Kinder dolmetschten.

Ja, so erklärte die Alte, es wäre das zweite Mal, daß ein weißer Doktor ein Kind aus ihrer Familie gerettet hätte. Das erste wäre sie selbst gewesen. Sie schickte eines der Kinder weg und es kam mit einem Holzkästchen zurück, das die alten, runzligen Hände fast zärtlich streichelten. Aus seinem Innern förderte sie eine vergilbte und abgegriffene Postkarte heraus. Uns rührte fast der Donner! Es war eine Postkarte von der „Gjöa“ mit der Jahreszahl 1906 – und auf der Rückseite war sie unterschrieben von keinem Geringeren als von Roald Amundsen persönlich! Zusätzlich förderte sie noch ein Stück verblichenen roten Stoff mit blauweißem Kreuz ans Tageslicht – eine kleine norwegische Flagge!

„Zum Glück ist unser Amundsen diesmal nicht mit von der Partie, der hätte der Alten doch glatt ihre Schätze abgeschwatzt“, murmelte einer von uns.

Danach war Party-Time im Camp. Wir verfügten uns vorsichtshalber auf die andere Flußseite. Aber die jüngeren Rothäute kamen mit.

Während die tiefstehende Sonne einen Topf rotgoldener Farbe in den dunklen Fluß goß und die Zackenlinie der Fichten fast berührte, erhoben sich die Tage, die Sitten und Gebräuche der alten Voyageurs wieder aus den stillen Fluten des Peel:

Hans-Jörg spielte Mundharmonika, und die anderen sangen und tanzten. Vor allem die weibliche Jugend fand ungeheuren Spaß an dem Geschehen. Einige von uns begannen heftig und nachhaltig zu flirten. Das bewog Werner, den „geballten Abenteurer", den letzten Rest des für medizinische Zwecke reservierten Whiskys aus den Tiefen seines Gepäcks ans Tageslicht zu fördern und der eine und der andere, der ebenfalls noch einen Restvorrat besaß, wollte sich nicht lumpen lassen.

Es wurde eine fulminante, eine monumentale Party am Ufer des Peel. Irgendwann – vielleicht eben noch rechtzeitig, fiel mir auf, daß auf einmal die dunkelhäutigen Boys verschwunden waren, daß nur noch Mädels mit unseren Jungs herumtollten, soweit sie sich überhaupt noch auf den Beinen halten konnten.

Das konnte Ärger bedeuten, trotz allen Wohlwollens vonseiten der älteren indianischen Herrschaften. Es gelang mir, nach mehreren vergeblichen Anläufen, mit den noch halbwegs nüchternen Mitgliedern unserer Truppe die jungen, erlebnishungrigen Damen auf die andere Flußseite zu bringen. Werner, der unverzagte Abenteurer, kam ebenfalls mit. Ich hegte die Hoffnung, daß die jungen Dinger sich dort wieder ihrer Erziehungsberechtigten oder mehr oder weniger permanenten Beziehungskisten zurückerinnern und von unseren Männern ablassen würden.

Im großen Camp am jenseitigen Ufer herrschte absolute Ruhe. Die Ruhe vor dem Sturm? Niemand war zu sehen. Ich versuchte, die Sache zu überblicken und spähte in der Gegend herum, ob nicht irgendwo ein Gewehrlauf im Schein der Mitternachtsonne blinkte. Die anderen nahmen sich der Indianerinnen an und brachten sie endgültig unter.

„Befehl ausjeführt. Allet wohlverhalten abjeliefert, da im jroßen Zelt – bißjen schlecht jelüftet, aber viel Platz, viel Platz!" Werner kann ganz gut berlinern und versuchte sogar, Haltung anzunehmen.

Gut, was solls. Ich versuchte, so leise wie möglich den Rückzug zu organisieren. Dann fiel mir etwas ein: Ich schnappte mir Werner und zischte ihm ins Ohr: „Wo, verdammt nochmal, habt ihr die Girls abgeliefert?"

Der geballte Abenteurer deutete auf ein großes Zelt, aus dem sich ein schwaches, in der hellen Sommernacht aber deutlich sichtbares Rauchfädchen herauskringelte.

„Seid ihr denn bekloppt, total bekloppt?" herrschte ich die Kerls an. „Ihr habt die Ladies im Räucherzelt abgelegt. Morgen früh haben die eine satte Rauchvergiftung, wenn nicht Schlimmeres. Los, schleppt sie wieder raus und legt sie meinetwegen ans Ufer, aber in der frischen Luft. Und seid leise, ganz leise, sag ich."

Naja, die Rothäute erfreuten sich offenbar eines gesunden Schlafes.

Danach paddelten wir weiter durch den Irrgarten des Mackenzie-Deltas hinüber nach Inuvik. Ich fuhr als letzter und warf öfter als üblich einen Blick zurück über die Schulter. Niemand folgte uns. Wahrscheinlich lagen die kriegstüchtigen Rothäute noch flach. Irgendeiner behauptete später, seine Flasche mit dem After Shave sei auch noch draufgegangen ...

Als ich in Inuvik, dem Endpunkt unserer Reise, die Gelegenheit nutzte, mit den Leuten von Antler Aviation wegen eines Charters für die nächste Saison zu verhandeln, fragte ich beiläufig, ob nicht zufällig Amundsen ...

„Amundsen, Amundsen ... Amundsen?“ Der junge Mann sah mich merkwürdig kritisch an. „Der ist doch tot, schon lange tot, denk ich!“

„Ja, gewiß, aber da ist einer, den nennen wir Amundsen ...“

„Ach der, ja, da hat einer schriftlich angefragt, so'n Spinner, der will rüber nach Herschel. Da wär oder war was mit Amundsen. Wär'n lukrativer Charter für uns, wenn's Wetter mitspielt. Der Typ will aber eine Garantie, daß er ein Souvenir mitnehmen kann ...“

„Schreib ihm zurück, das kannst du ihm bestätigen. Da liegen noch ein paar alte Boiler, Dampfkessel von den abgewrackten Walfängern rum. Einer von denen ist vom echten Admundsen garantiert mal angepinkelt worden. Da hängst du noch ein Schild dran: ‚Pissed on by Roald Amundsen‘. Dann nimmt er ihn bestimmt mit und du kannst ihm sogar noch eine Hercules verchartern. Aber kein Wort zu alldem von Eliza Steamboat, hörst du? Die hat nämlich noch echte Souvenirs. Aber die soll sie selbst behüten und behalten. Sie hat sie sich – im Gegensatz zu unserem „Amundsen“ – ehrlich verdient.“

Mörder unter den Flüssen Südamerikas

Mit dem geschäftlichen Erfolg gingen neue, bis dahin unbekannte und unvermutete Zwänge Hand in Hand. Man entsteigt dem alten und schlüpft hinein in ein neues Korsett. Das ist der Preis, den jeder bezahlen muß. Doch es galt, die Dinge abzuwägen, Prioritäten zu setzen, Aktiva und Passiva gegeneinander aufzurechnen und dann Bilanz zu ziehen: Unter dem Strich, das darf ich inzwischen sagen, blieben fette, schwarze Zahlen. Damit meine ich nicht meine finanzielle Lebensrendite, sondern die besondere Qualität eines solchen Daseins; das Gefühl, den Krug bis zur Neige geleert zu haben und nicht einer einzigen verlorenen oder verpaßten Sekunde nachtrauern zu müssen – und trotzdem niemanden dankeschön sagen zu müssen.

Es blieb nicht bei Kanada. Ganz wie ich es mir in meiner Jugend erträumt hatte, trieben wir uns in allen fünf Kontinenten herum. Meistens waren wir mit ausgesuchten Gruppen im Zelt unterwegs, oft im Kanu, fast immer abseits der ausgelatschten Pfade. Ich habe das Privileg genossen, die Welt aus einem ganz eigenen Blickwinkel kennenzulernen und viele, viele Menschen kennenzulernen. Bei nicht wenigen dieser Leute hat es sich sogar gelohnt.

Mit der Idee der „Adventure Tours" und den von der im letzten Kapitel erwähnten Weltfirma zur Verfügung gestellten Mitteln, gelang mir der Vorstoß in bislang unbekannte geschäftliche Dimensionen. Plötzlich standen uns Türen offen, von denen wir zuvor nicht einmal zu träumen wagten. Sie haben mir eine ganze Fülle neuer, unbezahlbarer Erfahrungen beschert; sie haben sich nicht nur materiell mehr als bezahlt gemacht.

Mit größerem Stolz jedoch sehe ich auf die Tatsache zurück, daß die gesamte Familie bislang zusammengehalten und zusammengewirkt hat. Gary hat in den letzten 15 Jahren verschiedene Ausrüstungsgeschäfte für Abenteuer und Freizeit aufgebaut und geführt. Allan war innerhalb der „Adventure Tours" meine rechte Hand und ebenso unentbehrlich wie diese geworden. Nachdem er mit mir gemeinsam aus dieser Organisation ausgestiegen ist, führt und betreut er zusammen mit Gary inzwischen unsere Ausrüstungsgeschäfte.

Ohne Undine wäre das Ganze nie soweit gediehen. Ob in irgendeiner Weltstadt oder im tiefsten Busch – ihr lag das Wohl und Wehe unserer Mitreisenden am Herzen. Sie hat sie oft unter den schwierigsten Bedingungen bekocht; sie hat die Leute ans Händchen genommen, wenn sie verzweifelt waren und nicht mehr weiterwußten. Sie hat sich ihre Nöte und Sorgen angehört und zu den ihren gemacht. Sie war der ausgleichende Faktor, wenn ich mal wieder meinen eigenen Kopf durchsetzen und wie ein Bulldozer durch die Wand wollte ... Viele von denen, die mit uns gefahren sind, haben sie auch später noch angerufen oder rufen sie immer noch an, um mit ihr über ihre Probleme und Problemchen zu sprechen – oder wie ich manchmal meine, ihren Seelenmüll bei ihr abzuladen.

Heute zieht Undine mit ihren Enkelkindern durch Wald und Wiesen, zeigt ihnen die Heimat aus einem inzwischen ungewohnten Blickwinkel. Vielleicht schweift auch der Blick der Kleinen bald über die nächsten Kirchtürme hinaus und tastet sich vor in die weite, lockende Ferne.

Inzwischen scheint die Welt, die wir auf manch ungewöhnliche, aber immer erlebnisreiche Art und Weise befahren haben, klein geworden. Sie dringt per Fernsehen bis ins letzte Wohnzimmer ein und läßt auch den Lehnstuhlabenteurer zum Experten für ferne und fernste Länder werden. Die letzten weißen Flecken auf der Landkarte sind geschrumpft und zu unscheinbaren Tupfern auf der bunten Palette des Erdballs geworden. Doch verschwunden sind sie noch nicht ganz. Auch wenn wir es nicht mehr an die große Glocke hängen und sie uns und den uns Gleichgesinnten vorbehalten wollen: Sie wollen und werden wir weiter suchen und bereisen – solange uns dazu noch die Zeit gewährt wird.

Doch ich möchte mit dieser Replik nicht auf das Kommende vorgreifen. Es gibt noch so unendlich viel zu erzählen von Geschehnissen, Begegnungen, Erlebnissen, von haarsträubenden und komischen Begebenheiten.

Mein Freund Martin Schliessler hat in seinem Buch: „Beruf Abenteurer“ folgendes geschrieben:

„Wenn mich jemand fragt, ob ich meinen bisherigen Lebensweg mit all seinen Gefahren und Risiken noch einmal gehen würde, könnte ich nur ‚ja‘ sagen. Denn für mich ist das Bergsteigen in seiner ursprünglichen Form der konsequente Protest gegen ein bequemes Dahinleben auf den Stufen des immer größer werdenden Wohlstandes. Das Gebirge lehrt den Menschen, einen Maßstab zu finden, ähnlich wie die Wüste und das Meer ... Das Gebirge und die großen Urlandschaften fordern uns zur freiwilligen Entbehrung heraus. Höhepunkte ergeben sich nur aus Tiefen. Die ebenen Lebenswege sind zwangsläufig flach. Die Kombination Auto – Fahrstuhl – Rolltreppe – Klimaanlage – Thermostat und Automatenbedienung für jeden Wunsch, die Versicherung von der Wiege bis zur Beerdigung, vorprogrammierte Berufe, das ist der in Aussicht gestellte Fortschritt der Zivilisation. Und für mich mit ziemlicher Sicherheit ein verlorenes Leben.“

Dem brauche nur hinzuzufügen: Was die Berge für Martin bedeuten, bedeuten für mich die Flüsse.

Es war im Frühjahr des Jahres 1982, als ich Fred Allert bei Martins 50. Geburtstag im kanadischen Vancouver kennenlernte. Martin, nicht nur passionierter Bergsteiger, sondern auch Entdecker, Pilot, Filmemacher und Schriftsteller führt ein großes Haus. Allerhand Prominenz gab und gibt sich die Klinke in die Hand.

Hein und Oss Kröher standen wie zwei Herolde auf dem Dach und bliesen ihre Fanfaren. Der Schall hing eine Zeit über der Küste, trug hinaus bis auf den Pazifik.

Weiß der Teufel, wer alles da war – kurz, es waren einmal mehr die Spitzen von Politik, Wirtschaft und Kunst versammelt und all die Schaumschläger, die glauben, dazuzugehören.

Abseits vom Trubel der wichtigen, wichtigtuenden und sich wichtiggebenden Damen und Herren saß Fred Allert. Fred, ein Extrem-Bergsteiger, lebte seit 40 Jahren in Peru.

Nach einem schweren Unfall – er war an einer Wand am Huascaran, dem mit 6.768 m höchsten Gipfel Perus, abgestürzt, hatte sich das Hüftgelenk zerschlagen, einen bleibenden Schaden davongetragen – mußte er seine große Passion an den Nagel hängen.

Ein Kerl wie Fred ließ sich durch einen solchen Schicksalsschlag nicht kleinkriegen: Er verlagerte die Auseinandersetzung mit dem Risiko, den Urgewalten der Natur auf eine andere Ebene. Da er nicht mehr so hoch hinauskonnte, stieg er tief hinab: Er befuhr mit seinem Kajak die Gebirgs-, Gletscher-, die durch höllentiefe Canyons brausenden Wildflüsse seiner neuen Heimat.

Fred und ich kamen ins Gespräch – und gleich zum Thema: die Quellflüsse des mächtigsten Stromes der Welt, des Amazonas, die in Peru ihren Ursprung haben.

Herbert Rittlinger, einer der Faltbootpioniere, Weltreisender und von meiner Generation vielgelesener Schriftsteller, hatte sich in den dreißiger Jahren auf zweien dieser ungebärdigen und gefährlichen Wildströme versucht: Der in 4.500 m Meereshöhe dahinbrausende Rio Marañon, der „Verrückte unter den Flüssen", hatte sich als stärker erwiesen. Rittlinger hatte aufgeben müssen. Erst 1972 wagten die beiden ausgebufften österreichischen Alpinisten und Extrem-Wildwasserfahrer Margreiter und Nairz eine erneute Befahrung des Marañon. Nairz gab schon nach wenigen Tagen auf. Auch dieser harte Bursche, himalaya-erfahren und mit allen Wildwassern der Bergwelt gewaschen, mußte die Waffen strecken. Dagegen hielt der Arzt Margreiter durch. Er schaffte es 800 km weit bis zu den sogenannten „pongos".

Es war eine unerhörte Leistung, sowohl in technischer wie in physischer Hinsicht. Vor allem aber war es eine bewundernswerte und kaum wiederholbare extreme Willensanstrengung. Total erschöpft und rund 20 Kilo leichter, war Margreiter vor den „pongos", den mörderischen und absolut unfahrbaren Durchbruchstoren, dem Steilabfall in die Ebene, lebend angekommen. Es war eine der ganz heroischen Leistungen der Geschichte des Wildwasserfahrens.

Rittlinger hatte ein paar tausend Meter tiefer nochmal sein Kajak bestiegen, war den „Mörder unter den Flüssen“, den Huallaga, hinuntergefahren bis zu dessen Mündung in den inzwischen breit und ruhig durch das Tiefland dahinfließenden Marañon – bis dahin, wo dieser Fluß zum Amazonas wird. Danach war der kleine Sachse bis zur Mündung in den Atlantik hinuntergeschippert. Über 30 Jahre lang galt Herbert Rittlinger als der einzige Mensch, der den Amazonas von der „Quelle bis zur Mündung“ befahren hat.

„Solange du nicht die Amazonas-Quelle suchen willst, ist das okay“, sagte Fred Allert. „Die Quelle gibt es nämlich gleich dutzend- oder hundertfach, wenn du willst. Ein ganzes Bündel von Lagunen, von Rinnsalen, die sich vereinigen zu Bächen. Die Bäche werden später zum Teil zu stattlichen Flüssen, die alle verschiedene Namen tragen. Es sind ein paar Brocken darunter, die haben es in sich. Erst unten im Tiefland spricht man vom Amazonas. Und auch der Name beruht auf einem Irrtum. Der spanische Conquistador Orellana, der auf der Suche nach Gold bis weit in die Ebene vorgedrungen war, wurde von Yagua-Indianern angegriffen. Er hielt die halbnackten Typen für Frauen, für Amazonen, weil die Indianer kaum über Körperhaare verfügen – und der ‚sichtbare Äquator‘, wie der Amazonas auch heißt, hatte seinen Namen weg.“

Es dauerte nur ein paar Minuten, und der Plan gewann Gestalt: Mit ein paar Freunden würden wir, quasi im Kielwasser oder in memoriam Herbert Rittlingers, einen dieser Flüsse befahren. Fred würde die Sache nicht nur logistisch vorbereiten, sondern auch selbst mitkommen.

„Vergiß den Marañon, den Apurimac, den Urubamba. Die fließen in Montblanc-Höhe. Da ist es eisig kalt, die Luft ist dünn, da hast du es mit schwerstem Wildwasser zu tun, da gibt es unzugängliche, zerklüftete Cañons mit zweieinhalbtausend Meter hohen Wänden, das ist nicht nur lebensgefährlich, das ist verrückt. Das ist etwas für Profis, für regelrechte, von langer Hand vorbereitete und trotzdem risikoreiche Expeditionen mit hohem und teurem technischen Aufwand. Nimm dir den Huallaga vor. Der ist immerhin auch so lang wie der Rhein und auch in seinem Unterlauf alles andere als ein Zuckerschlecken. Vor allem im Cañon del Muerte.“

Cañon del Muerte – die Todesschlucht. Der Huallaga, der von Herbert Rittlinger „Mörder unter den Flüssen“ genannt wurde. Ob er der Richtige für uns war?

„Die Bezeichnung ‚Mörder‘ trifft gewiß für jene hundert Kilometer zu, auf denen der Huallaga die Kordilleren durchbricht und um dreitausendzweihundert Meter fällt! Diesen Abschnitt kannst du höchstens mit Astronautenkapsel und Bremsfallschirm machen. Aber weiter unten ist der Huallaga okay. Trotz des Cañon del Muerte.“

Rittlinger war schließlich durchgekommen, also müßte es auch uns ...

„Paß auf, der unerschrockene Mann aus Sachsen war nicht lebensmüde. Er hat den Cañon del Muerte auf dem Landweg umgangen. Das ist nichts für einen kleinen, schlanken Kajak. Das ist eher was für ein Floß oder ein stabiles Schlauchboot. Enorme Wasserführung, riesige Walzen, Strudel, die direkt in den Schlund der Hölle führen. Aber machbar. Schieb die Sache nicht auf die lange Bank, Roland. Da unten braut sich was zusammen. In zwei, drei Jahren ist es vielleicht nicht mehr möglich ... „

Ich dachte an Kraftwerksbauten oder dergleichen, doch Fred dachte an etwas ganz anderes.

Noch im Oktober desselben Jahres standen wir nach einem Zwischenstop in Französisch-Guyana auf dem Aeropuerto Civil di Lima. Fred Allert war da und nahm uns in Empfang. Wir feierten das Wiedersehen mit Pisco Sour, und am folgenden Morgen sah ich das Denkmal von Simon Bolivar, des Befreiers Südamerikas, nicht nur doppelt, sondern gleich sechsfach. Merkwürdig ...

Wir starteten mit vier Fahrzeugen, bretterten über die Panamericana nach Norden. Wir übernachteten, das heißt, wir zelteten in einem abgeernteten Maisfeld. Die erste Überraschung – hier auf Meeresniveau, nur wenige Breitengrade unterm Äquator, da, wo wir eine feuchtwarme Schwüle erwarteten – war es bitterkalt! Vom nahen Pazifik her hatte sich eine eisige Nebelwand über das Küstenland gelegt, die uns bis ins Mark erschauern ließ.

Der Nebel schwand bei dem Anstieg in die Anden. Das erste Mißgeschick widerfuhr Fred Allerts Fahrzeug auf rund 2.000 Höhenmetern: die Kupplung! Da half nur eins: Abschleppen, zurück nach Lima mit einem unserer Wagen, neue Kupplung einbauen, mit eigener Kraft zurück. Zwei, vielleicht drei Tage Aufenthalt.

Wenn das kurz vor dem Ende einer solchen Reise passiert, wird es als willkommene Ruhepause hingenommen, doch bevor es überhaupt richtig losgegangen war, verbreitet das Versagen der Technik Mißstimmung.

Wir campierten in einem anderen Maisfeld – mit einem flauen Gefühl im Magen. Hier im Andenvorland und im Gebirge selbst hinterließ die radikale Rebellenorganisation „Der Leuchtende Pfad“ immer wieder blutige Spuren. Nur wenige Wochen nach unserer Tour sollten den Terroristen vier Kölner Studenten zum Opfer fallen. Drei von ihnen wurden enthauptet, ein vierter konnte sich tot stellen und überlebte knapp mit einer Kugel im Hinterkopf.

Unser Besuch – es waren Indianer – verhielten sich dagegen überaus friedlich. Aber sie waren verschlossen, melancholisch, wortkarg. Auch untereinander sprachen sie so gut wie nichts. Sie waren nicht einmal neugierig. Wir kauften ihnen ein paar Sachen ab. Sie verschwanden so leise und wortlos, wie sie gekommen waren.

Dann geschah ein kleines Wunder: Schon nach drei Stunden waren Fred und das Abschleppauto wieder da! Des Rätsels Lösung war einfach: An einer Zuckermühle hatten sie einen Wagen gleicher Bauart „gefunden“, die Kupplungen ausgewechselt und waren wieder zurückgekommen. Eine verblüffende „südamerikanische Lösung“.

Ich fragte lieber nicht nach dem getroffenen Arrangement oder wie die Leute der Zuckermühle es aufnehmen würden, wenn sie herausfanden ... Was soll’s, Hauptsache, es ging weiter!

Die Paßstraße wand sich hinauf bis auf die respektable Höhe von 5.000 m. Oben, beim Auftanken, wurde mir's fast schwarz vor den Augen. Die verdammte dünne Luft. Man muß sich erst daran gewöhnen.

Als wir an einer Gletscherlagune mit dem sich darin spiegelnden Huascaran zelteten und uns den Fels- und Eisriesen mit dem Fernglas zumindest optisch näher heranholten, machte mich Fred Allert auf ein paar Punkte an einer Wand aufmerksam:

„Das sind erfrorene Bergsteiger, die hängen schon seit Jahren da. Es ist nicht möglich, sie da wegzuholen und runterzubringen. Sie werden noch lange, lange Jahre hängen. Die Kälte und die Höhenluft konservieren hervorragend. Es sei denn, ein paar Leute riskieren Leib und Leben. Ich habe auf der Hochebene mal einen mumifizierten Meldeläufer der Inca gefunden, der da oben vor 1.600 Jahren erfroren ist. Er ist heute im anthropologischen Museum von Lima zu sehen."

Es ist merkwürdig: Wir blieben ein, zwei Tage, machten hier im Nationalpark am Huascaran in einer der eindrucksvollsten Gebirgsszenerien der Welt ein paar kurze Wanderungen. War es die Höhenluft, der Sauerstoffmangel, die uns so stumpf durch die Gegend stapfen ließen? Oder war es die Spannung auf den Fluß, den wir befahren wollten, den Huallaga? Oder – noch schlimmer – war es die „Sorrocha", die berüchtigte Höhenkrankheit der Kordilleren, die uns so apathisch machte?

Diese Krankheit gilt als besonders heimtückisch, weil sie nicht nur schlapp macht, sie scheint einem zudem den Lebensmut zu nehmen, den Selbsterhaltungstrieb zu beeinträchtigen. Wie es heißt, sollen die reichen Erzvorkommen im Gebirge mit dazu beitragen. Bergsteiger und Trekker berichten übereinstimmend, daß die Höhe einem im Himalaya weniger zu schaffen macht als in den Anden.

Vielleicht war es ein Konglomerat von vielen Einflüssen. Vielleicht hatten wir uns zu wenig Zeit gelassen, uns an die dünne Luft zu gewöhnen. Die beste Kur ist, so sagte ich mir, sich auf unser Ziel, den Huallaga zu konzentrieren, sich auch durch den höchsten Berg Perus nicht ablenken zu lassen und in tiefere Lagen einzutauchen. Tingo Maria, wo wir einsetzen wollten, liegt nur noch 600 m über dem Meeresspiegel.

Rittlinger war es auf dem Marañon ähnlich ergangen. Er war mit der Vierfachbelastung von Sauerstoffmangel, Kälte, Einsamkeit und Wildwasserfurioso nicht fertig geworden. Vielleicht wäre diese infernalische Kombination des Bösen selbst für einen Herkules zuviel gewesen. Ich kann vor dem Versuch der Nachahmung nur warnen. Eine Reihe Verwegener hat ihn mit dem Leben bezahlt.

Fred Allert hatte alles gut vorbereitet, als wir in Tingo Maria ankamen. Er hatte sogar ein Fäßchen Fleischwaren, Wurst, Schinken, Rippchen und dergleichen von einem deutschen Metzger aus Lima mitgebracht. Doch zuerst gingen wir zum Fluß hinunter. Es ist immer eine aufregende Sache, einen fremden Fluß zu sehen, einen Eindruck von ihm zu gewinnen, quasi mit ihm zu reden. Der Huallaga war breit, lehmbraun und hatte es sehr eilig. So eilig, daß er uns überhaupt nicht beachtete. Aber das ist nun einmal die Art von Wildflüssen. Er schoß, rasch vor sich hinstrudelnd, dahin wie ein flüssiger D-Zug. Die Wasserführung lag zu jenem Zeitpunkt irgendwo zwischen der des Oberrheins und des Neckars.

Wir gingen ein Stück stromauf. Rittlinger hatte damals in der Nähe von Cuyamba angefangen. Er gibt an, daß es von dort aus rund 25 Flußkilometer bis Tingo Maria waren. Vielleicht würden wir uns die „Tambillo Grande", die „Große Trommel", ein Katarakt mit einer allesverschlingenden Walze, die Rittlinger so ausgiebig beschrieb, ansehen können. Auf jeden Fall würden wir das unbekannte Wesen, das uns durch den Urwald tragen sollte, ein bißchen näher kennenlernen.

Ich habe den Fluß ganz bewußt ein „Wesen" genannt, ihn quasi damit personifiziert. Das kommt nicht von ungefähr. Denn jedes fließende Gewässer ist etwas ganz Lebendiges, hat seinen eigenen Charakter. Manche sind böse, heimtückisch, hinterhältig, gefährlich. Andere wiederum freundlich, liebenswert und großzügig. Die meisten sind – wie die Menschen – eine Mischung von alledem.

Ab einer gewissen Dimension erwarten die Flüsse, daß man ihnen Achtung entgegenbringt. Der Mensch kann sich ihnen anvertrauen, kann ihre Gutmütigkeit nutzen, kann ihrem Grimm ausweichen; er kann mit ihnen in aller gebotenen Vorsicht spielen, doch sollte er sie nie herausfordern. Der Fluß und vor allem der Wildfluß ist und bleibt immer der Stärkere. Wer behauptet, er hätte einen Fluß „bezwungen", ist ein Großkotz und ein Dummkopf dazu. Ein einzelner Mensch kann nie einen Fluß bezwingen. Genausowenig, wie er einen Berg bezwingen kann. Ein Fluß erwartet, daß man ihn respektvoll behandelt. Das ist die wichtigste Voraussetzung, gesund und lebend am Ziel anzukommen.

Statt der „Großen Trommel" trafen wir Don Arturo mit seinen Hilfskräften. Sie waren dabei, ein Balsa-Floß, unser Floß, zusammenzuzimmern. Zwei beachtliche Balken mit flachen Steinen als Ruderblätter würden das Gefährt unterwegs steuern. Das Holz gedachten unsere Flößer irgendwo und irgendwann weiter unten zu verkaufen – zusammen mit einer Vielfalt von anderen Dingen. Als „gringo" sollte man seine Nase nicht allzutief da hineinstecken. Doch wenn ich gewußt hätte, um was es da noch ging, hätte ich mir's anders überlegt.

Ein solches Floß sei auf einem breiten, wasserreichen Fluß wie dem Huallaga das richtige Gefährt, erklärte Fred Allert. Es sollte uns quasi als Mutterschiff, als Versorgungsstation, schwimmendes Basislager, Aussichtsplattform und Rettungsinsel dienen. Für den Fall, daß eines unserer Mammut-Schlauchboote von Metzeler, Freds – oder auch mein Kajak, ein „Spezi" – kentern sollten.

„No hay problema, Señor", erklärte Don Arturo mit breitem Grinsen und gutturaler, sanfter Stimme. „Außer – im Cañon del Muerte und noch in einem zweiten, namenlosen", schränkte Fred ein. „Don Arturo ist auf diesem Fluß zu Hause, er hat ihn auf diese Art und Weise schon ein dutzendmal befahren."

„Dein Wort in Gottes Ohr“, sagte ich. Man muß mit einem gewissen Optimismus an ein Abenteuer wie dieses herangehen. Mein.Problem in solchen Fällen sind in erster Linie die mir anvertrauten Mitreisenden. Obwohl jeder auf eigenes Risiko mitgeht, fühle ich mich voll verantwortlich. Normalerweise fahren nur handverlesene Typen mit, deren Eignung, deren Stärken und Schwächen ich von vorausgegangenen Touren her einschätzen kann, die sich auch zum größten Teil untereinander kennen. Damit ist eine gewisse Homogenität innerhalb der Gruppe gewährleistet. Aber es sind auch immer wieder einzelne dabei, die von jemandem mitgebracht werden, der oder die „die Hand für den oder die ins Feuer legt“. Das sollte man nie tun: Mancher und manche, die in der Zivilisation als „Pfundskerle“ gelten und auch sind, versagen unter extremen oder auch nur schwierigen Bedingungen ganz jämmerlich. Von Grenzsituationen einmal ganz abgesehen.

Alle Risiken kann man ohnehin nicht ausschalten. Wer sich darum bemüht, schafft es nicht – es sei denn, er bleibt ganz zu Hause.

Diesmal, wie auch sonst, waren Frauen dabei. Ich habe keine Probleme damit, Frauen mitzunehmen. Sie sind normalerweise anpassungsfähiger als Männer; sie sorgen dafür, daß die Gesellschaft nicht über Gebühr verroht; sie sorgen meist für die anmutige Facette eines solchen Unternehmens.

Ich hielt das ganze Arrangement für eine sehr gute Idee, und da auch Don Arturo, unser künftiger Flottillenchef, mit seiner Mannschaft von drei Indios auf mich einen sympathischen, kompetenten Eindruck machte, konnte eigentlich nichts mehr schief gehen. Also machten wir uns nach unserer Rückkehr nach Tingo Maria daran, Freds mitgebrachten Fleischvorräten alle Ehre anzutun. Fred ermunterte uns, ordentlich zuzugreifen. In der Folge würden wir ausschließlich vom Lande leben. In erster Linie von Kochbananen. Außerdem galt es, den Tag vor dem Start mit einem ordentlichen Quantum Flaschenbier zu feiern. Wer weiß, wann der Genuß solcher zivilisatorischen Segnungen uns wieder vergönnt sein würde...

Wir waren noch nicht in der Verfassung, wie sie normalerweise nach zwei, drei Wochen in der Wildnis eintritt, wo man ungeheure Mengen vertilgen kann – sofern man hat – und wo eine Ladung Fleisch und Wurst eines deutschen Metzgers als kulinarisches Highlight des ganzen Trips empfunden worden wäre.

Es blieb eine Menge übrig. Fred verschloß und verstaute das Fäßchen für die „bon viaje“ – „die gute Reise“ irgendwo in den Tiefen seines Kajaks.

Der Huallaga erwies sich als großartiger Urwaldfluß. Er ist einer der wenigen Wege durch das tropische Waldmeer und war neben dem Flugzeug seinerzeit der einzige Zugang zum östlichen Amazonasbecken innerhalb der Grenzen Perus.

Er war schnell, verdammt schnell, zog aber glatt zwischen den beiden grünen Mauern dahin, sog uns hinein in eine tropische Zauberwelt. Sein Bett schien im wesentlichen gut ausgewaschen und relativ hindernisfrei; hinter den Ufern erhoben sich die Bergkuppen des östlichen Andenabfalls. Ab und zu hörten wir das Geschrei von unbekannten und unsichtbaren Tieren. Vögel flatterten auf, und am Abend tanzten tausende von Leuchtkäfern um uns herum. Es war herrlich warm. Wir legten lange vor Anbruch der Dämmerung an irgendeiner passenden Sandbank an, bauten die Zelte auf, machten Feuer aus dem massenhaft rumliegenden Treibholz, aßen Kochbananen.

Kaimane gibt es erst am Unterlauf des Huallaga. Sie sind ohnehin weder so groß noch so angriffslustig wie die Nil- oder die Salzwasserkrokodile Australiens.

Wir fühlten uns sicher, frei, ungebunden, einfach phantastisch. Wenn das so weiterging, war das Ganze nicht gefährlicher als eine Floßfahrt auf der Isar.

Das galt allerdings nur solange, wie wir uns vernünftig verhielten, solange wir am und auf dem Fluß blieben. Die Urwaldmauern an beiden Ufern waren unsere natürlichen Grenzen, die wir respektieren mußten. Sie zu überschreiten, wäre unverzeihlicher Leichtsinn gewesen. Dieser Urwald ist nichts für Spaziergänger. Dabei ist es beileibe nicht so, daß man auf Schritt und Tritt bedroht wird von im Dickicht lauernden Jaguaren, riesigen Anacondas oder von der besonders bösartigen, da unscheinbar kleinen, aber fatal-tödlichen Xararaca-Schlange, von giftigen Vogelspinnen und anderem beißenden und stechenden Insektenvolk.

Das Problem ist, daß man schon nach wenigen Metern die Orientierung verliert, in die falsche Richtung läuft, in Panik gerät und schließlich vor Hunger und Entkräftung stirbt.

Auch wenn wir brav auf dem Fluß blieben, bestand überhaupt kein Grund, überheblich zu werden. Der Cañon del Muerte lag noch vor uns. Fred und Don Arturo würden uns rechtzeitig Bescheid geben und die entsprechende Vorsorge treffen. Also – ruhig Blut.

Die Urwaldschlucht öffnete sich urplötzlich zu einem weiten Kessel. Die Berge traten ein Stück zurück. Der Huallaga verlangsamte sein irrwitziges Tempo ein wenig, schöpfte quasi Atem.

„Verdammt nochmal, Fred, wo geht's weiter?" schrie ich zu dem anderen, neben mir durch die Wellen platschenden Kajak hinüber. Fred deutete in eine ungefähre Richtung: „Da drüben – wir legen vorher an."

Das war gut so, denn mit einem kleinen „Spezi" durch ein Wildwasserinferno zu reiten, auf dem ein mit den Wassern so mancher Kontinente gewaschener und erfahrener Mann wie Herbert Rittlinger gekniffen hat, schien mir nicht ratsam.

Also gruppierten wir um: Unsere beiden Einer ritten auf dem Floß. Ich wechselte mit noch vier anderen in das „Mammut", in das große, stabile, wildwassertüchtige Metzeler-Schlauchboot. Der Rest der Mannschaft, einschließlich der Ladies, bestieg das Floß. Von dem Ausbruch des Huallaga aus dem Kessel war immer noch nicht die Spur zu sehen.

Mit dem üblichen flauen Gefühl im Magen legten wir wieder ab. Don Arturo war zuversichtlich. „Non hay problema, Don Rolando". Also los. Das „Mammut" fuhr voraus.

Der Huallaga machte einen scharfen Knick – und dann sah ich die düstere Öffnung, das Höllentor, den Schlund, eigentlich nicht viel mehr als eine wie mit einer Riesenaxt in den Fels gehauene Kerbe, in der „unser“ Fluß verschwand. Ein erst schwaches Grollen wehte zu uns herauf – vergleichbar mit einem vorüberrumpelnden, schwer beladenen Güterzug. Dann sah ich den feinen Schleier. Wasserstaub. Ich blickte zu Fred hinüber. Der nickte zuversichtlich. „Don Arturo fährt hier immer durch. Wir müssen uns nur in der Strommitte halten. Dann geht alles wie von selbst.“

Dein Wort in Gottes Ohr, Fred! Es ist merkwürdig. Wenn einmal der „point of no return“ überschritten ist, überkommt einen – komme was da kommen mag – eine merkwürdige, wilde Zuversicht und Entschlossenheit.

Das ferne Grollen des Güterzuges wurde zum alles beherrschenden Donnern. Der Wasserstaub wolkte, wirbelte uns entgegen. Die Eingangsstufe. Der Huallaga zwängte sich, vielleicht nur noch 40 m breit, zwischen düster-ragenden Felswänden hindurch. Man kann sich die Berserkergewalten kaum vorstellen, die ein Fluß von der Wasserführung des Rheins entwickelt, wenn er auf eine solche Enge zusammengepreßt wird.

„Cayumba abajo“ heißt der Schluchteingang, die Treppe in die Unterwelt. Wir ritten genau auf der Stromzunge. „Malo paso“ – eine schlimme Passage. „Non sirve“, das bringt nichts, hatte man uns gewarnt. Das Mammut kippte nach vorn, wurde in die Klamm hineingesogen, wurde hochgeschleudert, ritt über mächtige, drei oder vier Meter hohe Widerwellen. Rechts und links von uns tobte das alles verschlingende Chaos. Nöcks, Göcks und andere Wassergeister schlugen sich mit Kapitän Nemo und der Mannschaft seines Untersee-Bootes herum. Wir jagten vorbei an weißem, gischtenden, brodelnden Wasser, an Walzen, Strudeln, Wirbeln, saugenden Trichtern, Zyklopenaugen – Herz, was begehrst du! Das war das alles verschlingende Inferno.

„Wer da hineingerät, der ist geliefert“, schoß es mir durchs Hirn. Chancenlos, rettungslos, hoffnungslos. Wir sahen, wie der Strom mit mächtigen, halbentasteten Urwaldriesen verfuhr, wie er sie herumwirbelte, hinabsog und wieder emporschleuderte, als seien es Streichhölzer.

„Mein Gott, hoffentlich kommt uns ein solcher Lorbas nicht in die Quere!“ Aber die Wirbel hielten die Stämme fest, wir schossen vorbei. Dann, beim glühenden Satan, was ist das denn?

Mit einem Schlag wurde das Gurgeln und Gischten und Rauschen des Wassers in der engen Schlucht überschrien von durchdringendem, betäubendem, durch Mark und Bein gehendem Gekreisch, wie es fünfhundert Hexen während der Walpurgisnacht auf dem Bocksberg nicht schlimmer von sich geben können.

Wir blickten nach oben: Es flatterte – es schrillte und schrie in allen Tonlagen. Keine Aufregung, nichts weiter als ein riesiger Schwarm von Papageien, die sich lautstark darüber beschwerten, daß wir in ihre Domäne eingedrungen waren!

Ich blickte nach hinten: Das Floß bohrte sich in die Widerwellen, mächtige Schwälle braunen und schaumig-weißen Wassers zischten der Länge nach darüberhinweg. Zwischen den Stämmen spritzte es hoch. Das bedeutete nasse Hintern für die Passagiere – und gleich der zweite Gedanke: Hoffentlich halten die sich fest! Wenn da einer oder eine über Bord geht, dann gute Nacht!

Es ist merkwürdig: Sobald beim Wildwasserfahren der erste „thrill" vorbei ist und die Aussicht besteht, unbeschadet durchzukommen, überfällt einen eine ungeheure Euphorie. Bei der Mammut-Besatzung machte sie sich Luft durch ein wildes, unartikuliertes Gebrüll, durch unkoordinierte Gesangsfetzen höchster Lautstärke, die das Gekreisch der Papageien noch übertönten.

Verdammt nochmal, so könnte es noch ein paar Stunden weitergehen! Aber wir hatten jegliches Zeitgefühl verloren. Niemand wußte, wie lange dieser Walkürenritt gedauert hatte – als sich die Schlucht öffnete, der Huallaga sein Tempo etwas zurücknahm, als am Ufer ein paar Kinder und am Hang auf einer Flußterrasse eine kleine Siedlung sichtbar wurden.

Die Kinder rissen die Mäuler auf, erstarrten für den Bruchteil einer Sekunde, als sie uns sahen, dann rannten sie mit allen Anzeichen von Panik in den Wald, um sich zu verstecken. Das Dorf selbst schien menschenleer. Wahrscheinlich waren die Erwachsenen ebenfalls in den Wald geflohen. Merkwürdig ...

Als wir mit dem Mammut auf dem wieder glatt und unaufgeregt dahinziehenden Fluß am Floß anlegten und ich Don Arturo fragte, was das zu bedeuten habe, hob er die Schultern bis zu seinen großen Ohren und antwortete mit einem undurchsichtigen Grinsen:

„No hay problema, in der nächsten Siedlung, da gehen wir an Land, da besorgen wir uns Sitzgelegenheiten, dann werden die Señoras nicht so naß untenrum."

„Verdammt, das wollte ich gar nicht wissen. Warum sind die abgehauen?"

Don Arturo schüttelte lediglich den Kopf und beschäftigte sich intensiv mit den Tauen, die das Steuerruder hielten. Er hielt eine Hand hinters Ohr: „Qué dio? Wie bitte ... Sion, die nächste Siedlung. Da gibt es eine Bodega, ein Restaurante und ein ‚alojamiento', Kneipe und Unterkunft. Tenemos sed – wir sind alle durstig", fügte der Flottillenchef überflüssigerweise hinzu.

„Deseo un cuarto simple con baño" – so steht es im Spanisch-Wörterbuch für eilige Touristen – „ich möchte ein Einzelzimmer mit Bad", schrie ich zurück. Der elende Hund wollte mich nicht verstehen. Den werde ich mir heute abend vorknöpfen.

Das Restaurante erwies sich als üble Kneipe mit den entsprechenden „patrones". Wir bestellten Bier. Nachdem der erste lange Schluck durch meine Kehle gerollt war und ich eben ein kleines, zufriedenes Rülpsen von mir geben wollte, sprach mich ein finster blickender Typ an. Im Hijuelos-Gedröhn, der Kneipenmusik, verstand ich kein Wort. Vielleicht ließ ich mir über Gebühr Zeit, ihn zu bitten, etwas deutlicher und langsamer zu sprechen, als mich der Kerl unvermittelt anspuckte.

In solchen Situationen reagiere ich sofort: Ich scheuerte dem Typ eine, und er fiel nach hinten in einen Bambuskäfig mit Meerschweinen. Die Meerschweine, die später als Leckerbissen auf der Speisekarte des Restaurants erscheinen sollten, quiekten entsetzt auf, als ihr kleiner Stall in Brüche ging.

Sofort war einer von Don Arturos Männern zur Stelle und haute dem sich aufrappelnden Kerl ebenfalls eine runter, auf daß dem nochmals Hören und Sehen vergingen.

Zwei, drei der compañeros eilten dem spuckenden Llama in Menschengestalt zur Hilfe. Im Handumdrehen schien sich die schönste Schlägerei zu entwickeln. Etwas, was ich in fremden Ländern zu vermeiden suche wie der Teufel das Weihwasser.

In diesem Augenblick erschien Don Arturo auf der Bildfläche. Ein paar kurze, scharf herausgebellte, unverständliche Worte genügten – und der Friede war wieder hergestellt. Die Gegner zogen die Schwänze ein.

Ich fragte Fred, was das alles zu bedeuten habe? Fred wollte oder konnte sich auch keinen Reim darauf machen. Er murmelte etwas, daß das spuckende menschliche Llama wohl einen schlechten Tag erwischt hatte. Vielleicht hatte es was gegen „gringos". Vielleicht wollten die Typen unter sich bleiben ... Ich sollte mir nichts draus machen. Don Arturo habe genug Autorität, daß nichts ernsthaft aus dem Ruder lief.

Inzwischen beschäftigte uns ein anderes Problem: Wir sollten eine zusätzliche Fracht mitnehmen, fünf Plastiksäcke mit Inhalt. Don Arturo gefiel das Ansinnen gar nicht. Er mochte wohl auch nicht direkt nein sagen, also schob er mich, Señor Rolando, vor.

Gut, sagte ich, wenn ich den Eingeborenen einen Gefallen tun kann, dann bitte. Don Arturo schüttelte vehement den Kopf, murmelte etwas von malo, schlecht, sucio, schmutzig, dificil, schwierig. Mir wurde die Geheimnistuerei langsam zu dumm. Ich wollte die Plastiksäcke sehen.

Als ich sie dann sah, da grauste es mir doch: Die Plastiksäcke waren die typischen „body bags" der US Army, in denen Leichen transportiert werden. Es waren Säcke mit Inhalt, und die Leichen waren nicht mehr ganz frisch.

Ich erkundigte mich, ob eine Epidemie ausgebrochen sei, ob ein Banditenüberfall stattgefunden habe – doch ich stieß auf eine Mauer des Schweigens. Nicht einmal Fred brachte etwas aus den Leuten heraus. Natürlich lehnte jetzt auch ich das Ansinnen ab. Das wollte und konnte ich weder meinen Leuten noch mir zumuten.

Es wurde mir langsam unheimlich, dieses unheilige Sion. Los, nichts wie weg von hier.

„Momentito, momentito, Señor Rolando, die Sitze für die Señoras und die Señores" – es käme nämlich noch ein zweiter Cañon mit Wildwasser, erklärte Don Arturo – da sei es doch von Vorteil, wenn die unteren Extremitäten der Herrschaften trockenblieben.

Don Arturo sah mich treuherzig an.

„Wenns schnell geht ... Und die Dinger – caramba – keine Leichenteile enthalten“, knurrte ich.

Es ging schnell. Hilfreiche Hände schleppten ein Dutzend in Jute eingeschlagene Vierkantwürfel mit einer Kantenlänge von etwa 60 cm heran, verteilten sie auf dem Floß.

Was mochte da drin sein? Sie sahen aus wie Ballen mit getrockneten und gepreßten Tabakblättern. Oder bestand ihr Inhalt aus Tee, Rohkaffee vielleicht? Ich hatte mehr Kaffeestauden als genug gesehen. Angeblich wächst hier ein viel besserer, aromatischerer Kaffee als in Brasilien oder sonstwo auf der Welt. In den früheren Kolonialzeiten soll er dem Spanischen Königshaus vorbehalten gewesen sein. Ich will mich in dieser Hinsicht nicht festlegen. Oder war es etwas anderes, waren es Coca-Blätter? Wie war das mit der Coca? Im Hochland kaute doch jeder Indio darauf herum, ohne daß gleich die Polizei einschritt.

„Hombre, nenn’s Kautabak“, erklärte mir Don Arturo mit dem treuherzigsten aller Augenaufschläge.

„Okay – mag es sein, was es will. Ich habe nichts damit zu tun. Es ist dein Floß, es ist deine Fracht.“

Don Arturo schwor bei der heiligen Seele seiner als keusche Jungfrau verstorbenen Großmutter, es sei keine Konterbande, die Ballen seien so unschuldig wie die heilige Madre dos Dios, wie die Mutter Maria bei der Empfängnis ...

„Nochmals – ich habe nichts damit zu tun und will auch von nichts etwas wissen.“

„Ich glaube nicht, daß es was Schlimmes ist.“ Fred Allert wiegelte ebenfalls ab.

Ich hatte trotzdem ein ungutes Gefühl. Erst die fünf Leichen und dann diese verdammten, allerdings so praktischen Würfel.

Na, mir sollte es recht sein. Die Ballen erwiesen sich wirklich als hervorragende Sitzmöbel. Auf ihnen war der Ritt durch den zweiten Cañon zwar immer noch aufregend, wenn auch bei weitem nicht so rasant wie im Cañon del Muerte. Vor allem blieben die Unterteile der Damen trocken. Sie bedankten sich bei Don Arturo aufs herzlichste.

Nachdem wir die Tore der bescheidenen Zivilisation Sions durchfahren und hinter uns gelassen hatten, genossen wir das Erlebnis einer der schönsten Flußfahrten, die ich je unternommen hatte. Es gibt nur ein Wort dafür: traumhaft! Eine glühende Sonne stand senkrecht über uns, dem strömenden Fluß und dem unendlichen Wald. Es war heiß, doch das Wasser schien uns kühl. Die mehrere Stockwerke hohe Urwaldkulisse mit den Lianenvorhängen war märchenhaft. Es war ein uns immer begleitendes, und uns doch verschlossen bleibendes, lebendiges grünes Mysterium.

Nur hin und wieder sahen wir verlassene „tambos“, die Hütten der „chunchos“, der „wilden“ Eingeborenen. Es waren einfache, nach allen Seiten offene, nur oben mit Bananenblättern abgedeckte Schlafplätze.

Die Fahrt war schnell und hindernisfrei. Der Fluß nahm uns jegliche schweißtreibende Arbeit ab. Nur hin und wieder mußten wir mit ein paar Paddelschlägen die Richtung korrigieren.

Die Abende am Feuer waren ein weiterer Genuß. Papageien in allen Farben des Regenbogens strichen über das Lager. Wir hörten Laute, die uns an ein helles Vogelgezwitscher erinnerten. Fred erklärte uns, daß es Affen seien. Hin und wieder auch ein Schrei, den niemand identifizieren konnte. Manchmal bewegte sich etwas in diesem Baum- und Pflanzenverhau. Was es war, was es zu bedeuten hatte, wußte keiner. Wir kümmerten uns bald nicht mehr darum. Es gab nicht einmal Moskitos in nennenswerten Mengen. Die Stimmung hätte nicht besser sein können.

„Als wir noch trampten
soffen wir nur Wodka.
Als wir zu Schiffe fuhren
war es Gin.
In China rauchten wir die Blumenkerne
und Afrika gab es Palmwein mit Chinin.
Kameraden, Kameraden
mit Sprit sind wir geladen.“

Doch ab und zu jagte uns ein kalter Schauer über den Rücken. Wie in jenem Fall, als unsere Señoras sich auf einem Rastplatz üblicher- und schicklicherweise für ihre großen und kleinen Geschäfte unter die Bananenstauden zurückzogen, rief einer von Don Arturos Indios:

„Malo, malo – schlecht, schlecht“. Er bedeutete den Frauen gestikulierend, sich diesmal nicht in die Büsche zu schlagen. Was „malo, malo“ war, zeigte uns sein Kumpel: Er brachte eine tote Schlange, ein beachtliches Biest von anderthalb Metern Länge! Es hing schlapp und tot über eine Astgabel.

„Chuchute“, erklärte er. Ich tippte auf eine Art „bushmaster“, ein überaus giftiges Reptil, dessen Biß absolut tödlich ist.

Diese Art von Schlangen hat die unangenehme Eigenschaft, aus der geringelten Angriffs- oder Verteidigungsstellung sich bis auf Oberschenkelhöhe hochschnellen zu können. Nicht einmal festes Schuhwerk oder Stiefel schützen.

„Na ja, jetzt isse weg, jetzt könnt ihr nach Herzenslust und gefahrlos lospullern“, meinte einer von den Männern.

Doch die beiden Indios wehrten vehement ab. Nein, das sei nur die junge Schlange gewesen, die Alte sei sicher noch in der Nähe und die sei viel größer und gefährlicher.

Mit ihren Macheten verschwanden die Beiden erneut zwischen den Bananenstauden. Es dauerte nicht lange, und sie erschienen wieder: Diesmal brachten sie einen etwa vier Meter langen, fast schenkeldicken Ringelwurm angeschleppt.

Wer kann's den Frauen verdenken, daß sie, von Panik ergriffen, von diesem gefährlichen Ort sofort weg wollten, wo man nicht einmal ungestört sein Wässerchan lassen konnte?! Ich hätte ihnen den Gefallen gern getan, aber die kurze Tropendämmerung brach herein. In einer halben Stunde würde nichts um uns sein als die schwarze, unheimliche Nacht.

Rasch und geschickt häutete einer der Schlangenjäger das Reptil und überreichte mir, Señor Rolando, die schimmernde Trophäe. Ich bedankte mich herzlich und wußte natürlich nicht, was ich damit sollte: In frischem Zustand würde sie sich alsbald in eine madenwimmelnde, stinkende Masse verwandelt haben. Ich gab sie dem Mann wieder zurück und erklärte mit großer Geste, er sei doch der glückliche Jäger und ihm gehöre auch die Beute. Ich weiß nicht, ob er das verstand. Danach vergaß ich die ganze Geschichte.

Ich benutze Adjektive wie wunderschön, traumhaft und dergleichen nur ungern und selten. Doch anders kann ich die folgenden acht Tage nicht beschreiben.

Der rasch strömende Fluß, der uns jede Arbeit abnahm, der Urwald zu beiden Seiten, die sonnendurchglühten Sandbänke, die Feuer am Abend – es war einfach herrlich.

Nur die Geschichte mit den Kochbananen kam uns etwas eintönig vor. Es sind halbmeterlange, immergrüne Früchte, die wie Kartoffeln gekocht werden und auch so ähnlich schmecken. Sie sind furztrocken. Wenn wir wenigstens einen größeren Vorrat an Bohnen und Reis mitgenommen hätten! Zusammen mit Huhn sind das die Grundnahrungsmittel am Huallaga. Ich hatte mich auf Fred Allert verlassen. Prompt löste die Sache mit der Verpflegung und dem „Leben vom Lande" Mißstimmung aus.

Irgendeiner erinnerte sich an das Fäßchen mit der Wurst und dem Fleisch von dem deutschen Metzger. Erwartungsfroh hoben wir den Deckel auf – und taumelten zurück. Ein atemberaubender „haut gout" schlug uns entgegen. Es roch, es stank zehnmal schlimmer als hundert gemeine, hinterhältige, die Mütter aller Hundefürze! Kein Wunder nach zwei Wochen unter der Tropensonne.

„Weg damit, hinein in den Fluß", rief ich. Doch die Indios fielen uns in den Arm. Sie dachten anders darüber. Sie schätzten diesen penetranten „haut gout", das gut abgehangene Fleisch. Gegen meine Empfehlungen brieten sie Würste, Rippchen und Steaks, putzten die Platte mit großem Behagen. Wir verzogen uns ins Luv. Es zeigten sich bei diesen Herrschaften nicht die geringsten, negativen Resultate. Sie hatten wohl andere Mägen als wir, die schlappen, zivilisationsgeschädigten Typen.

Als der Regen einsetzte, schliefen wir nachts meist in unbewohnten Hütten, in aufgegebenen, kleinen Estancias am Flußufer. Es war immer noch warm, vielleicht 25, sogar 28 Grad. Leider kühlt auch bei diesen Temperaturen die Dauernässe über Stunden, Tage und Nächte hinweg aus.

Schmutziggraue Wolken hingen über dem dampfenden, triefenden Wald. Wir bekamen unser Zeug einfach nicht mehr trocken. Das Entzünden des Lagerfeuers wurde problematisch. Die Moral der Truppe sank. Auch mir machte das alles keinen Spaß mehr.

Wir liefen die Siedlung Juanjui an. Ein lustiger Name, der nicht nur einiges versprach, sondern auch hielt. Hier war richtig was los! Aus den „bodegas“ und „restaurantes“ rechts und links der Lehmpiste und rund um die kleine Plaza erscholl Musik, da wurde getanzt, da ging es rund.

Doch zuerst galt es, eine Unterkunft zu suchen und tatsächlich, es gab auch ein Hotel! Leider hatten die Zimmer keine Decken. Ganz oben waren notdürftig ein paar Planen aufgespannt, auf die der Tropenregen prasselte.

Don Arturo nahm die Sache in die Hand und wir zogen um: In das „Burdel Municipal“ – in den städtischen Puff von Juanjui! Die netten Mädchen, die „bellezas“ und „chicas“, wurden angewiesen, ein paar ihrer Zimmerchen freizumachen, was sie unter viel Gekicher und kleinen, halbversteckten Anzüglichkeiten offenbar gerne taten. Geld zu verdienen, ohne sich gleich hinlegen zu müssen, war für sie offenbar eine neue, sehr angenehme Erfahrung.

Darüberhinaus waren die Sitten sehr streng im städtischen Puff von Juanjui. Als wir von dem ausgedehnten Umtrunk in einer benachbarten Kneipe zurückkehrten, fanden wir das Haus der Freude mit schweren Eisengittern verschlossen. Offenbar fuhr das Personal des Etablissements keine Nachtschicht. Damit die wohlverdiente Ruhe der Damen, Dämchen und der Nachbarschaft nicht unziemlich gestört wurde, hatte man das öffentliche Haus durch massive Eisengitter gesichert. Wäre Don Arturo nicht gewesen, wir hätten doch noch mit den deckenlosen Zimmern des „Hotels“ vorliebnehmen müssen.

Als wir am nächsten Tag abreisten, standen trotz der frühen Stunde „las bellezas“ bereits in Arbeitskleidung Spalier; in knappen, durchsichtigen Hemdchen und Höschen sahen sie ganz allerliebst aus; sie lachten und winkten zusammen mit Fred Allert fröhlich hinter uns her. Das heißt, Fred winkte gar nicht so fröhlich: Sein Hüftleiden hatte sich durch die Nässe verschlimmert, er konnte sich kaum noch bewegen und mußte sich mit einem Buschflugzeug nach Lima ausfliegen lassen.

Der folgende Tag sollte unser letzter auf dem Huallaga werden. Die Regenzeit hatte voll eingesetzt. Die verfügbare Zeit für die meisten von uns neigte sich ihrem Ende zu. Wir legten im rinnenden Regen an, bauten ab, verluden unsere Ausrüstung und den persönlichen Krempel in den Bus nach Toroputo. Auch in diesem Bus dienten die in Jute gepackten Würfel im Gang zwischen den Bänken als Notsitze. Also konnte es so schlimm mit ihrem Inhalt nicht sein. Wenn schon in aller Öffentlichkeit ...

Doch in Toroputo wurde ich eines besseren belehrt. Ein elegant gekleideter, höflicher Señor, ein Caballero in Zivil, kam auf mich zu und sprach mich in perfektem Englisch an. Er stellte sich als der Commandante einer Spezialeinheit der peruanischen Polizei vor. Verdammt, dachte ich, das hat doch zu tun mit diesen geheimnisvollen Würfeln ...

Ich legte mir schon eine Verteidigungsstrategie zurecht. Doch der Commandante winkte ab. Er kannte Fred Allert als Ehrenmann, er kannte Don Arturo als na, sagen wir mal, Ganoven der mittleren Ebene. Er wußte über unsere Tour so gut Bescheid, als ob er selbst dabei gewesen wäre.

Dann klärte er mich auf: Im Huallagatal werden 60 % der Cocablätter-Ernte eingebracht, aus denen hinterher das Rauschgift Kokain hergestellt wird. Die Coca-Sträucher wachsen im Schatten der Kaffeeplantagen und sind deshalb auch durch intensive Luft-Aufklärung nicht auszumachen.

Außerdem geht oder ging damals ein Großteil dieser Produktion nach Kolumbien. Also hatte Peru nicht das allergrößte Interesse, den Handel zu unterbinden. Überall im Urwald gab es versteckte, kleine Landepisten, wo das Coca abgeholt wurde, um dann im Ausland, in Kolumbien, vielleicht auch in Bolivien zu Kokain verarbeitet zu werden.

Praktisch alle Bewohner des Huallagatales seien in irgendeiner Form in den Drogenhandel verwickelt: als Produzenten, Transporteure, Klein- und Großhändler, schwer bewaffnete Bodyguards der Drogenbosse, bewaffnetes „Begleitpersonal" etc ... Don Arturo sei einer der Transporteure und Händler der mittleren Ebene, erklärte der Commandante. Auf meine Frage, warum er denn frei herumlaufen dürfe, wiegte der Señor bedächtig den Kopf: Dem Problem sei nur mit einem gewaltigen Einsatz von Menschen, Material und vor allem Geld ein Riegel vorzuschieben.

Es sei trotzdem kaum möglich, es mit der Wurzel auszurotten oder für ein und allemal zu lösen. Wenn schon, dann müßten in einer grenzüberschreitenden Aktion vor allem die Hintermänner und Großkopfeten gefaßt werden. Daß der Coca-Anbau auch ein wichtiger, wenn nicht der wichtigste Wirtschaftsfaktor in einer sonst armen Region sei, verkompliziere das Problem noch weiter. Es käme immer wieder zu Gefechten zwischen der Drogenmafia und der Polizei bzw. dem Militär. Die fünf Leichen in den „body bags" in Sion waren beispielsweise die von unglücklichen Polizisten, die in einem Gefecht mit den Banditen der Drogenmafia gefallen waren.

Der Commandante salutierte und verabschiedete sich höflich. Mir fuhr der Schreck nachträglich durch Mark und Bein: Da hockten wir auf einem kleinen Vermögen, auf einer Ladung, gefährlich wie flüssiges Nitroglyzerin. Wie leicht hätten wir zwischen die Fronten rivalisierender Drogengangs, in eine Auseinandersetzung zwischen Schmugglern und der Polizei hineingeraten – oder als „Mittäter" verhaftet werden können! Gar mancher ist schon, ohne es zu wollen oder zu wissen, als „Muli", als Transporteur hochbrisanter Ware, benutzt worden und mußte seine Blauäugigkeit hinterher bitter büßen.

Vielleicht war auf der anderen Seite Don Arturo in der einen oder anderen Form doch eine Art von Schutzengel für uns gewesen. Wer weiß das schon in dem komplizierten Geflecht der peruanischen Halb- und Unterwelt?

Durch das Eingreifen der USA in den Drogenkrieg und den damit verbundenen Einsatz riesiger Mittel und modernster Technologie, die über diese Schiene flossen und noch fließen, hat sich die Situation am Huallaga in den letzten Jahren noch weiter zugespitzt. Deshalb muß ich von Touren auf diesem Fluß dringend und unbedingt abraten.

Der Rest ist schnell erzählt: Wir fuhren zurück nach Lima, besuchten noch die alte Inca-Festung Cuzco, danach den Titicaca-See. Aus uns Fluß-Abenteurern waren wieder stinknormale Touristen geworden. Aber ganz vorüber waren die Aufregungen noch nicht: In der bolivianischen Hauptstadt La Paz gerieten wir prompt in eine der damals dort wie bei uns die Jahreszeiten kommenden und gehenden Revolutionen. Die amerikanischen Fluggesellschaften, die normalerweise den dortigen Aeropuerto anflogen, hatten ihren Betrieb aus Sicherheitsgründen eingestellt.

Aber die Aero Boliviana flog. Die Maschine, eine betagte 727 aus den Tagen, als sich Abraham mit Sarah verlobte, brauchte zwar an die drei Kilometer Rollstrecke, bevor sie sich in ihr eigentliches Element erhob – das Problem ist die dünne Luft in 4.000 m Höhe – doch dann waren wir oben und kamen auch wohlbehalten in Lima wieder runter.

Kurz vor dem Abflug mit der British Caledonian in Richtung Europa kam ein scheuer Indio auf uns zu. Er händigte mir ein gut verschnürtes Bündel aus, murmelte „Don Arturo“ und verschwand sofort in der Menge.

Caramba, was hatte das denn wieder zu bedeuten? Nein, ein zweites Mal würde ich mich nicht mehr als „Muli“ mißbrauchen lassen! Ich riß Papier und Pappe auf und blickte auf den Inhalt: Es war die inzwischen getrocknete Schlangenhaut, die man mir schon am Rio Huallaga zum Geschenk machen wollte. Vielleicht war sie eine kleine Gegengabe für von meiner Seite aus unfreiwillig erwiesene, für Don Arturo sehr einträgliche Dienste.

Der Rio Colorado und das Kreuz von Pichu Mahuida

Fernando Grajales hatte ich beim Berg-Trekking am Aconcagua, dem höchsten Fels- und Eisriesen Südamerikas, kennengelernt. Es war hoch oben am Confluencia-Camp an der südlichen Wand dieses Giganten. In den vierziger bis sechziger Jahren war Fernando der bekannteste Bergsteiger Argentiniens gewesen. Ein Typ, vergleichbar mit meinen Freunden Martin Schliessler in Europa oder Fred Allert in Peru.

Mit Maultieren waren wir zum Aconcagua hinauf bis zum Plaza des Mules gezogen. Fernando unterhielt hier eine Art Basislager, kümmerte sich um die für die Bergsteiger unerläßliche Logistik. Von dort, fast 5.000 m hoch, ging es dann zu Fuß weiter – bevor der eigentliche Gipfelsturm in Angriff genommen werden konnte.

Am Lagerplatz lagen riesige Felsbrocken herum. Ich meldete meine Bedenken an, zwischen diesen mächtigen Trümmern zu campieren. Irgendwo mußten sie ja hergekommen sein – irgendwo: das heißt, von oben. Aber Fernando meinte, er habe immer da gezeltet und es sei nichts zu befürchten. Auch nicht direkt unter den Felswänden. „Dein Wort in Gottes Ohr", dachte ich einmal mehr.

„Okay", sagte Fernando, wenn du mir ein verbilligtes Messezelt besorgst, dann werde ich das nächste Mal das Lager woanders aufbauen."

Ein halbes Jahr später brachte ich ihm das gewünschte Zelt mit. Diesmal – ich weiß nicht, ob aufgrund meiner Bedenken oder aus seiner eigenen Einsicht heraus – stand das Camp auf einer flach auslaufenden Gletscherzunge.

Undine hatte sich hingelegt. Sie fühlte sich erst flau und dann sterbensschlecht und konnte nicht sagen, warum und weshalb. Bislang hatte Undine keine Probleme mit der dünnen Höhenluft; weniger als ich beispielsweise. Sie hatte sich bis dahin belastungsfähiger und robuster gezeigt als mancher Mann. Doch wer kennt sich schon so gut aus bei den Frauen?! Bei rechtem Licht betrachtet, kennt man nicht einmal die eigene durch und durch.

Es war ein Traumtag. Erst als die ersten rosa Wolken am Himmel sich zwischen den Schneegipfeln bauschten und es dämmerte, wurde es kühl, schließlich kalt. Wir hockten im Zelt, tranken Rotwein. Ich radebrechte etwas spanisch, Fernando radebrechte englisch. Mit gewissen Leuten funktioniert das phantastisch, während man sich mit mancher und manchem selbst in der eigenen Muttersprache kaum verständigen kann.

Plötzlich schien der Tisch zu wackeln, dann klirrten die Gläser – und das kostbare, rote Naß ergoß sich über die Tischplatte. Irgendeiner, so dachte ich, hat sich einen dummen Spaß erlaubt.

Wer oder was sich den Scherz erlaubt hatte, war eine viel mächtigere, eine unheimliche Kraft. Die Gaslampe über unseren Köpfen schwankte und schlingerte, bis sie fast waagerecht über uns hing. Wir blickten uns in wortlosem Erschrecken an: Kein Zweifel, das war ein Erdbeben! Das Eis unter uns schien in eine schwingende, schwimmende Bewegung zu geraten. Wir selbst torkelten wie betrunken herum. Es ist merkwürdig. Man weiß sofort, daß es sich um exakt dieses und kein anderes Naturphänomen handelt. Ob man es – wie ich vor langen Jahren in der Türkei – zum ersten Mal oder mehrfach erlebt. Das Herz krampft sich förmlich zusammen vor Furcht, man hat das Gefühl absoluter Hilflosigkeit gegenüber dem elementaren Geschehen. Man hat Angst, das ganze Gebirge könnte einstürzen und kann nichts dagegen tun, überhaupt nichts.

Das war es also, Undines Problem! Es gibt sensible Menschen, zu denen auch sie gehört, die spüren das sich sonst kaum ankündigende elementare Geschehen schon Stunden zuvor, ohne genau sagen zu können, was sich anbahnt. Ebenso verhalten sich Tiere, die ohne erkennbaren Grund unruhig werden. Lammfromme Pferde schlagen aus, ohne provoziert zu werden; Kühe muhen, als seien sie am Verdursten; Hühner flattern umher, als sei ein Habicht auf sie herabgestoßen; Esel schreien grundlos und zum Gottserbarmen.

Undine hatte wie ein Seismograph das Beben schon Stunden zuvor registiert, bevor es uns den Wein umschmiß.

Wir stürzten nach draußen und konnten im letzten Licht sehen, wie riesige Staubfahnen aus dem Tal zu uns heraufwehten. Wir standen auf schwankendem Grund. Alles war in Bewegung geraten und wir wußten nicht, wie uns geschah.

Ein Poltern und Donnern erfüllte die Luft. Hausgroße Felsbrocken lösten sich von den Wänden und stürzten in die schwarzen Tiefen. Es kam uns wie eine Ewigkeit vor, aber das eigentliche Beben dauerte nur zwanzig Sekunden. Noch ein paar Stöße erschütterten das Eis, auf dem wir standen.

Weiter oben waren einige Seilschaften unterwegs. Was war mit ihnen, nachdem sich der Berg geschüttelt hatte? Im Verlaufe des folgenden Tages kamen sie nach und nach wieder, die Bergsteiger. Ob es alle waren, oder ob noch welche in den Wänden hingen, konnte niemand sagen.

Am nächsten Morgen erschien Militär auf der Bildfläche. Die Soldaten erklärten, das Epizentrum habe bei Valparaiso im benachbarten Chile gelegen. Häuser seien eingestürzt, es habe auch Menschenopfer gegeben. Auf der argentinischen Seite sei man dagegen im wesentlichen mit dem Schrecken davongekommen.

Das galt letztendlich auch für die Bergsteiger.

Mir fuhr nachträglich das blanke Entsetzen in die Glieder, als ich zu einer neu entstandenen Geröllhalde hinübersah: Das war das einstige Basislager, unser ehemaliges Camp, das Fernando zuvor als so sicher beschworen hatte. Wenn wir wie zuvor dort übernachtet hätten – wir wären vom Berg gesteinigt und wie lästige Mücken erschlagen worden. Der frühere Zeltplatz war vollkommen eingedeckt mit Felstrümmern. Einzelne Brocken hatten die Größe von Hundehütten, andere von Gartenlauben, andere von Mehrfamilienhäusern. Wir wären chancenlos gewesen.

Fernando hatte einige Erstbesteigungen auf seiner Habenseite, so zum Beispiel die Südwestwand des Aconcagua. Das war im Jahr 1952; zwei Jahre danach hatte er eine argentinische Expedition in den Himalaya und auf den Dhaulagiri geführt. Weitere bergsteigerische Großtaten waren die Erstbesteigung des Südgipfels des Yerupaja in Peru, des Tupungato-Vulkans. Danach war er nochmals im Himalaya, am Langtang Himal.

Doch darauf kam es Fernando überhaupt nicht an. Er war einer jener hoffnungslosen, inzwischen fast ausgestorbenen Romantiker, die den Frieden und die Herausforderung der absoluten Natur suchen, die fern von jeder Rekordsucht abends am Feuer mit Gleichgesinnten sitzen und reden, lachen und singen wollen. Er war und ist keiner von den Profilneurotikern, die sich unbedingt in das Guinness-Buch der Rekorde eintragen wollen.

Natürlich mußte er, wie wir alle, auch sehen, daß er wirtschaftlich über die Runden kam, was – da es sich um zwei schwer zu vereinbarende Komponenten geht – so leicht nicht ist. Sein Ziel war und ist, die unumgängliche Logistik zu erstellen, ohne die es in diesen abgelegenen Gebirgsregionen nun mal nicht geht. Die Organisation von Transport, von Trägern, Führern; Material und allem, was damit zusammenhängt.

Ich versprach ihm, alles in meinen Kräften Stehende beizutragen, daß er über die Runden käme. Es entwickelte sich, was durchaus nicht immer selbstverständlich ist, eine dauerhafte Freundschaft über die Jahre hinweg. Für mich jedenfalls waren die Touren und die Gespräche mit Fernando Höhepunkte meiner Reisen nach Südamerika.

Auch wenn mein Sohn Allan, der mich auf solchen Touren begleitete, oft genau wie ich selbst bei Höhenlagen um die 5.000 m Probleme bekam, und um uns herum die Wahnsinnsbilder und Eindrücke der Gipfel, Kanten, Türme und Grate, von Eis und Schnee, von Firn und Fels ein bißchen unscharf wurden – so entschädigte uns die Gesellschaft von Fernando für diesen Tribut, den man der Natur in diesen Höhenlagen entrichten muß.

Ich war froh, Fernando ein bißchen „Geschäft“ vermitteln zu können. Niemand weiß besser als ich selbst, wie schwierig es ist, auf diese Art und Weise sein Leben zu fristen.

Mit einem seiner Mitarbeiter, dem deutschstämmigen Hans oder Juan Müller – er übernahm unter anderem auch die Rolle des Dolmetschers – kamen wir auf das Kanufahren zu sprechen. Hans, besser Juan, war durch und durch Südamerikaner; ganz im Gegensatz zu seinen Eltern, die ihr Deutschtum wie ein Banner vor sich hertrugen und ihre Briefe immer noch mit „Deutschem Gruß" beendeten. Juan war einer, der abends kein Ende fand und keine zwei Stunden ohne Mate-Tee überleben konnte. Deshalb will ich ihn in der Folge mit seinem argentinischen Vornamen „Juan" nennen.

Juan schwärmte von einem Fluß in Zentral-Argentinien, der wie fast alle anderen in den Anden entspringt, auf einem etwa 2.000 km langen Lauf das Land in grob südöstlicher Richtung durchquert und bei Bahia Blanca in den Südatlantik mündet.

Ich erwärmte mich mehr und mehr für die Idee, ein wenig besiedeltes und unbekanntes Stück Argentinien – von der unüblichen, von der Wasserseite her – kennenzulernen.

Diesmal waren wir nur zu viert: Hanna und Walter Maier aus München, Undine und ich. Es ging uns diesmal nicht um Wildwasser oder irgendwelchen „thrill", sondern um eine gemächliche Reise durch eine wahrscheinlich nicht besonders spektakuläre, doch im wesentlichen noch in ihrem Urzustand befindende und deshalb interessante Landschaft. Wie jeder unregulierte Fluß würde auch der Rio Colorado seine Mucken und Macken haben, das Abenteuer würde auch hier nicht zu kurz kommen.

Juan Müller erklärte, er habe den Rio Colorado schon zweimal befahren. Obwohl wir ihn nicht unbedingt gebraucht hätten, hielt ich es für keine schlechte Idee, einen Einheimischen mitzunehmen. Juan konnte ebenso wie Fernando sicher ein paar zusätzliche Pesos gebrauchen ...

Ich fragte nach Kartenmaterial, um überhaupt eine Vorstellung von der Umgebung, den Höhenlinien, den Straßen und Siedlungen dieser Region, d.h. der Provinzen Mendoza und La Pampa zu gewinnen. „No hay problema!" erklärte Juan. Den Ausdruck hatte ich in Südamerika schon öfters gehört und konnte mir durchaus meinen Reim darauf machen. Er habe zwar im Augenblick diese Unterlagen nicht zur Hand, doch würde er sich vom Militär genaue Meßtischblätter besorgen.

„Dein Wort in Gottes Ohr", dachte ich, wie schon so oft in diesem Kontinent.

Über Ezeiza, den Flughafen von Buenos Aires, flogen wir mit unseren beiden aufblasbaren „Indio"-Kanus im Gepäck nach Mendoza, in jene Stadt der Früchte und des Weines, die ihre Existenz allein dem von den Anden herabströmenden Wasser des Rio Mendoza verdankt – und dieses vollständig verbraucht.

Argentinien nimmt unter den Ländern Südamerikas eine Sonderstellung ein. Nicht nur wegen seiner Größe – nur Brasilien ist größer – sondern auch wegen einer recht homogenen Bevölkerung südeuropäischen Zuschnitts, des relativ hohen, wenn auch von mancherlei Krisen immer wieder bedrohten Lebensstandards. Die Argentinier sind stolz, großzügig, die Männer von ihrer Männlichkeit überzeugt, fast jeder ist ein Caballero; die Frauen sind emanzipiert, ohne ihre Weiblichkeit zu verbergen, von einer natürlichen Eleganz. Sie strahlen Würde, Stil und Lebensfreude aus. Im Gegensatz zu angelsächsisch geprägten Ländern, gelten wir Deutsche in Argentinien noch oder wieder etwas. Das hat nichts mit einem nationalen Chauvinismus zu tun und auch nichts mit nur halbverschüttetem Ewig-Gestrigen. Es ist einfach so, und als Besucher findet man das sehr angenehm.

Als ich beispielsweise einmal von Ushaia in Feuerland heraufflog nach Buenos Aires, rief mich der Kapitän nach vorn in das Cockpit der 727. Der Co-Pilot räumte seinen Platz und wir begannen uns, ein bißchen radebrechend, zu unterhalten: Thema No.1 ist – wie überall in Südamerika – natürlich der Fußball, aber es ging auch um ein paar andere Dinge. Schon im Sinkflug auf Ezeiza und direkt über der Boca, dem Hafen- und Tango-Viertel der Hauptstadt, legte der Flugzeugführer die Maschine in eine Kurve, dann auch noch in eine steile Schräglage – alles nur, um mir einen guten Einblick in die riesige Betonschüssel des zu diesem Zeitpunkt leeren Stadions der Boca Juniors, „seines" Clubs, zu vermitteln. Ich habe nicht nachgefragt, was die Flugsicherung zu dieser Kapriole zu sagen hatte.

Sich in Argentinien aufzuhalten, heißt – herzhaft oder raffiniert – aber in jedem Falle gut, viel und ungesund zu essen und noch mehr zu trinken. Die in Deutschland verbreiteten Ketten wie „Churrasco" und „Maredo" sind nur ein matter, amerikanisierter Abklatsch argentinischer gastronomischer Kultur. Zu Hause, im Land der Gauchos hätten diese Ketten mit ihrem 08/15-Gehabe kaum Überlebenschancen.

Nicht einmal in Texas oder den kanadischen Prärieprovinzen wird soviel Fleisch gegessen wie in Argentinien. Die „parilla", der draußen aufgestellte, eiserne Rost gilt als wichtigstes Möbelstück; ein Sonntag ohne „parillada", ohne Grillparty im Freien, gilt als vertan. Die Argentinier widmen sich ihr mit derselben Begeisterung wie dem Fußball oder dem Pferderennen. Ein Wochenende ohne wenigstens zwei dieser drei „highlights" gilt als persönliches Desaster.

Ob „carne", „bife" oder „churrasco": Rindfleisch steht an erster Stelle auf der Speisekarte. Damit für den Export überhaupt noch genug erstklassige Ware übrig blieb und nicht alles im eigenen Land verzehrt wurde, hatten die Argentinier die „veda", das heißt, sogenannte fleischfreie Tage eingeführt. Sogenannt deshalb, weil sie ein oder zweimal pro Woche zwar auf den Verzehr von Rindfleisch verzichteten, sich dafür umsomehr den „chorizzos" – fetten Würstchen, den „chincholines" – zu Zöpfen geflochtenen, gefüllten Därmen, „asado" – vor dem offenen Feuer geröstetem Hammel, sowie Fischen und anderem Meeresgetier widmen mußten. Dazu wird kräftig getrunken. Wie da sind – hervorragende Weine aus Mendoza, ordentliches Bier aus Brauereien mit deutschen Braumeistern; „caña", ein scharfer Zuckerrohrschnaps, „sidra", ein vergorener und zum Teil champenoisierter Most.

Nur das Frühstück ist, ähnlich wie in Frankreich, ausgesprochen ärmlich. Doch braucht auch der robuste Magen hin und wieder eine kleine Ruhepause.

In Mendoza trafen wir Juan, unseren Reisebegleiter. Er präsentierte uns sein Flußgefährt: ein Zwitter, halb Kanu, d.h. hinten offen, halb Kajak, vorne gedeckt. Ähnliche Fahrzeuge hatte ich bis dato nur auf dem Porcupine, oben weit nördlich des Polarkreises, bei den Vunta-Kutchin-Indianern gesehen. Juans Boot war eine ausgesprochene Mißgeburt, doch er glaubte, es sei das ideale Fahrzeug für den Rio Colorado.

Ich fragte gleich nach den Karten und traute meinen Augen kaum, als er mir statt der versprochenen Meßtischblätter ein aus dem Atlas herausgetrenntes Blatt von Zentralargentinien präsentierte. Größe etwa DIN A 4. Auf der linken Seite zeigte sich stolz Santiago de Chile, auf der rechten Buenos Aires – und irgendwo in der Mitte und dazwischen krakelte eine Linie, der Rio Colorado. Maßstab 1:5.000.000!

„Hombre, das muß genügen, ich kenne doch den Fluß wie meine Westentasche!" erklärte Juan im Brustton seiner Überzeugung. Mir genügte das jedoch keineswegs. Also fuhren wir erst einmal den Oberlauf des Rio Colorado mit dem Auto ab. Ich wollte selbst sehen, auf was wir uns da einließen.

Gut, daß wir das getan hatten! Der Rio Colorado ist zwar auf weiten Strecken durchaus machbar, doch gab es schon von der Straße her ein paar einsehbare, üble Ecken. Darüberhinaus weiß ich aus eigener, böser Erfahrung, wie wenig man von der Straße her einen Fluß einschätzen kann und daß man das, was man sieht, mindestens mit drei multiplizieren muß, was die Häufigkeit von Stromschnellen, unfahrbaren Passagen und andere Schwierigkeiten angeht.

Nein, wir waren keine auf Wildwasser erpichte Crew, noch wollten wir uns mit tagelangen Umtragereien aufhalten. Unser Sinn stand nach Kanu-Wandern, mit dem Schwergewicht auf – Wandern!

Nach zwei Tagen auf staubiger Schotterpiste kamen wir in dem Ort mit dem merkwürdigen Namen „25 de Mayo" an. Er erhielt diesen Ehrennamen nach dem Jahrestag der unblutigen Mai-Revolution von 1810. Es war das geschichtsträchtige Großereignis für die Argentinier, als der spanische Vizekönig abdankte und einer zivilen Junta unter Präsident Cornelio Saavedra die Macht übergab, der dann schrittweise die Unabhängigkeit folgte.

Für uns war es Zeit, sich nach einem Nachtlager umzusehen. Juan schlug vor, mitten in 25 de Mayo auf einer grasigen Verkehrsinsel, die die Argentinier mit ihren zum Teil uralten, lärmenden, klapprigen und bestialisch stinkenden Vehikeln, mit jaulenden Reifen in Rekordgeschwindigkeit umkurvten, die Zelte aufzubauen.

Wir lehnten Juans Vorschlag ab und übernachteten in einem Hotel. Zelten ist gut und schön. Es wurde von uns allen in der Vergangenheit zur Genüge praktiziert und würde gerade auf dieser Flußreise noch weiter praktiziert werden. Aber bitte nicht auf einer Verkehrsinsel!

Unten am Fluß, ein Stück außerhalb des Ortes, pumpten wir unsere Indios auf. Indios sind robuste Boote aus widerstandsfähigem Material. Sie halten sich gut auf schweren, wasserreichen Flüßen, haben aber Nachteile hinsichtlich des begrenzten Zuladungsvolumens, ihrer Windanfälligkeit auf offenen, in die Breite gehenden Fluß- und Seenflächen und ihrer Tendenz, auf schwach überronnenen Geröllbänken und anderen Hindernissen hängenzubleiben.

Wie jedes Boot und Schiff sind sie ein Kompromiß – der Indio ist nicht der schlechteste.

Wir machten große Augen, als es um das Verstauen der Lebensmittelvorräte ging. Es gab kaum was zu verstauen. Juan hatte lediglich ein paar Handvoll Reis und ein Säckchen Nudeln mitgebracht. Wie wir zu fünft davon leben sollten, war ein Rätsel, das es noch zu lösen galt.

„No hay problema", sagte Juan und erklärte, die am Fluß lebenden „peones", die Bauern, würden sich eine Ehre draus machen, für den hochherrschaftlichen Besuch von vier gringos und seiner eigenen geschätzten Persönlichkeit ein Schaf oder zumindest eine Ziege zu schlachten und gemeinsam mit uns aufzuessen. Das sei nun mal so üblich. Heute, am Tage unseres Starts würden wir beispielsweise gegen fünf Uhr an einer Estancia anlegen und dann schon sehen, was argentinische Gastfreundschaft bedeutete!

Der Rio Colorado hat es auf seinem Weg zum Südatlantik überhaupt nicht eilig; er mäandert ziemlich unentschlossen vor sich hin. Es herrschte eine Affenhitze, und uns fielen fast die Arme ab. Wie in solchen Fällen üblich, blies uns der Wind direkt ins Gesicht. Es war kein starker Wind, aber er wehte stetig und obstinat. Dementsprechend erwies sich die Paddelei als mühsam und nervend. Wir hatten seit dem bescheidenen Frühstück im Hotel – Kaffee, Brötchen, Butter, Marmelade – nichts mehr zu uns genommen.

Naja, um fünf würden wir am Feuer sitzen, Juan würde seinen Mate-Tee aus seiner „bombilla" schlürfen, während wir uns von einem kernigen Rotwein die Zeit vertreiben lassen würden, bis sich am „asado" das rote Fleisch des Schafes oder der Ziege in knuspriges Braun verwandelt hätte. Schon bei dem Gedanken daran gerieten uns die Backenzähne unter Wasser.

Die Gegend rechts und links der Ufer: Man könnte sie als öde oder gar als trostlos bezeichnen. Doch jede Landschaft hat ihren eigentümlichen Reiz, und das gilt vor allem, wenn man sie von der Wasserseite her betrachtet. Weiter im Hintergrund erhoben sich kahle Hügel, eher rund als schroff. Grau, gelb, braun sind die vorherrschenden Farben, doch in der tiefstehenden Sonne leuchtet das Land in einem satten, ins Rötliche hineinschimmernden, wunderschönen Orange. Es dehnten sich weite, gelbe Sandflächen. Grün gab es in dieser Landschaft nur direkt am Fluß.

Es wurde fünf, es wurde halb sechs. Keine Spur von einer Estancia.

„Momentito, momentito, ojo, sie kommt gleich um die nächste Kurve."

Von wegen nächste Kurve. Gegen halb sieben kam eine Brücke in Sicht. Und an der Brücke stand ein Haus.

„Was ist das für eine Brücke“, fragte ich Juan.

„Irgendeine Brücke, das siehst du doch.“

„Und was ist mit dem Haus?“

„Da wohnt niemand, wir müssen weiter zur Estancia.“

Der blutrote Sonnenball berührte schon den Horizont, als wir das Haus trotzdem inspizierten. Das Glück war uns hold: Es war eine „bodega“, eine Kneipe. Wir bekamen zwar nichts zu essen, doch der Wein war gut und tröstete uns über den Mangel hinweg. Juan philosophierte Mate-Tee-schlürfend darüber, wie es wohl geschehen könne, daß eine Estancia sich komplett in Luft aufzulösen vermag.
Auch am nächsten Tag zeigte sich weit und breit keine Estancia. Das Land hinter den Pappeln und Weiden direkt am Fluß war knochentrocken, von einer unbarmherzigen Sonne verbrannt und hartgebacken.

Selbst ein genügsames Schaf oder eine den letzten Halm abknabbernde Ziege würde hier Probleme mit ihrem Fortkommen haben. Als wir am Abend auf einer Sandbank unsere Zelte aufschlugen und unser kärgliches Mahl zubereiteten – es hatten sich glücklicherweise noch ein paar Suppenwürfel gefunden – standen plötzlich fünf Reiter, Gauchos, über uns oben auf der Böschung und starrten auf uns herab.

„Caramba, hatte ich doch recht, da ist die Estancia!“ triumphierte Juan. „Wir müssen sofort hin! Sie ist drüben, ganz nahe.“

Ich war inzwischen vorsichtig geworden und erkundigte mich selbst. Es stellte sich heraus, daß die Estancia eine legua, eine argentinische Meile, also fünf Kilometer weit entfernt lag. Dabei war immer noch unklar, ob es jene Estancia war, auf der man unseren Juan kannte ...

Nein, das war mir zu riskant. Boote und Ausrüstung auf gut Glück zurückzulassen, dann fünf Kilometer quer durch die Pampa ... Am Ende einer Reise kann man ein solches Risiko eingehen, aber nicht an deren Anfang! Juan fluchte ausgiebig.

Langsam pendelte sich unser Rhythmus ein: Wir legten in der Morgenkühle früh los, machten dann gegen Mittag eine kurze Rast, aßen einen ganz knappen, sehr frugalen Bissen, träumten zwischendurch von den vollen Fleischtöpfen Mendozas, verfluchten Juan, legten gegen vier die Paddel beiseite und schlugen das Lager auf.

Dann – nach vier, fünf Tagen auf dem Rio Colorado kam endlich die Estancia! Es war eine armselige Anordnung schiefer, unordentlicher Lehmhütten zwischen halbvertrockneten Weiden und Pappeln, an einem Baum hing der blutige Kadaver eines wohl gerade geschossenen Pumas; an den Röcken der Mutter mit dem frühgealterten, ausgedörrten Gesicht hingen sieben schmutzstarrende, rotznasige Kinder. Der Mann, zumindest äußerlich alles andere als ein Caballero, trug „bombachas“, großräumige Hosen von undefinierbarer Farbe, ein zerrissenes Hemd. Er war barhäuptig und erfreute sich im Gegensatz zu der Señora noch einiger brauner Zahnruinen.

Sie reichten uns die Mate-Tee-Bombilla zur Begrüßung, an der Juan sogleich heftig saugte. Es ist in Argentinien, Hygiene hin, Hygiene her, üblich, daß die Bombilla von Mund zu Mund weitergereicht wird. Wir sahen uns an, zögerten. Um die ortsübliche Sitte und den Anstand nicht zu verletzen, saugten wir ebenfalls an dem Silberröhrchen oder taten zumindest so.

Die armen Peones waren in einer Zwickmühle: Das Gesetz der Gastfreundschaft gebot ihnen, zu Ehren unseres Besuches eine ihrer wenigen Ziegen – sonst sahen wir außer einem mageren, räudigen Hund keine Haustiere – zu schlachten. Oder uns einen Batzen Pumafleisch anzubieten. Ohne Bezahlung, versteht sich. Auch diese Habenichtse haben ihren Stolz, den man nicht verletzen sollte.

Juan hätte keinen Augenblick gezögert und auf unser Gastrecht gepocht. Der Peon hätte ihm, wenn auch widerstrebend, Folge geleistet, wenn ich nicht – diesen halbverhungerten Kindern auch noch die Milch wegnehmen! – eingegriffen hätte.

Ich versicherte dem Peon und log, daß wir sein hochherziges Angebot wohl zu schätzen wußten, doch im Augenblick wären wir mit Lebensmitteln wohlversorgt und seien überhaupt nicht hungrig. Ich merkte, wie dem armen Mann ein Stein vom Herzen plumpste. Wir filzten unser Zeug nach Überflüssigem und ließen ein paar Geschenke zurück.

Ich machte Juan Müller Vorhaltungen: sich durchnassauern, ist eine Sache. Das kann man mal tun, wenn einem kein anderer Ausweg mehr bleibt. Gastfreundschaft entgegennehmen, ist eine andere. Doch – wie auch sonst im Leben – wäscht eine Hand die andere. Von den Gastgebern wird eine Gegenleistung in irgendeiner Art und Weise erwartet. Ist das nicht der Fall, haben diese Leute irgendwann mal die Nase gestrichen voll und verweigern sich auch in echten Notfällen. Tausende von sogenannten „Globetrottern“, denen es um nichts weiter ging, als das eigene Ego aufzupolieren, haben sich in allen fünf Erdteilen durchgenassauert, haben eine Menge kaputt gemacht und für die ihnen Nachfolgenden schlechte Voraussetzungen geschaffen.

Ich war bei ihren Treffen dabei, zurück in Deutschland, und habe zu meinem Entsetzen festgestellt, daß es bei einem Großteil dieser Leute garnicht darum ging, sich mit den Eingeborenen wirklich auszutauschen, deren Kultur und das ganze Drumherum kennenzulernen, sondern hinterher damit zu protzen, auf welche Art man es schafft, den armen Leuten ferner Kontinente quasi noch den letzten Reis aus ihrer Schüssel wegzufressen.

Juan Müller konnte meine Handlungsweise überhaupt nicht verstehen und trödelte danach beleidigt ein gutes Stück hinter uns her. Sollte er ruhig, er trug schließlich die Hauptschuld an unserer miesen Ernährungssituation.

Wir legten an einer riesigen, lärmenden und staubigen Baustelle an. Hier sollte ein Staudamm gebaut werden. Damit wird in absehbarer Zeit wieder einmal eine ursprüngliche, gewachsene Flußlandschaft zerstört werden. Doch vielleicht nützt die spätere, künstliche Bewässerung solchen Leuten wie den armen Peones am Rio Colorado und führt zu einer Aufstockung ihres Lebensstandards. Es sei ihnen von Herzen gegönnt.

Die Lage und Laune unserer Gruppe besserte sich schlagartig, trotz Staub, Dreck, Geröll und stinkenden, röhrenden Maschinen. Hier gab es eine „commissaria", einen Laden für die Bauarbeiter und ihren Anhang. Wir versorgten uns erstmal mit den Grundnahrungsmitteln: Kartoffeln, Nudeln, Reis, Gemüse, Kaffee, Tee – stockten auf mit Dosenfleisch, Ölsardinen, Früchten, Wein, Caña und mit Mate-Tee für Juan und ein paar Leckereien für zwischendurch. Wir krönten unsere Einkaufsorgie mit einer Korbflasche voll Rotwein. Damit war das Ernährungsproblem vom Tisch, und dem ungetrübten Genuß der Weiterfahrt auf dem Rio Colorado stand nichts mehr im Wege.

Wenn ich von einem „ungetrübten Genuß" gesprochen habe, so stimmt das nur bedingt. Ein scharfer Südwind pfiff uns in die Gesichter, zerrte an den Paddelblättern und ließ unsere Arme lang und immer länger werden. Der Fluß selbst half uns kaum noch. Er mäanderte auf diesem Abschnitt in weiten, müden Schleifen unbeeilt dem Atlantik entgegen.

Ich erinnere mich an eine Windmühle in der Nähe eines Ortes mit dem Namen Fortin Uno. Anfangs waren wir froh, als zur Abwechslung mal ein gutes Stück linkerhand voraus die Windmühle auftauchte. Doch dann wurden wir das Ding den ganzen lieben, langen Tag nicht mehr los. Mal sahen wir sie voraus, mal rechts, mal links, mal hinter – dann wieder vor uns. Sie schien mit uns zu reisen, und am Abend war sie immer noch in Sichtweite.

Oder ein anderes Mal, als wir ausstiegen, um uns die Beine zu vertreten und die Böschung hinaufgingen, da blickten wir verblüfft auf der anderen Seite auf denselben Rio Colorado hinunter, den wir eben verlassen hatten. Hätten wir das Kanu von der anderen Seite die Böschung hinaufgetragen und auf unserer Seite herabgelassen, hätten wir wahrscheinlich ein paar Stunden Paddelei gespart. Selten noch habe ich einen Fluß erlebt, der solche Schlingen und Schleifen beschreibt. Doch was soll das: Der liebe Gott hat uns die Zeit gegeben, und von der Eile hat er kein Wort gesagt.

Davon abgesehen, waren es herrliche, sonnendurchflutete Tage auf einem weltabgeschiedenen Gewässer. Wir waren allein, strebten unbeeilt, und trotz aller Umwege relativ stetig, dem Südatlantik entgegen. Es war jene klassische Form des Wasserwanderns, wo Weg zugleich auch Ziel ist, wo es nicht darauf ankommt, wieviel Kilometer man nun wirklich zurückgelegt hat. Es war eine Form der Fortbewegung, die in Mitteleuropa leider, von ein paar Ausnahmen abgesehen, der Vergangenheit angehört.

Herrlich waren die Abende und die Nächte auf den weiten, warmen Sand- und Kiesbänken, sattgegessen dazusitzen, ab und zu mal ein Stück Treibholz auf das Feuer zu legen, ein Glas Wein in der Hand haltend, unter einem unbeschreiblichen Sternenhimmel, mit dem Kreuz des Südens über dem weiten Horizont, dem flüsternden Fluß direkt vor der Haustür. Halb träumend hingen wir unseren Gedanken nach.

Und dann kamen wir doch noch zu unserem Braten, dem vielgerühmten Asado! Ein Mann erschien am Flußufer und winkte uns herauf. Halbversteckt unter den Bäumen kuschelte eine Estancia. Die Gebäude rochen auch nicht eben nach Reichtum, doch die Leute machten zumindest keinen halbverhungerten, abgerissenen Eindruck.

Hombre, die Señoras und Señores stammten aus Alemaña! So weit her gekommen und sie geben uns die Ehre ihres Besuches! Zur Begrüßung servierte man uns erst mal einen „aperitivo“ und einen „pisco“, dann einen kräftigen „vino tinto“. Danach würde man weiter sehen. Juan bekam natürlich seinen Mate-Tee, langte dann aber auch kräftig bei Wein und Schnaps zu, bevor er mit einem der Männer nach draußen ging.

Undine glaubte das ängstliche Blöken eines Schafes vernommen zu haben. „Ich werde kein Stück Fleisch anrühren!“ drohte sie.

Ein Blick nach draußen bestätigte mir, daß eines der nützlichen Wolltiere hatte dran glauben müssen: Es hing schon als blutiger Kadaver mit den Hinterläufen an einem Baumast, während einer der Männer daran herumsäbelte. Darunter kauerten zwei Hunde und warteten auf ihre Stunde.

Nach einigen höflichen Fragen über Deutschland, nach der politischen Situation, nach dem Befinden von Mercedes und Herrn Beckenbauer kam das Thema No. 1 auf den Tisch: Futbol oder Fußball. Einer der Männer war Anhänger von River Plate, die übrigen erwiesen sich als Fans von Boca Juniors. Wir sollten nun den Streit schlichten, welche der beiden Mannschaften ... Caramba, rief ich, fragt mich nach dem VfB Stuttgart, nach Freiburg oder nach Karlsruhe – doch nicht nach River Plate und Boca Juniors!

Leider kamen wir der Lösung des Problemes damit nicht näher, ebensowenig wie der Lösung anderer Welträtsel, aber wir hatten – ausgedörrt wie wir waren – alsbald einen gelinden sitzen.

Es war Abend geworden. Als wir nach draußen geführt wurden, rieben wir uns die Augen: Das sah ja aus wie bei der Christenverfolgung im alten Rom! In einem Halbrund von Feldsteinen hing ein halber Hammel am Kreuz, pardon – am Spieß, dem sogenannten Asador, davor glühte ein Feuer.

Der Estanciero zog ein langes, offenbar giftscharfes Messer aus seinem Stiefel, schlitzte das Rückenfleisch in regelmäßigen Abschnitten auf. Er zog dann eine kleine Flasche aus der Hosentasche, träufelte der Inhalt in die „Wunden“.

„Chimichuri“ flüsterte Juan, verrollte die Augen und schnalzte mit der Zunge. „Olivenöl, Rotwein, Pfefferschoten, Basilikum, Thymian, Rosmarin, Oregano, Knoblauch – jeder hat sein eigenes Rezept.“

Das arme Schaf wurde samt Spieß gewendet und weiter mit dem geheimnisvollen Chimichuri beträufelt, das Feuer hin und wieder geschürt, während ein hinreißender Duft um unsere Nasen wolkte und wir inzwischen mit Engagement und Leidenschaft darüber diskutierten, ob jenes legendäre Tor Maradonas während der Weltmeisterschaft gegen England „mit der Hand Gottes“ oder mit dem Kopf erzielt wurde.

Auch dieses Problem konnten wir nicht lösen. Doch dann wurde grobkrustiges, derbes Weißbrot gereicht, während der Estanciero mit seinem Messer dicke Fleischbatzen aus dem Rücken des armen Schafes schnitt.

„Laß mich mal probieren, nur ein winziges Stück“, sagte Undine.

„Stell dich nicht so an, du kannst doch die Leute nicht beleidigen ...“ wies ich sie zurecht.

Ich weiß nicht, lag es an dem herben Wein, waren wir tatsächlich so ausgehungert, war es der würzige Geschmack und der hinreißende Duft des Bratens selbst – heute noch läuft mir bei dem Gedanken an diese herrliche Fettlebe am Rio Colorado das Wasser im Mund zusammen. Übrigens nicht nur mir, sondern auch Undine. Da das arme Schaf tot und nicht mehr zu retten war, und sie ein Stück probiert hatte – weibliche Logik – langte auch sie ebenso kräftig zu wie alle übrigen.

Mit vollen Bäuchen singt es sich nicht gut, da aber die Argentinier ein Lied anstimmten, taten wir es ebenfalls.

„Kameraden, wann sehen wir uns wieder,
Kameraden, wann kehren wir zurück?
Wann sitzen zum Trunke wir nieder
und genießen ein traumhaftes Glück?
In der Kneipe am Moor singt und spielt einer vor,
klirren Gläser und Klampfen,
die Gesellen, die stampfen zum Sang
und der Klang läßt die Männer lauschen.“

Danach tranken wir noch einen pisco und einen caña – es können auch mehrere gewesen sein, priesen den argentinischen „futbol“ als den besten der Welt; sagten, daß sowohl River Plate wie auch Boca Juniors in der Lage wären, jede Nationalmannschaft einschließlich der deutschen vernichtend zu schlagen und bedankten uns auf das herzlichste. Dann zogen – nein, wankten wir in Richtung unserer Zelte.

Bezahlung wäre eine nur mit Blut abzuwaschende Beleidigung, erfuhren wir am nächsten Morgen. Also plünderten wir nochmal unsere Ausrüstung, ließen alles Entbehrliche und manches nicht Entbehrliche zurück, verabschiedeten uns mit vielen Umarmungen und kräftigem Schulterklopfen und stiegen schweratmend in die Boote. Caramba, was war das für ein kulinarisches Großereignis!

Es hätte, zumindest was mich anging, noch wochenlang so weitergehen können. Nein, nicht mit dem Asado, sondern mit der Flußreise. Einfach zeit- und ziellos durch die zentrale Ebene Argentiniens hindurchzuschippern...

Doch mit des Geschickes Mächten ... Walter bekam gesundheitliche Probleme. Irgendwas war mit seinem Herzen. Als die Straße mal wieder an den Fluß herankam, verabschiedeten sich Hanna und Walter von uns. Wir versprachen, sie in vierzehn Tagen in Buenos Aires wiederzusehen.

Juan wollte ebenfalls aufgeben. Das Ganze sei ihm doch zu anstrengend, und der Mate-Tee sei auch mal wieder alle. Das waren zwar schwerwiegende Argumente, doch ich habe was dagegen, einmal getroffene Vorhaben abzubrechen und Vereinbarungen zu ignorieren. Ich bestand darauf, daß er weiter mitkam, und wenn ich ihn am Boot festbinden müßte. Auch wenn es uns morgens noch mehr Mühe als sonst üblich kosten würde, ihn aus dem Schlafsack zu locken oder zu treiben.

Ein, zwei Tage später gewann der Rio Colorado wieder an Fahrt. Er rauschte auf, ich sah helle Spritzer über der Abbruchkante tanzen. Juan zu fragen, ob die Schnelle fahrbar sei oder nicht, war sinnlos. Juan bummelte – Dienst nach Vorschrift gewissermaßen – weit hinter uns her.

In dem Augenblick konnte ich mich auch erinnern, daß Juan etwas von einer Kenterung im unteren Flußabschnitt erzählt hatte. Das mußte die Stelle sein – und dann waren wir auch schon mittendrin, Undine und ich. Die Geschichte war nicht unbedingt gefährlich, aber der Fluß war nach wie vor breit, stark verblockt und absolut unübersichtlich. In einer solchen Situation hilft nur eins: raus – und das Boot an die Leine nehmen. Zu zweit treidelten wir unseren Indio ins ruhige Unterwasser. Inzwischen hatte Juan wieder zu uns aufgeschlossen. Ich fragte ihn, ob es so weiterginge, ob uns noch ähnliche Stufen erwarteten. Juan hob die Schultern bis zu den Ohren: So ganz genau könne er sich nicht mehr erinnern.

„Gut, aber wie war das mit der Kenterung, damals, als du mit deinem Vater ...?“

„Achja, hombre, mein Vater. Das ist akkurat einer wie du. Mit den Hühnern ins Bett und morgens auch wieder mit den Hühnern raus. Den Abend, die Nacht verpennen, wo das Leben erst richtig anfängt“, seufzte Juan.

„Also komm schon, Junge“, knurrte ich ungeduldig. „Wie war das mit dem Umschmiß?“

„Wenn ich so früh raus muß, dann fehlt mir einfach der Schlaf; dann werde ich furchtbar müde. Ich bin eingeschlafen damals und schon lag ich drin im Bach. Auch weil die Fahrt so anstrengend und der Fluß so eintönig war.“

„Dein Vater hat dir hoffentlich die Ohren langgezogen! Ein Schlagmann, der im Wildwasser einpennt ...“

Ich schüttelte den Kopf.

Es kamen noch mehr Stromschnellen der geschilderten Art. Etwa alle halbe Stunde mußten wir raus und am Ufer entlang treideln. Der Rio Colorado rauschte über diese niederen Schwellen in die Küstenebene hinunter.

Ich wußte aus einer Beschreibung, daß die Sumpfwildnis auf den letzten hundert Kilometern bis zum Atlantik wenig attraktiv, dazu auch noch moskitoverseucht ist, daß es auf diesem Abschnitt wenig gute Zeltplätze gibt.

Also beschlossen auch wir, auszubooten. Sehr zur Erleichterung Juans, der schon geglaubt hatte, seinen Leidensweg bis zum bitteren Ende, bis zum Südatlantik fortsetzen zu müssen.

Der Ort hieß Pichu Mahuida – dort gab es eine Eisenbahnstation, die sogar auf Juans Karte eingezeichnet war.

Doch unser Abenteuer war noch nicht zu Ende; es verlagerte sich lediglich auf eine andere Ebene. Und das kam so: Kurz bevor wir anlegten, sah ich am Ufer eine Frau, 40, höchstens 50 Jahre alt, mit einer strengen Knotenfrisur, einem langen Rock und zwei halbwüchsigen, hellblonden Mädchen mit geflochtenen Zöpfen, wie man sie zu meiner Kindheit in Deutschland getragen hatte.

Auf gut Glück sprach ich die Frau auf deutsch an, aber sie antwortete auf spanisch. Juan, dem einmal mehr der Mate-Tee ausgegangen war, griff alsbald in das sich entwickelnde, zwangsweise holprige Gespräch ein, hoffte auf schnellen Nachschub. Es endete mit einer Einladung in das Haus der Señora. Der Zug sollte erst um halb drei in der Frühe gehen. Wir bedankten uns für die Freundlichkeit und nahmen an.

Das Haus war eines der besseren des Ortes, der Mann, Señor Ramon, gehörte offenbar zu den Honoratioren Pichu Mahuidas. Es stellte sich schnell heraus: Er war Professor an einem Jesuitenkolleg. Um den Tisch versammelt waren auch einige jüngere Lehrer. Die Einrichtung, die Möbel waren düster, im kastilianischen Stil und ebenso streng und unbequem wie die Frisur der Señora.

Señor Ramon betrachtete Undine mit einem halb bewundernden, halb strafenden Blick. Bewundernd, daß eine Frau ein solches Wagnis eingegangen war und sich in die Flußwildnis des Rio Colorado begeben hatte; strafend, weil sie nichts dabei fand, munter und vergnügt in dieser Männerrunde zu sitzen und ebenfalls ihre Meinung kundzutun.

„Was zum Munde eingeht, das verunreinigt den Menschen nicht, sagte Matthäus.“ Señor Ramon hob sein Glas. Der Wein war hervorragend. So wie man ihn auch anderswo in den Kellern der katholischen Geistlichkeit hegt und pflegt. Das Gespräch plätscherte anfangs etwas mühsam und gezwungen daher. Doch bald löste der Wein die Zungen, wie es so schön heißt. Exakt das, was ich befürchtet hatte, passierte:

Erst ging es um den Falklandkrieg. Der „Soldat Jesu“ entpuppte sich als glühender Patriot und vertrat die Ansicht, eigentlich hätte Argentinien diese

Westentaschenauseinandersetzung gewonnen, doch die von Briten und Juden beherrschte Medienmafia hätte es verstanden, den Sieg der glorreichen argentinischen Streitkräfte am Ende doch noch in eine Niederlage umzuwandeln.

Ich konnte mich vorerst heraushalten und erklärte, ich sei über die wahren Hintergründe der Kampfhandlungen – da zu weit weg lebend – ungenügend informiert, um mir eine abschließende Meinung gebildet zu haben. Wenn jedoch Señor Ramon der Ansicht sei, Argentinien hätte gewonnen, dann bitte schön, salud y pesetas ... Ich erhob mein Glas auf die glorreiche argentinische Marine, auf das Heer und dann noch einmal auf die Fuerzas Aéreas – die Luftwaffe. Der Wein war nämlich wirklich gut und jeder Tropfen, der nicht getrunken würde, hätte seinen Beruf verfehlt. Immerhin – als positives Resultat jenes Krieges – hatten die Ereignisse die damals agierende argentinische Militärjunta hinweggefegt, die für tausende von Opfern unter den Linken verantwortlich war. Doch das behielt ich lieber für mich, vorläufig jedenfalls, und trank nur im Geiste darauf.

Señor Ramon war überhaupt nicht zum Spaßen aufgelegt. Geschickt verknüpfte er die Frage, wer nun wirklich die Medien beherrsche, mit der „geschichtlichen Aufarbeitung der Judenfrage".

„Die Rotte Korah, die sich gegen Moses auflehnte, wurde von der Erde verschlungen", erklärte Señor Ramon. Es war eine kaum versteckte, böse Anspielung.

Als Undine einen Einwand dagegen vorbrachte, wies er sie streng zurecht: „Mulier taceat in ecclesia" – „das Weib möge in der Gemeinschaft der Gläubigen schweigen."

Wir Deutsche und die Juden, das ist ein Thema, das, auch wenn man durch die „Gnade der späten Geburt" nicht direkt betroffen ist, in jedem Fall Schmerzen bereitet. Wenn dann auch noch einer kommt wie Señor Ramon, der erst behauptet, alles sei doch gar nicht so schlimm gewesen und dann immer massiver wird und „alles Lüge!" schreit und davon redet, daß die Fotos von den Leichenbergen in den KZs Montagen seien und daß wir Deutsche nur den einen Fehler gemacht hätten, weil wir „diese Wölfe in Schafskleidern, die das Blut des Herrn vergossen haben", nicht alle umgebracht hätten – dann bleibt einem eigentlich nichts anderes mehr übrig, als seinen Hut zu nehmen, gute Nacht zu sagen und zu verschwinden.

Ich weiß heute noch nicht, warum ich nicht dem Beispiel der jungen Lehrer gefolgt und nicht auch gegangen bin. Irgendetwas Unerklärliches hielt mich fest. War es die böse Faszination dieses Mannes, der – einem mittelalterlichen Buß- und Fastenprediger nicht unähnlich – rücksichtslos vom Leder zog? Juan kam kaum noch nach mit dem Dolmetschen.

Endlich ließ Señor Ramon von den Juden ab und wandte sich direkt an uns. Er wollte wissen, ob wir katholisch seien. Ich verneinte und sagte, ich sei evangelisch. Juan erklärte kurz und bündig, er sei Atheist und hätte mit allem nichts am Hut.

„Geht hinaus wie Saul, der Sohn Kis', der hinausging, seines Vaters Eselinnen zu suchen, und ihr werdet ein Königreich finden", rief der Streiter Christi aus.

Señor Ramon war nicht nur ein verbohrter Antisemit, sondern auch noch ein intoleranter, ultra-konservativer, ein fanatischer Opus Dei-Katholik der schlimmsten Sorte. Seine dunklen Augen schleuderten funkelnde Blitze, seine Stimme donnerte: „Sei kalt oder warm, doch weil du lau bist, will ich dich ausspeien aus meinem Munde!“.

Er redete von dem Zorn des Allmächtigen und den glühenden Zangen, mit denen die siebengeschwänzten Teufel unsere verstockten Seelen im Feuer der Hölle martern würden. „Was du tust, bedenke das Ende!“ rief er in seinem heiligen Zorn.

Er beschwor uns, nicht zu denen zu gehören, „... deren Augen nicht sehen, deren Ohren nicht hören“, daß wir umkehren sollten vom Weg der Sünde und des Unglaubens und uns der allein- und allseligmachenden Kirche zuwenden müßten. Sie allein könne uns im allerletzten Augenblick vor dem Abgrund mit dem Schlangengezücht zurückreißen.

Danach führte er uns ins Eßzimmer – von dessen Stirnwand fünf riesige Kreuze drohten – davon eines mindestens vom Format des seinerzeit auf Golgatha aufgestellten. „In hoc signo vinces!“ röhrte Señor Ramon und spreizte Zeige- und Mittelfinger zum Victory-Zeichen, indem er auf die Kreuze deutete.

„Raus hier, endgültig raus“, raunte ich Juan ins Ohr. Es war unterdessen zwei Uhr geworden und um halb drei ging der Zug. Doch Señor Ramon war nicht mehr zu bremsen. Er schnappte sich das größte der Kreuze und schleppte es mit uns zum Bahnhof.

Wir schleppten ebenfalls: Die zusammengelegte Haut des Indios (des Bootes natürlich!) und Juans Gefährt. Señor Ramons Hände hatten sich um das Kreuz gekrampft. Die wenigen Leute, die ebenfalls auf dem Weg zur Station waren, blickten uns scheu an und machten einen weiten Bogen um die merkwürdige Prozession.

Ich betete zu Gott dem Gerechten, daß er diesmal, nur diesmal den Zug pünktlich einlaufen lassen möge und uns von diesem geifernden, fanatischen, das Kreuz schwingenden Eiferer befreien möge.

Es war gespenstisch, als in der Ferne drei Lichtpunkte auftauchten, als die schreiende, mit dem Kreuz fuchtelnde Gestalt im Licht der Scheinwerfer der Lok Kontur gewann und auch wieder verlor, wie sich der „danse macabre“ dieses Mannes sekundenlang in einem gespenstischen Licht- und Schattenspiel auflöste, während die aus den hell erleuchteten Fenstern des einlaufenden Zuges auf den Bahnsteig fallenden Lichtreflexe die Szene surrealistisch verfremdeten.

Als wir bereits auf der Plattform standen – in das Innere der überfüllten Waggons war kein Entkommen, da alles von peones belegt war -, verdoppelte Señor seine Anstrengungen, uns in letzter Sekunde auf den rechten Pfad zu bringen und unsere schwarzen Seelen zu retten. Es war vergeblich.

Das letzte Bild, das sich förmlich in meine Seele einbrannte, war der Schattenriß dieses besessenen Mannes, der, allein auf dem Bahnsteig zurückbleibend, starr und steif das schwere Kreuz mit ausgestreckten Armen hochreckte – bis er, immer kleiner schrumpfend, von der Schwärze der Nacht ausgelöscht wurde.

Die Reise nach Timbuktu

Welche Gedanken mögen die ersten Entdecker wohl bewegt haben, als es noch Geheimnisse gab, die es zu lüften galt? Welche Gefühle müssen sie durchlitten haben, während sie immer weiter nach Süden ritten, um die sagenhafte, die goldene Stadt Timbuktu zu finden?

Die Männer hießen Friedrich Hornemann, Gordon Laing, Caillié, Barth. Aber es waren noch viele andere. Sie alle hatten ihr Leben in die Waagschale geworfen und viele hatten verspielt. Die Grenzenlosigkeit des Raumes, der Durst und die Hitze hatten ihren Zoll gefordert; auch Tibbus oder Tuareg kannten nur selten Gnade.

Noch vor einem Menschenleben war das eine Fahrt in die echte Fremde, in das große Abenteuer. Heute ist das anders. Man erkauft sich das Recht, ein weiteres Land auf der langen Liste abzuhaken. Nur muß es soweit weg sein, daß einem nicht auch noch die Bäckersfrau erzählt, sie würde nächstens ebenfalls dahinfliegen.

Anderthalb Stunden nach dem Start in Frankfurt liegt die einstige Seeräuber-Insel Mallorca unter uns, und wie mit dem Fliegenden Teppich – schwupps – werden wir hineinkatapultiert in die so oft beschriebene bunte, faszinierende Märchenwelt des arabisch geprägten Afrika, genauer des Maghreb, noch genauer: des internationalen Flughafens von Algier.

Das heißt, wir befinden uns auf einer Baustelle mit arabischen und französischen Hinweisen und Schriftbändern. Auf der internationalen Flughafen-Baustelle irren verschleierte Frauen herum. Dunkelgekleidete Uniformierte, die mit ihren Kalaschnikows die Terroristen in Schach halten sollen, geben dem Ganzen einen martialischen Anstrich. Es regnet in Strömen, genau wie in Frankfurt.

Der Zoll. Auch diesmal habe ich ein flaues Gefühl in der Magengrube, wie eigentlich immer, wenn ich dieser Geißel der Menschheit gegenüberstehe. Nein, ich bin kein Berufsschmuggler und auch kein Drogenkurier. Ich habe ein fast immer reines Gewissen. Es ist einfach so, daß man nie weiß, was die Jungs mit dem Röntgenblick alles beanstanden. Diesmal sind es die fünf Zentner Dosenverpflegung, die uns Heinrichs Frau mit auf den Weg gegeben hat, die für das flaue Gefühl in meiner Magengrube verantwortlich zeichnen.

Heinrich ist die Hauptperson bei der Reise nach Timbuktu. Er ist unser Expeditionsleiter, er hat den Wüstentrip arrangiert.

„Pas de problème" gibt es hinsichtlich der Dosenverpflegung. Wenn nur nicht gleich nebenan eine Toilette gewesen wäre. Mein Gott, welch infernalischer Gestank. Teufels Großmutter unterm Arm plus zehn regennasse Hunde!

Weil wir so gut durchgekommen sind, leisten wir uns an der Bar des Hotels ein Bier. Das Hotel ist guter amerikanischer Standard mit Schweizer Preisen: Für das eine Bier müssen wir knapp 30 harte Deutsche Mark hinblättern, für das Doppelzimmer an die 250,- DM. Da schluckt selbst Weltmann Werner zweimal und – was das Bier angeht, viel langsamer als sonst. Wir beschließen, daß wir eigentlich überhaupt keinen Durst haben.

Interessant, die Gesichter des Personals zu studieren, wie sie zusehen, wie wir uns mit den schwereren, unsere Frauen sich mit den leichteren Gepäckstücken abschleppen. Auch nur eine Hand zu rühren, ist unter der Würde dieser verkleideten Wüstensöhne, die in der Holiday Inn-Uniform desinteressiert herumstehen.

Nein, der echte Maghreb, das ist Algier noch nicht. Im Vergleich zu dem internationalen Flughafen ist der nationale noch nicht ganz soweit, daß man ihn bereits als Baustelle bezeichnen könnte. Er besteht im wesentlichen aus einem Zelt. Nochmals nein, es ist kein Beduinenzelt, es ist eine von diesen merkwürdigen, aufgeblasenen Riesenwürsten, in denen anderswo Tennis gespielt wird. Mit der Sauberkeit haben es die Algerier wirklich nicht und was die Gerüche angeht ... Naja, das hatten wir schon.

Etwas über zwei Stunden Flugzeit. Unter uns dehnt sich die gelbbraune, zum Horizont hin verblassende, große Einöde. Oeds, Wadis, trockengefallene, verästelte, mumifizierte Flußsysteme, endlose Hammadas, die Geröll- oder Steinwüsten, Tafelberge, die Djebel mit schwarzen Schatten an den Westwänden. Dann von niederen Bergketten eingefaßt: Tamarasset. Tamarasset – sind wir jetzt in der Mutter aller Wüsten, der Sahara? Flughäfen jedenfalls, das weiß ich aus langer, leidvoller Erfahrung, gleichen sich wie ein Ei dem anderen: in Amerika, in Australien, auf Grönland, auf Neuguinea. Warum soll das in der tiefen Sahara anders sein?

Noch müssen wir warten, auf das Abenteuer Wüste ebenso wie auf Heinrich: Heinrich hat noch nicht ausgeschlafen, das heißt, er hat nicht so früh mit uns gerechnet. Daraus ergibt sich Zeit und Gelegenheit, sich mit der Gruppe vertraut zu machen:

Wir sind vierzehn. Zehn Männer, vier Frauen. Als erste hatte sich Renate, die Fremdsprachenkorrespondentin aus der Schweiz profiliert: Französisch ist den Algeriern immer noch geläufig und die zweite Amtssprache. Souverän hatte sie die Verhandlungen geführt. Werner, der geballte Abenteurer, hyperaktiv und oft nur mit Mühe zu bremsen, hat sie bereits angebaggert. Man darf Werner keinen Augenblick aus den Augen lassen, sonst droht Ungemach.

Ein ganz anderer Typ ist der Vorsteher einer Klapsmühle in NRW, Ende 50, ein sanfter Mann. Der zweite Mediziner ist der Gynäkologe mit den weichen Händen aus Klagenfurt. Er war Stabsarzt im Zweiten Weltkrieg. Otto dagegen, ein Pfälzer, scheint mir, Herz und Hand auf dem rechten Fleck, ein guter Kumpel zu werden. Er ist glühender Anhänger des FC Kaiserslautern. Bundesliga findet nämlich unter Deutschen überall auf der Welt, also auch in der Sahara statt. Otto ist ebenfalls Kriegsteilnehmer mit der bitteren Erfahrung von anschließenden sechs Jahren Workuta. So lange kein Saarländer in seiner Nähe auftauchen würde, würde es mit ihm gutgehen. Saarländer und Pfälzer mögen sich ebenso wie Badener und Schwaben. Aber lassen wir das. Das Ehepaar aus Berlin hatte sich zu Hause ein bißchen auseinanderdividiert. Mittels dieser Reise hatten sie nach dem letzten Strohhalm getastet, der den Riß überbrücken sollte. Angesichts der Absicht, den Teufel mit dem Beelzebub auszutreiben, melden sich bei mir ernste Bedenken. Eine Abenteuerreise legt die verborgenen Eigenschaften eines Menschen gnadenlos offen. Es kommen nicht immer gute zum Vorschein. Ich habe auch in dieser Hinsicht meine Erfahrungen gemacht.

Ein blonder Jüngling ist auch dabei, der gaaanz runde Augen bekommt, wenn er die kleinen Jungs betrachtet: Was solls, in vom Islam geprägten Ländern würde es damit kaum Probleme geben.

Dick heißt nicht nur so, er sieht auch so aus. So rund und freundlich, wie er dasitzt, so wird er auch sein.

Heinrich ist – wie bereits gesagt – der Leiter der Tour. Philipp, sein zweiter Fahrer, hat seine Freundin mitgebracht.

Die übrigen stufe ich als Mitläufer ein.

Die Gruppe: Das ist das A und O bei einer solchen Reise. Ein, zwei Stänkerer sind immer zu verkraften, doch wehe, wenn sie ihren Anhang finden, wenn in der Gemeinschaft der eine hüh, der andere hott zieht, wenn Spannungen aufkommen, die zu Zerreißproben führen, die die Atmosphäre vergiften.

Warum jetzt schon jammern? Es gilt, sich auf drei Unimogs zu verteilen und dann das gemeinsame Ziel anzupeilen, das sagenumwobene Timbuktu! Es gibt ein paar ferne Städte auf der Welt, alte Städte mit großen Namen. Sie verkörpern, riechen förmlich nach den klassischen Abenteuern und heißen Buchara, Samarkand, Adis Abbeba, Surabaya, Sansibar, Marrakesch. Zu diesem erlesenen Kreis gehört auch Timbuktu.

In den Straßen stehen Tamarisken; sie haben der Stadt Tamarasset den Namen gegeben. Viele der Frauen sind verschleiert. Die Männer haben sich in weiße, schwarze und blaue Gewänder gehüllt, auf den Köpfen thronen Turbane. Viele von ihnen sind Tuareg. Darüberhinaus beherrschen Uniformen das Bild, Militär und Polizei. Die Garnison liegt mitten in der Stadt.

Wir stärken uns im Hotel Tahat noch einmal mit Hammelfleisch und Vin Rouge d'Algérie. Wer weiß, wie das noch werden wird unterwegs mit dem Berg von Dosennahrung, den sogar der Zoll verachtungsvoll linksliegen ließ.

Endlich fahren wir ein Stück raus in die Wüste. Für mich ist das alles nichts

Neues, aber immer wieder beeindruckend, beängstigend, großartig, hinreißend. Das Sand- und Steinmeer hohnlacht jeder Indifferenz. Entweder man liebt – oder man haßt es. Die Wüste ist wie die weite See, das höchste Hochgebirge, wie jede absolute Landschaft. Sie verzichtet auf Zwischentöne.

Wir fahren zum Pic-Iharein, einem Felsen, der der Erosion standgehalten hat, während die Umgebung zu Sand zerrieben wurde. Im Monument Valley in Arizona habe ich ähnlich imposante Gesteinsformationen gesehen. Die Sonne steht schon tief, sie hat sich bereits rötlich verfärbt. Wir werfen langgezogene Schatten über die festgebackene Erde. Es sieht aus, als gingen wir auf Stelzen. Die Farben sind intensiver geworden. Das Gestein schimmert rötlich-orange, Formationen mit harten Schatten treten hervor. Steine, Sträucher, Felsen gewinnen Kontur, das Land beginnt zu glühen.

Heinrichs Zelte haben schon manchen Sturm erlebt. Die Reißverschlüsse haben gelitten. Man weiß ja, wie das ist mit Reißverschlüssen – und man weiß auch, wie das ist mit dem Sand. Undine und ich sind froh, unsere eigene Leinwand-Hütte mitgebracht zu haben.

Ich weiß es und habe es schon oft erfahren und erlitten, wie schnell es abends kalt wird, sobald der mächtige, rote Sonnenball hinter den Horizont gefallen und im Sand versunken ist. Tamarasset liegt 1.380 m über dem Meeresspiegel. Das Thermometer rutscht, mir nichts, dir nichts, ins Bodenlose. Zusätzlich schneidet ein eisiger Wind durch Mark und Bein. Die Finger sind so klamm, daß wir kaum noch die Rotweinbecher halten können.

Morgens um 8 Uhr, die Sonne ist bereits ein paar Handbreit über den Horizont hinweggerolt, zeigt das Quecksilber immer noch – 2 Grad Celsius.

Zwischen der Unendlichkeit der Wüste, der absoluten Landschaft und der grenzenlosen Freiheit, haben die Behörden sichtbare und unsichtbare Hürden aufgestellt. Die Marokkaner, die Algerier, Tunesier, die Libyer. Die von „weiter unten", die Bürokraten und Militärs aus Mauretanien, Mali, dem Niger, dem Tschad haben es ihnen nachgemacht. Zusammen mit dem Militär bewachen sie eifersüchtig die willkürlich und mit dem Lineal gezogenen Grenzlinien. Davor ist Wüste, dahinter, drumherum ist nichts anderes als Wüste. Aber die Grenze ist da – und sie scheint wichtiger als alles andere. Es könnte ja irgendwo Öl oder sonstwas Wertvolles in der Tiefe der Erde verborgen liegen. Vielleicht haben die Machthaber Angst, die Harka, die große Räuberbande, oder sogar eine feindliche Armee könnte unvermutet aus dem Nichts auftauchen und in das leere Land einfallen. Dagegen ist es sehr unwahrscheinlich, daß harmlose Touristen eine Bedrohung darstellen oder die tatsächlichen Reichtümer, das Licht, die Leere, die Faszination Wüste mitnehmen.

Jedenfalls tun die Grenzbehörden all dieser Sahara-Anrainer ihr Möglichstes, dem Reisenden das Leben schwer zu machen. Die Algerier wollen wissen, ob die

Leute, die einreisen, auch wirklich wieder ihr nicht immer so gastliches Land verlassen. Deshalb verlangen sie, daß ein Ausreisestempel in unsere Pässe gedrückt wird.

Aber der Sidi, der Herr, der mit dem verantwortungsvollen Auftrag des Abstempelns betraut ist, ist noch nicht da. Um ein Uhr, so heißt es, würde er seine Amtsräume aufsuchen.

Heinrich lädt uns zum Essen in ein „Restaurant“. Ich hatte bis dahin in allen fünf Erdteilen zum Teil in Dreck und Speck gehaust und gegessen, doch hier kommt ein bißchen viel zusammen: ungewaschenes Geschirr, ungewaschenes Besteck, ungewaschene Kellner, Stühle und Tische mit den Souvenirs vieler zuvor verzehrter Mahlzeiten bekleckert; die Schürze des Kochs hätte durchaus als Fond für eine kräftige Suppe Verwendung finden können. Zusätzlich ist da auch noch ein merkwürdig-eindeutiger Geruch, dessen Quelle und Herkunft wir rasch ausmachen: Auf dem angrenzenden freien Platz hocken Einheimische und Besucher friedlich nebeneinander, drücken sich die Augen vor den Kopf und kacken, was das Zeug hält.

Es ist mir bewußt und klar, daß wir unsere oftmals übertriebenen hygienischen Vorstellungen nicht auf andere Kulturen übertragen dürfen. Das gilt vor allem für die Wüste, wo Wasser so knapp und kostbar ist wie Eis am Amazonas. Doch der Mensch ist nun einmal ein Gewohnheitstier und braucht eine gewisse Frist zur Umstellung und Gewöhnung an die lokalen Verhältnisse. Da ist nichts zu machen. Die freilaufenden Hunde geben sich zwar alle Mühe, das Schlimmste wegzuräumen, aber auch ihrer Aufnahmefähigkeit hat die Natur Grenzen gesetzt. Und schließlich haben auch Hunde eine Verdauung. Alles fließt ...

Leider ist es über diesen philosophischen Betrachtungen 14 Uhr geworden und der Herr der Stempel hat sich zurückgezogen. Auf die Frage nach dem Wohin, wird uns bedeutet „zu Gaila“.

„Ausgerechnet jetzt muß der Kerl zu seiner Schlampe, zu dieser Gaila. Wer weiß, wie lange das dauert! Wir hätten ihm ein paar meiner Abführtabletten ins Essen rühren sollen“, grummelt Werner.

Heinrich klärt den Kameraden auf: „Hinter ‚gaila‘ versteckt sich keineswegs eine glutäugige, grazile Schöne. Es bedeutet soviel wie Siesta. Und die dauert wahrscheinlich länger als ein schlichtes Schäferstündchen. Wir sollen um 16 Uhr wiederkommen.“

Werner schimpft wie ein Rohrspatz.

„Gott gab uns die Zeit, von der Eile hat er kein Wort gesagt, Allah Insch a Allah. Das ist Mektoub, das Schicksal, dem kein Sterblicher entrinnen kann“, sagt Heinrich, der altgediente Saharafreak und -kenner. Auch so ein Spruch, der ganz wunderbar klingt, solange man nicht selbst betroffen ist.

Um 16 Uhr überreicht Heinrich mit großer Geste dem geplagten Grenzbeamten eine Flasche Drambuie. Dessen Augen leuchten auf wie die des weisen Marabout, der endlich eines der großen Daseinsrätsel gelöst hat. Der Herr der Stempel salutiert und winkt uns durch. Das hätten sich die guten McKinnons von der Isle of Skye im kühlen Schottland auch nicht träumen lassen, daß der von ihnen gebraute, süß-würzige Likör einmal in der tiefsten Sahara eine Kolonne von drei Unimogs aus den Klauen der Grenzbehörden befreien würde.

Das Gebirge bleibt hinter uns. Endlos dehnt sich der Sahel. Aus dem Sand ragen wie über den Boden des Spielzimmers geworfene Bauklötzchen, einzelne Felsstrukturen. Wir finden sogar ein bißchen Holz für ein abendliches Lagerfeuerchen.

Aber wie das so ist mit den Touren durch die Wüste: Von drei Fahrzeugen bekommt mindestens eines alsbald sein Wehwehchen. In dem Fall: Einer der Unimogs muß nach jedem Stop wieder angeschleppt werden.

Sand, Sand, nochmals Sand, den die Araber „fesch-fesch" nennen. Ein Milchauto-Umbau aus Belgien, Mann, Frau, Baby stecken bis zu den Achsen drin. Wir ziehen die Kiste raus, aber dann macht der Motor nicht mehr mit. Wir lassen ihnen etwas Wasser da und warten, bis aus der Gegenrichtung ein anderes Fahrzeug auftaucht, das sie abschleppen kann.

Es sieht entlang der Piste aus wie nach Rommels Rückzug aus Nordafrika. Überall am Wegesrand zurückgelassene, schrottreife Fahrzeuge. In einer Gruppe gleich vier „Enten". Erschreckende Beweise, wie schnell die Faszination Sahara zum Alptraum werden kann – wenn das Transportmittel und die Nabelschnur zur nächsten Wasserstelle, das Fahrzeug nicht mehr mitmacht! Der moderne Wüstenreisende begibt sich in eine neue Abhängigkeit, die er mit Freiheits- und manchmal sogar Lebensverlust bezahlen muß.

An der Grenzstation Guezzam kommt uns eine Kamelkarawane von mehreren hundert Tieren entgegen. Während die Wüstenschiffe hochmütig vorbeischaukeln, haben es die Zöllner diesmal auf das von uns zuvor deklarierte Geld abgesehen: Sie verlangen, daß es auf Heller und Pfennig vorgezählt wird. Während wir uns der Gewalt beugen, läßt Heinrich alles volltanken, was irgendwie hohl ist. Drüben im Niger, in einem der ärmsten Länder des Erdballs, wird es Treibstoffprobleme geben.

Eine Stunde später halten wir an der jenseitigen Grenzstation Assamakka. Was für ein Auftrieb: Zwei LKWs aus dem heimatlichen Ludwigsburg! Vier Landrover, weiß Gott woher. Ein VW-Bulli aus Stuttgart. Ein anderer aus Karlsruhe – und die Grenze wird um 17 Uhr geschlossen. Der Bürokrat tut seine Pflicht, von zwei bis fünf, mehr tut er nicht. Feierabend. Sogar an der Grenze zwischen Arabisch- und Schwarzafrika ist in dieser Hinsicht Pünktlichkeit angesagt. Dafür entschädigt uns das Wüstencamp zwischen den „sifs", den Dünen. Der Panzerspähwagen, der unnötigerweise auftaucht, brummt wieder davon.

Ein Traum von einem Platz! Als es am folgenden Morgen noch dauert mit der Einreise in den Niger, lassen sich die Frauen aus purem Jux und Tollerei seitwärts die steilen Sandhänge runterrollen bis in die Täler, die merkwürdigerweise „gassi" genannt werden. Auch Undine gehört zu den „Rollfrauen". Ein Ausbruch von kindlicher Lebensfreude, der den Ladies von Herzen gegönnt sei.

Doch als eine der Ladies den Schutz eines unscheinbaren Erdhügels aufsucht, um dahinter zu pinkeln, wird sie prompt vom Militär mitgenommen: Sie hat mit dem in ihrem Unverstand geborenen Verhalten eine Gebetsstätte geschändet!

Wie Heinrich diesen ungewollten Affront aus der Welt geschafft hat, bleibt sein Geheimnis. Wahrscheinlich mußte wieder eine Flasche Drambuie dran glauben.

Heute ist der 31. Dezember 1979 und damit Sylvester. Die Piste scheint endlos. Die Sonne wütet hoch im Zenith. Ihr böses, weißes, verschliertes Auge begleitet uns durch die unendliche Leere. Wir sind froh, wieder Leute zu treffen. Leute vom Volk der „kel-tagelmust", der Tuareg. Auch wenn die „Blauen Wüstenritter" ein bißchen heruntergekommen aussehen, tragen eine Reihe der Männer noch den „litham", den blauen Gesichtsschleier, die „gandura", das fließende, bodenlange Gewand über den „nails", den Sandalen an den Füßen. Einem von ihnen, der besonders erbarmungswürdig und armselig daherkommt, schenke ich ein Hemd.

Danach taucht mitten im Never Never eine Kontrollstation auf. Die Militärbürokratie des Niger hat im totalen Nichts diese bürokratische Barrikade aufgebaut. Nach zwei Stunden Wartezeit sind wir durch.

Früher hatten sich die Tuareg ihre Sklaven aus der Mitte der dunkelhäutigen Haussa geholt. Doch während die Herren zu überheblich, zu stolz, vielleicht auch zu faul waren, lesen und schreiben zu lernen, hatten sich ihre Sklaven als sehr lernbegierig erwiesen und sich in diesen Künsten ausbilden lassen. Damit haben sie die Verhältnisse umgekehrt. Heute sind sie die Machthaber.

Die Tuareg, nachdem ihre Haupteinnahmequellen wie Raub und Schutzgelderpressung weggefallen sind (letztere war der Tribut für eine freie Passage durch die von ihnen beherrschten Gebiete), sind nun die armen Teufel. Sie stöhnen unter der Knute der Haussa, der Bürokratie und deren nichtsnutzigen, willkürlichen Kontrollen.

Danach fahren wir am Mount Tazerzait vorbei querfeldein und nach dem Kompaß in Richtung Süden. Wir fahren stur und unentwegt. Aus dem Nichts tauchen Frauen auf und betteln um Wasser. Ihre gerbas, die Ziegenschläuche, sind leer. Seit Jahren ist hier kein Regen mehr gefallen.

Dann sehen wir die ersten „kaimas", die Beduinenzelte. Heinrich läßt anhalten und beginnt lange, komplizierte Verhandlungen mit dem „amenokal", dem Ältesten. Er will eine Ziege kaufen. Wir sollen sie am Abend gemeinsam aufessen.

Angesichts des unschuldigen Schlachtopfers gebieten wir Heinrich Einhalt. Die armen Geschöpfe sind so klapperdürr, daß es wohl nur darum gegangen wäre, wer die Knochen abnagen durfte oder mußte. Außerdem lehnen die Frauen in seltener Gemeinsamkeit das blutige Vorhaben ab.

Als wir unser Lager aufbauen, stehen, wie aus dem Boden gewachsen, bettelnde

Kinder um uns herum. Weiß der Leibhaftige, der „sheitan", wo die Kleinen herkommen. Wie üblich folgen nach und nach die übrigen Mitglieder der Tuareg-Sippe und nehmen uns mit Beschlag. Eher um etwas zu tun als in Verfolgung einer eindeutigen Absicht, feilschen wir wieder um eine Ziege. Auch dieses Biest ist klapperdürr. Die Frauen bleiben bei ihrer Ablehnung, Ziegenfleisch zu essen.

Die Gastlichkeit der Wüste. Wir machen es mal umgekehrt und laden die Tuareg ein. Die Männer tragen die „takuba", das zweischneidige Tuareg-Schwert am Schulterriemen, einige besitzen Flinten. Unter den blauen Tüchern halten sie sicher auch den „gumia", den Dolch verborgen. Sie blicken erwartungsfroh.

Es gibt Knödel mit Sauerkraut. Das schlägt einigen von den Blauen Rittern schwer auf den Magen. Aber die Mädchen kichern und beginnen, mit uns herumzuschäkern. Tuareg-Frauen gehen unverschleiert und gelten auch sonst als recht freizügig. Heinrich und ich geben uns Mühe, daß Werners besonders heiß pulsierendes Abenteurerblut nicht überkocht, daß auch sonstwo die Kirche im Dorf bleibt und nicht irgendein eifersüchtiger Targi die Kontrolle verliert und die Sylvesterparty in ein Blutbad verwandelt.

Undine verschenkt in ihrem Überschwang einen beträchtlichen Teil unserer Ausrüstung. Die Tuareg bedanken sich auf ihre Art. Am Morgen sind die vor unserem Zelt deponierten Wasserflaschen verschwunden. Der Apfel fällt nicht weit vom Stamm: Während ihre Vorfahren noch Karawanen überfallen und ausgeplündert und manche Militärstreife massakriert hatten, haben diese Wüstensöhne lediglich einen geringen Tribut in Form unserer Wasserflaschen erhoben. Trotzdem ist das nicht zum Lachen: Unter den gegebenen Umständen ist es ein schmerzlicher Verlust. Von unserem Dick haben sie den Trainingsanzug mitgehen lassen.

Als die „Blauen Ritter" am Neujahrstag wieder auftauchen, zeigen wir ihnen die kalte Schulter. Mit großer Gestik bedeuten sie uns, daß sie unschuldig wie neugeborene Lämmer seien. Die „iklan", die Schwarzen, ihre einstigen Sklaven, seien die Übeltäter gewesen. Denen sei überhaupt nicht zu trauen!

Ich weiß aus bitterer Erfahrung, wie sowas ausgeht. Wer in diesen Regionen des Erdballs die Macht hat, der hat auch das Recht. Gewehre, „takubas" und „gumias" sorgen neben der zahlenmäßigen auch für die waffentechnische Überlegenheit der Wüstensöhne. Wir geben ihnen zu verstehen, daß sie uns vor den Dieben hätten warnen oder schützen müssen, daß sie von uns nichts mehr zu erwarten hätten.

Die Einförmigkeit der Farben, der verschwimmende Horizont verwischt die Geländestruktur. Es ist, als befänden wir uns in einem riesigen brennenden Tennisball, der mit uns rollt und rollt und rollt und rollt.

Obwohl uns in dieser fatal anmutenden Gleichförmigkeit der Eindruck verlorengegangen ist, weitergekommen zu sein, taucht ein Ort mit dem schönen Namen Tegguiddan-Tessoum auf. Werner, der hartgesottene Abenteurer, verschwindet, ohne ein Ziel zu nennen. Als er wieder auftaucht, reißen wir verwundert die Augen auf. Er hat einen Kerl im Schlepptau, der – nein, es ist keine Fata Morgana – eine Kiste Bier auf der Schulter trägt. St. Pauli-Bier! Wie der Gerstensaft seinen Weg in diese gottverlassene Gegend gefunden hat, darüber können wir allenfalls spekulieren. Aber es gibt auch Brot. Bier, Brot und Dosenfraß, was solls? Wir sind in Tegguiddan-Tessoum und nicht im Tour d'Argent!

Eine Kamelkarawane kommt uns entgegen. Hunderte von Tieren schaukeln in Richtung Bilma quer durch die Ténéré, die Mutter aller Wüsten. Sie ist etwa 600 mal 1.500 km groß, mit den endlosen Geröllfeldern im Norden und den Dünen im Süden. Noch vor ein paar Dutzend Jahren galt die Heimat der Addax-Antilope als die letzte Herausforderung unter allen Sahara-Fahrern. Wer die Ténéré „gemacht" hatte, hatte sich die höchsten Weihen aller Wüstenfanatiker erworben.

Wir halten an: „P'tit gadou, p'tit gadou" (kleines Geschenk)! Es ist der Tag der offenen Hände; alle wollen etwas abhaben. Sollen sie! Wer sich aufmacht, auf dem Kamelrücken die Ténéré zu durchqueren, verdient nicht nur unsere Anerkenung, sondern auch eine kleine Gabe.

Wir nähern uns dem Sahel. Tamarisken und vertrocknete Cram-Cram-Sträucher. Höllentiefe Brunnen, manche reichen an die 100 m tief in die Erde. Esel, Kamele gehen im Kreis und ziehen das Wasser herauf. Ein armer Affe humpelt über den Weg. Er zieht ein Bein nach, wahrscheinlich ist es gebrochen. Am Kopf hat er eine tiefe Wunde. Wir sehen kaum noch Tuareg, dafür umsomehr Haussa.

Das Dorf In-Waggeur besteht aus Strohhütten – ein weiterer Hinweis auf vermehrten Pflanzenwuchs. Ein Zwerg kommt uns zur Begrüßung entgegen. Auf dem Markt herrscht das, was man gemeinhin als das „bunte Leben" bezeichnet.

Unangenehm ist, daß die folgende Wellblechpiste einen Kanister mit Diesel losschaukelt. Sein Inhalt wird uns fehlen. Vielleicht können wir uns bei den Versorgungsfahrzeugen der Rallye Paris – Dakar, die uns entgegenkommen, etwas kaufen, so hoffen wir.

Dann – kurz vor Abalak – rollen wir wieder über Asphalt. Die Unimogs schnurren dahin. Wer sagt's denn! Auch der kleine See mit den üppigen Gärten an seinen Ufern ist keine Fata Morgana.

Die Asphaltstraße erweist sich als bedauernswert kurze Episode. In Richtung Tahoua holpern wir wieder über eine Staubpiste.

In Tahoua ist Fleischmarkt. Blutgeruch, aufgereihte Hammelköpfe, aufgeschlitzte Hammelbäuche, Hammelkeulen, Hammelläufe, gestapelt wie Holzscheite, bewacht von sich träge räkelnden Katzen, umschwirrt von Fliegen. Heisere Stimmen. In der Gosse spielen Kinder. Krüppel humpeln herum. Wir beschließen einstimmig, vegetarisch zu leben, bekommen aber spanischen Rotwein. Es ist heiß, um die 40 Grad Celsius im Schatten.

Wir fahren durch ein ausgetrocknetes Bachbett, das heißt, wir rumpeln querfeldein. Wir passieren Dörfer, die sonst keiner anfährt. Dann, bei Laham, erreichen wir wieder die Piste, fahren nach Westen. Bei einem Brunnen halten wir Mittagsrast, beobachten die Mädchen beim Wasserholen.

Wo Wasser ist, breitet sich ein bescheidener Wohlstand aus. Ziegen und Zebus, Rinder, wenige Kamele und viele, viele Kinder. Die Kinder werden sich weitervermehren. Der bescheidene Wohlstand wird geteilt, nochmals geteilt und solange geteilt werden, bis nichts mehr davon übrig ist. Wir verteilen Bonbons. Die kleinen Teufel mit den großen Augen reißen uns fast die Arme ab.

Es ist ein fataler Kreislauf: Wenn Wasser gefunden wird, mehrt sich der Bewuchs, mehrt sich der Viehbestand, mehrt sich der Besitz, mehrt sich die Anzahl der Kinder. Die wiederum müssen sich mit immer kleineren Parzellen zufriedengeben, auf denen immer weniger Vieh Platz hat und Weide findet. Am Ende sind alle genauso arm wie zuvor.

Am 4.Januar fahren wir in die Hauptstadt Niamey am Nigerstrom ein. Auf der Kennedy-Brücke sind bei einem Unfall einem Kamel beide Hinterbeine abgerissen worden.

Die Stadt scheint aus einem einzigen riesigen Markt zu bestehen. Mit einem kaum vorstellbaren Gewimmel von Kamelen, Autos, Eseln, Menschen, Ziegen, Handkarren. Im Regierungsviertel, an der Avenue du Général de Gaulle und der Avenue du Président Luebke – sieh an, sieh an – ist es etwas ruhiger. Wir besuchen das National-Museum und speisen feudal im Damsi, dem Restaurant des Hotels Sonara, während unser Expeditionsleiter Heinrich – nein, nicht der Geist des verstorbenen Herrn Präsidenten Lübke – sondern unser eigener Expeditionsleiter, sich um die Fahrzeuge kümmert. In Niamey gibt es nämlich eine Mercedes-Vertretung.

Die bescheidene Zivilisation und das bunte Treiben in Niamey gilt als wohlverdienter, entspannender Kontrast zu den Entbehrungen, Strapazen und dem Staub und Dreck einer Wüstentour. Leider stinkt auch Niamey schlimmer, als dem alten Berber aus dem Hosenstall. Da ist die Kloake, die sich Kanalisation nennt. Doch die wirkliche Quelle des Gestanks ist das Menschengewimmel. Jeder, den das Bedürfnis überkommt, egal, wo er gerade promeniert oder herumsteht, läßt ungeniert die Hosen runter, bzw. hebt das Gewand und geht in die Hocke.

Die noch von den Franzosen angelegten Parks und Gartenanlagen sind förmlich zugeschissen. Bei uns sind's die Hunde, hier sind's die Menschen.

Heinrich, der Expeditionsleiter, eröffnet uns, daß die Reparatur sich hinziehen wird. Die neue Einspritzpumpe funktioniert nicht, da beim Einbau ein Fehler gemacht wurde. Auch Anschleppen hilft nicht mehr. Die Maschine tut's nicht. Das bedeutet – es ist auch noch Wochenende -, daß wir bis Montag bleiben müssen. Das bedeutet aber auch, daß die Tour abgekürzt – daß Timbuktu möglicherweise gestrichen werden muß. Das bedeutet weiter, daß es lange Gesichter geben wird.

„Es kommt nie ganz so schlimm, wie man fürchtet und nie ganz so gut, wie man hofft“, meldet sich der sonst so schweigsame Otto zu Wort.

Wir telefonieren mit Mercedes in Gaggenau, hoffen auf eine schlüssige Ferndiagnose. Aber auch in Deutschland ist Wochenende, und der Meister ist nicht aufzutreiben. Ein Telex vertröstet uns auf die folgende Nacht.

Danach hocken wir über dem Flußufer und blicken auf den träge im Abendlicht dahinziehenden Niger. Schlanke Einbäume scheinen auf der Wasserfläche zu schweben, Reiher kurven mit gemächlichem Flügelschlag. Dunkelhäutige, nackte Männer stehen im Fluß, waschen ihre Kleider und dann sich selbst. Die meisten sind beachtlich, sehr beachtlich bestückt. Die Frauen betrachten traumverloren, scheinbar nur mäßig interessiert, das Treiben im flachen Wasser. Die Erfahrung vieler, vieler Ehejahre sagt mir, daß sie insgeheim scharfäugig beobachten und sich ihre Gedanken machen.

Werner leidet an einem fürchterlichen Durchfall. Der große Abenteurer war der Ansicht, daß er gegen Afrikas Bakterien und Mikroben immun sei. Er hatte im Restaurant Damsi Tomatensalat gegessen. Jetzt hat er ein Rührwerk im Leib und glaubt, Rasierklingen zu scheißen. Er liegt im Zelt – der bedeutsame Mann ist zu einem Bild des Jammers geschrumpft.

Endlich trifft die Ferndiagnose von Mercedes ein: Es ist aller Wahrscheinlichkeit nach der Fliehkraftregler, wenn nicht auch noch die Pumpe. Heinrich hat endlich zwei junge Schweden aufgetrieben, die in ihrer Werkstatt die Reparatur fachmännisch durchführen.

Ich möchte nicht in Heinrichs Haut stecken. Er hat alles in seiner Macht Stehende getan und ist auch weiter bestrebt, daß die Reise so störungsfrei und glatt wie möglich abläuft. Doch was kann er machen, wenn so ein verdammter Fliehkraftregler oder sonst ein elementar wichtiges Teil seiner Unimogs den Geist aufgibt? Für die meisten seiner Kunden ist das alles ganz einfach: Sie haben ihren Obolus entrichtet und stellen sich auf den Standpunkt: sieh zu, wie du klarkommst! Sonst ... Noch gibt es keine offenen Drohungen.

Das wird sich ändern, wenn herauskommt, daß der Terminplan nicht eingehalten werden kann, wenn nicht das Ziel Timbuktu gestrichen wird. Ich bin gespannt, was dann passiert.

Jetzt schon beginnt die große Diskussion. Werden wir es noch schaffen? Wird noch genügend Zeit bleiben, sich die sagenumwobene Stadt anzusehen? Die beiden Mediziner, die sich bislang kaum hervorgetan haben, ventilieren die eingetretenen Mißstände, die wahrscheinlich dazu führen werden, daß wir nicht mehr nach Timbuktu kommen werden. Die große Zerreißprobe ist da. Jetzt wird sich zeigen, wer Anstand hat und wer nicht. Wir werden die Kameraden kennenlernen.

Heinrich hat sich abgesetzt. Er hat genug Ärger und Kosten mit seinen Fahrzeugen am Hals.

Wir müssen uns beeilen, noch aus Niamey rauszukommen. Nach 20 Uhr darf niemand mehr die Stadt verlassen. Es ist wie im Mittelalter, als abends die Tore geschlossen, die Bürgersteige hochgeklappt und der Mond mit der Stange weitergeschoben wurde.

Bis Tillabery genießen wir den Komfort des Asphalts. Danach wieder Waschbrett, ausgefahrene Rinnen, Geschüttel, Staub, Dreck. Auf einem österreichischen Fahrzeug prangt die Aufschrift „West-Afrika Expedition". Wir sehen einen PKW mit einer Reutlinger Nummer. Landsleute ...

Am Schlagbaum der Grenze nach Mali hängt der mächtige Kopf eines Flußpferdes. Danach folgt Kontrollstation auf Kontrollstation. Kontrolliert eigentlich eine Station die andere, ob sie auch richtig kontrolliert hat?

Kaum haben wir zum x-ten Mal unsere Papiere vorgezeigt, werden wir wieder angehalten. Man bringt uns eine Frau mit entzündeter Brust und einem Kind, das Blut spuckt. Die beiden Mediziner geben ihr Medikamente, hoffen, daß sie helfen.

Die Nacht ist herrlich, doch die Stimmung ist gedrückt. Die Frau, das Kind gehen uns nicht aus dem Kopf.

Am folgenden Tag fahren wir am Niger entlang nach Gao. Es hilft nichts, ich kann die einstige blühende Stadt – political correctness hin, political correctness her – nur noch unter der Rubrik „verkommen" einordnen. Die unter der Herrschaft der Franzosen errichteten Gebäude sind verrottet. Die noch frühere Herrlichkeit ist versunken, ohne sichtbare Spuren zu hinterlassen. Gao war die Hauptstadt des Reiches der Songhai, in dem zwischen dem 7. bis zum 14.Jahrhundert die Dynastie der Dia herrschte.

Das Reich der Songhai war einer von mehreren Machtkomplexen dieses Raumes, die sich zum Teil überlappten und bekämpften oder einander ablösten. So zum Beispiel das Land Gana (nicht zu verwechseln mit dem heutigen Ghana), das angeblich zu Beginn des 11.Jahrhunderts 200.000 Krieger und 40.000 Reiter aufbieten konnte.

Der Chronist Ibn Hautal schreibt im Jahr 1054: „Man baut auch Weizen mit dem Spaten an und begießt ihn mit der Hand, so daß nur die Reichen von ihm essen können. Aber die Bewohner leben im Wohlstand und besitzen große Reichtümer ... Es gibt sehr geschickte schwarze Köchinnen, die man schon für zehn Goldstücke kaufen kann und die sehr schmackhafte Gerichte zuzubereiten verstehen. Man kann dort auch Mädchen mit schönen Gesichtern, heller Haut und schlankem Wuchs sehen. Sie haben feste Brüste, die Schultern sind breit, die Taille ist schmal, der Hintern schön und rund ..."

Worauf Werner, der sonst lieber selbst redet als zuhört, diesmal ganz Ohr ist, anerkennend mit der Zunge schnalzt.

Das bereits mächtige Gana wurde absorbiert von dem Großreich der Mali, das praktisch den gesamten südwestlichen Sahel beherrschte. Der glänzendste seiner Herrscher – die Kunde von ihm drang bis nach Europa – war Kankan Mussa (1312 – 1337). Von seinem Reichtum und seiner obligatorischen Pilgerreise nach Mekka erzählen die Leute im Sahel noch heute. Der schriftkundige Ibn Battuta schrieb, daß Kankan Mussa von einem imposanten Gefolge von 60.000 Mann begleitet wurde. Darunter befanden sich angeblich nicht weniger als 500 Sklaven, die nichts anderes als die Reisekasse, sprich, das Gold trugen.

Aber auch das glänzende Mali blühte nur eine gewisse Zeit. Es wurde abgelöst von dem Songhai-Reich.

Ausgehend von Gao eroberte der Songhai-Herrscher Sonni Ali, der „Große Halunke", im Jahre 1465 Timbuktu, das 30 Jahre zuvor die Tuareg in ihre Gewalt gebracht hatten.

Timbuktu galt als das reiche Mekka der Sahara, die Stadt der Händler und der Wissenschaften, von der die Karawanenwege aller Richtungen sich mit der Flußstraße des Niger kreuzten.

Von Sonni Ali selbst hieß es, daß er „gottlos, tyrannisch, hochmütig, eigensinnig, irrgläubig, hartherzig und blutrünstig" war. Einer, der sich nicht einmal scheute, fromme Schriftgelehrte hinrichten zu lassen, wenn es ihm eben paßte. Damit besaß er die wichtigsten Voraussetzungen eines Eroberers und umumschränkten Machthabers. Unter seiner Herrschaft erreichte das Songhai-Reich seine größte Ausdehnung und beherrschte den südlichen Sahel.

Wie es heißt, hat auch die Soldateska Sonni Ali's unter den Wissenschaftlern, den Gelehrten, den Vordenkern und Schriftgelehrten des Islam gewütet, hat ihren Besitz und den der übrigen Bewohner geplündert. Zusammen mit Gao konnte Timbuktu bis dahin mit allen glänzenden Städten der Welt konkurrieren und besaß bereits eine berühmte Universität. In vielen Bereichen war die Stadt der damaligen europäischen Zivilisation überlegen.

Schon Sonni Ali's Nachfolger, Muhamed Ture, auch Askia der Große genannt, verhalf Timbuktu wieder zum alten Glanz und zur einstigen Bedeutung. An der Universität lehrten und forschten mehr als 100 Astronomen, Geographen, Mediziner, Theologen und Juristen.

Timbuktus Gelehrte wurden gelobt als „Väter des Segens, scharfsinnige Geister, der Schmuck ihrer Zeit; als prachtvolle Redner, Meister der edlen Handlungen und Zentren des Lichtes."

Ihr Schirmherr Askia der Große unternahm endlich auch die obligatorische Pilgerreise nach Mekka. Der von ihm betriebene Aufwand konnte sich zwar nicht mit dem des Maliherrschers Kankan Mussa messen, war aber trotzdem eindrucksvoll genug. Damit es dem Songhai-Herrscher unterwegs an nichts fehlte, begleitete ihn ein Troß von tausend Bediensteten zu Fuß und eine Reiterschar von 500 Mann.

Der Herrscher beschenkte unterwegs die Armen, aber auch die Mächtigen. Man gab ihm den Ehrentitel „Amir al Muminin“, was soviel wie „Herr der Rechtgläubigen“ bedeutet. Doch kaufen konnte er sich dafür nichts. Vielmehr mußte Askia der Große sich bei ägyptischen Kaufleuten 150.000 Dukaten leihen, um die standesgemäße Rückreise zu finanzieren.

Das Songhai-Reich wurde übrigens von den Marokkanern 1593 erobert und vernichtet. Im Gegensatz zu den Verteidigern besaßen die Maghrebiner bereits Feuerwaffen, und die gaben den Ausschlag zu ihren Gunsten. Als die Eroberer abzogen, nahmen sie unter anderem 15 jungfräuliche Königstöchter als Kriegsbeute mit, daneben eine große Zahl von Zwergen, Eunuchen und anderen Sklaven. Ihre Kamele beluden sie mit Goldstaub, Pfeffer, Elfenbein, Straußenfedern, Honig und weiteren Reichtümern. Aber die einst blühenden Städte Timbuktu, Gao und Djenne lagen in Trümmern. Sie sollten danach nie mehr zu alter Größe und Bedeutung zurückfinden.

Pracht und Herrlichkeit sind aus Gao geschwunden. Dafür wimmelt es in der Stadt vor Militär. Am Niger liegen zwei Fähren, beide sind in Deutschland gebaut. Die kleinere „Bonn“ hat Maschinenschaden.

Wir setzen mit drei, vier Dutzend Kamelen über. Als die Diesel anlaufen, geraten die sonst so stoischen Tiere in Panik. Das Deck ist schmierig von Kot und Urin. Zwei Kamele brechen sich die Beine; man läßt sie einfach liegen. Kein Mensch gibt ihnen den Gnadenschuß. Uns schaudert.

In der folgenden Nacht verirrt sich der Klapsmühlen-Doktor. Er wollte den vom Mondlicht verzauberten Sahel in intensivem Alleinsein meditativ erfahren, erklärt er nachher. Seine schrillen Hilfeschreie erinnerten an das Heulen eines Schakals – berichtete Philipp, der den sich immer weiter entfernenden, klagenden Lauten nachgegangen war. Endlich sei es ihm gelungen, Rufkontakt herzustellen, den verirrten, verwirrten Doc zum Stehenbleiben zu bewegen, zu finden und zurückzubringen.

„Ach was, zu mir hat er gesagt, er wollte nur scheißen gehen“, grummelt Otto.

Nur der Arzt aus Klagenfurt zeigt tiefempfundenes Verständnis für den Kollegen. Die Folge ist, daß sich der Start der Truppe verzögert. Die Beiden werden einmal mehr nicht fertig. Eine feindselige Stimmung macht sich breit, es tun sich Gräben innerhalb der Gruppe auf.

Die folgende bösartige Piste, die den Unimogs und uns Insassen hart zusetzt, trägt nicht zur Entspannung bei. Auch nicht die junge Mutter, noch ein halbes Kind, an deren verletzter Hand der Wundbrand das Schlimmste befürchten läßt.

Die niederschmetternde Diagnose des Doktors aus Klagenfurt lautet: sofortige Amputation! Die ist natürlich unter diesen Bedingungen von ihm nicht durchführbar. Wir stehen hilflos herum, verteilen Penicillin und Schmerztabletten. Die junge Frau ist nur eine von vielen, denen wir nicht helfen können. Wir fahren weiter.

Es passiert, was passieren muß: Ein Radlager gibt seinen Geist auf. Einmal mehr ist Heinrich gefordert. Ich helfe ihm nach besten Kräften, die anderen stehen rum. Ich erkenne an ihren Gesichtern, daß bei einigen ihr Gefühl des Nichts-Tun-Könnens und des Ausgeliefertseins in die Suche nach dem Sündenbock mündet. Wer könnte das anders sein als der arme Heinrich!?

„Das alles hätte man besser organisieren müssen! Bessere, neuere Fahrzeuge, ein entsprechendes Ersatzteillager, einen oder mehrere ausgebildete Automechaniker" – ist der bisher unausgesprochene Tenor.

Statt in Einzelgesprächen einleuchtende Erklärungen zu liefern und die ganze Geschichte nicht aus dem Ruder laufen zu lassen, müssen Heinrich und ich uns auf die Reparatur konzentrieren. Sonst geht es überhaupt nicht mehr weiter.

Ich mache Heinrich den Vorschlag, den Aufgabenbereich zu teilen. Er, eher Techniker als echter Führer, wird sich in Zukunft in erster Linie um die Fahrzeuge kümmern. Ich werde versuchen, den Zusammenhalt der Gruppe wiederherzustellen. Schließlich ist eine Anzahl von Leuten dabei, die erkannt haben, daß zum Erreichen des gesteckten Zieles und damit zum Gelingen einer solchen Tour Fortüne die wichtigste Voraussetzung ist. Fortüne in Gestalt eines reibungslosen Funktionierens der Technik, sprich der Unimogs.

Die Zeit läuft uns ohnehin davon. Timbuktu ist nur noch in langen, ermüdenden, reibungslos ablaufenden Etappen zu schaffen, während denen nicht das Geringste, das uns aufhalten könnte, passieren darf. Und damit ist, wie die Erfahrung lehrt, keineswegs zu rechnen.

Bei Hombori schwimmen die ersten Tafelberge über der versengten Steppe. Wir werden zu einer Hochzeitsgesellschaft geladen. Die fremdartigen Tänze, der dumpfe Klang der Trommeln lenkt uns eine Weile ab, führt aber zu keinem echten Stimmungsumschwung in der Gruppe. Der Wurm ist drin – und der Wurm sitzt tief.

Das Auftauchen des schwedischen Motorradteams auf der Rallye Paris – Dakar lenkt eine Weile ab. Wir liefern uns ein Rennen mit deren Versorgungstroß. Ich weise auf das Verhältnis der enormen Kosten hin, das ein reibungsloses Funktionieren einer solchen Rallye verschlingt und halte dagegen, was unserem armen Heinrich an Mitteln zur Verfügung steht. Die meisten sehen das ein, aber ausgerechnet die Herren Akademiker verweigern sich, bleiben störrisch.

Bei einer Kontrollstation müssen wir den Namen unseres Teams angeben. Ich deute auf Heinrichs Mütze, auf der ganz zufällig der Name „Karstadt" prangt. Also segeln wir eine Weile unter dem Begriff „Karstadt Racing Team" und können so ein paar unangenehme, zeitraubende Militär-Kontrollen umgehen.

Timbuktu rückt wieder näher. Es ist bei einigen von uns zur Obsession geworden. Ich wünsche es Heinrich von Herzen, daß es noch klappt, bleibe selbst aber skeptisch.

Als sich in Mopti ein Kamerateam an uns heranmacht und ein Interview haben will, verläßt Heinrich der Mut. Er macht sich davon. Die Journalisten riechen den Braten, alarmieren eine Polizeistreife. In unseren Papieren fehlen – Fluch der bösen Tat und Folge unserer Mogelei – ein paar äußerst wichtige Stempel! Wir haben gepokert und verloren. So ist das nun einmal.

Bis zur restlosen Klärung der Angelegenheit, so wird uns erklärt, dürfen wir die Stadt nicht verlassen! Sprit gibt es ohnehin nicht. Der wird für das alles überschattende und absorbierende Großereignis Rallye Paris – Dakar gebraucht!

Da hilft nur noch massives Bakschisch. Wir dürfen außerhalb zelten, bekommen nach langem, intensiven Feilschen Diesel für umgerechnet DM 4,- pro Liter! Wir werden die wiedergewonnene Freiheit für einen Ausflug zu den Dörfern der Dogon nutzen, als uns ein zweites Radlager verreckt.

Das bedeutete eine weitere Verzögerung, doch der Ausflug zu den Dogon hat sich gelohnt. Diese Menschen leben ärmlich, doch ihre Baukunst ist einzigartig. Ähnliches gibt es nur noch im Südwesten der USA, in den sogenannten Cliff Palaces der ausgestorbenen Anasazi. Beeindruckend, wie die Dogon ihre Häuser wie Bienenwaben an den Steilabfall der „Falaise“ – einer Abbruchkante – kleben, die 300 m hoch über die Ebene von Gondo aufragt.

Diese Menschen sind kleiner, dunkler, plattnasiger, „negroider“ als die benachbarten Sudaniden. Im Gegensatz zu diesen sind sie vorwiegend Ackerbauer. Sie nutzen die kleinsten Terrassen am Steilabfall, müssen das während der kurzen Regenzeit fallende Naß sammeln und hüten, um die langen Trockenperioden überleben zu können.

Es gibt bei ihnen eine gewisse Arbeitsteilung, die Vorstufe zu unseren Handwerkszünften. Schmiede, Töpfer, Weber, Korbflechter, Kürschner, Goldschmiede, Schnitzer, sowie die „Gelehrten“, d.h. die Bewahrer einer überaus reichen Tradition und Überlieferung.

Sich mit den Dogon und ihrer einzigartigen Kultur zu beschäftigen, wäre eine hochinteressante Lebensaufgabe. Doch wir wollen, sollen ja noch nach Timbuktu!

Nicht nur für mich steht inzwischen außer jeder Frage, daß wir diese einst märchenhafte Stadt aus unserem Programm streichen müssen. Der Weg um das ausgedehnte, unwegsame Binnendelta des Niger herum wäre viel zu zeitaufwendig. Ich beschließe, erstmal nichts zu sagen. Heinrich tut mir leid. Er muß bluten. Der Diesel, den er auf dem Schwarzen Markt kaufen muß, wird das letzte Überbleibsel des bescheidenen Gewinns, den er aus der Tour herauszuschlagen versucht, restlos auffressen. Zusätzlich ist noch ein üppiges Schmiergeld fällig, um überhaupt aus Mopti, in das wir zwangsläufig zurückkehren müssen, wieder rausgelassen zu werden.

Nicht nur Timbuktu rückt in unerreichbare Fernen, auch das auf dem Programm stehende Djenne muß gestrichen werden. Djenne gilt mit seiner sehenswerten Moschee und den alten Etagenhäusern davor als wesentlich reizvoller als Timbuktu, wird aber zwischen November und Januar vom Hochwasser des Bani, einem Nebenfluß des Niger, zu einer Insel. Es bleibt deshalb für uns unzugänglich. Es sei denn, wir wären auf Einbäume umgestiegen.

Inzwischen geht es nur noch darum, rechtzeitig nach Tamarasset zurückzukehren, damit wir nicht auf unbestimmte Zeit irgendwo im großen Never Never festsitzen, daß die für die meisten existenzwichtigen folgenden Termine nicht auch noch vor die Hunde gehen, daß die teuren Flugtickets nicht verfallen, daß sich der ohnehin bis auf Blut gepeinigte Heinrich nicht zusätzlich einer Flut von Schadensersatzklagen erwehren muß!

Ich lege den Stand der Dinge offen. Prompt kommt es zu der erwarteten Rebellion der beiden Akademiker und ihres Anhangs von zwei weiteren Mitläufern.

Sie wollen, koste es, was es wolle, unter allen Umständen nach Timbuktu!

„Wir haben Timbuktu gebucht – und wenn wir nicht hinkommen, dann wird geklagt!" ist das Credo der Vier.

Wenn wir überhaupt noch den Rückflugtermin ab Tamarasset schaffen wollen oder können, müssen wir den großen Niger-Bogen querbeet und direkt durchfahren, d.h. Timbuktu links, genauer westlich, liegen lassen.

Diese Route ist erheblich kürzer. Auf der anderen Seite ist das Risiko größer, stecken zu bleiben und ganz aufgeben zu müssen. Doch das ist das Abenteuer! Dessen Wesen besteht doch darin, ein Ziel zu haben, zwar mit allen Mitteln zu versuchen, dieses Ziel zu erreichen; aber auch, wenn es sein muß, zähneknirschend verzichten zu können.

Es wird vielzuviel mit dem Begriff „Abenteuer" herumhausiert. Alle Welt bucht „Abenteuer-Reisen", bei denen das einzige Abenteuer darin besteht, daß ein abenteuerlicher Preis für irgendein exotisches Sightseeing auf den Tisch geblättert werden muß.

Echtes Abenteuer ist wie ein dünnes Seil, an dem man sich entlang zum Ziel vortastet – ohne zu wissen, ob dieses Seil auch wirklich hält. Das Seil besteht in unserem Fall aus den drei Unimogs. Wenn es mit ihnen keine Probleme gegeben hätte, hätten wir das Programm vollständig abhaken können, trotz all der unvorhersehbaren Verzögerungen durch bürokratische Willkür und Ineffektivität.

Das Vertrackte am Abenteuer ist, daß wir uns zwar unseres Wohlstandes bedienen – so versuche ich es den Herren Akademikern zu erklären – um seinen Segnungen zu entfliehen. Doch irgendwann müssen wir in die Wohlstandsgesellschaft zurückkehren, um uns weitere Mittel zu beschaffen, damit wir uns aufs neue ins Abenteuer stürzen können.

Und außerdem, so beende ich meinen Vortrag, steht in Jean Gabus' trefflicher Reisebeschreibung:

„Timbuktu ist eine graue Stadt, eine Stadt aus den in Horgoussou gebrochenen Steinen, eine trostlose Stadt. Mit Ausnahme der drei Moscheen – sie sind durch viele Reparaturen verändert – und einiger Fenster und Türen in marokkanischem

Ton, gibt es augenscheinlich nicht mehr viel von dem, was man das sudanesische Rom nennen könnte. Die Stadt scheint zwei Zeitaltern anzugehören, ohne jedoch den tragischen Glanz der Ruinen von Oualata zu besitzen.“

Oualata, das sei in diesem Zusammenhang erwähnt, ist eine einzigartige, halbversandete Ruinenstadt in Mauretanien, die in der Vergangenheit einen regen Austausch mit Timbuktu pflegte. Nach Oualata zu fahren, ist ein echtes Abenteuer – nicht nur wegen der schwierigen Piste, sondern auch wegen der kriegerischen Banden, die das Feld beherrschen. Für uns kommt Oualata nicht infrage.

Unter Abwägung aller Gesichtspunkte bleibt uns wirklich nichts anderes übrig, als auf dem schnellsten Weg zurück nach Tamarasset zu fahren. In Tamarasset sollen in festgelegter Reihenfolge die Leute unserer Gruppe, die zurückwollen oder müssen, sich in die dort abfliegenden Maschinen einbuchen dürfen, da unsere Reservierungen verfallen werden!

Werner, der große Organisator, übernimmt diese Aufgabe. Wie und mit welchen Mitteln er sich selbst an die erste Stelle, Undine und mich an die zweite bzw. dritte plaziert und das auch noch vertraglich fixiert, sogar noch schriftlich bekommt, ist mir heute noch ein Rätsel. „Man muß manche Menschen mit den eigenen Waffen schlagen“, verkündet der Weitgereiste.

Kein Mensch kümmert sich danach mehr um die Wüstensteppe im großen Nigerknie, schenkt den rosafarbenen Dünen der Wüste Gourma einen Blick; statt dessen wird verbissen geschwiegen oder endlos über Recht oder Unrecht diskutiert.

Zu allem Unglück wird Otto krank, worauf der Arzt aus Klagenfurt den Pfälzer schlicht als Simulanten bezeichnet.

Wie befürchtet, wird die Fahrt durch den Gourma zur Hölle. Die Fahrzeuge, wir selbst, werden erbarmungslos durchgeschüttelt, obwohl wir kaum noch schneller als mit doppelter Fußgängergeschwindigkeit vorwärts kommen. Wir navigieren nach dem Kompaß. Otto stöhnt bei jedem Schlagloch laut auf.

Es ist reines Glück, daß wir den Übergang über den Niger finden. Doch die Fähre liegt am anderen Ufer und hat keinen Sprit. Wir sind ziemlich ratlos. Heinrich weigert sich, aus unseren Vorräten Diesel abzugeben. Wenn er es täte, würden wir zwar über den Niger rüberkommen, doch danach irgendwo am Nordufer des Stromes – möglicherweise wasserlos – im großen Never Never festsitzen. Dieses Risiko kann und darf er nicht eingehen.

Damit schlägt die Stunde der Doctores. Beim örtlichen Apotheker – Mediziner unter sich! – treiben sie 20 l Treibstoff auf! An die zehn Mark müssen sie pro Liter berappen. Für den Fährtrip über den Niger zahlen sie DM 200,- an. Leider haben sie keinen Diesel, sondern Brennspiritus eingekauft!

Der Kommandant einer Kontrollstation sucht uns auf und verlangt, daß einer unserer Ärzte in ein Dorf in der Nähe fährt. Seine Schwiegermutter sei erkrankt.

Der Österreicher willigt sofort beigeistert ein; er hofft, mit Hilfe des Kommandanten doch noch über den Niger zu kommen.

Wir übrigen sind skeptisch und sollen leider recht behalten. Der Kommandant denkt nicht daran, uns zu helfen; er verbietet uns im Gegenteil aus unerfindlichen Gründen, den Ort zu verlassen, weil angeblich mal wieder ein Stempel fehlt. Unser Treibstoff reicht nur noch aus, um auf direktem Weg nach Gao zu brettern und dort überzusetzen!

In der Nacht erkrankt auch noch Klaus. Damit haben wir zwei Probleme. Wir müssen nach Gao! Wir dürfen davon ausgehen, daß uns niemand verfolgen wird und beschließen, einfach abzuhauen. Der Kommandant hat seinen letzten Sprit beim Trip zur Schwiegermutter verfahren.

Also brettern wir los. Querfeldein brechen wir durch das Dornengestrüpp. Ein Seitenfenster wird zerschlagen. Was soll's, wenn's weiter nichts ist!

Hinter uns zeigt sich eine Staubwolke – ein Jeep, der rasch aufholt. Sollte der Kommandant doch noch ...? Wir versuchen eine Weile, mit eben noch vertretbarer Höchstgeschwindigkeit zu entkommen, merken aber bald, daß die Verfolger schneller sind. Wir erkennen schwarzgekleidete Gestalten als Insassen, drosseln das Tempo.

Zu unserem grenzenlosen Erstaunen sitzen in dem Jeep neben dem Fahrer drei veritable Nonnen!

„Mir nach", ruft ihr Chauffeur mit einer weitausholenden Armbewegung auf deutsch. Wir folgen ihm, können das Rätsel nicht lösen.

Als der Jeep nach kurzer Zeit stoppt und uns der Fahrer in Elsässer-Dütsch erklärt, wie wir weitermüssen, danken wir dem Himmel, daß es in der Gourma ein Nonnenkloster gibt, daß die gütigen, elsässischen Schwestern offenbar mit dem Kommandanten ein Hühnchen zu rupfen haben und uns aus diesem Grund weiterhelfen.

Als wir endlich auf der jenseitigen Nigerseite in Gao ankommen, nimmt uns die Polizei in Empfang. Der Kommandant hatte zwar keinen Sprit mehr, doch sein Telefon funktionierte.

Das Verhör zieht sich hin und es zieht sich her. Nach großem Palaver genehmigt uns der Polizeichef von Gao, ein bestimmtes Hotel zur Esseneinnahme und zur Übernachtung aufsuchen zu dürfen.

„Es ist ein Etablissement, das garantiert seinem besten Freund gehört", knurrt Heinrich.

Wir stimmen die alte Leier vom letzten Geld an. Irgendetwas rührt das harte Herz des Polizeichefs. Vielleicht handelt es sich doch nicht um den allerbesten Freund – Allah weiß es, wir nicht. Der Oberpolizist gestattet uns, in der Nähe des Flughafens zu campieren.

Inzwischen finden wir heraus, was mit unseren Papieren nicht stimmt. Die Visa sind abgelaufen, ohne daß es jemand von uns bemerkt hatte! Eine Erneuerung oder Verlängerung, so bedeutet uns der strenge Herr Polizeichef, sei nur möglich, wenn wir uns endlich in dem bereits empfohlenen Hotel seines Freundes einquartierten und dort unsere Mahlzeiten einnähmen. Wir krempeln unsere leeren Taschen um, zeigen ihm das Futter und heben die Schultern bis zu unseren Ohren.

Wir suchen und finden einen Kompromiß: Wir essen in dem Hotel des Freundes, erhalten dafür die Pässe ausgehändigt, mit der Auflage, auf dem kürzesten Weg zur Grenze zu fahren.

Heinrich gibt die Anweisung, den Wasserverbrauch streng zu rationieren, da wir Abkürzungen abseits der Pisten benutzen werden. Nur so können wir vielleicht doch noch rechtzeitig Tamarasset erreichen!

In der Nacht habe ich einen merkwürdigen Traum: Regen tropft, fällt auf Metall. Es rauscht – und da prustet einer in inbrünstigem Genuß. Es dauert eine Weile, bis ich merke: Es ist gar kein Traum, irgendwas ist da los!

Ich bin erst baß erstaunt. Dann packt mich die kalte Wut: Da steht der Klapsmühlen-Doktor und wäscht sich genüßlich von Kopf bis Fuß! Es ist nicht zu fassen! Ich muß erstmal nach Luft schnappen. Was ich dann dem Herrn Doktor zu sagen habe, stammt sowohl aus meinem pornographischen, wie blasphemischem wie auch zoologischem Repertoire. Präsumptive Beleidigungsklagen Zum-geht-nicht-mehr inklusive. Ich mußte mich zurückhalten, den Kerl nicht wie einen dämlichen Schulbuben zu ohrfeigen.

An der Grenzstation Tessalit werden wir nicht mehr abgefertigt. Es ist bereits 12 Uhr. Auch dieser Kommandant hat einen guten Freund, der ein „Hotel“ besitzt, wo wir übernachten sollen. Doch das Etablissement ist ein stinkender, dreckiger, verlauster Lehmbunker. Mittels eines gebührenden Geschenks erkaufen wir uns das Recht, auf dem Exerzierplatz vor dem „Hotel“ schlafen zu dürfen.

Am folgenden Tag bekommen wir endlich unsere Pässe zurück mit der nochmaligen Auflage, direkt den Grenzübergang Bordji – Moktar anzusteuern. Der Oberbefehlshaber verlangt als kleine Gegenleistung nur noch eine Pille gegen seinen schweren Kopf. Er hat in der Nacht zuvor mächtig gesoffen. Werner, der unverzagte Abenteurer, überreicht ihm eine Schachtel starker Abführmittel.

Statt den befohlenen Kurs einzuhalten, biegt Heinrich links ab. Er will versuchen, das algerische Fort Timiaounine zu erreichen und von dort schneller nach Tamarasset zu kommen. Eine Paßstraße führt über einen Lava-Bergzug. Ein Panzerspähwagen taucht auf und scheint uns zu beobachten. Im gleichen Augenblick erscheint auch ein berittener Tuareg und bedeutet uns, ihm zu folgen. Wir verschwinden hinter den bizarren Gesteinsformationen aus dem Gesichtsfeld des Militärfahrzeuges.

Danach jagen wir mit einer wahren Affengeschwindigkeit auf das einstige Legionsfort zu. Der Spähwagen taucht wieder auf und nimmt die Verfolgung auf. Der Tuareg verschwindet in einer Mulde, hat uns zuvor das Zeichen zum Weiterfahren gegeben. Die Algerier sehen uns kommen und reißen den Schlagbaum hoch. Der Spähwagen dreht ab.

Die jungen algerischen Soldaten fragen uns nach Büchern, Zeitschriften. Offenbar haben sie seit Monaten derartiges nicht mehr zu Gesicht bekommen. Wir können ihnen ein bißchen Lesestoff anbieten, leider ist es nicht viel.

Der Militärarzt kümmert sich um Otto. Glücklicherweise können wir die erforderlichen Medikamente aus unserem Bestand liefern. Da Otto sich einigermaßen erholt, sind wir dem Medizinmann unendlich dankbar und überlassen ihm die Restbestände unserer Pillen und Tropfen.

Es sind noch 550 km bis nach Tamarasset. Als es am Abend heißt, es seien nur noch 360 km bis zum Ziel, genehmigen wir uns zur Feier des Eifel-Granden Werner's Geburtstag die zehn Liter Rotwein, die er anläßlich dieses epochalen Datums gestiftet hat.

Als wir endlich in Tamarasset mit dreitägiger Verspätung ankommen, wird uns mitgeteilt, am kommenden Morgen seien noch drei Plätze in der Maschine nach Algier frei.

Werner hält das mit den Doktoren und den anderen ausgehandelte Vertragspapier in die Höhe und erklärt, daß er, Undine und ich die drei freien Plätze belegen würden. Ich will dem immer noch angeschlagenen Otto den Vortritt lassen, doch es findet sich noch ein vierter freier Platz. Unter den Zurückbleibenden erhebt sich darauf ein großes Klagen und Lamentieren. Vor allem die beiden Doktoren tun sich hervor und vergleichen die Situation mit dem Untergang der Sechsten Armee in Stalingrad. Was ihnen aber nichts hilft.

Am übernächsten Tag, als wir bereits in Frankfurt wieder auf europäischem Boden stehen, wird Heinrich in Tamarasset verhaftet. Es werden ihm alle möglichen und unmöglichen Vergehen vorgeworfen. Der tiefere Grund wird gewesen sein, daß seine Bakschisch-Zahlungen zu niedrig oder an die falsche Adresse gelangt waren. Das bittere Resultat: Ein Teil seiner Fahrzeugflotte wird beschlagnahmt, er muß ihn abschreiben. Das dickere Ende sollte jedoch noch folgen: Es sind die Regreßansprüche einiger Teilnehmer an der Tour.

Heinrichs Frau hat darauf die Nase voll, läßt sich scheiden und kümmert sich nur noch um ihren Blumenladen in der Frankfurter Innenstadt. Es ist das wesentlich sicherere und einträglichere Geschäft.

Mit einer neuen Frau, mit neuem Kapital und neuem Mut ist Heinrich bald wieder in der Sahara unterwegs. Wer ihn finden will, der muß ihn in den Dünen des südlichen Erg, auf den Pisten des Sahel, in der Mutter aller Wüsten, der Ténéré, suchen. Oder wo auch immer die Nadel über der Windrose hindeutet...

That's Africa, Baby

Es gibt Geschichten, die jeder Verlagslektor als zu phantastisch und zu unwahrscheinlich für einen humoristisch-dramaturgischen roten Faden eines Buchprojektes bezeichnen – und die jeder vernünftige Fernsehredakteur als Drehbuchvorlage ablehnen würde. Allenfalls wären sie geeignet als das Skript einer bescheuerten Slapstikkomödie. Doch das Leben schreibt die abenteuerlichsten, die verrücktesten Sachen. Was ich im folgenden schildere, hat sich aber in Wirklichkeit so und nicht anders abgespielt bei einer ganz bestimmten in der langen Reihe meiner Reisen in den Schwarzen Kontinent.

Schon der Einstieg war bizarr genug. Mike, seines Zeichens Verkaufsdirektor der traditionsreichen, aber wenig profitträchtigen „British Caledonian Airline", mit der ich seit Jahren geschäftlich verbunden war, hatte mich zu einem Wochenende nach Hongkong eingeladen.

Warum nicht? dachte ich zuerst. Doch dann mußte ich mich fragen, ob das Sinn machte: Zwölf Stunden im Flugzeug, vierundzwanzig Stunden im Hotel und wieder zwölf Stunden im Flugzeug!?

Die Frage nach der unvermuteten Großzügigkeit der – sehr zu Unrecht übrigens! – als sparsam verschrienen Schotten beantwortete sich umgehend: Die „British Caledonian" sollte alsbald von den mächtigen „British Airways" geschluckt werden. Es stand wohl noch ein Budget an Freiflügen zur Verfügung, das verbraten werden sollte.

Nein, mit Hongkong hatte ich zur Zeit nichts am Hut. Also blätterte ich im Flugplan dieser ehrenwerten Gesellschaft und stieß als Destination in Südafrika auf eine Stadt mit dem hübschen Namen Gaborone – die Hauptstadt von Botswana, dem einstigen britischen Protektorat Betschuana.

Ich rief Mike an.

„... wenn wir statt Hongkong Gaborone nehmen könnten?"

„Gabarone, Gabarone – kannst du da nicht mit dem Auto hin, das klingt doch nach Dolomiten oder Tessin ..."

„Nix da, das heißt Gaborone und liegt im schwärzesten, ursprünglichsten, im ewigen Afrika, da wo der Kontinent noch so ist, wie er immer schon war."

„Und da fliegen wir hin, bist du sicher?"

Ich war mir sicher. Gaborone war die wichtigste Destination der „British Caledonian" im südlichen Afrika, obwohl Mike davon keine Ahnung hatte.

„... kannst ja mitkommen und dich selbst überzeugen."

„Wenn du recht hast – dann selbstverständlich, ich komme mit!"

Die Caledonian hatte sich nicht lumpen lassen. Mein Partner von unseren Adventure Tours, mein Sohn Allan, Mike und ich flogen First Class.

Von wegen Porridge, Haggis und ein Schuß billiger Whisky: Wir tafelten fürstlich. Fasan mit Gänseleber, Shellfish Mille Feuille, Roast Fillet, Bean Sprouts, Brochette d'Aubergine, Soufflés Tia Maria.

Wir tranken Pedro Domecq Sherry, einen ordentlichen Schluck Glenlivet Malt – es können auch ein paar mehr des letzteren gewesen sein. Schließlich flogen wir mit Scotland The Brave, mit einer schottischen Airline! Wir taten uns am Champagner gütlich und probierten aus, ob die exzellenten Weine an Bord durch das Gerüttel und die dünne Luft nicht doch gelitten hatten. Sie hatten nicht ...

Dann tranken wir auch noch einen Drambuie von der Isle of Skye, natürlich auch einen Sandeman Old Port. Mike genehmigte sich zusätzlich noch einen Amaretto di Soronno. Vielleicht glaubte er doch, irgendwo in den Dolomiten oder im Tessin zu landen, hänselte ich ihn. Doch davon wollte er jetzt nichts mehr wissen. Der Amaretto passe so gut zu seinen Zigarillos, Marke Davidoff. Leider müßte er die braunen Stengel der Ordnung halber mit weißem Toilettenpapier umwickeln. Das Rauchen von Zigaretten sei zwar erlaubt bei der „British Caledonian", aber nicht das Rauchen von Zigarren oder Pfeife. Es stank dafür nicht weniger ...

Trotzdem entwickelte sich eine herzliche Atmosphäre zwischen uns, den einzigen First Class-Gästen und dem Flugpersonal – womit dann auch das Unterkunftsproblem in Gabo – Goba -, verdammt, jetzt wußte ich's schon selbst nicht mehr, als gelöst betrachtet werden konnte.

Ach ja, da war noch die Zwischenlandung in Zambia, in Lusaka. Doch auch daran ist meine Erinnerung irgendwie verschwommen.

Gut erinnern kann ich mich jedoch noch, daß nach der Ankunft in Gaborone Mike und ein fremder Mann sich um den Hals fielen. Der fremde Mann war Stationschef von Gaborone, der mit Mike in Hongkong zusammengearbeitet hatte. Wie klein ist doch die Welt der Airliner!

Damit war auch das Problem unseres Trips zwischen Maun im Okawango Delta und Victoria Falls, das in Zimbabwe liegt, gelöst.

„Wir bringen euch kurz rüber, von Maun aus!" sagte der Stationschef.

Die Linienmaschine nach Maun war eine brandneue 737 der „Air Botswana". Leider fliegt ein solch moderner Jet viel zu hoch, um von der Kalahari unter uns, die zwei Drittel von Botswana einnimmt, etwas Gescheites auszumachen.

Nach dem First Class-Flug mit der Caledonian jetzt der kostenlose Extra-Trip mit einem Mittelstrecken-Jet nach Victoria Falls! Lang lebe die Internationale der Airliner, rief ich aus.

Auch wenn in den Ecken der Zimmer des Victoria Falls Hotel noch der koloniale Muff des einstigen Empires hing, ein solch traditionsreicher Kasten ist mir allemal lieber als die genormten Herbergen der modernen amerikanischen Ketten, von denen eine wie die andere aussehen, ganz gleich, ob sie in Anchorage, Alaska, auf Okinawa, in Rio oder meinetwegen Hongkong liegen.

Das Frühstück wollten wir nicht wie die anderen in dem etwas miefigen Speisesaal einnehmen, sondern wir bedienten uns am Buffett und trugen all die kulinarischen Köstlichkeiten, die der Ersten Klasse der Caledonian kaum nachstanden, nach draußen, an die Tische der sonnenüberfluteten, großen Terrasse. Wir gingen mehrmals und wir gingen zusammen. Irgendetwas stimmte nicht. Erstens waren wir die einzigen auf der Terrasse, und während wir uns eine neue Ladung am Buffett abholten, hatte irgendjemand den ersten Gang des Morgenessens schon wieder abgeräumt. Merkwürdig ...

Bis dann einer nach oben, auf das niedrige Dach deutete: Da hockte eine Gruppe von Pavianen und sah erwartungsvoll zu uns hinunter. Das also war des Rätsels Lösung, weshalb die übrigen Hotelgäste sich im Speisesaal die Mägen füllten und die frische Luft der Terrasse verschmähten!

In dem Moment, als ich ebenfalls nach oben guckte und die Banane auf meinem Teller für einen Augenblick aus den Augen ließ, griff eine braune, behaarte Hand von hinten an mir vorbei – und klaute mir meine Banane!

In einem unüberlegten Reflex schlug ich zu und traf den Übeltäter am Kinn. Er ließ die Banane fallen und flüchtete sich aufs Dach zu seinem Rudel. Es war der stärkste Pavian und ganz offenbar der Gruppenchef. Er und die Seinen erhoben ein schreckliches Geschrei und begannen, uns zu bombardieren: mit Ästen, Bananenschalen, Speiseresten und Klumpen, die wie Erde aussahen und ausgerechnet Mike trafen. Es war leider keine Erde, sondern lehmige, echte Pavianscheiße.

Wir zogen uns in den Speisesaal zurück. Mike stürzte fluchend auf sein Zimmer, um den Unrat zu entfernen.

Es dauerte keine Minute, und er war schon wieder da und erklärte ziemlich aufgelöst, bei uns sei eingebrochen worden, es herrsche ein fürchterliches Durcheinander!

Wir rannten nach oben. Ich bemerkte gleich, die Übeltäter waren keine Einbrecher, sondern Einsteiger! Sie waren durch die geöffneten Fenster gekommen, hatten unsere Koffer ausgepackt und deren Inhalt im Zimmer sowie über dem Dach verstreut! Es waren die verdammten Paviane. Ihr Häuptling, offenbar immer noch empört über den Kinnhaken und wütend über die Tatsache, daß die Scheiße den Falschen erwischt hatte, hatte die gute, alte victorianische Dampfheizung (warum gab es hier im glühenden Afrika überhaupt eine Dampfheizung?) als Donnerbalken entfremdet und einen mordsmäßigen, stinkenden Haufen hinterlassen.

Das Personal würde sich darum kümmern, hieß es an der Rezeption.

Der ordensgeschmückte Portier – ich identifizierte unter all dem bunten Blech auf seiner Brust die Vereinsnadel von Schalke 04 – wedelte in einer nicht genau definierten Richtung, über der sich eine Wolke feinen Wasserstaubs erhob. Da seien die weltberühmten Fälle.

„... und sitzte om Lokus un hast kein Papier, da nimmste das Abzeich'n von Schalke null vier", deklamierte Allan. „Wenn der Kerl wenigstens was vom VfB ..."

„Kümmer dich lieber um die Zielvorgabe, Sohn", sagte ich streng. „Schließlich hast du sechs Semester Geographie studiert."

„Fünf", sagte Allan, „nur fünf, Vater."

Wir gingen eine Abkürzung. Doch kaum waren wir hinter einer Hecke des Hotelparks außer Sicht geraten, stand uns die Pavianhorde von vorhin gegenüber. Sie standen da wie die Wegelagerer aus des Schinderhannes glorreichen Zeiten.

„Vielleicht denken sie, wir würden ihnen wieder was zu fressen besorgen", sagte mein Partner.

„Von wegen Fressen. Guck dir nur an, wie der da die Zähne fletscht!" Ich deutete auf den Boss der Gruppe, ein mächtiges, bemanteltes Tier, das mir, auf allen Vieren stehend, bis zu den Schultern reichte. Der Oberpavian zeigte sein Gebiß, und das stand mit seinen Reißzähnen einem Tigerrachen keineswegs nach. Er war wirklich furchteinflößend.

Die Paviane rückten näher. Wir standen da mit bloßen Händen und hatten nichts als unsere Kameras, die wir wild in ihre Richtung schwenkten. Ich wußte um die Gefährlichkeit dieser Tiere, vor denen auch Afrikas Großkatzen und andere Räuber einen höllischen Respekt haben.

„Verdammt", dachte ich, „von einem Löwen gefressen oder von einem Tiger gerissen zu werden, ist schlimm genug – aber du stirbst zumindest einen ehrenvollen Tod. Doch was sollen meine Nachkommen von mir denken, wenn sie erfahren, daß ich von einem rachsüchtigen Pavian zu Tode gebissen ..."

Ein hinzueilender Gärtner löste mit schrillem, unverständlichen Geschrei und seiner bedrohlich geschwungenen Harke das Problem. Die Affen flüchteten.

Der Weg war jetzt frei zu David Livingstone's Denkmal, des Entdeckers der von ihm so benannten Victoria Falls. Wir standen ergriffen und staunend vor den Wasserfällen. Es ist ein unbeschreibliches Schauspiel, dieser „Mosi oa Tunja" – dieser „Rauch, der donnert" und ist in einem Zug zu nennen mit dem Niagara, dem Iguasu, den Kabalega Falls des obersten Nil. Man hört und sieht nicht nur den Fall, man spürt, wie die Erde vibriert unter der Wucht der 300.000 Kubikmeter Wasser, die in der Regenzeit pro Minute über die Kante stürzen. Die größte Fallhöhe ist genau 108 m, damit doppelt so hoch wie der Niagara. Der feine Wasserstaub sorgt nicht nur für den weltbekannten Regenbogen, sondern auch für eine üppige, tropische Vegetation in der Schlucht.

David Livingstone, der die Fälle 1855 entdeckte, hat sie als das größte Naturschauspiel Afrikas bezeichnet. Ich kann ihm nur beipflichten.

Die Schlucht unterhalb gilt als Mekka des Wildwasser-Rafting. Wir haben uns diesmal nicht darauf eingelassen. Irgendwie hatte ich das Gefühl, daß wir es bei dieser Reise mit den Herausforderungen nicht allzuweit treiben sollten. Auch den Bungee Jump – „die Szene, die zuvor nur Engel im Flug gesehen haben“ – von der 111 m hohen, alten Eisenbahnbrücke, diesen einmaligen Mega-Nervenkitzel, versagten wir uns. Auch wenn mein Partner, der einen Hang zu solch exotischen Mutproben hat, begehrlich zur Brücke hinüberschielte.

Kurz hinter dem Denkmal zog sich am Sambesi ein Zaun entlang. Allerdings gab es eine Tür in dem Zaun. Und an der Tür hing ein Schild, das die werten Hotelgäste, die Ladies und Gentlemen, aufforderte, die Pforte sei immer geschlossen zu halten.

Allan, dem bekanntlich die Reiselogistik überantwortet worden war, meinte, es spiele keine Rolle, ob die Tür von außen oder von innen geschlossen werden müsse. Mein Sohn deutete auf einen kaum sichtbaren Trail:

„Das ist die Route für die Fußsafari am Sambesi entlang. Sie endet dahinten an dem großen Affenbrotbaum.“

Mir kam das alles etwas merkwürdig vor. Aber hatte der Tag mit dem ganzen Affentheater nicht schon eigenartig genug angefangen? Außerdem, dachte ich, sollte zwischendurch nicht auch mal der Vater den Fußstapfen seines Sohnes folgen, auch wenn derselbe statt sechs nur fünf Semester Geographie studiert hat?

Wir schlossen brav die Tür und stapften durch Pfützen, Gras und Wasserpflanzen den Pfad entlang. Was mich stutzig machte, waren die schlammigen Rutschen, die zum Sambesi hinunter führten. Sie hatten eine gewisse Ähnlichkeit mit den Rutschen, wie sie die Biber an kanadischen Gewässern anlegen. Aber verdammt nochmal, am Sambesi gab es doch keine Biber!

Parallel zu uns fuhren in Abständen Jeeps auf der anderen Seite des Zaunes entlang. Als die Touristen auf diesen Jeeps unserer ansichtig wurden, verlangsamten die Fahrer die Fahrt und ihre Gäste hoben ihre Kameras. Es fiel mir wie Schuppen von den Augen.

„Jungs“, rief ich „nix wie weg vom Wasser, und rauf so nahe an den Zaun, wie's nur geht. Hier gibts Krokodile!“

Wir schlichen am Zaun entlang, bis endlich der Affenbrotbaum in Sicht kam und mit ihm eine zweite Tür. An dieser Tür hing ebenfalls ein Schild, diesmal mit der deutlichen Warnung:

DO NOT ENTER – CROCODILE HABITAT – DANGER!

Das war die Bestätigung. Mein Adrenalinspiegel jagte noch nachträglich in die Höhe. Mein Partner fragte einen vorbeikommenden Eingeborenen, ob es hier wirklich Crocs gäbe.

„No Sir ...“ Der Mann verrollte die Augen, nickte heftig mit dem Kopf und sagte weiter „... only late morning.“

Ich sah auf die Uhr. Es war kurz vor elf. „Never sure – adventure tour“, meinte Mike und blies die Luft durch die Zähne.

Allan hob unbeeindruckt die Schultern: „In einer Entfernung von etwa einem Kilometer liegt nach meinen Informationen ein Rasthaus und dort soll es auch ein kühles Bier geben. Dort könnt ihr euch von dem Schrecken erholen.“

Wir schritten munter auf einer geteerten Straße entlang in die angegebene Richtung. Die dichte Ufervegetation war hinter uns geblieben und hatte einer übersichtlichen Savanne Platz gemacht. Doch die Huckel da drüben, waren das nicht irgendwelche Tiere?

Der Kilometer wurde zur Meile, und das Rasthaus kam immer noch nicht in Sicht.

„Sechs Semester Geographie“, sagte einer.

„Nur fünf“, entgegnete ich. Schließlich mußte ich meinen Sohn in Schutz nehmen. Der hatte – aus purem Verantwortungsgefühl heraus – wie er sich später ausdrückte, inzwischen versucht, Autos anzuhalten. Doch die Fahrer zeigten uns das Victory-Zeichen und bretterten grinsend vorbei. Wir schielten zu der Gruppe der Tiere, die im Abstand von einem halben Kilometer im Gras lagerte.

Endlich rückte ein Baumbestand näher und darunter befand sich die von Allan angekündigte Hotelanlage – einschließlich einer Art von Biergarten. Na, also!

Die Hotelboys und – girls umdrängten uns: Ob wir denn keine Angst vor den Löwen gehabt hätten, die drüben seitlich von der Straße lagerten? Normalerweise würde die Straße nur von Autos befahren. Fußgänger könnten böse Überraschungen erleben ...

„Jetzt schlägt's dreizehn!“ rief ich. „Wir latschen durch die Gegend wie die verdammten, blutigen, wie die total bekloppten Greenhorns! Wir verhalten uns wie blödsinnige Einfaltspinsel. Erst die Affen, dann die Krokodile und jetzt die Löwen! Wir werden hier noch zum Gespött der Menschheit, wenn wir das nicht längst schon sind. Wir hätten es verdient, aufgefressen zu werden.“

Zu allem Überfluß fragte auch noch Mike: „Sind denn die Löwen wirklich gefährlich, wo sie doch so friedlich rumliegen?“

„Don't worry“, war die klare Auskunft eines der schwarzen Boys – „nur morgens muß man aufpassen ... Aber vor den Wasserbüffeln, da muß man sich immer vorsehen.“

Ein anderer fragte uns, ob wir zu den unerschrockenen Wissenschaftlern gehörten, die im Krokodilgelände ihre Studien betrieben. Denn wer so unbeeindruckt vor Löwen und Wasserbüffeln über die Straße geht, der hat auch keine Angst vor den bösen Crocs!

Bevor ich noch etwas sagen konnte, nickte Allan bedächtig mit dem Kopf und kniff ein Auge zu. „Don't talk about – other people may try the same.“ Der Fragesteller möge nicht darüber reden, um anderen kein schlechtes Beispiel zu geben.

Als wir dann endlich beim Bier saßen, stellte ich Allan zur Rede. Mein Sohn hob die Schultern: „Ich mußte unsere Ehre retten, Vater.“

Am Abend war eine Bootstour auf dem großen Strom geplant. Der Sambesi gehört zu den nach Nil, Kongo und Niger bedeutendsten Wasserläufen des Schwarzen Kontinents. Er ist etwa 2.700 km lang. David Livingstone – man erinnert sich an die klassischen, von Stanley gesprochenen Worte, als dieser nach Jahren vegeblicher Suche endlich dem frommen Mann, dem einzigen Weißen im Tausend-Meilen-Umkreis, gegenüberstand: „Mister Livingstone, I presume" – nannte den Strom „God's Highway". Er fließt heute noch, wenn auch durch zwei Dämme – Kariba und Cabora Bassa – beeinträchtigt, mitten durch das ursprünglichste Afrika. Immer noch wird ein Einbaum von seinen Ufern mit zwei oder drei Kühen bezahlt, und eine junge Braut ist für das Doppelte oder Dreifache zu haben.

Wir unternahmen unsere Flußtour stromauf von den Fällen, versteht sich, denn da ist der Sambesi breit und ruhig. Auf dem Wasser genießt man am ehesten einen der prächtigsten Sonnenuntergänge, die der Kontinent zu bieten hat.

Der westliche Horizont zeigte sich in dem sattesten Bordeauxrot, das ich bis jetzt gesehen hatte; der Fluß selbst schien aus leuchtendem, glatten Scharlachlack zu bestehen, darauf im scharfen Kontrast die schwarzen Scherenschnitte der Kanus. Achja, auch Mutter Natur malt manchmal Bilder, die man gut und gerne als Kitschpostkarte verkaufen könnte.

Es kam uns direkt merkwürdig vor, daß diesmal nichts passiert war.

Es gefiel uns ganz gut in all dem ein wenig verstaubten Plüsch des Hotels über den Fällen. Aber wir waren schließlich nicht zu unserem Vergnügen hier, sondern um eine Wildnistour auszukundschaften und auszuarbeiten. Also sollte es am nächsten Morgen weitergehen. Mike und sein Freund aus Hongkong hatten eine Maschine der Botswana Airlines organisiert, die uns auf dem Flugplatz in Victoria Falls abholen sollte.

Ein aus dem Hintergrund auftauchender Zöllner erklärte uns, wir dürften keine Scheine in der Landeswährung ausführen. Da von unserer Maschine noch nichts zu sehen war – es stand nur eine kleine Cessna verloren herum – beschlossen wir, die übriggebliebenen Zimbabwe-Dollars zusammenzuschmeißen und in Bier umzusetzen. Wir legten das Geldbündel auf den Tisch und bestellten erstmal zwanzig Glas. Als das doch ein bißchen viel schien am frühen Morgen, luden wir die Zöllner ein. Als dann Mike auch unter den Beamten einen Mann entdeckte, den er aus dem Flughafenbetrieb von Frankfurt kannte, wurde auch noch das Wiedersehen begossen, obwohl unsere Zimbabwe-Dollars längst alle waren. Bei alledem saß ein unscheinbares Kerlchen herum. Es lächelte still vor sich hin, nahm aber an dem sich anbahnenden Besäufnis trotz unserer grenzen- und rassenüberschreitenden Aufforderung „seid umschlungen, Millionen" nicht teil.

Endlich erhob sich das schmächtige Kerlchen und verkündete:

„Let's fly, the party is over!"

Er führte uns zur Cessna. Tief im Unterbewußtsein hatten wir wieder eine großmächtige 737 erwartet, doch das wäre offenbar sogar der Air Botswana zu teuer gekommen.

Dafür hätten wir diesmal die Kalahari und ihr Tierleben aus der Vogelperspektive erleben können. Leider waren unsere Blicke ein bißchen trüb geworden nach all dem Bier auf dem Airport von Victoria Falls.

Der Flug verlief ereignislos, bis wir zur Landung auf dem Airport von Maun ansetzten, der Pilot im letzten Augenblick die Maschine durchstartete und wieder hochzog. Dann sahen wir die Bescherung: Eine Maschine, offenbar ein Sportflugzeug, war gegen den Tower geprallt. Ihre Einzelteile lagen auf der Landebahn herum.

Während des folgenden Steigfluges und einer weiteren Kurve deutete unser Pilot beim neuerlichen Anflug auf ein weiteres Wrack vor der Piste:

„The most fuel-efficient pilot of South Africa.“ Da hatte einer der Himmelchauffeure den Spritvorrat ein bißchen zu knapp kalkuliert und mußte bereits vor dem Airport runter. Wie wir dann später erfuhren, war mit der Bruchlandung die Geschichte keinesfalls ausgestanden. Die Flughafen-Feuerwehr von Maun war aus dem Begrenzungszaun nicht herausgekommen, weil ihr Kommandant seinen freien Tag und den Schlüssel in der Tasche hatte. Als seine Leute dann versuchten, innen am Zaun entlang zu fahren, um sich dem Wrack soweit wie möglich zu nähern, blieben die braven Feuerwehr-Männer mit ihrem Fahrzeug im Sand der Kalahari stecken.

„TAB“, erklärte uns ein Schotte mit nonchalantem Gesicht. „Ti-Äh-Bi, TAB eben“. Es wäre aber sowieso nichts mehr zu retten gewesen. Was denn TAB sei, wollte ich wissen.

„Ach, weiter nichts. Eine Abkürzung für „That's Africa, Baby!“

Als nächstes galt es, der „African Queen“ oder auch der „Herrin der Okavango-Sümpfe“ unsere Aufwartung zu machen. Nur wenige Sterbliche, so hieß es, hätten sie bislang gesehen, aber alle schwärmten von ihrem Charme und ihrer Schönheit. Scharen von Männern hätten ihr schon zu Füßen gelegen, sich freiwillig von ihr zu Sklaven machen lassen, doch sie sei keusch und unnahbar geblieben. Das einzige Foto, daß ich bis jetzt von ihr erblickt hatte, zeigte die „Queen“ als langhaarige Frau Mitte der dreißig mit schimmerndem Blondhaar, vollen Lippen, ebenmäßigen, attraktiven Gesichtszügen, leicht schräggestellten, tiefen Augen – an einer elegantgedeckten Tafel mit Kerzenleuchtern und Silberbesteck auf edlem Damast, umgeben von ihrem livrierten Hofstaat.

Mike tippte auf die Anführerin eines bis dahin unbekannten Amazonenstammes, mein Partner auf eine Frau mit einer geheimnisvollen, schicksalhaften Vergangenheit. Allan in seinem jungen, unverbogenen Verstand sagte: Ex-Gammelmutter.

Wir landeten mit „unserer“ Cessna auf einer Graspiste. Ganz in der Nähe standen große Safari-Zelte. Nach einem durch den Camp-Chef oder Haushofmeister in style servierten Umtrunk wurden wir in unsere Zelte eingewiesen. Sie waren geräumig und großzügig eingerichtet; jedes enthielt zwei breite Betten, einen Kleiderschrank, die hier üblichen Moskitonetze, Klapptisch, Stühle. Ein Stück abseits lagen die sanitären Einrichtungen. Der Speisesaal war eine Art besonders großes Messezelt. Alles war luftig und doch äußerst gediegen; offenbar legte man Wert auf die Kombination von Safari-Atmosphäre mit Stil, Geschmack und Komfort. Der Begriff von einem „Fünf-Sterne-Hotel unter Leinwand“ schien mir nicht zu weit hergeholt.

„Come and share the magic at Jessica's Camp“, stand auf einer ausgelegten Schrift. „Here the Lion roars with dignity und passion. Here he knows he still is King.“ Aha – Löwe, Würde und Leidenschaft. Und wo es eine Königin gibt, da sollte auch ein König nicht weit sein. Und da wahrscheinlich kein gewöhnlicher Sterblicher dieses Ranges für würdig erachtet wurde, sollte eben der König der Tiere mit auf dem imaginären Thron sitzen.

Jessie, Jessica – zumindest hatte die Queen einen Namen.

Leider bekamen wir sie selbst nicht zu Gesicht.

Erst sollten wir uns in der Wildnis umsehen, danach würde uns, wie verkündet, die geheimnisvolle Herrin der Okavango-Sümpfe zum High Tea bitten.

Dickärschige Flußpferde träumten vor sich hin, schuppig schlängelnde Krokodile glitten von den Ufern ins Wasser und versanken spurlos vor unseren Augen. Sie bewohnen neben einer Unmasse anderer Tiere diese amphibische Landschaft, in der ein ganzer Fluß spurlos versickert. Wir näherten uns der Zoologie manchmal bedenklich nahe auf kippligen Kanus – oder auch umgekehrt. Wir befanden uns mitten im eindrucksvollsten und vielfältigsten Tierparadies ganz Afrikas.

Mitunter stockte uns der Atem, denn diese ranken Einbäume schienen einen Umschmiß geradezu herauszufordern. Ich wußte aus übler Erfahrung: Gerade die dicken, scheinbar so schwerfälligen, gemütlichen, pflanzenfressenden, friedlichen Flußpferde sind ganz hinterhältige Biester, denen man mit äußerstem Respekt begegnen und zu welchen man in demütiger Distanz bleiben sollte. Sie stoßen merkwürdige, unverwechselbare Warnlaute aus, die sich so dumpf und gepreßt anhören wie eine unter Wasser geblasene Tuba.

Ich muß gestehen, unsere Aufmerksamkeit galt zwar der Tierwelt – doch nicht ganz ungeteilt. Wir waren gespannt auf die Audienz bei der „Queen“. Außerdem fühlte ich mich in dem überschlanken Boot ausgesprochen unbehaglich.

Dann wurde der mit Spannung erwartete High Tea bei der „African Queen“ zelebriert. „Her Highness“ begrüßte uns distanziert, aber doch huldvoll. Sie war wirklich eine schöne, attraktive Frau, mit einem vollen Mund, leicht schräggestellten Augen, viel zu tief zum Ausloten. Ihre Figur – ein wallendes, reifes Weizenfeld im Spätsommer. Auch wenn sie ein Dutzend Jahre älter war, als auf dem Foto angedeutet. Zumindest wußte sie ihr Make up geschickt einzusetzen. Doch was sollte das, wir – mit Ausnahme von Allan – waren ja auch nicht mehr die frischesten. Außerdem waren wir wegen der Okavango-Sümpfe hier.

Ihr Englisch war „very british“ – so wie es beim Rennen in Ascot, wo man unter sich ist, zu hören sein mag. Sie gab sich sehr würdevoll und war dabei überaus höflich. Sie sprach mit einer angenehmen, tiefen, gut artikulierenden Stimme.

Der Tee stammte aus dem indischen Himalaya, die Tassen waren aus feinem original „bone china“, mit blauen „Stones“-Motiven, passend zu Jessicas blauen Augen. Der „boy“ goß aus einem Kännchen aus getriebenem Silber Sahne ein, seine behandschuhte Hand ließ mit silberner Zange ein Stück Kandis hintennach in unsere Tassen plumpsen.

Auf einer silbernen Etagère waren Sandwiches mit feingehobelten, frischen Gurkenscheiben ausgelegt, gewürzt mit Pfeffer und Dill, Käse mit Preiselbeermus; Eierscheiben mit Senf-Pickles, Ingwer- und Zimtbiskuits, Fruitcake und dergleichen.

Irgendwie war es eine unwirkliche Szenerie – das Tee-Ritual im tiefsten afrikanischen Busch, dieses „Stiff upper lip“-Gehabe der „Queen“ und das eine Idee zu sehr betonte, britische Englisch.

Nun, jeder und jede gaukelt seiner Umwelt irgendetwas vor, was mehr oder weniger die Realität verschleiert. Warum sollte man diesen Schleier unbedingt zur Seite ziehen und damit eine schöne Illusion zerstören? Die nackte, nüchterne Wirklichkeit ist doch wirklich nicht immer erstrebens- und erlebenswert!

Der High Tea zog sich hin, obwohl wir uns nach einer Stunde, wie es die Etikette vorschreibt, dankend verabschieden wollten. Inzwischen hatte uns der „boy“ einen Whisky serviert und dann noch einen und noch einen.

Aus der „African Queen“ und der „Herrin der Okavango-Sümpfe“ wurde nach und nach Jessica und dann sogar Jessie. In das „very distinguished English“ flossen Redewendungen und Dialektfärbungen ein, die ich aus Südkalifornien in Erinnerung hatte.

Tja, und dann erzählte uns Jessie, wie sie seinerzeit als Blumenkind aus der Gegend von San Diego auf- und ausgebrochen war und sich auf die Straße nach Kathmandu begeben hatte, wo die Landschaft schön, die Menschen exotisch, das Leben aufregend, die Liebe frei und die Träume billig waren.

Doch irgendwann kam auch bei Jessie der Tag, an dem sie sich fragen mußte, ob sie in diesem Schwebezustand verdämmern und der road of no return weiter über den bewußten magischen Punkt hinaus folgen wollte.

Als pragmatische Amerikanerin warf die junge Frau das Steuer rechtzeitig um 180 Grad herum, ging auf Gegenkurs und zurück nach Kalifornien. Dort fand sich – bei ihrem Aussehen nicht verwunderlich – rasch ein vermögender, nicht mehr so ganz junger Mann, der richtige Halt und die Stütze auf dem Weg zurück in das warme, wenn auch ein bißchen miefige und langweilige Nest der Konformität, aber auch des Komforts und der finanziellen Sicherheit. Aus Jessie wurde wieder Jessica.

Auch das andere Extrem schien Jessica nicht als erstrebenswerte Dauerlösung. Sie entschied sich, ein Leben zwischen den Welten zu führen: ein bißchen Abenteuer, ein bißchen Sicherheit, ein bißchen Kultur oder das, was man als Amerikanerin darunter versteht, die Wildnis direkt vor der Haustür und trotzdem eine schnelle Verbindung in die nächste Stadt.

Was macht die moderne Frau in einer solchen Situation: Sie nimmt sich einen cleveren Anwalt, läßt sich scheiden und überlegt sich, ob sie sich mit einer einmaligen Abfindung zufrieden gibt oder auf Dauer alimentieren läßt.

Von ihrem Ex-Gatten mit dem entsprechenden Kapital ausgestattet, richtete sich Jessica in den Okavango-Sümpfen ein und bemüht sich seitdem, zwei Extreme: ursprüngliche Wildnis und eine ihr fremde, aber von allen Amerikanern bewunderte – britische – Tradition und Kultur zu verbinden.

Sie will keineswegs die langweiligen Geldsäcke als Kunden, die ohnehin keiner haben will, die aber dann doch kommen, sondern über ein äußeres auch ein gewisses geistiges Niveau, eine in Grenzen gehaltene Exklusivität aufbauen und halten. Wir verstanden uns. Es gab eine ganze Menge Parallelen und Gemeinsamkeiten zwischen ihren und meinen Auffassungen. Auch wenn wir uns in einem wesentlichen Punkt unterscheiden: In mir ist das Nomadentum lebendig geblieben, sie hat sich – zumindest vorläufig – auf einen Fixpunkt zurückgezogen.

Ihr Camp Okavango ist jedenfalls ein bemerkenswertes Experiment einer überaus bemerkenswerten Frau.

Daß das nicht immer funktioniert, mit den niveauvollen Gesprächen beim Kerzenschein in der Stille und Einsamkeit mitten im afrikanischen Busch, versorgt mit dem Besten, was Südafrika an Weinen und Delikatessen zu bieten hat, erfuhr ich kurz vor unserer Abreise. In kurzer Folge waren mehrere Buschflugzeuge gelandet. Ihnen entstiegen lärmende, sich bereits unbändig fühlende Vertreter einer südafrikanischen Schnapsfirma auf „incentive tour". Sie versorgten uns gleich mit ein paar Probefläschchen. Da stand das deutsche Wort „Schnapps" drauf. Es war nicht nur falsch geschrieben, und auch der Inhalt hatte mit einem kernigen Kirsch oder Quetsch nichts am Hut. Das Zeug schmeckte wie eine Mischung zwischen After Shave und Schuhpolitur.

Aber das schien die Boys und Girls aus Südafrika nicht zu stören. In der Nacht veranstalteten sie einen furchtbaren Spektakel, bei dem ohnehin kein Mensch schlafen konnte. Da sie uns eingeladen hatten, gingen wir rüber. Man amüsierte sich prächtig und war mitten in einem Pfänderspiel, bei dem die zwei, drei Frauen offenbar sehr schlechte Karten gehabt hatten. Nur noch das wirklich Allernötigste war ihnen geblieben, und auch das schien sich bald zu verflüchtigen.

Wir tranken einen mit und verabschiedeten uns mit dem Hinweis auf den kommenden, schweren Tag, als den Ladies von ihrer Unterwäsche nur noch die BHs geblieben waren. Andere Länder, andere Sitten. Bei uns hätte man zuerst den BH und dann den Slip ausgezogen, doch in den immer noch puritanisch beeinflußten

Vorstellungen Südafrikas – wie im gesamten angelsächischen Raum – scheint das ein bißchen anders gehandhabt zu werden. Die Party schien ohnehin vollkommen aus dem Ruder zu laufen. Von Jessica war bei alledem nicht die Spur zu sehen.

Wie heißt es doch in dem alten Tischlied der Vaganten:

„Was hilft's, wenn du vor Wut auch spuckst,
der Tod ist keiner Münze feil.
Von jedem Schlückchen, das du schluckst,
Schluckt schon der Wurm sein Teil.
Ob niedres Pack, ob hohe Herrn -
Am Ende sind wir Brüder doch:
Dann leuchtet uns der Abendstern
ins gleich finstre Loch."

Nach dem „morning tea" um sechs Uhr früh, bei dem der Boy ja nicht an der Zelttür anklopfen konnte, sondern sich mit einem: „knock, knock, knock – your early morning tea" meldete, stand eine Motorboot-Fahrt auf dem Programm. Das Ziel war eine größere Insel mit Kudus und Springböcken.

Mit gedrosselter Maschine schlichen wir durch einen engen Kanal. Den Papyrus-Dschungel zu beiden Seiten hätte ein Gorilla mit ausgestreckten Armen berühren können. Direkt vor uns glitt ein stattliches Krokodil ins Wasser. Es war wohl an die fünf Meter lang. Mindestens so lang wie unser Boot! Der Skipper stoppte die Maschine. Es war plötzlich ganz still. Wo war das verdammte Biest abgeblieben?

Der Bootsführer wollte eben die Maschine wieder anreißen, als ein kräftiger Stoß das Boot erschütterte. Wir gerieten in eine bedrohliche Schräglage. Wasser rauschte über die Bordwand, wir drohten zu kentern. Mike rutschte auf Allan, mein Partner zappelte auf meinem Rücken herum. Dann ein neuerlicher Schlag. Das bedeutet die Kenterung! schoß es mir durch den Kopf. Das Biest gab offenbar keine Ruhe und wollte uns fressen. Fressen mit Stumpf und Stiel. Ich glaubte, schon den stinkenden Atem aus dem weit aufgerissenen Rachen zu riechen. In solchen Augenblicken fallen einem die unpassendsten Dinge ein: Ich sah vor mir die Schlagzeile im deutschen Blätterwald: Komplettes Management der Adventure Tours plus Spitzenmanager der Caledonian von Riesenkrokodil gefressen!

Ich weiß nicht, was es war: Erleichterung oder neuerlicher Schrecken, als sich der Rachen als der eines mächtigen Flußpferdes identifizierte.

„Swim away from the boat – Schwimmt weg von dem Boot" – schrie unser Führer. Das hat was für sich. Ein Flußpferd, da ein Pfanzenfresser, wird sich in seiner Wut mit dem Boot beschäftigen und in den meisten Fällen den Schwimmer unbehelligt lassen. Aber wir lagen ja noch gar nicht im Wasser, zumindest noch nicht ganz, und blieben an Bord.

Flußpferde sind zwar harmlos, soweit man sie weiträumig umfährt und sie sich nicht gestört fühlen. Doch auf die Nahdistanz ist nicht mit ihnen zu spaßen. Da sind sie im Stande, alles Erreichbare zu zertrampeln und in Stücke zu reißen. Sie gehören dann zu den gefährlichsten Tieren Afrikas!

Neben dem großen Flußpferd tauchte dann auch noch ein kleines auf. Mutter und Kind – das konnte nicht gut ausgehen. Flußpferdmütter sind absolut unberechenbar. Aber diesmal zeigte unsere Kontrahentin ihre positive Seite: Sie versank friedlich wie ein nach einem Torpedotreffer gekenterter Dampfer und verschwand samt Kind von der Wasseroberfläche.

„Es war ein Scheinangriff", erklärte uns unser Führer, nachdem wir das Boot ausgelenzt hatten.

„Woher willst du das wissen?" fragte ich.

„Sonst hätte sie uns erwischt", war die klare, eindeutige Antwort.

Uns zitterten noch die Knie, als wir auf der nächsten, etwas höher gelegenen Insel anlegten und uns die Beine vertraten. Das Problem waren diese engen Kanäle, in denen sich Mensch bzw. Boot und Tier nicht gegenseitig aus dem Weg gehen konnten.

Die nächste Überraschung war eine Spinne, nicht ganz so groß wie die berüchtigte Schwarze Witwe, dafür nach der Aussage unseres Führers – noch giftiger! Das Biest hing an einem Ästchen direkt in Augenhöhe. Wie leicht ... Verdammt und zugenäht, TAB, auch das ist Afrika! Ich nahm mir vor, höllisch aufzupassen und nicht mehr wie ein halbblinder Tourist durch die Gegend zu stolpern.

Von einer Anhöhe aus konnten wir eine Herde Impalas beobachten. Es gibt kaum etwas Harmloseres als Impalas. Aber wo Impalas sind, sind auch Löwen!

„Natürlich gibt es hier Löwen", erklärte frohgemut unser Guide, „aber die ruhen meist im hohen Gras oder liegen auf einer kleinen Erhebung, von der sie die Umgebung überblicken können."

Beim großen Moses, das war doch genau die Landschafts- und Vegetationsstruktur, mit der wir es hier zu tun hatten!

Ich war ziemlich zappelig. Ich wurde das Gefühl nicht los, daß auf dieser Tour noch was passieren würde. Bis jetzt waren wir ein paarmal nur ganz knapp an der Katastrophe vorbeigeschrammt.

Ich hielt die Augen offen. Ich sah mir den mächtigen, hohlen Baobob-Baum genau an. Allan und mein Partner machten sich einen Jux draus und fotografierten sich gegenseitig in der Höhlung des Stammes.

Unser Begleiter sah sich milde lächelnd die Prozedur an. Doch dann zupfte er mich vorsichtig am Ärmel: Vielleicht wäre das doch nicht der richtige Ort für ein Erinnerungsfoto. Schwarze Mambas, neben der Ägyptischen Cobra das Giftigste und Tödlichste, was Afrika zu bieten hat, nutzen diese Höhlen oft als Verstecke!

Holy shit, raus da und weg von dem Baum! Mein Partner murmelte etwas, was wie „reg dich nicht auf“ und nach „falscher Alarm“ klang, als sich tatsächlich ein solches Biest aus einem Astloch in drei Meter Höhe herauswand. Glücklicherweise hatte es auf die Störung mit Zeitverzögerung reagiert.

Verdammt und zugenäht, bei dieser Tour blieb uns offenbar nichts, aber auch gar nichts erspart. Wir tranken das mitgebrachte Bier und überlegten uns, wie wir an der Hippo-Mutter samt Kind vorbei – und zum Camp zurückkommen würden.

Wir fuhren vorsichtig mit dem Boot an die ominöse Stelle heran. Sie war noch da. Wir beobachteten genau, was sie tat. Ich wußte, daß Flußpferde normalerweise zwischen fünf und sieben Minuten unter Wasser bleiben, dort äsen und dann – wenn die Luft knapp wird – wieder auftauchen.

Während eines Tauch-Intervalls müßten wir über die Tiere hinwegkommen. Wir kamen uns vor wie jener Dampfer, der in den Dardanellen von einem U-Boot verfolgt wird, dem er nicht ausweichen kann. Es klappte: Die Hippo-Dame tauchte zwar absolut unprogrammgemäß auf, aber ein Stück neben dem Boot.

Der Lunch sollte uns für die ausgestandenen Aufregungen entschädigen. An einem Traumplatz wurden weiße Tichtücher ausgelegt, und darauf wurden einmal mehr die Köstlichkeitn Südafrikas ausgebreitet. Danach nahmen wir ein Bad, nachdem uns unsere Begleiter versichert hatten „no crocs, sure, no crocs, gentlemen!“ Wir stellten unsere Stühle halb ins flache Wasser, kühlten unsere Füße und ließen den wirklich hervorragenden Rotwein durch unsere Kehlen rinnen. Es war paradiesisch. Doch was wäre das Paradies ohne Schlange? Das Schuppentier, das ein Stück entfernt an uns vorbeizischte, störte kaum. Vielleicht, hoffentlich, gehörte es zu einer der harmloseren Sorten.

Später sollten wir dann hören, daß die Gefahr womöglich ganz nahe im Busch versteckt war oder nicht weit von unseren Füßen lauerte. Als wir nämlich einem Wildhüter davon erzählten und unseren Rastplatz beschrieben, blieb dem Ranger fast der Mund offenstehen, ob soviel Unvorsichtigkeit. Er ließ sich nochmals die Stelle genau beschreiben und sagte dann, daß er genau dort am Vortag ein etwa sechs Meter langes Krokodil beobachtet hätte! Ich rang im Geiste die Hände: Es sollte und wollte diesmal einfach kein Ende nehmen.

Der nächste Schreck überfiel uns, als auf dem Rückweg zu unseren Zelten nach dem Abendessen, wieder stilvoll serviert von Boys, die bei jedem Gang eine andere Livrée präsentierten und das Diner mit den besten Weinen Südafrikas garnierten, Allan stolperte, hinfiel und aufschrie: „Da liegt ein Tier!“ Wir strauchelten darüber hinweg – das Tier war nichts weiter als ein im Wege liegender Baumstamm. Wir waren wirklich nervös geworden.

Leider sahen wir Jessica oder „The African Queen“ zum Abschied nicht mehr. Vielleicht hatten die schnapssaufenden Südafrikaner die Schöne vergrault; vielleicht hatte sie auch bereut, mit mir so offenherzig über ihre Vergangenheit geredet zu haben, ihr Geheimnis gelüftet zu haben.

Mit einem Boot begaben wir uns zu unserer nächsten Reiseetappe, zum sogenannten Moroni-Camp, das von einem Österreicher gemanagt wurde. Von hier aus wollten wir auf Löwensafari gehen.

Schon am späten Abend glaubten wir, daß eine der Großkatzen es nicht erwarten konnte, uns von Angesicht zu Angesicht entgegentreten zu können. Wir wußten, daß in dieser Gegend kurz zuvor eine junge Deutsche von einer Löwin aus ihrem Schlafsack geholt worden war, daß es auch in scheinbar sicheren Camps immer wieder zu Übergriffen der großen Raubkatzen kam und kommt

Doch diesmal waren es einmal mehr Affen, die uns aufgeschreckt hatten. Des Rätsels Lösung: Das Restaurant war mit einem neuen Reetdach versehen worden und die nächsten Verwandten des Menschen suchten da nach Insektenlarven und ähnlich Eßbarem. Leider wurde dadurch das Dach arg in Mitleidenschaft gezogen.

Man verfiel auf die Idee, den Anführer der Gruppe zu fangen und ihn ein Stück vom Camp entfernt wieder auszusetzen, in der Hoffnung, daß ihm sein Hofstaat dorthin folgen würde. Um ihn zu markieren, malte man ihm ein großes, weißes Kreuz auf den Rücken. Leider enthielt die weiße Farbe fluoreszierende Stoffe.

Wie erwartet, fand der Affenhäuptling bald den Weg zurück ins Camp und zu seinem Stamm – doch die Leuchtfarbe irritierte und ängstigte die Horde. Sie flüchteten vor dem gewaltig überdimensionierten Glimmkäfer. Der Häuptling konnte sich darauf keinen Reim machen und rannte seinerseits hinter der in Panik fliehenden Gruppe her. Doch statt Zuflucht in der Wildnis zu suchen, rasten nun die Paviane im Camp herum und veranstalteten Nacht für Nacht ein wahres Affentheater, das die Besucher teils amüsierte, teils, da schlafraubend, verärgerte.

Ein anderes Beispiel für „That's Africa, Baby!“ oder kurz TAB.

Mörder unter den Flüssen – der Rio Huallaga

Erste Fahrversuch vor dem Höllentor

Das Balsa Floß von Don Arturo

In den Fleischtempeln von Buenos Aires

Auf dem Weg zum Basiscamp – Aconcagua höchster Berg Amerikas

Erdbeben am Aconcagua

Das Mittagsmahl auf einer kleinen Estancia

Auf dem Rio Colorado

Juan Muller mit seinem Spezial-Einer

Camp auf einer Sandbank

Menschen am Wege

Sahara

Eine Karawane aus Bilma

Heinrich hilft bei der Reparatur

Bei den Dogonen in Mali

Max und Tom in Namutoni – Namibia

Jessica – The African Queen

Der Angriff des Hippos

An den Ufern des Okavangos

Lunch im Okavango Delta

Third Bridge – ein Löwenparadies

Besuch im Camp

Duncan of Kaokoland

Der Jemen – ursprüngliches Arabien

Die Herberge in Muktinath

Aufstieg zum Thorong La – Pass

Der teuerste Ritt meines Lebens

Hirten mit ihren Familien in 4000 m Höhe

Das Tor zum Khyber Pass

Der Khyber Pass

Zur Grenze nach Afghanistan

Nur mit Polizeischutz zum Khyber Pass

Unsere Löwensafari war – wie bei dieser Reise nicht anders zu erwarten – nicht nur erfolgreich, sondern brachte auch den zum Abenteuer nun einmal unerläßlichen „thrill“, auf deutsch: die Angstlust. Mit dem einzigen Problem, daß ich solche Gefühle schon öfters, eigentlich viel zu oft durchlebt hatte, um sie noch als spannend oder auch nur unterhaltsam zu empfinden.

Mit dem offenen Geländewagen folgten wir einer Löwenspur in das dichte Dornengestrüpp der gleich hinter dem Sumpf beginnenden Kalahari. Es dauerte auch nicht lange, und der Fahrer stoppte und deutete nach vorne: Dort lagerte unter einer Akazie nicht weniger als ein Dutzend der großen Raubkatzen. Wir beobachteten sie durch unsere Ferngläser, wie sie dalagen, ab und zu mal den Rachen aufrissen, sich auf den Rücken drehten, im Sand rollten, aber sonst ganz friedlich Siesta hielten.

Was hinter uns vorging, darauf achteten wir nicht. Bis einer von uns mich vorsichtig am Ärmel zupfte und nach hinten deutete. Ich glaubte, mich streift ein Bus: Direkt am Hinterrad des Landrover hatten es sich zwei Löwinnen gemütlich gemacht. Und wir saßen absolut ungeschützt auf der Pritsche des Fahrzeuges!

Dann hatte auch der Fahrer die Lage erkannt. Nervös startete er den Motor, ließ beim Anfahren die Kupplung zu schnell kommen. Die Maschine starb.

Irritiert hob eine Löwin den Kopf und schnupperte an meinem Ellbogen.

„Lieber Gott“, schoß es mir durch den Kopf, „laß diese schwarze Seele von einem Fahrer den Verstand nicht ganz verlieren und bewahre mich vor dem Einzug in die Ewigen Jagdgründe!“

Es stank nach Benzin, der Motor war abgesoffen. Die beiden Löwinnen hatten inzwischen Gesellschaft bekommen. Direkt hinter dem Landrover lungerten jetzt vier ausgewachsene Löwen herum. Auch die Löwen unter der Akazie hatten sich erhoben und witterten interessiert in unsere Richtung.

Nach rechts oder links konnten wir nicht ausweichen, da dehnte sich dichter, undurchdringlicher, dorniger Busch.

Es schien mir eine Ewigkeit zu dauern, bis die Maschine wieder ansprang, bis der Fahrer den Rückwärtsgang einlegte und langsam, den einen oder anderen Löwen fast streifend, zurücksetzte.

Nicht nur Mike, auch wir, die „Berufs-Abenteurer“, hatten jetzt endgültig genug. Es war uns klar geworden, diese Reise stand unter einem schlechten Stern – und wenn wir bis jetzt ohne Schaden davon gekommen waren, war das nichts anderem als dem puren Glück zu verdanken. Doch sich weiter auf das Glück zu verlassen, schien mir zu riskant. Morgen würde alles vorbeisein, morgen abend würde der Caledonian-Jumbo in Gaborone abheben und uns in sicherere und vertrautere Zonen zurückbringen. Den einen, den letzten Tag würden wir vielleicht auch noch ohne größeres Unglück überleben, hoffte ich.

Während des Abschieds-Abendessens hatte es zu regnen begonnen. Danach tranken wir noch einen, und auch der Pilot hielt sich dabei keinesfalls zurück und stieß immer wieder mit uns an. Auf unsere besorgten Blicke hin hob er nur die Schultern und meinte, daß er morgen ohnehin von hier nicht wegkäme. Die Maschine stünde jetzt schon unter Wasser. Morgen würde es mindestens bis zum Propeller reichen, behauptete er achselzuckend. TAB – that's Africa, Baby!

Uns fielen fast die Gläser aus der Hand. Morgen ging unser Flug von Gaborone nach London-Gatwick! Noch am Abend verständigten wir Maun, bestellten eine andere Maschine auf eine etwas höher gelegene Landepiste am Rande des Wildreservats.

Mit einem Landrover brettern wir am folgenden Morgen los. Es regnet immer noch. Es ist uns schleierhaft, wie der Fahrer sich in dieser inzwischen endlos dehnenden Flut, die inzwischen Weg und Steg überschwemmt hat, zurechtfindet.

Ich habe nur eine Erklärung: Es müssen übernatürliche Instinkte sein, die uns zivilisationsgeschädigten Menschen abhanden gekommen sind. Oder eine durch lange Praxis erworbene Ortskenntnis, bemerkt Allan.

Doch weder das eine noch das andere kann verhindern, daß wir dann doch in einem Unterwassergraben landen. Der Landrover scheint langsam zu versinken. Die Seilwinde liegt bereits unter Wasser. Wasser, Wasser überall; es steht bis zu den Sitzen.

„Das ist die letzte Maschine, die von der Caledonian aus Gaborone rausgeht. Wir sollten uns beeilen", verkündet Mike zu allem Überfluß. Auch das noch! Allan und mein Partner wühlen bis an die Hüften im Wasser nach dem Seil, kriegen es zu fassen und belegen es an einem Baum. Der Fahrer versucht, den Landrover mittels der Batterie aus dem Dreck rauszukriegen. Vergebliche Liebesmüh. Über Walkie Talkie und mit dem letzten Restchen von Saft in der Batterie versuchen wir, das Camp zu erreichen. Es gelingt, und endlich erscheint ein Ersatzfahrzeug auf der Bildfläche.

Diesmal haben wir mehr Glück, oder der Fahrer hat bessere Nerven – oder was auch immer. Bis dann die Elefantenherde mitten auf dem Weg steht und angesichts dieser Sintflut natürlich nicht umfahren werden kann.

Es dauert, bis die Dickhäuter die Vorfahrt freigeben. Endlich sehen wir den Kontrollturm, überfahren unter schwarzem Himmel und im rinnenden Regen eine wacklige Holzbrücke – und da steht auch schon mit laufendem Motor unsere Maschine! Der Motor läuft, aber der Pilot scheint zu pennen. Ich reiße mir das verdreckte Hemd vom Leib und winke wie verrückt. Endlich bemerkt uns der Luftschiffer und rollt auf uns zu.

Es dauert keine zwei Minuten, dann ist das Gepäck verstaut und der Pilot schiebt das Gas rein. Der Lärm des Motors übertönt das Prasseln des Sturzbaches, der sich Regen nennt. Der Summer warnt den Piloten, daß die Geschwindigkeit zum Abheben zu niedrig ist. Er zieht trotzdem hoch. Ist der Kerl nicht bei Sinnen? Dann sehe ich die grauen Kolosse am Ende der Startbahn: Mein Gott, noch eine Elefantenherde!

Das nervenzerrende „onkonkonkonk" des Warnsignals erstirbt auch in der Luft keinesfalls. Aus irgendwelchen Gründen kommt die Kiste nicht auf Touren und deshalb auch nicht richtig hoch. Mein Gott, wenn wir über diesem Dschungel abschmieren! Der letzte Absturz im Yukon steckt mir immer noch in den Knochen.

Es kommt mir wie eine Ewigkeit vor, bis das Signal endlich abstirbt. Aber richtig hoch kommt unser Skipper immer noch nicht. Höhe bedeutet dem Flieger Sicherheit – genau wie die offene See dem Skipper in seinem Boot während des Sturms. Oder er will nicht höher hinauf in diese Schwärze, aus der gelbe Blitze herauszucken und für Sekundenbruchteile die Düsternis aufhellen. Der Pilot deutet mir an, daß er unter dem Wetter bleiben will. Er huscht knapp über die Baumwipfel hinweg.

Als unser Freund, der Schotte, uns sieht, wie wir in Maun aufatmend, aber schlammüberkrustet aus der Maschine rausklettern, lacht er vegnügt und sagt: „TAB!" Dann deutet er in eine bestimmte Richtung: „Drüben ist eine Kneipe, lads, da könnt ihr euch ein bißchen frischmachen und ein Bier trinken. Ihr seht ja ziemlich käsig aus. Kann mir vorstellen, was für'n Flug ihr hinter euch habt. Es dauert noch, bis eure Mühle nach Gaborone hier rausgeht."

Richtig, zuerst mal ein Bier. Dem sollte dann, einer nach dem anderen, der Gang zur Toilette folgen, damit wir uns in wenigstens halbwegs zivilisierte Wesen zurückverwandeln können. Doch soweit kommt es nicht: Der Purser der Air Botswana ist dabei, seine Fluggäste und damit auch uns einzusammeln. Entweder gehts jetzt sofort los oder am St.Nimmerleinstag!

Der Pilot der 737 hatte sich entschieden, aus Maun rauszufliegen, bevor das Unwetter den Laden komplett dicht macht.

Ungläubige und mißtrauische Blicke folgen uns, als wir in Gaborone durch die Halle gehen. Wir verschwinden sofort in der Toilette, reißen uns die Hemden und Hosen, Schuhe und Strümpfe vom Leib und versuchen mit fliegenden Händen, uns wenigstens halbwegs in Fasson zu bringen. Ab und zu erscheint an der Tür ein schwarzes Gesicht mit rollenden Augen unter dem Kraushaar und zieht sich gleich wieder zurück. Weiß der Teufel, was die Typen von uns denken – ist uns eh egal! So wie wir aussehen, wird uns keine auch nur halbwegs auf ihr Renommé achtende internationale Airline mitnehmen. Selbst dann nicht, wenn sich einer ihrer Verkaufsleiter unter uns befindet und auch dann nicht, wenn es sich um ihren Schwanengesang handelt. Wir können keine Rücksicht nehmen und nehmen keine Rücksicht, unser Flug ist bereits aufgerufen!

Wir kamen eben noch mit – aber nur um Haaresbreite. Wie uns Mike's Freund, der Stationmaster aus Gaborone, hinterher mitteilte, war inzwischen ein Polizeikontingent in Marsch gesetzt, und auch die Streitkräfte des Landes waren alarmiert worden. Es hieß, eine Vorhut weißer Söldner mit geschwärzten Gesichtern sei dabei, auf der Flughafen-Toilette ihre Maschinenwaffen zusammenzusetzen, um eine Revolte anzuzetteln.

Das wäre das Tüpfelchen auf dem i dieser Reise gewesen: Als Staatsfeinde Botswanas in einem Loch von Gefängnis zu verdämmern oder gar vor einem Erschießungspeleton zu enden!

TAB – auch das wäre Afrika gewesen, Baby.

Afrika – der Schwarze Kontinent – ist immer noch voller Geheimnisse, Merkwürdigkeiten, Beklemmungen und sprachlosen Faszinationen, aber auch Schauplatz so mancher Trivialität.

Ich erinnere mich daran, wie wir eines Abends am Tanganjika- See, ein Stück entfernt von der Stadt Bujumbura und wegen der Krokodile in respektvoller Entfernung vom Ufer, das Camp aufgebaut hatten.

Ich wollte mich von der Stadt absetzen. Gerade am Rand der großen Siedlungen existiert immer eine Grauzone von Unsicherheit, von Halbzivilisation, von Kriminalität. Das ist nicht nur in Afrika so, sondern fast überall auf der Welt.

Doch ein Teil der Gruppe wollte unbedingt nach Bujumbura. Die Kumpel hatten wohl einige grellbeleuchtete Amusementschuppen und deren recht attraktives Personal im Auge. Ein bißchen um die Häuser ziehen, sagten sie – und meinten „mal so richtig die Sau rauslassen".

Ich hatte meine Bedenken, doch keine Wahl – es handelte sich um ausgewachsene Männer, die selbst wußten oder wissen müßten, was zu tun und zu lassen war. Zur Bedingung machte ich lediglich, daß neben mir eine Stammbesatzung zurückbleiben mußte, die unser Camp bewachen sollte.

Die Nachtschwärmer machten sich auf den Weg in Richtung der roten Lichter von Bujumbara. Sie waren aufgekratzt, erwartungsfroh und aufgedreht. Sie waren noch keine halbe Stunde verschwunden, da fiel mir ein, daß einer von ihnen, Manfred, unsere gesamte Verpflegunskasse mit sich herumtrug und jetzt dabei war, den Versuchungen des Nachtlebens von Bujumbara zu erliegen.

Doch das war's ja nicht allein, irgendwie hatte ich ein ungutes Gefühl. Als nach ein paar Stunden immer noch niemand aufgetaucht war, machte ich mich auf den Weg in das nicht weit von unserem Camp entfernte Hotel Tanganjika, von dessen Terrasse schräge Musik und fröhliches Mädchenlachen herüberschallte.

Na, dachte ich, vielleicht sind die Schwärmer der afrikanischen Nächte in diesem relativ ehrenwerten Etablissement gelandet – und ich kann sie samt Kriegskasse einsammeln und in den sicheren Hort des Lagers zurückkomplimentieren.

Als mich gleich am Eingang des Hotels eine Horde kichernder, hübscher braunen Mädchen in Empfang nahm, da war mir klar, daß es für meine Leute der Tugendhaftigkeit einer hölzernen Heiligenfigur aus Oberammergau bedurft hätte, diesem Auftrieb von geballten exotisch-erotischen Versuchungen nicht nachzugeben. Nur, verdammt nochmal, sie hätten das ja bereits im Hotel Tanganjika haben können und nicht im unübersichtlichen Dschungel eines halben Dutzends anderer ähnlicher Schuppen!

Egal, sie waren nicht da – und mißmutig stapfte ich zurück ins Camp. Zu allem Unglück fielen die ersten Tropfen, und dann rauschte der Regen, wie er nur in den Tropen rauschen kann.

Es schläft sich gut im Regen, doch ich schlief nicht lange: Es weckten mich Stimmen und aufgeregte Laute. Deutsches Gebrüll, das Geschrei von Eigeborenen. Der Grund: Irgendwelche Ganoven hatten die Zelte aufgeschnitten und mit flinken Fingern und Drahtschlingen alles Mögliche herausgezogen.

Es war finster wie in einem Elefantenarsch, und der Regen prasselte auf uns herunter. Einer von uns rannte den Schuften hinterher in Richtung See. Ich brüllte, er solle zurückkommen, nicht nur wegen der Ganoven, auch wegen der Krokodile, die dort herumlungerten. An eine aussichtsreiche Verfolgung war bei dieser Sintflut und der damit verbundenen ägyptischen Finsternis ohnehin nicht zu denken.

Ich hatte eine Stinkwut. Wir waren nur eine Handvoll Leute. Wenigstens die wollte ich zusammenhalten.

Endlich, nach Mitternacht erschien Fuzzy, naß wie durch die Waschbütt gezogen. Fuzzy erklärte, die übrige Bande hätte einen kompletten Puff gemietet und sich dort auch für die Übernachtung eingerichtet. Unter ihnen auch Manfred. Wenn dem irgendeine scharfe, schwarze Schöne die Reisekasse abluchsen würde, dann gute Nacht, dann würden wir schon morgen die Heimreise antreten müssen! Schlimm genug, daß das Bargeld, die Flugtickets und die Reisepässe von zwei der im Camp gebliebenen Leute weg waren.

Die Sonne stand schon hoch am Himmel, als die Truppe aus Bujumbara zurückkehrte. Sie fühlten sich unbändig. Zu meiner grenzenlosen Erleichterung – Manfred hatte sich nicht ausnehmen lassen!

Es war übrigens die französische Botschaft, die für den Ersatz der gestohlenen Pässe sorgte. Die bürokratischen Hürden waren für die deutsche Vertretung offenbar zu hoch.

Es gibt in Afrika immer noch ein paar ziemlich wilde, einsame und praktisch unberührte Flecken. Einer davon ist die Skelett-Küste von Namibia, nördlich von Cape Cross mit ihren hohen Sanddünen, dem trockenen Flußbett des Hoanib bis hinauf zum alten deutschen Fort von Sesfontein.

Wenn es dazu noch eine Steigerung an unberührter Wildnis gibt, dann ist es die Region nördlich von Sesfontain bis zum Marienfluß an der Grenze zu Angola.

Es ist das Revier von Duncan Gilchrist, einem Schotten von echtem Schrot und Korn. Man könnte sich ihn auch als eine Mischung von Paul Bunyan und Davy Crockett vorstellen. Den größten Teil seines Lebens hat Duncan im südlichen Afrika zugebracht. Er ist in der Lage, den härtesten Schluckspecht unter den Tisch zu saufen und spricht nicht nur alle gängigen Eingeborenendialekte oder afrikaans, sondern auch sehr gut deutsch.

Sein Pickup ist eine Show für sich. Jeder halbwegs nüchterne Schrotthändler Südafrikas würde sich weigern, auch nur fünf Rand dafür zu bezahlen – und was in einem wüsten Durcheinander auf der Ladefläche herumliegt, spottet jeder Beschreibung.

Man muß sich mit Duncan eine Weile in dieser Gegend herumgetrieben haben, um seine Qualitäten zu erkennen. Dann merkt man sehr schnell, welches System in all dem scheinbaren Chaos und dem Schrott steckt, den er mit sich herumschleppt. Dann macht es plötzlich Sinn, wenn Duncan seine Ratschläge oder Anweisungen gibt. Wenn er erklärt, warum er unter seinem Auto schläft, welch wichtige Aufgabe sein kleiner Köter hat, der ihn vor jedem sich nähernden Löwen rechtzeitig warnt, wenn er mit den letzten Nomaden Namibias – den Himbas – verhandelt.

In dieser trockenen, wilden, grandios-gottverlassenen Gegend, wo die Elefanten und Löwen sich noch ungestört Gute Nacht sagen können, in diesem kaum noch berührten Afrika braucht man einen wie Duncan, um zurechtzukommen.

Weiter will ich diesmal nicht ins Detail gehen. Zuviele Touristen würden auch dieses echte Wildnisparadies kaputtmachen. Schlimm genug, daß die Regierung in Windhoek bereits plant, am Kunene ein Wasserkraftwerk zu bauen.

Es scheint, als ob die Tage auch dieser Urlandschaft gezählt seien. Offen bleibt die Frage, wohin sich Duncan mit seinem Hund und seinem Pickup zurückziehen wird. Oder sind auch die Tage solcher liebens- und bewundernswerten Individuen wie dieses Schotten von rechtem Schrot und Korn gezählt? Manchmal scheint es so – leider.

Ein weisser Fleck auf der touristischen Weltkarte der Jemen

Wenn es auf dieser buckligen, überbevölkerten Welt noch Ecken und Enden gibt, die vom Massentourismus verschont geblieben sind, die ihre Ursprünglichkeit bewahrt haben und trotzdem in jeder Hinsicht attraktive Reiseländer sind, so gilt das für die Länder des südlichsten Teiles der arabischen Halbinsel – Oman und Jemen.

Der besondere Reiz einer Jemen-Reise liegt darin, daß es eine Fahrt in die Vergangenheit ist, zurück ins Mittelalter – wie viele behaupten. Diesen Zeitsprung erlebt der Tourist nicht passiv und ungefährdet vorm Fernseher, sondern er wird selbst in die Vergangenheit zurückkatapultiert.

Die Jemeniten sehen nicht nur wild und verwegen aus, sie sind es auch! Sie sind stolz, sie suchen oder verteidigen ihr Recht selbst. Jeder von ihnen ist zumindest mit einem Krummdolch bewaffnet. Außerhalb der großen Städte kommt noch eine Kalaschnikow hinzu. Man sollte sich keinesfalls der törichten Illusion hingeben, diese offenbar unabdingbaren Accessoires des arabischen Mannesstolzes dienten lediglich zur Dekoration – im Ernstfall wird schnell zugestochen und auch geschossen. Dann ist es sehr zweckmäßig, auf der richtigen Seite zu stehen.

Trotzdem ist eine Reise in den Jemen alles andere als eine Sache auf Leben und Tod. Man muß die Verhältnisse, die Menschen kennen, sich darauf einstellen. Bei uns wagt sich ja auch keiner mit halbwegs klarem Kopf mit dem Moped auf die Autobahn.

Wer sich von einer einheimischen Agentur betreuen und die Wegstrecke ausarbeiten läßt, der kann fest damit rechnen, daß vorher die Probleme ausgeräumt werden, d.h. daß für das Durchfahrtrecht bezahlt wird oder gefährliche Zonen ausgespart bleiben. Zusätzlich rechnet sich die Mitnahme eines sprachkundigen Jemeniten im Endeffekt immer. Dieser Mann wird viele Dinge vor Ort klären, bedeutsame Hinweise geben, einem das fremde Land, seine Menschen, seine scheinbar rückständige Zivilisation näherbringen, Mißverständnisse ausräumen. Er wird dafür sorgen, daß die dortigen Sitten und Gebräuche respektiert werden. Damit hapert es nämlich nicht nur bei unseren Landsleuten! Nicht jeder und jede, der oder die es sich leisten kann, sollte unbedingt verreisen. Im Jemen taucht man nicht nur in einen fremden Kulturkreis ein, man findet sich auch in einer vergangenen Epoche wieder.

Es ist nicht leicht, in den arabischen Ländern echte Freundschaften zu schließen. Ich reise seit vielen Jahren dorthin, und kann ein Liedchen davon singen. Dem Jemen und den Jemeniten – wie anderswo – nähert man sich am ehesten über den Respekt vor der anderen Kultur und Lebensweise, über das gemeinsame Gläschen Tee, die in aller Ruhe gerauchte Zigarette, das Kauen der milden Droge Kat in Gesellschaft anderer. Das schafft Gemeinsamkeiten, Vertrauen, gegenseitige Achtung.

Echte Schlagzeilen gemacht hat der Jemen in negativer Hinsicht in den frühen neunziger Jahren. Die Jemeniten waren so unvorsichtig, sich im Kuwait-Krieg auf die Seite des Aggressors und späteren Verlierers Irak zu stellen. Das sorgte erst einmal grundsätzlich für eine schlechte Presse. Was nur wenige erkannten: Sie wollten mit dieser Haltung ihre Unabhängigkeit gegenüber den reichen und mächtigen Saudis dokumentieren.

Darüberhinaus machten und machen die Schlagzeilen der Boulevardpresse Furore, wenn wieder einmal ein oder mehrere Touristen entführt wurden und immer wieder werden, die nur nach zähen Verhandlungen wieder freikamen und -kommen.

„Geiselnahme durch wilde Beduinenstämme" plärren dann die Printmedien, und den Daheimgebliebenen läuft es kalt den Rücken runter.

Ein Beispiel unter mehreren waren jene unbedarften deutschen Motorradfreaks, die offenbar nichts anderes als eine exotische Plattform, einen pittoresken Hintergrund suchten, um mit ihren Maschinen querfeldein zu brettern. Wie jeder weiß, ist das in Mitteleuropa und auch sonstwo kaum noch möglich, geschweige denn erlaubt.

Wenn sie hier einem Bauern übern Acker fahren, gibts Ärger – nicht anders ist das auf der dünnbesiedelten arabischen Halbinsel. Auch die wüsten und leeren Regionen gehören seit undenklichen Vorzeiten zu irgendwelchen Stammesgebieten, und noch lange nicht jeder dieser Stämme erkennt die Oberhoheit der Regierung in Sana'a an. Wenn nun Touristen auftauchen, die glauben, mit dem scheinbar leeren Land ungefragt in ihrem Sinne umgehen zu dürfen, so haben sie sich gründlich geirrt. Oder – um ein arabisches Sprichwort zu zitieren: Wer mit der Katze spielt, muß mit einem kräftigen Kratzer rechnen!

Die Landbesitzer bringen diese Leute erstmal in ihren Gewahrsam. Sie verfolgen damit ein doppeltes Ziel: Sie wollen für das ungefragt in Anspruch genommene Wegerecht einen Obolus erheben, zum anderen wollen sie ihre Unabhängigkeit und Macht gegenüber der Zentralgewalt dokumentieren.

Jeder Jemenite kennt die Situation, stellt sich darauf ein. D.h. er verhandelt und bezahlt ggfls. die entsprechende Gebühr oder, wenn man will, den Tribut. Damit übernimmt der fragliche Stamm die Verantwortung für das Wohlergehen der Reisenden. Es wird ihnen nach menschlichem Ermessen nichts passieren.

Wer es sich leisten kann, sollte seine Reise durch den Süden der Halbinsel in den Vereinigten Arabischen Emiraten beginnen, in der teuren, vollklimatisierten Kunstwelt aus Glas, Stahl und Beton mit einem den Gast umschmeichelndem Komfort und Luxus, der seinesgleichen sucht.

Damit beginnt die Reise quasi in der touristischen Zukunft. Sie könnte dann fortgesetzt werden mit dem landschaftlich so reizvollen, zwischen den Glutöfen der Küstenstrände und dem kühlen Ozon der Bergwelt gelegenen Oman, der sich auf halbem Wege zwischen Vergangenheit und Gegenwart, aber gleichzeitig schon auf dem Weg in die Zukunft befindet.

Zurück in das vergangene Jahrhundert oder gar noch weiter in die Vorzeit tastet sich der Reisende danach im Jemen vor.

Dieser Trip gerät, wenn man's richtig anpackt, zu einer einzigartigen Zeitreise, zu einem Pendel, das sich zwischen den verschiedenen Epochen bewegt.

In Dubai bevölkern zeitweise von Mutter Natur prächtig ausgestattete Russinnen mit winzigen Fetzchen von Badezeug die Strände; in den Bars wird Whisky, Champagner, Herz-was-begehrst-du ausgeschenkt, ohne daß irgendjemand Anstoß nimmt, während russische Neureiche sich der anstrengenden Aufgabe der Geldwäsche widmen.

Nach und nach entdeckt der Oman das Potential seiner herrlichen Sandufer, die Attraktivität seiner historischen Bauten und preist sie neben den ebenso eindrucksvollen, bis 3.000 m aufragenden Gebirgsregionen als Touristenattraktion an. Im Jemen aber müßte beispielsweise eine Frau, die es wagen würde, sich im Bikini Männerblikken darzubieten, nach wie vor damit rechnen, öffentlich gesteinigt zu werden.

Kein Wunder: Erst vor rund 30 Jahren öffnete sich nach dem Sturz des damaligen allein und absolut herrschenden Iman das Land der übrigen Welt. Danach teilte sich der Jemen: in einen islamischen Norden und einen marxistischen Süden. Dadurch jedoch wurde die traditionelle Lebensweise der Jemeniten kaum beeinflußt. Es gilt der arabische Vergleich, nach dem der Wolf, den man zum Erlernen der Schrift in die Schule schickt, auch nach langen Mühen und mit tropfenden Lefzen immer noch nichts weiter als „Schaf, Ziege und Lamm“ aufsagt.

Das heißt, die Jemeniten spuckten keineswegs in den Brunnen, aus dem sie tranken. Die Ideologie der Quelle, aus der die Entwicklungsgelder plätscherten – der damalige Ostblock und damit der Kommunismus – wurde im Süden offiziell Staatsideologie. Das hat sich natürlich geändert; der Islam regiert mittlerweile auch hier. Saudiarabien dagegen finanzierte den nördlichen Jemen. Prompt übernahmen die dortigen Machthaber die dort praktizierten, strengen islamischen Gesetze, die heute im ganzen Jemen gelten.

Eine Fahrt durch den Jemen ist keine Komfortreise. Der Tag beginnt, sobald der Muezzin im ersten Dämmerlicht einen schwarzen Faden von einem weißen unterscheiden kann und die Gläubigen zum ersten der fünf Gebete des Tages aufruft.

Von dem reicheren Angebot in Sana'a einmal abgesehen, besteht die Nahrung häufig aus Huhn mit Reis und Reis mit Huhn. Oder aus „chapatis", Fladen, die entweder ganz frisch und heiß gegessen oder – bereits steinhart – in Milch getunkt werden. Das Getränk ist Tee oder zu besonderen Anlässen „Vimto", eine Art Cassis ohne Alkohol, der mit Wasser verdünnt wird. Die Unterkünfte sind oft einfach, um nicht zu sagen primitiv. Mitunter muß in Zelten übernachtet werden.

Es gibt bis jetzt lediglich 2.000 km asphaltierte Straßen. Der Rest sind Pisten, die meist nur mit Allradfahrzeugen zu bewältigen sind, von denen aber die Kenner sagen: „Endlich wird es echt!"

Die Mühe lohnt sich. Die Landschaft ist gebirgig, pittoresk. Kahles, nacktes, bizarres Lavagestein, höllentiefe Schluchten, Terrassenkulturen und fruchtbare Täler wechseln sich ab. Auf den Hügeln und Bergen kleben verschachtelte Wehrdörfer wie finster drohende Raubritterburgen.

Das einstige Reich der Königin von Saba schwelgte in Gold, exotischen Gewürzen, Silber, Edelsteinen, Seiden, Weihrauch und Myrrhe. Auf den Rücken geduldiger Wüstenschiffe schaukelten diese Schätze über uralte, heute verwehte Handelsstraßen bis hinauf in die Mittelmeerregion.

In den Augen Alexander des Großen war der Jemen eine einzige, riesige Schatztruhe. Später blickte auch das mächtige Rom begierlich nach Süden. Das Land zwischen Rotem Meer und Indischem Ozean konnte jedoch weder der eine noch das andere erobern.

Vom einstigen Reichtum ist heute kaum etwas übriggeblieben. Der Jemen ist ein armes Land geworden, das viele sogar als rückständig bezeichnen.

Die Hauptstadt Sana'a liegt im Schatten von weit über 3.000 m hoch aufragenden Vulkanbergen; gegründet von Noahs Sohn Sem, wie die Legende will, und unstrittig eine der ältesten Städte des Erdballs. Der historische Teil ist in sich geschlossen, von einer tausendjährigen Mauer umgeben, und besteht im wesentlichen aus bis zu sechsstöckigen Lehm-, Ziegel- und Steinhäusern, verziert mit weißen Stuckornamenten und gekrönt von ebenfalls weißen Zinnen. Einige der Bauten sind über 800 Jahre alt.

Durch die engen Gassen huschen tief- und schwarzverschleierte Frauen, die Männer tragen wadenlange Röcke unter dem Jackett und den Dschambija, dem Krummdolch im Gürtel. Das echte Leben findet auf dem Souk, dem Markt, statt. Es geht ruhiger, leiser, würdevoller, unaufdringlicher zu als auf anderen orientalischen Märkten.

Nach dem Mittagsgebet kommt die Stunde des Kat. Die Männer hocken sich hin, kauen die jungen Blätter der Pflanze. Sie hamstern sie in einer Backe und drücken eine halbkugelförmige Beule nach außen. Kat ist ein mildes Rauschmittel, das ein friedlich-schläfriges Wohlbehagen vermittelt und die lange Siesta der Jemeniten beherrscht.

Der Jemen erschöpft sich natürlich nicht in der bewundernswerten Optik und Kultur des zurecht dafür berühmten Sana'a. Ebenso eindrucksvoll ist die bizarre Gebirgslandschaft auf dem Weg zur mächtigen Festung Barrakisch und nach Marib. Obwohl es keinen Vergleich mit Sana'a aushalten kann, muß man in Marib gewesen sein. Marib war die Hauptstadt des einstigen Sabäerreiches, wo die ebenso schöne wie reiche, die sagenumwobene Königin von Saba herrschte! Die Ruinen ihres Palastes sind nach wie vor zu besichtigen wie die Reste des gewaltigen Staudammes, wahrscheinlich des ältesten der Welt, der auch in der Trockenzeit für das lebensspendende Naß gesorgt hat. Er war die technische Voraussetzung für den Reichtum der Sabäer.

Ungeheuer eindrucksvoll ist auch die Fahrt durch das zwischen gewaltigen Tafelbergketten sich dehnende Wadi Hadramaut, genausowenig auszulassen wie die Canyon-Landschaft des Do'An.

Enttäuschend dagegen ist der Besuch von Aden. Einst war die Stadt einer der strategisch wichtigsten Stützpunkte des Britischen Weltreiches, später die Hauptstadt des Südjemen.

„Aden müßte Backofen heißen. Lediglich ein Kamel scheint in der Lage zu sein, ihm gerecht zu werden", schrieb schon Henry Adams gegen Ende des vergangenen Jahrhunderts.

Auf Aden folgt nach einer beeindruckenden Bergstrecke das lebhafte Ibb mit seiner mittelalterlichen Altstadt. Auch Djibla, die Hauptstadt der hier im 12. Jahrhundert herrschenden Königin Arwa, ist überaus sehenswert und das nicht nur, weil sie in einem immergrünen Tal terrassenförmig um eine wundersame Grabmoschee herumgebaut ist. Taiz wiederum ist eine Stadt des Handels und Wandels, ebenso wie Mokha an der Küste des Roten Meeres, dem einstigen bedeutendsten Exporthafen für Kaffee.

„Yemen al Saeed", glückliches Jemen, nennen die übrigen Araber das Land im äußersten Süden der großen Halbinsel. Statt Weihrauch und Myrrhe, Kaffee, Gewürzen, Gold und Edelsteinen könnte es bald das Öl sein, das den Menschen Glück und Wohlstand bringen soll. Auch wenn damit ein weiteres abenteuerliches und wildromantisches Reiseziel seine Einzigartigkeit verlieren wird – es sei den armen, stolzen und so sympathischen Jemeniten gegönnt, in materieller Hinsicht zu ihren Nachbarn aufzuschließen.

Ein gutes arabisches Sprichwort möchte ich diesen Leuten jedoch mit auf den Weg geben: „Warnet eure Söhne, bevor sie den alten, irdenen Topf zerbrechen."

Der schwere, schwarze Schatten des Annapurna

Wenn der oft zitierte Begriff „durch die Hölle gehen" für mich Gültigkeit hatte, so geschah das anläßlich einer Trekking-Tour rund um das Annapurna-Massiv in Nepal. Es war eine Trekking-Tour der härteren Sorte. Eine von den Touren, wie sie heutzutage als Abenteuer-Reisen angeboten werden. Es war und ist keine Extremtour. Sie folgt zumindest teilweise dem alten Karawanenweg nach Tibet. Insgesamt müssen rund 300 km bewältigt werden, für die drei Wochen nicht zu knapp berechnet sind. Es ist eine typische Hochgebirgswanderung, ein ständiges Auf und Ab, bei dem Pässe von über 5.400 m Höhe überquert, tausende von Höhenmetern erstiegen werden müssen.

Der alte Karawanenweg durchquert die Hauptkette des Himalaya im Zuge der Kali-Gandaki-Schlucht, zwischen dem jedem Kletterer zumindest dem Namen nach bekannten, über 8.000 m hoch in den kalten Himmel Mittelasiens ragenden Fels- und Eisriesen Dhaulagiri und Annapurna. Himmelhohe Berge, die abstürzen in höllentiefe Schluchten. Die Kali-Gandaki-Kluse ist dreimal so tief wie der Grand Canyon des Colorado in den USA und damit die tiefste der Welt.

Diese Abgründe sind durch die Erosion des Wassers entstanden: Die großen Flüsse haben ihren Ursprung im Norden. Im gleichen Maße, wie sich die Bergketten gehoben haben, haben sich die Flüsse in das Gestein gegraben. Logisch, daß ihre Durchbruchstäler auch zu Verkehrswegen wurden.

Wir, Undine und ein paar Freunde, wollten ein – sagen wir ruhig – ausgefallenes Sylvester feiern und gleichzeitig Kondition tanken für die im Laufe des Jahres anstehenden Touren. Ein weiterer Grund war das bei mir anstehende 50. Lebensjahr, wo man einfach wissen will, wo man steht und wo das alte Eisen wirklich anfängt. Wir hatten uns gegen unsere sonstige Gewohnheit vorsorglich den Luxus von ein paar Trägern geleistet. Ihr Anführer war der Lama Sherpa aus einer traditionsreichen und aristokratischen, in der Nähe des Mount Everest lebenden Familie. Er sollte sich als ein ganz toller Bursche erweisen.

Wir hatten die Tour gegen den Uhrzeigersinn geplant und begannen in Dumrye an der Straße von Kathmandu nach Pokhara. Als Einstieg würden wir das erst seit 1977 dem Bergtourismus erschlossene Marsyandi-Tal durchwandern.

Sylvester feierten wir mit einer Bauernfamilie in dem Dörfchen Ngadi. Mal was anderes! Ein paar Tage später erreichten wir Manang auf noch erträglichen 3.500 m über dem Meeresspiegel. Doch einen ersten Vorgeschmack von dem, was uns erwartete, erhielten wir schon da: Die Eiswand des Annapurna wirkte wie ein riesiges Kühlaggregat, und das Thermometer sank nachts auf beißende – 20 Grad Celsius. Wir hatten bis dahin mehrere Klimazonen durchschritten. Von dem üppigen und vielfältigen Bewuchs der Tropen bis hinauf in die arktischen Verhältnisse des Hochgebirges. Von der Bauernkultur der fruchtbaren Talsohlen, den künstlich bewässerten und kunstvoll angelegten Terrassen an den Hängen zu der Weidewirtschaft in den unwirtlichen Hochregionen. Ebenso war es mit den Menschen: Unten, im südlichen Bereich leben die indogermanischen Hindus, oben im höhergelegenen Norden tibetanische Buddhisten.

Die Gebetsfahnen hängen schlapp, der Rauch wolkt sich senkrecht nach oben, als wir den Aufstieg zum Thorong Pass angehen. Die Vegetationszone mit den knorrigen Laubwäldern und dem dichten Unterholzdschungel liegt längst hinter uns. Um uns ist nur noch kalter, nackter Fels, Schnee, Eis und Firn. Das Atmen wird schwieriger. Die Bewegungen scheinen im Zeitlupentempo abzulaufen. Ich habe den Eindruck, die Luft durch einen Strohhalm ansaugen zu müssen, während der Körper Schwerstarbeit verrichtet. Bei Undine treten an Händen und im Gesicht Schwellungen auf. Wir gehen durch ein kahles, steriles Hochtal. Der Atem geht kurz und stoßweise. Wir leiden alle unter Kopfschmerzen.

Wir kommen an einem verfallenden Gemäuer vorbei, das sich als „Hotel-Restaurant“ anpreist. Wir ziehen es vor, in unseren Zelten zu bleiben, verzichten auf den weiteren Aufstieg zu einem etwa 5.000 m hohen, isoliert stehenden Felsklotz. Die am folgenden Tag anstehende Etappe wird uns noch höher hinaufführen. Wir dürfen uns nicht verausgaben, sind noch gewöhnungsbedürftig. Wir haben aus den tieferen Lagen ein bißchen Holz mitgenommen, machen ein kleines Feuer.

Um 3 Uhr früh morgens ist Wecken. Nur mit äußerster Willensanstrengung befreien wir uns aus den Schlafsäcken. Das Thermometer zeigt -27 Grad Celsius. Die Bergstiefel fühlen sich an, als seien sie aus Eisen gegossen. Wir zünden den Rest des Holzvorrates an, drängen uns um das Feuer. Die Träger sind schon losgezogen. Die Sherpas stimmen einen Gesang an, der die bösen Geister beschwichtigen soll. Einer von ihnen geht mit einer Laterne voraus.

Der Thorong La ist 5.400 m hoch; vor uns liegen noch knapp 1.000 Höhenmeter. Bei der Überquerung des ersten Gletschers beleuchten uns die fahlen Strahlen einer kraftlosen Morgensonne. Vor mir läuft ein Träger, ein noch kleines Kerlchen, höchstens 12 oder 14 Jahre alt. An den Füßen, das fällt mir erst jetzt auf, trägt er Kinder-Gummistiefel, aus denen rechts und links die Zehen herausschauen, weil sonst die Fußbekleidung zu knapp wäre. Ich registriere das Problem, doch damit hat es sich. Der Sauerstoffmangel dieser Höhenlage verlangsamt die Reaktionen des Hirns. Ich habe mit mir selbst mehr als genug zu tun.

Das Denken beschränkt und konzentriert sich auf das Erreichen der Paßhöhe. Ich vermute und erhoffe den Paß hinter jeder Biegung des Pfades und werde doch immer wieder enttäuscht. Es ist die schwerste Etappe unserer Trekking-Tour.

Der Höhenmesser zeigt 5.000 m. Es wird also noch dauern, bis wir oben sind. Wir müssen eine Pause einlegen. Meine Freunde liegen herum; sie sind kaum noch in der Lage, eine Hand zu heben. Alle klagen über rasende Kopfschmerzen.

Während wir auch im Ruhezustand wie die Fische auf dem Trockenen nach Luft schnappen, sitzt Lama Sherpa mit seinen Leuten anscheinend unbeeindruckt herum. Die Kerle qualmen auch noch wie die Schlote – eine Zigarette nach der anderen.

Wir bewegen uns durch eine unwirkliche Szenerie. Nacktes Gestein, riesige Bastionen, furchterregende Fels- und Eispyramiden zu beiden Seiten, auf denen schreckliche, erbarmungslose Götter thronen: links die Sieben- und Achttausender des Annapurna-Massivs, rechts der Chulu und der Naurchuli, auch Siebentausender – und dahinter liegt China.

Es ist mir vollkommen gleichgültig, was dahinter liegt, wo sich China befindet. Mit dieser erhabenen, vielleicht eindrucksvollsten Szenerie, die der Erdball zu bieten hat, ist es ähnlich. Man sieht diese Felsgiganten in der klaren, kalten Atmosphäre, wie sie großmächtig in ihrer ewigen, zum Himmel ragenden Dominanz dastehen. Man möchte sich mit ihnen auseinandersetzen, sie befragen und ihnen respektvoll huldigen, die grandiosen Eindrücke aufsaugen und für immer festhalten. Aber es gelingt den Augen nicht, die im Überfluß dargebotenen, einmaligen Eindrücke an das Gehirn weiterzuschalten. Oder umgekehrt: Das Gehirn weigert sich, das Angebot anzunehmen und zu verarbeiten. Das menschliche Nervenzentrum reagiert mit Verweigerung auf den fehlenden Sauerstoff.

Ich gehe wie in Trance mit schleppenden Schritten, habe das Gefühl, mich nicht nur in einer kahlen, luftleeren Mondlandschaft zu bewegen, sondern auch noch meinem eigenen Ende mit jedem zurückgelegten Meter näherzukommen.

Durch eine Lücke zwischen den Felstürmen beleuchtet die inzwischen hochgekommene Sonne einen steinernen Obelisk. Kein Zweifel, er ist von Menschenhand aufgeschichtet. Das muß er endlich sein, der verdammte Paß! Vielleicht noch eine halbe Stunde ...

Aber die Entfernungen schrumpfen in der glasklaren, dünnen Luft. Die Schätzungen stimmen nicht mehr: Es ist viel weiter, als man glaubt. Es dauert ganze zwei Stunden, bis wir den Scheitelpunkt dieser Etappe, die Paßhöhe und damit auch den höchsten Punkt unserer Trekkingtour erreicht haben.

Erschöpft liegen wir auf dem Fels herum, kaum in der Lage, die überwältigende Aussicht auf den Dhaulagiri vor uns und das Kloster Muktinath in dem Talkessel, anderthalb Kilometer unter uns, zu registrieren, geschweige denn zu genießen. Unsere Köpfe dröhnen, die eisige Luft brennt in den Nüstern.

Wir rappeln uns auf, hoffen auf den leichteren Abstieg, auf den Einzug in gemäßigtere Höhenlagen, auf mehr Sauerstoff.

In der Herberge unten am Berg bereiten uns die Einheimischen einen nicht erwarteten, gloriosen Empfang. Sie haben uns schon seit Stunden durch ein herumgereichtes Fernglas beobachtet. Sie reichen Becher mit warmem Reisschnaps herum, schenken mehrmals nach. Wir kommen aus dem Staunen kaum noch heraus. Des Rätsels Lösung: Wir sind die ersten Gäste des neuen Jahres! Wir sollen ihnen Glück bringen!

Als die letzten unserer Gruppe eintreffen, sind die ersten schon ziemlich beschwipst. Auch die Sherpas sind fröhlich und sagen: „Trinkt den Fischen nicht das Wasser weg, trinkt lieber noch einen Schnaps!“

Auch sie halten sich an dieses Motto und tanzen bald auf den Tischen. Es entwickelt sich eine weitere, ein bißchen verspätete Neujahrsparty. Mir selbst ist nicht danach – ich steige auf das flache Dach und schlage dort mein Zelt auf.

Obwohl ich mich ziemlich zurückgehalten hatte, zeigte der warme Schnaps am folgenden Tag eine verheerende Wirkung. Die Sherpas und Träger waren offenbar immun, aber auf uns zivilisationsgeschädigte Europäer zeigte das Gebräu im Zusammenhang mit der Höhenluft eine im wahren Wortsinn durchschlagende Wirkung: Als wir über ein Schneefeld rutschten und hin und wieder aus der Balance gerieten, versagten die zuvor nur mit Mühe ihrer Aufgabe gerecht gewordenen Schließmuskeln ihren Dienst und bei jedem Ausrutscher ging eine mehr oder weniger große Portion in die Hose. Im Klartext: Alle versuchten ihr Bestes, kniffen mit aller Kraft die Arschbacken zusammen, doch die Scheißerei war nicht zu stoppen.

An einer kleinen Raststätte setzte sich der kleine Träger mit den Gummistiefelchen neben mich, deutete auf seine Füße und sah mich flehend an. Wir zogen ihm die Dinger aus, reinigten seine Füße und sahen die Bescherung: Die Zehen waren schneeweiß – wahrscheinlich erfroren!

Wir versuchten es mit Wechselbädern – mal heiß, mal kalt. Zumindest die größeren Zehen zeigten Anzeichen, daß das Blut wieder zirkulierte. Welche Schmerzen mußte der Junge ausgehalten haben! Ich weiß aus eigener böser Erfahrung: Nicht die einsetzende Erfrierung ist besonders peinigend, sondern das Auftauen hinterher. Wir gaben dem Jungen ein paar Schmerztabletten, warme Socken, noch weitere Kleidungsstücke, die wir für überzählig hielten, besorgten ihm ein paar halbwegs passende Schuhe.

Es half nichts, er mußte zurück. Der Lama Sherpa zahlte ihn aus und gab ihm seinen älteren Bruder als Begleitung mit. Die Beiden stiegen über den Paß und kehrten in ihr Heimatdorf zurück.

Ich machte mir bittere Vorwürfe: Ich hätte schon eher eingreifen und mich um die vollkommen unzureichende Fußbekleidung des Jungen kümmern müssen! Ich habe nur eine Entschuldigung: Ich habe die nackten Zehen des Kerlchens gesehen, ich habe aber das Malheur nicht verhindern oder wenigstens begrenzen können, weil meine grauen Zellen einfach nicht nachkamen. Als ich das Problem wahrnahm, war mein Hirn gewissermaßen außer Gefecht gesetzt. Die Kommunikation zwischen dem, was meine Augen wahrgenommen hatten und dem, was mein Geist verarbeitete, war unterbrochen. Ich hatte die sich für den Jungen zwangsläufig entwickelnden Konsequenzen nicht bedacht. Als Folge des Sauerstoffmangels hatte ich das Ganze nicht auf die Reihe gekriegt.

Zusätzlich hatte ich inzwischen mit mir selbst mehr als genug am Hals. Ich hatte Fieber und schleppte mich wie in Trance weiter. Ich konnte nur hoffen, daß sich mein Zustand bessern würde, sobald wir in zivilere Tiefen abstiegen.

Ich kam kaum noch gegen den eisigen Sturm an, der uns in dem tiefsten Tal der Erde, in dem wir uns jetzt befanden, mit Orkanstärke entgegenpfiff. Die gigantische Kerbe im Gebirge wirkt offenbar wie ein riesiger Trichter, wie ein Windkanal, der die Luftmassen bündelt und mit unbeschreiblicher Wucht durch die Schlucht treibt.

Wir passierten die Gabelung des Pfades, die in das kleine, bis vor kurzer Zeit noch vollkommen weltabgeschiedene Mustang-Tal führt.

Nach der folgenden Nacht in einer Karawanserei hatte ich nicht mehr das Gefühl, geschlafen zu haben, sondern bewußtlos gewesen zu sein. Vielleicht war es wirklich so gewesen...

Obwohl wir inzwischen nur noch 2.000 m hoch waren und dann noch tiefer in bereits warme Regionen nach Tatopani hinunterstiegen, verbesserte sich mein Zustand keineswegs. In den Gärten wuchsen die herrlichsten Früchte der Subtropen. Aber auch die Orangenkur, der wir uns alle unterzogen, half mir keineswegs. Ebenso war es mit den fast 40 Grad Celsius warmen Naturquellen, in denen wir uns ausgiebig suhlten.

Vielleicht hätte ich anläßlich des Höflichkeitsbesuches bei dem Dorfältesten von Tatopani den angebotenen Mustang-Kaffee nicht annehmen dürfen. Es ist auch für unvoreingenommene Geister mit normal funktionierender Verdauung ein recht abenteuerliches Getränk aus Wasser, Kaffeepulver, verflüssigter Yakbutter und einem ordentlichen Schuß Schnaps.

Wahrscheinlich war das – nach dem Verzehr der Orangen – mein zweiter Fehler, den ich an jenem Tag beging. Die Rache der Himalaya-Götter überfiel mich rasch, konsequent und peinvoll – und war wahrlich furchtbar. Das Fieber quälte mich schlimmer als je zuvor. Ich phantasierte die ganze Nacht über.

In meinem Zustand war es unmöglich, die auf der folgenden Bergauf-Etappe anstehenden 1.200 Höhenmeter zu schaffen. Ich wäre wie ein Taschenmesser zusammengeklappt. Also schlug ich vor, zusammen mit Undine zurückzubleiben und – soweit und sobald es mein Zustand erlauben würde – zu versuchen, wieder aufzuschließen. Wie in solchen Fällen üblich, entschied sich der Rest der Gruppe – „entweder alle oder keiner" – ebenfalls zu bleiben. Das aber konnte ich nicht akzeptieren.

Am Vortag waren mir ein paar Pferde ins Auge gefallen, von denen ich vielleicht eines mieten konnte. Mit Pferden kannte und kenne ich mich aus, und vielleicht könnte ich mich im Sattel halten. Doch die Verhandlungen zu führen – nein, sogar dafür war ich zu schwach.

Undine übernahm die Aufgabe, nach einem halbwegs akzeptablen Gaul zu suchen und um den Mietpreis zu feilschen. Obwohl sie in dieser Hinsicht sehr geschickt ist und meist auch Erfolg hat, kam sie in Tatopani nicht weiter: Kaufen ja, Mieten nein.

Für etwa umgerechnet DM 500,- wechselte das Pferdchen den Besitzer. Es sollte sich als ein mit allen Wassern Nepals – Weihwasser ausgenommen – gewaschener Zossen erweisen, der zwar seinem alten Besitzer noch viel Freude bereiten würde, – mir, seinem neuen Herrn, jedoch nicht den geringsten Respekt zollte. Doch das wußte ich zu jenem Zeitpunkt noch nicht, an dem ich mich unter Anspannung meiner letzten Kräfte in den Sattel stemmte und das Gleichgewicht zu halten versuchte. Mit einer roten Zipfelmütze über den Ohren, den Rucksack auf dem Rücken sah ich in dieser Umgebung zwar aus wie die Reinkarnation Pizarros bei seinen Eroberungszügen durch die Bergwelt Perus. Doch ich fühlte mich alles andere als ein Eroberer. Das heißt, meine Physis war vergleichbar mit der eines Mount Everest-Besteigers, dem auf 8.000 m der Sauerstoff ausgegangen ist, und mein Gemütszustand ähnelte dem des letzten Inca Atahualpa kurz vor seiner Hinrichtung.

Ich ritt also voraus. Beim Anstieg zu den Terrassen in Richtung Ghorepani erregte ich zumindest beträchtliche Aufmerksamkeit: Als erstes erspähten die Dörfler mein mit der bewußten roten Mütze geschmücktes Haupt, ohne den Rest meines gequälten Körpers und auch ohne das Pferd zu sehen. Die abergläubischen Eingeborenen glaubten, daß der glühende Satan zu ihnen unterwegs sei und rannten entsetzt in ihre Hütten und verrammelten die Türen.

Mochten die Nepalesen von mir halten, was sie wollten. Ich hatte Mühe, meinen Klepper in der gewünschten Richtung zu lenken. Das Biest hatte meine Schwäche offenbar klar erkannt, und die ersten Probleme ließen nicht lange auf sich warten. Uns kam eine endlos lange Karawane von rund 800 Packtieren entgegen, geführt von in grünen Drillichanzügen steckenden Chinesen. Die chinesischen Händler kamen aus Indien und waren auf dem Weg nach Tibet. Sie hatten die führenden Tiere – zur Besänftigung der bösen – und zur Freude und dem Beistand der guten Geister – geschmückt wie die Zirkuspferde. Da ich im Gegensatz zu den anderen Gruppenmitgliedern ebenfalls auf einem Pferd daherkam, hielt mich der Anführer der Karawane für eine besonders hochstehende Persönlichkeit. Ich versuchte, mit der restlichen, mir verbliebenen Kraft eine halbwegs ordentliche Figur zu machen und entsprechende Würde auszustrahlen. Ich weiß nicht, ob mir das gelang... Mit matter Stimme gab ich Anweisung, daß sich meine Leute beim Passieren der Karawane auf der Bergseite halten sollten. Mancher nichtsahnende Tourist ist schon durch die schwankende Last eines Maultiers vom engen Pfad und in den Abgrund gestoßen worden.

Pferde sind Herdentiere. Prompt mischte sich mein Klepper unter seine chinesischen Artgenossen und Freunde. Er verursachte einige Verwicklungen und eine nicht unerhebliche Verzögerung. Ich schluckte eine Menge Staub, und da dieser Pfad oft von Karawanen begangen wurde, auch eine Menge des trockenen, zerfallenen und von den tausend Hufen aufgewirbelten Pferdeäpfel-Drecks. Es war der Stoff, mit dem die Himalaya-Götter den weißen Eindringling ihrer Domäne bestrafen!

Es hatte wohl mit meiner Schwäche zu tun, daß es meinem Pferdchen gelang, mich an einem vereisten Hang aus dem Sattel zu kippen. Vielleicht war es ein böser Zufall, vielleicht hatte das Vieh ein bißchen nachgeholfen. Ich hatte aber den Zügel fest um mein Handgelenk gewickelt und konnte gleich wieder aufsteigen.

Ich glaubte, für den Bruchteil eines Augenblicks das Gesicht eines Mannes hinter einem Felsen hervorlugen zu sehen. Obwohl mein Fieber gefallen war, war ich mir nicht ganz sicher, ob ich das Opfer einer Halluzination geworden war, oder ob sich tatsächlich jemand hier versteckt hielt und mich beobachtete. Nach alldem, was ich bis dahin durchgemacht hatte, glaubte ich eher, daß mir die Einbildung einen Streich gespielt hatte.

Bald sollte ich eines Besseren belehrt werden: Vielleicht war es ein Augenblick der Unachtsamkeit, vielleicht war ich sogar eingeschlafen. Jedenfalls lag ich alsbald erneut im Schnee und rutschte offenbar unaufhaltsam in die Tiefe. Das konnte nicht gutgehen. Es galt, allerschnellstens meine fünf Sinne zusammenzubringen!

Diesmal mußte ich den Zügel von meinem Handgelenk lösen, um nicht mit dem Pferdebiest in die Tiefe gerissen zu werden. Die einsetzende Panik verlieh mir Flügel. Ich befreite mich von dem Lederriemen, konnte mich an einem aus dem Schnee ragenden Busch halten. Das Pferd überließ ich seinem – wie ich glaubte – nicht unverdienten Schicksal.

Als ich dann doch nach unten blickte, registrierte ich erstaunt, wie sich 100 m unter mir ein Mann in seinen Sattel schwang und, ohne besondere Eile an den Tag zu legen, davonritt.

Wie ich kurz danach erfuhr, war der Mann der einstige Herr und Eigentümer des Tieres. Der schlaue Nepalese wußte offenbar ganz genau, wie sein Pferdchen im Schnee reagierte. Er wußte auch, wo sich in der Höhenlage von rund 3.000 m, die wir wieder erreicht hatten, Schneefelder hielten. Dort hatte er Posten bezogen und in aller Ruhe abgewartet, bis es den in seinen Augen unendlich reichen Sahib aus dem Sattel hauen würde, und bis er sich sein einstiges Eigentum wieder aneignen konnte. Es war ein Spiel, das er nicht zum ersten Mal betrieb und wohl auch nicht zum letzten Mal betreiben würde. Es war immerhin eine der bemerkenswertesten Vermögensumverteilungen zwischen dem reichen Europa und der armen Dritten Welt. Daß aber ausgerechnet ich das Opfer geworden war, ärgerte mich letztendlich doch.

Aber was wäre eine solche Trekkingtour ohne irgendeinen Zwischenfall? Vielleicht hatten die Himalaya-Götter meinen ersten Anflug von asiatischem Fatalismus mit entsprechender Genugtuung zur Kenntnis genommen und entsprechend positiv reagiert:

Ich hatte nicht nur die gefürchteten 1.200 Höhenmeter überwunden, sondern ich fühlte mich inzwischen wieder allen möglichen Aufgaben gewachsen, um nicht zu sagen: sauwohl. Wenn das keine 500 Mark wert war! Mochten der hinterhältige Klepper und sein Besitzer zum Teufel gehen! Die Höhenkrankheit war überwunden und die Rückkehr nach Kathmandu in einem grandiosen Bergszenarium nur noch reine Wanderroutine.

Der Waffenbazar am Khyber-Pass

Während meiner Reisen kam und komme ich nicht nur mit fremdartigen Land schaften und originellen Menschen zusammen, sondern auch direkt und indirekt mit manchen nicht immer freundlichen Formen der Zeitgeschichte.

Nachdem wir uns von Kabul über den Khyber Pass nach Peshwar durchgeschlagen hatten, quartierten wir uns im dortigen Hotel Deans ein. Deans ist eine der Perlen aus der britischem Kolonialzeit mit einer langen, großartigen Tradition. Doch das nur nebenbei.

Ein Freund hatte mich gebeten, bei Gelegenheit sowjetische Militaria zu erwerben und mitzubringen. Kein Problem: Auf dem Bazar von Peshwar gibt es alles – von der russischen Generalsmütze bis hin zur Original-Stalinorgel.

Schulterriemen, Koppel, Zobelmütze mit der Aufschrift „Afghanisches Expeditionskorps" in kyrillischen Buchstaben hatte ich bereits. Doch dann ging es um eine komplette Uniform. Die kamen natürlich nicht aus überschüssigen, in den Verkauf gekommenen Beständen, sondern waren gefallenen russischen Soldaten abgenommen worden. Einschußlöcher und das getrocknete Blut waren schlimme Zeugnisse des schrecklichen Gemetzels, dem hunderttausende von Menschen zum Opfer gefallen waren. Ich selbst habe für diese Art des Sammelns kein Verständnis, aber ich fühlte mich diesem Freund verpflichtet – und ich muß gestehen, ich hatte meinen Spaß am und beim Feilschen

Doch diesmal stieß ich auf Granit. Offenbar herrschte kein Überangebot an russischen Uniformen. Als ich erleichtert auch das letzte, kaum niedrigere Angebot des Händlers ablehnen konnte, schleuderte der mir ein paar unverständliche, offenbar böse Worte ins Gesicht.

Ich fragte meinen Dolmetscher, was der Mann gesagt hatte, als er die Uniform wegpackte. „Oh, nicht viel", erklärte der Dolmetscher, „er meinte nur, daß du hingehen und dir doch selber einen schießen sollst, du verdammter Christenhund!"

Harte Sitten in einem immer noch wilden, ungezähmten Land.

Australien – zu Besuch bei Crocodile Dundee

Wenn es ein Land – oder in diesem Fall gar einen ganzen Kontinent – gibt, der mich immer wieder fasziniert, beeindruckt und motiviert, dann ist das Australien. Es hängt vielleicht damit zusammen, daß hier noch eine ganze Menge Ursprünglichkeit vorhanden ist, es hängt wohl auch damit zusammen, daß in diesem Land wesentlich mehr Tiere, auch wenn es in erster Linie „jumbucks", Schafe sind, als Menschen leben, daß riesige, unbewohnte Räume existieren, daß Ellbogenfreiheit nicht ein leeres Wort ist, sondern auch gelebt wird.

Vielleicht bin ich anfällig für die australische Form der Kameraderie, des „mateship", die darin besteht, dem anderen, koste es, was es wolle, den Rücken freizuhalten. Sicher gefallen mir die direkte Art, die Offenheit, die Großzügigkeit, das Selbstbewußtsein der Australier. Vielleicht ist es alles zusammengenommen, was mich immer wieder in den Fünften Kontinent zieht.

Manche Leute sehen Australien als Macho-Land an. Mag sein, denn in weiten Teilen regiert immer noch der Pioniergeist, in dem der Mann den ersten Schritt macht, den zweiten aber ohne die Hilfe seiner Frau nicht zu Ende bringt.

Ich habe sie erlebt, die rauhen Gesellen – so auf einem Flug aus der Pilbara-Minenregion nach Melbourne. Es dauerte nur Minuten – und die Biervorräte der Ansett Australia Airlines waren erschöpft. Es dauerte keine halbe Stunde – und der Schnaps war ebenfalls ausgesoffen. Danach kreisten die im Handgepäck mitgebrachten Flaschen, und die Stewardessen blieben vorsichtshalber auf den für sie reservierten Sitzen ganz hinten hocken. Über der Great Victoria Desert hatte sich jedenfalls eine monumentale Party entwickelt.

Ich fürchtete schon, der Pilot würde, weil er um die Sicherheit seiner 737 fürchtete, irgendwo zwischen Woomera oder Port Lincoln den Flug abbrechen. Doch nichts geschah. Die Stewardessen blieben sitzen, die Männer feierten weiter. Sie negierten zwar noch die Aufforderung, sich beim Anflug auf den Flughafen von Melbourne anzuschnallen, aber irgendwie hatte ich das Gefühl, sie seien ruhiger oder gar kleinlauter geworden.

Die Wandlung vom saufenden, fluchenden, lärmenden Australier zu Undschuldslämmern reinsten Herzens war komplett, als sie ihre am Gate wartenden Frauen umarmten und küßten, ihre Kinder zu sich emporhoben und ihre Freundinnen herzten. Hony soit qui mal y pense.

Australien ist ein uraltes Land, entstanden vor Milliarden von Jahren, als ein Teil des sagenhaften Gondwana nach Südosten abdriftete und sich ein paar Zentimeter pro Jahr immer weiter absetzte. Ein riesiges Floß entstand, mit steinalten, über drei Milliarden alten Felsen, den ältesten der Welt. In der Nähe des Ortes mit dem bemerkenswerten Namen „Northpole" fand man Kristalle, die nochmal eine Milliarde Jahre älter sind und aus jener Epoche stammen, während der die Erdkruste langsam abkühlte.

Rund 65 Millionen Jahre ist es her, als die letzte Landbrücke zur heutigen Antarktis einbrach. In dem isolierten Kontinent konnten sich Tierarten halten, insbesonders Beuteltiere, die anderswo seit Millionen und Abermillionen von Jahren verschwunden sind. Dazu gehören auch so merkwürdige Vertreter der Zoologie wie der stachlige Ameisenfresser, oder der eierlegende Platypus mit seinem Entenschnabel, den mit Schwimmhäuten versehenen Füßen, dem platten Biberschwanz, behaart wie ein Bär, der aber seine Jungen wie ein Säugetier mit der Muttermilch aufzieht.

50.000 Jahre ist es her, seit Menschen auf diesem Kontinent erschienen. Ob damals noch eine Landbrücke nach Neuguinea existierte, oder ob die ersten Australier bereits auf primitiven Flößen den Kontinent erreichten, darüber streiten sich einmal mehr die Gelehrten.

Wenn man den „songlines", den unsichtbaren Trails der Eingeborenen folgend, seinen „swag", sein Bündel ausrollt, wenn irgendwo in der Ferne der australische Wildhund, der Dingo schlimmer heult als eine sizilianische Witwe am Grabe ihres Mannes, wenn das Kreuz des Südens über dem Horizont in einem Sternenhimmel mit einer Klarheit und Intensität sichtbar wird, wie ich ihn kaum anderswo je erlebt habe – dann erfährt man etwas von den nach menschlichen Maßstäben vergangenen Ewigkeiten, seit denen dieses uralte Land existiert.

Dann rücken die Legenden der Traumzeiten der Eingeborenen ins Bewußtsein, dann erscheint es einem vorstellbar, wie einst die Himmelshelden der sogenannten Aboriginals in Form von Sternschnuppen aus dem Firmament herabgestiegen sind und Australien seine heutige Form gegeben haben.

Es sind nur noch ganz wenige Männer, die um diese uralten Geschichten wissen. Bald werden ihre Lieder und Erzählungen nur noch als von Wissenschaftlern bearbeitete, tote Texte in Museen, Universitäten und Bibliotheken zu finden sein. Bald werden wir ihre einzigartigen Felsmalereien nur durch Zäune, vor allzu großer Neugierde und Vandalismus geschützt, bestaunen können.

In den von Vater zum Sohn weitergereichten Mythen war die Rede von Warramurrungunji, der Urfrau, die der See entstieg, die Welt erschuf, die Tier und Mensch gebar. Da ist Marrawuti, der Seeadler, der einst in seinen Klauen die Seerosen auf die Welt gebracht hat und jetzt den Geist der Verstorbenen in die Lüfte trägt. Oder Ginga, das Krokodil, das die Felsen formte und einmal so nahe am Feuer gelegen hatte, daß sich auf seinem Rücken Brandblasen bildeten, aus denen sich später seine Höcker entwickelten. Es ist die Rede vom Vogel Djuway, der als Zeremonienmeister über die korrekte Ausführung der Riten wacht.

Die Stimme der Alten wird zum vorsichtigen Flüstern, wenn sie von den filigranen, zerbrechlichen Mimi-Geistern reden, die in den Felsen leben und deren lange Hälse so dünn sind, daß schon eine leichte Brise sie wie Glas zerbrechen kann.

All diese Wesen haben sich in dem Land verewigt. In Form von Steinen, Quellen, Canyons, Bergen.

Die sogenannte „dreamtime" ist Vergangenheit geworden. „Dreamtime" war der Beginn allen Lebens, sie ist der Zusammenhang und die gegenseitige Abhängigkeit aller Dinge untereinander, sie ist gleichzeitig Gegenwart, Vergangenheit und Zukunft. „Dreamtime" ist die komplexe Einheit einer uns dinglich erscheinenden Umwelt und den spirituellen Vorstellungen der Menschen, zwischen denen bei den Eingeborenen keine Trennung existierte.

Die Ur-Australier glaubten, daß sie nach dem Tod weiterexistieren als Teil der Natur, aus der sie entstanden sind, in der sie gelebt haben, mit der sie eins gewesen sind. Sie brauchten keinen Himmel, keine Hölle, kein ewiges Leben oder „Glückliche Jagdgründe". Ihr Paradies war von dieser Welt. Auch wenn sie uns Weißen als knochentrockene, lebensfeindliche Wüste oder Halbwüste erscheint.

Die Missionare bemühten sich jahrhundertelang um die „armen Heiden". Wie anderswo waren sie von nichts anderem beseelt, als diesen ihre Vorstellungen aufzuoktroyieren. Es ist merkwürdig und zugleich beschämend, daß sich keiner dieser Halleluja-Fähnriche von den religiösen Vorstellungen der Eingeborenen bekehren ließ. Wenn man bedenkt, daß die „dreamtime" 40- oder 50.000 Jahre Bestand hatte und jetzt schon nach kaum 100 Jahren – in Australien und nicht nur dort – den christlichen Religionen und Sekten die Anhänger davonlaufen, so stimmt das nachdenklich.

Wenn man andererseits heute die Jungen „aboriginals" nach der „Dreamtime" fragt, dann verstehen sie „Dream Team" – und erzählen begeistert von den Chicago Bulls. Die Mehrzahl der rund 200.000 Eingeborenen treibt heute haltlos wie ein Schiff mit gebrochenem Ruder in der uferlosen See einer geborgten Pop-Kultur herum. Sie droht, in einem Meer von Drogen, Alkohol und Apathie zu versinken. Die Geburtsdaten auf den Kreuzen der Friedhöfe der Eingeborenendörfer sprechen für sich: 1970, 1974, 1979, 1981 etc ... Sie sterben jung. Man hat diesen Menschen etwas genommen, hat versucht, ihnen etwas anderes aufzuzwingen und hat damit Schiffbruch erlitten. In Australien, in Amerika und anderswo.

Erst 1788, als Ludwig XVI bereits in Versailles residierte, als Berlin schon 150.000 Einwohner hatte und nicht nur die Hauptstadt Preußens war, sondern sich auch zum industriellen Zentrum ganz Deutschlands aufschwang, als die Vereinigten Staaten ihren ersten Präsidenten wählten, hatte die „Besiedlung“ Australiens durch die Weißen begonnen.

In der Bucht von Sydney hatten am 26.Januar 1788 elf kleine Segler Anker geworfen. Ihre Ladung bestand im wesentlichen aus 776 Sträflingen; aus für zwei Jahre kalkulierter, knapper Verpflegung. Sie waren seit dem 13.Mai 1787, also acht unendlich lange Monate auf See gewesen. Nun wurden sie mit einem Dutzend Rindern, die alsbald auf Nimmerwiedersehen im Busch verschwanden, an Land gesetzt. Es waren die Männer der berühmten „First Fleet.“ In direkter Linie Nachkommen dieser ersten, sogenannten unfreiwilligen Kolonisten zu sein, gilt in Australien soviel wie anderswo der Adelstitel.

Diese ersten, unfreiwilligen Siedler hätten alles gegeben, wenn sie nur irgendetwas gehabt hätten, wenn man ihnen die Chance eingeräumt hätte, nochmal nach Britannien zurückkehren zu dürfen. Statt dessen mußten sie über die versprochenen zwei Jahre hinaus warten, bis sich am Horizont wieder Segel zeigten. Es waren die Schiffe der „Second Fleet“, die statt der erhofften Begnadigung und Rückkehr nach „Merry Olde England“ 739 weitere Sträflinge anlandeten. Es war nochmal knapp die gleiche Anzahl von hungrigen Mäulern, die es zu stopfen galt. Aber unter den Verurteilten der „Second Fleet“ befanden sich auch Frauen. Die ersten Familien wurden gegründet, die ersten „echten“ Australier erblickten das Licht der Welt.

Die Eingeborenen nahmen den Verlust ihrer Jagdgründe nicht ohne Gegenwehr hin. Mancher der armen Teufel, der mit Mühe und Not im einstigen Mutterland dem Galgen entgangen war, die Strapazen der Seereise überstanden – und die ersten Hungerzeiten überlebt hatte, fiel ihren Speeren zum Opfer. Die Kolonisten wehrten sich mit ihren Musketen. Doch ihre tödlichste und grausamste Waffe war irgendwo im Busch deponiertes, vergiftetes Mehl, das die Eingeborenen fanden und begierig aufaßen.

Dann ging es Schlag auf Schlag. Bis zum Jahr 1868, als die Sträflingstransporte eingestellt wurden, waren 162.000 „Kriminelle“, Männer und Frauen auf dem Fünften Kontinent ausgesetzt worden.

Ab 1820 war's dann umgekehrt. Unter der armen Londoner Bevölkerung wurde es Usus, kleinere Straftaten zu begehen und sich erwischen zu lassen. Die Menschen provozierten damit ihre Deportation, weil sie darin die einzige Chance sahen, dem Elend in ihrem Mutterland zu entgehen. Ab diesem Zeitpunkt kamen auch die ersten echten, die freiwilligen Kolonisten.

Bis zum Jahre 1973 verfolgte die australische Regierung eine Einwanderungspolitik, die eindeutig die weiße Rasse bevorzugte und den benachbarten Asiaten kaum Chancen einräumte, sich auf Dauer dort niederzulassen.

Der Fünfte Kontinent ist eines der wenigen klassischen Einwanderungsländer geblieben. Bis 1980 befand sich bei nicht weniger als 20 % der inzwischen 17 Millionen Australier der Geburtsort in einem anderen, jetzt fremden Erdteil.

Der Lebensstandard des Landes ist nach wie vor einer der höchsten der Welt. Aber auch Australien hat seine Probleme mit der zunehmenden Globalisierung. Sprich: sinkende Rohstoffpreise, Absatzprobleme mit den landwirtschaftlichen Produkten, das Fehlen einer exportorientierten, weiterverarbeitenden Industrie. Die goldenen Zeiten gehören auch in „down under" der Vergangenheit an.

Es gibt Leute, die haben Australien umsegelt, wie Abel Tasman es ihnen bereits 1642 bis 1643 vormachte; andere haben es mit einem Fahrrad durchfahren, mit Kamelen durchquert, zu Fuß durchwandert. Doch für den normalen Menschen, der weder Ambitionen hat, ins Guinness-Buch der Rekorde seine Marke zu setzen, oder eine gewisse Veranlagung zum Masochismus besitzt, ist Australien das Land, das man per Auto – früher Landrover – heute mit einem ganz normalen PKW oder Kleinbus – durchquert oder umrundet. Auch das ist ein großes, ein einmaliges Erlebnis – in manchen Fällen auch ein echtes Abenteuer, bei dem man nicht weiß, wie es ausgeht.

Ich denke beispielsweise an das Asphaltband, das über 600 km weit durch die „Great Sandy Desert" im Nordwesten führt. Wo es hundert Meilen bis zum nächsten ordentlichen Baum und nochmal hundert Meilen zum nächsten „billabong", sprich Wasserstelle sind. Wo man über 15 Hektar Fläche braucht, um eine einzige Kuh durchzubringen.

Diese Straße führt an die Westküste, an der in der sogenannten Shark Bay, rund 900 km nördlich des heutigen Perth, der holländische Kapitän Dirk Hartog mit seiner „Eendracht" bereits 1616, rund 40 Jahre vor Abel Tasman, Anker geworfen hatte. Der Niederländer konnte dem heißen, windigen, knochentrockenen Land nichts abgewinnen. Er ritzte seinen Namen auf einen Zinnteller, nagelte ihn an einen Baumstumpf, setzte wieder Segel und nahm Kurs auf die „Gewürzinseln" des heutigen Indonesien, wo er sich bessere Geschäfte versprach.

Australien wurde vom Südosten, vom heutigen Sydney her erschlossen, und der Westen konnte sich noch ein, zwei Jahrhunderte in einem Dornröschen-Schlaf wiegen.

Diese Westküste schwingt sich von der modernen, von den übrigen Australiern als neureich verrufenen Millionenstadt Perth aus über 8.000 km weit im weiten Bogen nach Norden, um dann nach Nordosten abzubiegen. Es dehnen sich unendliche Strände, die zu den schönsten und zugleich einsamsten – leider aber auch regenärmsten der Welt gehören. Nur hin und wieder und in weiten Abständen liegen Ortschaften und Roadhouses wie Eneabba, Walkaway, Geraldton, Worramel, Carnarvon, Karratha, Port Hedland, Dampier, Broome, Kunurra.

Erst in den späten siebziger und achtziger Jahren des vergangenen Jahrhunderts wurden die Kimberleys im Nordwesten der Viehzucht und später zum Teil auch dem Ackerbau erschlossen. Die Eingeborenen hatten sich gegen den Raub ihres

„dreamtime"-Landes gewehrt, das sie auf ihren „songlines" 50.000 Jahre lang ungestört durchquert hatten. Sie hatten ein paar der Entdecker gespeert, doch aufhalten konnten sie die weißen Eindringlinge nicht.

Das gelang auch nicht dem legendären Pigeon, der sich mit einer Handvoll weiterer Eingeborener drei Jahre lang in den Canyons der Napier – und Oscar Ranges versteckt hielt und den Weißen ein paar harte Nüsse zu knacken gab. Wie im damals ebenfalls noch Wilden Westen Nordamerikas mußte man Eingeborene anheuern, um Eingeborene zur Strecke zu bringen. Pigeon fiel den Banuba zum Opfer, seinen eigenen Stammesgenossen.

In der Shark Bay gibt es nicht nur Haie, wie der Name suggeriert, sondern auch an die 10.000 sogenannter Seekühe, die Dugongs. Es sind harmlose, plumpe, pflanzenfressende Kreaturen, die über zwei Meter lang werden. Es existiert die Mär, daß ein Seemann angesichts dieser Flachwasserbewohner auf die Idee kam, es handele sich um Meerjungfrauen. Wer jedoch mal einen Dugong aus der Nähe beobachtet hat, wundert sich sehr, wie es dazu kommen konnte. Auch wenn manch junger Windjammer-Sailor vergangener Zeiten, der monatelang kein Land und erst recht keine Frau gesehen hatte, wohl ebenso abenteuerlichen wie bemerkenswerten Halluzinationen verfallen sein mag. Ich jedenfalls kann mir eher vorstellen, daß der chinesische Smutje, oder auch gar ein wolliges Schaf zum Gegenstand sexueller Begierde geriet, aber nicht ein Dugong. Doch die Menschen und ihre Sehnsüchte und Phantasien sind verschieden. Wären sie das nicht, würden alle auf eine Ecke der Welt laufen und die Welt würde umkippen.

In den Gewässern dieser Region tummeln sich noch andere interessante Außenbordskameradem, so der riesige, gesprenkelte, gänzlich harmlose, planktonfressende Walhai, der größte Fisch dieser Welt. Ein merkwürdiger Geselle ist auch der sogenannte Potato Cod, oder Kartoffel-Kabeljau. Er ist so zutraulich und so verfressen, daß er Nahrung aus der Hand des Tauchers annimmt. Einmal gefüttert, folgt er diesem wie ein Hund – was ihm häufig zum Verderben gereicht.

Eher unbeeindruckt von Menschen geben sich die Seeschildkröten und die auf dem Meeresgrund liegenden Rochen, darunter auch die riesigen Mantas.

Doch das Paradies war nie ein entrückter Zustand, in dem der Löwe das neben ihm weidende Lamm unbehelligt ließ – von was hätte er sich sonst ernähren sollen? Das Paradies ist eher ein Biotop, in dem das Dasein aus Fressen und Gefressenwerden bestand und noch besteht, wo man achtgeben mußte und noch muß, um nicht zu der letzteren Kategorie zu gehören.

In Dampier, dem Verschiffungshafen für das westaustralische Eisenerz beispielsweise, hat man zum Schutz gegen die Haie einen riesigen Stahlkäfig gebaut. Er ist 100 m lang, 3 m hoch und 15 m breit. In ihm können sich die im Wasser ziemlich wehrlosen Zweibeiner sorglos tummeln. Es ist eines der wenigen Beispiele für einen umgekehrten Zoo – in dem diesmal die Menschen „eingesperrt" sind.

Noch gefährlicher als Haie sind die sogenannten „salties", die Salzwasserkrokodile. Es sind mächtige, sechs, sieben Meter lange Biester, die, da inzwischen geschützt, sich wieder prächtig vermehrt haben.

Man erinnert sich an die Film-Szene, wie Crocodile Dundee mit einem Krokodil ringt – und auch noch gewinnt! Die Ranger und auch die einstigen Krokodil-Jäger wie der später noch Erwähnung findende „Crocodile Harry" bezeichneten die Sequenz als „bloody dangerous nonsense". Wer sich auf Nahdistanz – zu Lande oder im Wasser – mit einem solchen fleischfressenden Ungetüm unfreiwillig oder gar freiwillig einläßt, endet garantiert als „tucker", als Futter für das Reptil.

Das Krokodil wird sein Opfer zwar nicht gleich fressen, sondern wird es erst einmal ersäufen. Dann wird es seine Beute am liebsten unter Mangroven-Wurzeln verstauen, bis sie einen gewissen haut gout gewonnen hat und sie dann erst, da nicht mehr so zäh, verzehren.

Weniger gefährlich als die „salties" sind die „freshies", die Süßwasser-Krokodile. Sie lassen – da wesentlich kleiner – den Menschen meist ungeschoren, es sei denn, man tritt einem von ihnen unvorsichtigerweise in einem „billabong" auf den Kopf. Sie schnappen sich schon mal einen Hund, ein Lamm oder ein junges Kalb, doch ganz selten einen Menschen. Trotzdem muß man vorsichtig sein. In der Regenzeit schwimmt manches „saltie" auf der Nahrungssuche einen nur dann wasserführenden Fluß weit hinauf und findet den Weg nicht mehr rechtzeitig zurück. Es lauert die trockene Jahreszeit über in einem Wasserloch, meilenweit von seinem eigentlichen Lebensraum entfernt. Wehe dem Menschen, der ihm zu nahe kommt!

Es gibt – neben anderen gräßlichen Geschehnissen – die Geschichte der Amerikanerin Ginger Faye Meadows, die mit ihrer Freundin Jane Burchett von Bord einer Yacht vor den King Cascades an der nördlichen Westküste ins klare Wasser gesprungen war und dort arglos herumschwamm. Von Bord der Yacht sah ein Mann der Besatzung, wie sich ein riesiges Krokodil auf die beiden Schwimmerinnen zubewegte. Er konnte Ginger warnen. Die Frau versuchte zuerst, an Land zu schwimmen, doch an der dort fußlos, glatt und senkrecht aufragenden Felswand fand sie nicht den notwendigen Halt, um sich nach oben zu ziehen. Sie probierte danach, tauchend auf eine Sandbank zu entkommen, doch das Krokodil war schneller und schnappte sich sein Opfer. Die auf der Yacht gebliebenen Männer taten alles, die Bestie noch abzulenken, nachdem sie bereits ihr Opfer zwischen den Zähnen hatte, aber vergeblich. Sie mußten schaudernd zusehen, wie das Untier mit seiner Beute im tiefen Wasser verschwand. Geschehen am 29. März 1987.

Eine andere gefährliche Ecke in dieser Gegend ist der Cambridge Gulf, der sich bis zur Ortschaft Wyndham hinzieht. Dort gab es bis 1985 ein großes Schlachthaus, das von den Schaf- und Rinder-Stations der Kimberleys beliefert wurde. Eine enorme Menge von Tierblut und Abfällen landete direkt im Meer. Für Krokodile war das eine munter sprudelnde „tucker"-Quelle für ununterbrochene Festmähler. Sie fanden sich in Scharen ein.

Das Schlachthaus ist zwar seit 1985 geschlossen, doch die Reptilien sind immer noch nicht abgezogen. In ihrer unendlichen Geduld liegen sie da und warten und warten. Da für sie nichts mehr auf dem Schlachthaus abfällt, warten sie eben auf andere Nahrungsquellen, auf Fische oder den unvorsichtigen Schwimmer, der vielleicht doch eines Tages wieder mal eine gute Mahlzeit verspricht.

Aber es gibt nicht nur reißende Räuber unter Wasser oder giftige Reptilien zu Lande. Die meisten Vertreter aus dem Tierreich sind harmlos. Das gilt auch für die australische Westküste.

Dazu gehören die Delphine von Denham. Denham ist normalerweise ein Nest von nicht mehr als 500 Einwohnern, doch zu bestimmten Zeiten schwillt die Zahl der Besucher dieses Küstenstriches auf über 200.000 an. Diese Menschen kommen zusammen, um bei Monkey Mia ein Naturphänomen der ganz besonderen Art zu bewundern. Seit etwa 35 Jahren taucht hier regelmäßig ein Rudel Delphine auf, mit offensichtlich nichts anderem im Sinn und auch zu keinem anderen Zweck, als mit uns Zweibeinern Freundschaftsbezeugungen auszutauschen.

Wenn der Ruf die Runde macht: „Die Delphine kommen!“ läßt alt und jung, Mann, Weib und Kind alles stehen und liegen, läuft zum Wasser, watet bis an die Hüften hinein. Die Delphine kommen ganz nahe, praktisch auf Reichweite heran. Die Tiere lassen sich anfassen, streicheln. Manche bringen den Leuten Fische als Geschenk. Die Menschen registrieren entzückt dieses Verhalten, für das es kaum eine Erklärung gibt. Manche gehen sogar ein bißchen zu weit – wie jene Lady, die mit dem Brunftschrei „I love you, I love you“ auf einen Delphin zustürzte und diesen so heftig umarmte, daß der Meeressäuger Mühe hatte, sich dem allzu stürmischen Liebesbeweis zu entziehen. Merke: Nicht nur wir Männer fallen – wie bei Meerjungfern oder Dugongs gesehen – abartigen erotischen Phantasien zum Opfer – manchmal trifft's auch die Frauen!

An der Westküste liegt auch das legendäre Broome, vor dem Zweiten Weltkrieg die Stadt der Perlentaucher. Ein abenteuerliches Konglomerat von Japanern und Javanern, Chinesen, Malayen, schwarzen Eingeborenen, Europäern – von Schmugglern und anderen halbseidenen Gestalten hatte sich hier zusammengefunden.

Auf dem japanischen Friedhof allein geben 900 Grabstätten davon Zeugnis, wie gefährlich es war, in Broome und in der vorgelagerten See sein Auskommen zu suchen und zu finden.

In einer Kneipe fand ich noch ein Schild, das nach wie vor Prostitution, Schlägerei, Anspucken und Anbetteln der Gäste um ein Bier verbietet.

Überhaupt die australischen Kneipen! Die meisten sind nach unserem Geschmack üble und schmucklose Pinten, mit der trostlosen Atmosphäre eines Wartesaals 4. Klasse. Die Innendekoration besteht meist in nichts weiter als in ein, zwei Plakaten von Fosters, Carlton oder einer anderen Biermarke. Die Kommunikation zwischen Gast und Wirt beschränkt sich auf die vom Gast angegebene Farbe: „Blue, red, white ..." je nach der Aufmachung der Dose. Die Männer hinter den Theken – ganz selten, daß man da eine Frau findet – stehen in dem Ruf, sich durch niemand und nichts aus der Ruhe bringen zu lassen.

Auf den Hinweis eines Spaßvogels, draußen wandele einer auf den Wolken, anwortete der Mann hinter der Theke lakonisch: „Aber raus, mate, raus gehe ich nur, wenn er mit dem Kopf nach unten hängt und immer noch nicht runterfällt."

Doch man darf die australischen Kneipen, Pinten oder Bars nicht mit ein paar Sprüchen abtun – das haben sie nicht verdient. Wer nicht nur das Land, sondern auch die Menschen, die es bewohnen, kennenlernen will, der kommt nicht umhin, diese Stätten der Labsal aufzusuchen. In ihnen werden Geschäfte angebahnt und abgeschlossen, Informationen ausgetauscht, Aktionen beschlossen, Kontakte hergestellt; da werden überm Bier Bekanntschaften zu Freundschaften, zum „mateship".

Soweit man sie nicht nach Stunden oder Tagen in dem heißen, trockenen, staubigen „outback" ohnehin aufsucht. Der Durst, der sich im „outback" ganz zwangsläufig entwickelt, ist das Monumentalste, was es überhaupt an Durst gibt.

Es gibt natürlich auch Etablissements, die man nicht ohne weiteres empfehlen darf. So die Wirtschaft mit dem bezeichnenden Namen „Animal Bar" in einem weltvergessenen Nest, das sich Karumba nennt und oben am Gilbert River auf der tropischen York Peninsula liegt, die wie ein vorwitziger Finger in Richtung Neuguinea deutet. Ich hätte gewarnt sein müssen. Tische und Stühle in dieser Gaststätte bestanden im wesentlichen aus massiven Stahlrohrgerüsten, und sie waren zusätzlich auch noch auf dem Boden festgeschraubt. Die Sitze und Tischplatten sahen aus, als ob kürzlich ein vernichtender Zyklon durch das Lokal gefegt wäre. Der Kneipier war auch nicht eben ein Sympathieträger: eine träge, männliche Schlampe mit beeindruckendem Körperumfang und den Gliedmaßen eines Sumo-Ringers.

Er beobachtete uns mit zusammengekniffenen Schweinsäuglein, aus denen ich eine merkwürdige Mischung von Besorgnis, Mißtrauen, Schlauheit, Gier und Abneigung herauszulesen glaubte. Vor der Theke stand nur noch ein Typ, der ruhig und schweigsam sein Bier trank – ebenfalls ein Mordstrumm von einem Kerl.

Normalerweise verlasse ich eine solch wenig gastliche Stätte spätestens nach dem zweiten Bier. Da es aber die einzige in -zig Meilen Umkreis war, bestellten wir noch eine Runde und noch eine. Spätestens zu diesem Zeitpunkt erschienen weitere Gäste. Es waren tätowierte, gebräunte, muskulöse Burschen mit kurzgeschorenen Haaren und groben Gesichtern. Sie machten sich an der Theke breit. Sie machten sich breiter, als es eigentlich nötig war. Sie fluchten, daß es des Teufels Großmutter die Schamröte ins Gesicht getrieben hätte, sie kippten die Biere nur so in sich rein – und sie sahen uns mit bösen Augen an. Kein Zweifel, sie betrachteten die „Animal Bar" als ihr „billabong", als ihre persönliche Tränke, in der kein anderer etwas verloren hatte.

Wir waren zwar zahlenmäßig immer noch in der Übermacht, trotzdem ermahnte ich meine Truppe: „Kein Streit, Herrschaften. Noch einen, und dann sind wir weg.“

Ein Typ mit blutunterlaufenen Augen trat auf mich zu. Er sah mich an, als wollte er maßnehmen für die Größe meines Sarges. „Talk English, you bloody bloke.“

„Es ist besser, wenn ihr abhaut!“ knurrte uns auch noch der Wirt an.

Ich drehte mich von dem Kerl weg, bestellte noch vier Dutzend Dosen Bier zum Mitnehmen, bekam aber nur zwei Dutzend. Zähneknirschend wollte ich eben zahlen, als Klondike angerempelt wurde und seine Bierdose auf den Boden kollerte.

Klondike ist ein Mensch mit einem Herzen, groß und gut wie ein Elchpansen. Doch wenn einer absichtlich sein Bier verschüttet, kann er zur blutgierigen Bestie werden.

„Heb's auf“, sagte Klondike leise und gefährlich.

Der Australier spuckte verächtlich in Richtung der Dose. „Fuck you, bloody bloke!“ Ich fürchtete, die Sache könnte außer Kontrolle geraten.

Ich wollte eben Klondike zurückreißen, als der stille Fremde mit der beeindruckenden Figur, der über alledem in Vergessenheit geraten war, sich zwischen uns schob. Er brachte seinen mächtigen Körper in Position. „Pick it up!“

Sein Kontrahent trat einen Schritt zurück. Er war überrascht, plötzlich einen Gegner von ganz anderem Format als Klondike vor sich zu haben. Doch ich konnte sehen, wie er Maß nahm.

„Wanna be a gentleman or wanna have a fight?“ fragte der Fremde.

„Skip it – to hell ... „ Weiter kam der Aussie nicht. Der vorher so sanfte Barbar packte den 200-Pfund-Kerl an der Gürtelschnalle, hob ihn mit einem Ruck hoch und schmiß ihn zwischen seine Kumpane.

Bevor sich die Typen von ihrem Schrecken erholt hatten, konnte ich meine Truppe zur Tür rausschieben. Ich ging als Vorletzter, unser unbekannter Verbündeter als letzter: „Wenn 300 Pfund kein Argument sind, was solls denn sonst sein?“ sagte der Mann auf deutsch. Er reichte mir seine Pranke.

„Ich bin Jim Brendan Hardy Fischer. Stamme aus Hannover. Bin seit anderthalb Jahrzehnten unterwegs, seit einem Jahr in Australien. Beim nächsten Mal trinken wir einen – das aber anderswo und in aller Ruhe. Und jetzt macht, daß ihr wegkommt. Die Jungs da drin sind nachtragend. Sie sehen ganz so aus, als ob sie sich nicht nur auf ihre Fäuste verlassen. Machts gut, Freunde.“

Es sind überhaupt merkwürdige Typen unterwegs, auch oder gerade in Australien. In Darwin im hohen, tropischen Norden Australiens, von wo es näher nach Vietnam ist als nach Sydney, trafen wir einen Luxemburger. Wann trifft man schon einen Luxemburger in Ausstralien?! Der Mann reiste mit und in einem mit zwei Pferden bespannten irischen Zigeunerwagen.

Als wir abends am Feuer saßen und das gerettete Bier aus der „Animal Bar“

verteilten und ein bißchen sangen, kam der Luxemburger mit seiner Gitarre zu uns, setzte sich hin, und tat mit. Er erfreute uns mit seinem schönen Bariton und sang:

„Sie saßen in Johnny's Schenke
bei Kartenspiel und Schnaps
Jim Baker, der alte Halunke
und Tschang, der schlaue Japs.
Sie sprachen von Hölle und Himmel
und von der Heimat Schoß
und Iwan, der russische Lümmel
der legte plötzlich los:
In Nischni-Nowgorod, in Nischni-Nowgorod
da gibt es Salz auf's Brot
das macht die Wangen rot
und einen Rostopchin
stellt man vor jeden hin
und singt und trinkt
in Nischni-Nowgorod ...“

Das war ein typisches Nerother Lied! Der Mann konnte nur ein Nerother sein! Von Luxemburg ist es nur ein Katzensprung bis in die Eifel oder den Hunsrück. Er war einer, der ebenfalls aus der Jugendbewegung stammte. Die Nerother – noch keine andere Gruppierung der Jugendbewegung hatte und hat sich dermaßen das Reisen in fremde Länder zu eigen gemacht wie die Jungs und Mädchen von der Burg Waldeck.

Das gibt mir Raum und Gelegenheit, ein paar Worte über den uns sehr nahestehenden „Ritterbund vom Baybachtal“ von mir zu geben.

Dieser Bund ist untrennbar verbunden mit den Zwillingsbrüdern Robert und Karl „Oelb“ Oelbermann. Beide waren zwei „Altwandervögel“ und zumindest physisch unversehrt aus den Gräben und Materialschlachten des Ersten Weltkrieges in die Heimat zurückgekehrt.

Mit den „Wandervögeln“, die sie jetzt antrafen, hatten sie nichts mehr gemein. Die Bewegung war von den Hundertschaften der Nachahmer, den sogenannten „wilden Horden“, verwässert worden. Mit nichts weiter als Oberflächlichem im Sinn, zogen wildzusammengewürfelte Gruppen, mit Mandolinen und Mädchen und Gassenhauern auf den Lippen, hinaus in die Natur, sahen in ihr einen Tummelplatz für das eigene, kurzlebige, ungebremste Vergnügen. Für die Oelbermänner war das eine Profanisierung des ursprünglichen Gedankens und eine Entweihung zugleich.

Sie wollten dem Wandern, dem Hinaus-in-die-Natur, der Großfahrt wieder Tiefe, Sinn und Gehalt zurückverleihen. Doch die ernsthafte Jugendbewegung war viel zu zersplittert und unorganisiert, um sich selbst zu artikulieren und zu profilieren.

Nichts anderes half, als einen neuen Bund zu gründen. Acht Gleichgesinnte trafen sich in der Sylvesternacht zum Jahreswechsel 1918/19 in einer Basalthöhle bei Neroth in der Eifel und gründeten eine reine Jungen- und Männerschar, den sie „Geheimbund der Nerommen" nannten. Es war der Vorläufer des am 28. März 1921 ins Leben gerufenen „Nerother Wandervogel, Deutscher Ritterbund", mit dem kämpfenden, weißen Schwan auf blauem Grund als Emblem.

Die Nerother besaßen ein elitäres Denken, sie waren prinzipientreu, aber auch offen für Selbstironie. Zu ihnen stießen interessanterweise mehr Jungen aus Arbeiterfamilien als zu den anderen Bünden. Sie waren in verschiedene „Orden" untergliedert, so „Landstreicher", „Piraten" – natürlich auch „Schwanenritter". Es waren verschiedene, recht eigenständige Facetten innerhalb einer attraktiven und ernstzunehmenden Jugendbewegung. Robert Oelbermann war der gemeinsame Vordenker und Theoretiker, sein Bruder Karl der Organisator und Praktiker.

Ihre Großfahrten zogen sich schon damals oft über lange Monate hin und hatten mitunter den Charakter regelrechter Expeditionen. Island, Afrika, Griechenland, Spanien und immer wieder Lappland waren die Ziele. Sie hielten nach ihrer Rückkehr Diavorträge und zeigten Filme, die teils auch in den Verleih der UFA gelangten. Sie finanzierten damit zumindest zum Teil Erwerb und Ausbau der Burgruine Waldeck im Baybachtal, jenseits der Mosel im Hunsrück, als eine dauerhafte und symbolträchtige Basis und Bleibe. Diese „Ritterburg" wurde zum Zentrum und Herz des Bundes.

Man traf sich, wie Werner „Hussa" Helwig schreibt: „... um zu tagen und zu nachten, sich zu Großfahrten zu vereinigen oder um Musik zu treiben, Theater zu spielen. Mit roten und blauen Barrets und bunten Wimpeln, mit Gitarren und Flöten, Fanfaren und Trommeln zog sich das Leben hin ..."

Auch die Nerother blieben während der Nazizeit vom Schicksal der übrigen Bünde nicht verschont: Sie wurden verboten. Schlimmer noch: Robert Oelbermann wurde verhaftet, kam 1935 in das Konzentrationslager Dachau, wo er 1941 umkam.

Sein Bruder Karl entging diesem Schicksal nur dadurch, daß er sich zu jenem Zeitpunkt auf einer Filmexpedition in Afrika befand und bis 1950 im Exil blieb.

Als er auf Waldeck zurückkehrte – „Heimkehren heißt für einen der unseren immer: auf die Burg zurückkehren", schreibt Werner Helwig, konnten die Nerother praktisch unmittelbar an die Tradition der Vor-Nazizeit anknüpfen. Bemerkenswert ist, daß auf Burg Waldeck Platz vorhanden war für einen Gedenkstein, der an den bereits ausführlich erwähnten tusk erinnerte. Unbekannte zerstörten ihn, wahrscheinlich während des Kalten Krieges im Zuge der Hexenjagd auf Kommunisten und solche, die man dafür hielt.

Zu nationaler und internationaler Bedeutung gediehen in den sechziger Jahren die Chanson- und Folklore-Festivals auf Burg Waldeck und brachten gleichzeitig die Nerother in aller Munde und auch in die Medien. Die Veranstaltungen galten der Pflege des Chansons, des Bänkelsangs, der unverkitschten Volksmusik.

Die Burg Waldeck wurde zum Zentrum und Symbol des neuen deutschen Liedes. Ohne dabei auf die internationale Komponente des anspruchsvollen amerikanischen „folk“, auf irische, jiddische Lieder und die anderer Nationen zu verzichten.

Tragender Bestandteil blieben natürlich die Sänger der Jugendbewegung wie Peter Rohland, Oss und Hein Kröher. Der Aufstieg inzwischen bekannter und populärer deutscher Liedermacher wie Reinhard Mey, Dieter Süverkrüp, Franz Josef Degenhardt und Hannes Wader nahm hier seinen Anfang.

Die Studentenbewegung von 1968 beendete mit dem Ruf: „Stellt die Gitarren in die Ecke und fangt an zu diskutieren!“ die hohe Zeit dieser Veranstaltungen. Waldeck wurde zum „Zentrum des internationalen Widerstandes“ erklärt.

Doch die Nerother selbst überlebten.

Übrigens traf ich Jahre später – die Welt ist klein – jenen unerschrockenen Jim Brendan Hardy Fisher im IC-Speisewagen zwischen Bremen und Osnabrück.

„Herrgott, was ein Zufall! Endlich haben wir die Chance, in Ruhe einen zu trinken. Nutzen wir sie.“ Ich bestellte zwei Bier.

Jim zog ein schiefes Gesicht. „Laut Vertrag darf ich nur Cabsav trinken“.

„Cabsav, verdammt nochmal, Cabsav, nie gehört, was ist das denn?“

„Cabsav – beim Großen Moses, was, das weißt du nicht?!“

„Keine Ahnung!“

„Cabernet Sauvignon, Wein, guter Aussie-Wein! Ich bin der Repräsentant für Deutschland. In meinem Abteil ...“

Was soll ich weiter erzählen? Daß die Welt so klein ist? Daß wir Jims Cabsav-Probierflaschen unberührt ließen? Daß Jim Brendan Hardy Fisher nicht, wie geplant, in Düsseldorf ausstieg, sondern mit mir nach Heidelberg weiterreiste? Daß wir mächtig Schlagseite hatten, als uns Undine abholte ...

Aber das ist wieder eine andere Geschichte ...

Zurück zu den „billabongs“ Australiens. Nicht nur in der „Animal Bar“ verzichtet der australische Biertrinker auf ein Glas. Die mit Carlton, Southwark, Swan oder weiß ich was gefüllten „tubes“ oder „tinnies“ werden in Leder- oder Styroporhülsen serviert, damit sich die antarktische Kälte hält.

Die Tränken befinden sich nicht nur im Zentrum der Ortschaften des Outbacks, sie sind neben Tankstelle und „general store“ ihr Zentrum. Drumherum stehen nur noch ein paar Häuser – die Kunden wohnen meilenweit weg auf ihren „stations“. Von Zeit zu Zeit fallen die „graziers“, die Rancher, und ihre „stockmen“, wie hier die Cowboys heißen, in die Tränken ein. Sie handeln nach dem auch anderswo gültigen Motto: „Lieber sich einmal in der Woche in der nächsten Kneipe ordentlich die Nase begießen, statt sein Geld zu einem Psychiater tragen, der selber verrückt ist.“

Einige Wirte versuchen es mit Humor: In der Nähe von Daly Waters pries einer seine Bierschenke als „Topless Bar" an. Gleich daneben prangte ein Schild: „No shirts, no socks – no service." Also wurde zumindest von den Hausgästen eine dezente und manierliche Kleidung verlangt. Das „topless" interpretierte dieser Gastronom auf seine Art: Er selbst absolvierte seinen Service hemdlos und in Shorts.

Ein anderer hatte neben seinem „billabong" ausrangierte Fernseher gestapelt. „TVs – ideal for bushcamps" – versprach das Schild darüber. Wer darauf reinfiel, dem wurde verkündet, er brauche im „general store" nebenan nur noch ein paar Kerzen zu kaufen, sie anzuzünden und hinter den Bildschirm zu stellen. Oder die Geräte mit Kerosin – Petroleum – zu betreiben, damit er auch im tiefsten Busch die „Flying Doctor"-Serie gucken könnte.

Ein Gastronom in Compley hatte sich in der hehren Dichtkunst versucht und folgenden beeindruckenden, wenn auch eigenwilligen Sechszeiler gereimt:

„Schwarz ist der Rabe,
schwarz ist die Krähe,
noch schwärzer war Hitler – dieser Knabe.
Aber schlimmer als eine schwarze Laus,
ist der, der mir Gläser klaut –
in diesem öffentlichen Haus."

In Mataranka, einem Ort, wo abends der Mond mit der Stange weitergeschoben wird, existiert eine neue Zeitenwende. „Before" und „after" wird nach einem von mir mitzuverantwortenden Großereignis berechnet. Es war jenes Jahr, als die „bloody German blokes" einfielen und einer von ihnen, es war der bereits erwähnte Klondike, nicht weniger als 150 Dosen Bier bestellte. Die Hitze hatte ihm dermaßen zugesetzt, daß er glaubte, er sei 40 Jahre alt geworden und die ab diesem Tag einsetzende Midlife Crisis nur mittels einer gigantischen Bierbestellung überleben zu können. Vielleicht wollte er auch nur einen ausgeben und glaubte, seinem und unserem Durst sei nur jene monumentale Order gewachsen.

Der Wirt wischte sich die Hände ab, blickte mißtrauisch, dann hob er den Daumen: „One?" Klondike nickte. Der Mann hinter der Theke hob die fünf Finger seiner rechten Hand: „Five?" Klondike nickte wieder. Danach formte der Wirt mit Daumen und Zeigefinger eine Null. „Zero?" Klondike bestätigte auch das. Statt uns erstmal mit dem zu versorgen, was vorhanden war, verfiel der Gastronom in außergewöhnliche Hektik, verfluchte das „bloody phone", beschimpfte, als er endlich durchgekommen war, einen „bloody bloke" von der „bloody brewery", weil eine „bunch of bloody German blokes" nichts anderes im Sinn hätten, als die letzten Reste seines Biervorrates wegzusaufen und er „damned fucking fast" Nachschub brauche.

So lange konnten wir allerdings nicht warten. Wir begnügten uns, eher der Not als dem eigenen Triebe gehorchend, mit den vorhandenen Vorräten und versprachen, auf dem Rückweg wieder vorbeizuschauen.

Wir hielten uns an unser Versprechen. Diesmal hatte der Wirt vorgesorgt. So glaubte er zumindest. Trotzdem bemühte er wieder das „bloody phone". Aber diesmal rief er die „graziers", die „stockmen", die „jackeroos" von nah und fern, von weit und breit herbei. Die „bunch of bloody German blokes" sei wieder da, die mehr saufen könnten als ein dreihöckriges Kamel zu trinken imstande sei!

Es wurde ein rauschendes Fest, wie es unter dem Kreuz des Südens bisher kaum gefeiert wurde. Klondike machte den zweiten Anlauf zur Feier seines 40. Geburtstages. Erst nach seiner Rückkehr sollte er von seiner Frau erfahren, daß er sich im Kalender geirrt hatte, daß es erst sein 39. war.

Es hätte der Stimmung keinen Abbruch getan, wenn wir das damals gewußt hätten. Man muß eben die Feste feiern, auch wenn sie mal nicht fallen. Wir sangen „Beautiful, beautiful Queensland", wir sangen „Lily Marleen", wir sangen natürlich auch „Waltzing Matilda". Ganz zum Schluß sangen wir dann doch das schöne Lied – oder besser: die in ganz Australien beliebte Ballade von dem „Pub without beer".

Der Refrain lautet:

„There is nothing so lonesome and dreer
then to stand at the bar without beer."

Die Ballade beschreibt recht eindrucksvoll, wie ein Oldtimer am Campfeuer den ihm entsetzt zuhörenden Jungs von einem furchtbaren Unglück erzählt, das sich vor vielen, vielen Jahren irgendwo im Outback zugetragen hat. Es hatte sich nämlich zugetragen, daß der einzigen Kneipe im meilenweiten Umkreis das Bier ausgegangen war. Während der Dingo klagend den Mond anheult, das Kreuz des Südens funkelt und das Feuer knistert, sträuben sich die Nackenhaare der Zuhörer – und der Sänger faßt den gräßlichen Gedanken in Worte und Töne, malt das Menetekel an die Wand, daß es nochmal zu einem solch entsetzlichen Unglück kommen könnte.

Das Geschehen wiederholte sich tatsächlich. Das Bier versiegte in Mataranka zum zweiten Mal. Und das innerhalb eines einzigen Jahres! Doch diesmal waren wir „bloody German blokes" nicht die Schuldigen, zumindest nicht die Alleinschuldigen.

Vom Trinken sprechen viele, doch keiner von dem großen Durste. Das gilt auch für Australiens Männer. Man kann darüber die Nase rümpfen, die Schultern heben oder zur Tagesordnung übergehen. Solange gemeinsames Trinken nicht im dumpfen Stumpfsinn und gar im gefährlichen Alkoholismus endet, ist es gerade unter

Männern ein nicht zu unterschätzender, ein wichtiger sozialer, oft befreiender Vorgang. Das gilt insbesonders für Australiens „outback", wo sich trotz der enormen Weite zwischen den isoliert lebenden Menschen mitunter eine innere, klaustrophobische Enge entwickelt. Vielleicht ist das der Grund, daß seit Jahrzehnten die Australier die Spitze des Pro-Kopf-Alkoholkonsums aller englischsprachigen Völkerschaften behaupten. Das mögen einige beklagen, während andere mit Stolz darauf hinweisen. Bier gehört nun einmal zu Australien wie die Haare zum Struwwelpeter! Es ist jedenfalls eine weitere kleine, schillernde Facette im Kaleidoskop des Daseins in „down under".

Ich habe im vorhergehenden eine Menge über Dawson City im Yukon und die bizarren, dort lebenden Typen geschrieben. Wenn es ein Gegenstück zu diesem Nest im hohen Norden Kanadas in Australien gibt, dann ist das Coober Pedy. Und wenn ein Bruder im Geiste von Capt'n Dick Stevenson existiert oder existierte, dann war es Crocodile Harry.

Es ist inzwischen über 20 Jahre her, daß ich mit Crocodile Harry an der Bar von Coober Pedy stand und vor uns ein paar Bier warteten, ihrer Bestimmung gerecht zu werden. Nachdem just während meines Besuchs in diesem Nest seit zwei Jahren der erste Regen gefallen war, überlegten wir uns gemeinsam, mit ein paar ähnlich gelagerten Typen den „First Royal Coober Pedy Sailing Club" zu gründen, was dann auch hinterher geschah.

Harry war damals noch keine Berühmtheit. Das wurde er erst, nachdem über ihn kurz nach diesem Geschehen ein Artikel im „Stern" erschien. Berühmt zu sein, das ist nicht nur Lust, sondern kann auch rasch zur Last werden. Was auch Harry alsbald erfahren sollte..und wiederum eine recht bizarre Geschichte.

Martha, eine etwa 50-jährige schwäbische Professorengattin, hatte in ihrem Stuttgarter Heim beim Durchblättern des „Stern" Harry's Konterfei erspäht, hatte mit wohligem Schaudern von seinen Abenteuern gelesen. Kaum hatte die Dame die Zeitschrift zugeklappt, da dachte sie kurz nach, legte sich aber nicht aufs Sofa, um abzuwarten, bis sich der Aufruhr ihrer Gefühle gelegt hatte, sondern sie faßte den Entschluß: Scheiß auf den Professor, scheiß auf Deutschland! Australien ist das Land meiner bislang unterdrückten Sehnsüchte und Harry der wirkliche Mann meiner Träume! Martha zögerte keinen Augenblick, ihre Wünsche zu realisieren. Sie hob alles verfügbare Geld vom Konto ihres Gatten ab – mochte der Professor sehen, wie er klarkam – kaufte sich ein Flugticket nach Australien und begab sich auf die Suche nach Harry.

Wenn eine Frau wie Martha sich etwas in den Kopf gesetzt hat, dann gibt es kein Wenn und kein Aber, sondern nur noch das bewußte „Augen zu und durch".

Martha tauchte in Cooper Pedy auf, und um Harry war's geschehn. Nun muß ich allerdings erklären, daß Harry alles andere als ein stumpfer Buschklepper war – oh nein, ganz und gar nicht! Er malte Bilder und formte Plastiken und hatte mehr im Kopf als die meisten Blödhämmel, die in ihm nichts weiter als ein Unikum sahen.

Allerdings pfiff er auf „political correctness“ und konnte mit Geld, so er denn welches besaß, überhaupt nicht umgehen.

Harry war ein gebildeter Mann und als Arvin von Blumenthal im Baltikum geboren und aufgewachsen. Er gehörte nach eigenen Angaben zu jenen Vertretern des ausgestorbenen baltischen Adels, unter denen sich die alten Barone und Freiherren samstagsmittags fragten:

„Was mach'mer nu, Willem? Geh' mer nu Domestiken veecheln oder geh'mer lieba Letten schieß'n?“

Harry hatte sich nach dem Einmarsch der deutschen Truppen freiwillig zur SS gemeldet – und konnte und durfte natürlich nach dem Zusammenbruch nicht wieder in seine Heimat zurück. Ohnehin mit einem kräftigen Schuß Abenteurerblut in den Adern, ließ er sich als DP, als „displaced person“ registrieren und landete – ähnlich wie ich in Kanada – im noch ferneren Australien. Aus Arvin wurde Harry, und aus Harry wurde ein berühmter „hide hunter“, ein Krokodil-Jäger, Jagdführer, Abenteurer. Als die Behörden um den Bestand der Krokodile fürchteten, wurde Harry Opalsucher.

Leider war Harry bei letzterem nicht sehr erfolgreich. Aber er war sehr beliebt, und wenn er seine Geschichten aus dem exotischen, tropischen Norden Australiens erzählte, hörten ihm alle gespannt zu. Und wenn er immer noch Durst hatte, aber sein Geld alle war, dann zeigte er seinen berühmten Handstand, einarmig, versteht sich. Die Männer an der Bar stellten ihm mehr Bier hin, als er trinken konnte. Eigentlich hätte Harry ganz gut leben können in Coober Pedy. Die „Maulwürfe des Glücks“, wie sie sich selbst nannten, die Glücklicheren unter den vom Opal Besessenen, ließen einen wie Harry nicht verkommen. Sie sagen: „Wen einmal der Opal geküßt hat, den hält er zeitlebens gefangen.“ Und was sollen sie mit all dem schönen Geld machen? Lieber einem Typen wie Harry einen ausgeben, als es den Finanzbehörden hinterherschmeißen!

Wie Coober Pedy müssen einmal die Pioniersiedlungen des amerikanischen Westens funktioniert haben. Die Besessenheit und das Festkleben an Ort und Stelle ist auch für den Besucher spürbar, der Verzicht auf jegliche Bürokratie ist bemerkenswert. Die Schatzgräber von Coober Pedy regeln ihre Probleme selbst.

Die Opale, oder besser die Suche nach ihnen – ist die große Gleichmacherin. Arm und reich sind nicht voneinander unterscheidbar. Sie sehen alle gleich verdreckt aus, sie denken an nichts anderes als an Opale, sie tun nichts anderes, als tagsüber nach Opalen zu buddeln. Abends, wenn sie sich gemeinsam mit Bier abfüllen, reden sie über nichts anderes als über Opale. Nicht einmal ihr Lebensstil ist unterschiedlich. Der Millionär haust ebenso wie der ärmste Teufel in seinem „dugout“ oder in seiner Blechhütte. Ersterer kann es sich nicht einmal leisten, seinen Reichtum zu präsentieren: Im Handumdrehen hätte ihn die Steuerfahndung am Hintern. Und Steuern möchte doch keiner zahlen: In Coober Pedy genauso wenig wie in Deutschland.

Wie seine Kollegen hatte auch Harry sein Domizil aus dem Fels herausgehauen und hauste wie sie unter der Erde. Dabei vergrößerten sich die Räume zwangsläufig und stetig mit dem Abbau des opalhaltigen Gesteins, wurden dabei aber nicht auch zwangsläufig ordentlicher. Aber heißt es nicht: Eines der sichtbaren Merkmale von echter Männlichkeit ist der Verzicht auf vorzeigbare Ordnung?

Doch dann – mit besagtem Artikel des „Stern“ wedelnd – tauchte die schwäbische Martha in Coober Pedy auf. Harry ausfindig zu machen, war das kleinste Problem. Seine Schulden zu bezahlen, war schon ein größeres. Harry's „Behausung“ zu einem Heim der schwäbischen Vorstellungswelt zu machen, ein neuerliches. Martha ging all diese Dinge mit der ihr eigenen Entschlossenheit an. Sie kehrte mit eisernem Besen, verteilte Vorhänge, Rüschen, Möbelstücke, Bilder und allerhand Nippes, und Harry mußte sich – wer das Geld hat, hat auch die Macht – zähneknirschend fügen.

Martha verbreitete deutsche Hausfrauen-Gemütlichkeit, duldete aber im „dugout“ weder Pfeife noch Zigarette; weder Schnaps noch Bier. Es wurde einsam um Harry. Er durfte weder seine Lieblingskneipe frequentieren, noch durften ihn seine saufenden, fluchenden, qualmenden Kumpane besuchen.

Es wurden Wetten abgeschlossen, wie lange Harry das durchstehen würde. Vier Wochen, zwei Monate, ein halbes Jahr. Doch die beiden so unterschiedlichen Charaktere hielten es tatsächlich über ein Jahr lang zusammen aus. Bis dann die Aufenthaltsgenehmigung Marthas abzulaufen drohte und sie um Harry's Hand anhalten mußte, um auf immer in Australien und bei ihrem Traummann bleiben zu können.

Harry's Kommentar: „Darauf kannst du warten, bis du schwarz wirst.“

Das Ende ist schnell erzählt. Martha zog bei Harry aus, reiste aber nicht ab. Sie hatte sich – wenn eine Schwäbin sich einmal etwas in den Kopf gesetzt hat! – die Aufenthaltserlaubnis und dann die Staatsbürgerschaft erkämpfen können, auch ohne die Eheschließung mit Harry, was die Sache vereinfacht hätte. Sie eröffnete einen Opal-Souvenir-Shop in dem inzwischen zum touristischen Ziel erschlossenen Coober Pedy.

Harry's Rückkehr in die Männergesellschaft von Coober Pedy wurde mit einer Reihe von monumentalen Besäufnissen gefeiert. Bei einem dieser legendären Ereignisse brannte leider die damals einzige Bar des Ortes ab. Das wäre noch zu verkraften gewesen. Doch als Harry sich dann neben den händeringenden Besitzer stellte und fröhlich in die Flammen pinkelte, die soeben das Hab und Gut des Gastronomen verzehrten, da erhielt er – nachdem die unverzüglich wieder aufgebaute Männertränke wiedereröffnet worden war – Lokalverbot.

Kurz vor der Jahreswende 1991/92 habe ich Harry zum letzten Mal gesehen. Er war damals schon recht wacklig auf den Beinen. Ich ließ ihm die Medikamente zurück, von denen ich glaubte und hoffte, daß sie ihm noch helfen könnten.

Sie halfen nicht viel. Kurz danach wurde Arvin von Blumenthal, genannt Crocodile Harry, zu Grabe getragen. Mit ihm dahin ging eine der vielen Legenden des australischen Outback.

Auch Coober Pedy hat sich verändert. Nicht nur der Tourismus ist daran schuld, sondern auch die „Nachtschwärmer". Das sind Banden, die in den sich im Umkreis von 50 Meilen um das Zentrum liegenden ertragreicheren Claims einfallen und sich dann bedienen, wenn der Besitzer nach harter Arbeit im Ortskern in aller Ruhe sein wohlverdientes Bier trinkt.

Das paßt natürlich niemandem. Also blieben die Schürfer auch nachts zu Hause, neben sich die schußbereite Waffe. Wenn es einen der „Nachtschwärmer" trifft, dann verschwindet er eben unter dem Abraum. Sich auch noch zeitraubende Scherereien mit den Behörden einhandeln, wegen eines Banditen, gegen den man sein Eigentum verteidigt hat, das wäre für diese rauhen Jungs zuviel verlangt. Man muß doch weiter nach Opalen buddeln, sich immer weiter, immer tiefer in das Erdreich hineinwühlen.

Australien sonnt sich immer noch in der Attitüde eines Pionierlandes. Sein Hochadel sind die Nachkommen der 776 Sträflinge, die seinerzeit in Sydney landeten. Seine Helden sind Gangster wie Ned Kelly, der Mann mit der eisernen Maske, Viehdiebe wie Henry Redford, der nicht weniger als tausend Rinder stahl und sie 1.600 km weit zum nächsten Markt trieb.

Vielleicht werden aber auch sie eines Tages vergessen sein. Doch auch dann wird man immer noch über einen „swagman", über einen Wanderarbeiter namens Banjo Patterson reden, wird das von ihm geschaffene Lied mit Inbrunst singen, das längst Australiens inoffizielle Nationalhymne geworden ist:

„Once a jolly swagman camped by a billabong,
Under the shade of a coolibah tree,
And he sang as he watched and waited till his billy boiled -
Who'll come a-waltzing Matilda with me?

Waltzing Matilda, waltzing Matilda ..."

Waltzing Matilda forever – that's Australia.

Drittes Buch

Von Menschen und Kommerz

ABENTEUER – GESUCHT UND GEFÜRCHTET

Ich möchte mit dem oft zitierten Begriff, „durch die Hölle gegangen zu sein“, vorsichtig verfahren. Ebenso wehre ich mich dagegen, einen Fluß, eine Wüste, einen Berg „bezwungen“ zu haben. Man kann die Natur, in welcher Form sie sich einem auch immer darbietet oder entgegenstellt, nicht „bezwingen“. Man kann sich mit ihr arrangieren – und ich war oft froh, ungeschoren davongekommen zu sein.

Dabei waren die äußeren Bedingungen, mit denen ich mich auseinanderzusetzen hatte, oft genug „höllisch“. Ich erinnere mich an die brennende Hitze und an die Sandstürme der Libyschen Wüste, wo ich half, nicht einmal 18 Jahre alt, Tote umzubetten. Ich erinnere mich ein paar Jahre später an die Reparaturarbeiten an den Dieseln tief im Bauch eines kanadischen Kriegsschiffes in den Gewässern vor Panama, wo die Temperatur 80 Grad Celsius erreichte. Ich denke mit Abscheu und Schrecken an die Sklavenarbeit in der Aluminiumschmelze im Norden von British Columbia.

In den klassischen Abenteuerbüchern über den Norden ist immer wieder die Rede von der Auseinandersetzung mit Bären, Wölfen; den heulenden Blizzards, den rauschenden Stromschnellen, den anrennenden Waldbüffeln. Kein Mensch schreibt jedoch über die schlimmste Plage des Nordens: Die Insekten. Die schwarzen Fliegen, die Moskitos, die Bremsen sind imstande, Mensch und Tier über das Zumutbare hinaus zu belasten und zum Wahnsinn zu treiben. Meine erste Erfahrung mit diesen Quälgeistern, dieser wahren Geißel des Nordens, hatte ich in jenem bereits geschilderten Holzfäller-Camp im Norden Albertas gemacht. Am schlimmsten war und ist es kurz vor Sonnenuntergang, wenn die kleinen stechenden und beißenden Monster ihre größte Blutgier entwickeln. Ich war mehrfach den Tränen der Verzweiflung nahe. Bis mich endlich ein alter Norweger zur Seite nahm und mein Gesicht mit einer üblen Tinktur von Dieselöl und ranzigem Bärenfett einrieb. Danach stank ich schlimmer, als ein Hund im Regen nur stinken kann. Die Biester umschwirrten mich nach wie vor, sie krochen auch noch auf meiner Haut herum, aber sie stachen mich nicht mehr.

Ähnliches habe ich von einer Fahrt vom Inari-See in Finnland nach Petsamo am Eismeer in Erinnerung.

Auch im furztrockenen „outback“ Australiens, wo man annehmen könnte, daß jedes Insekt nach Minuten an Feuchtigkeitsmangel eingeht, setzen einem die kleinen Krabbelmücken über alle Maßen zu. Sie beißen zwar nicht, krabbeln aber einem wie besessen im Gesicht herum. Die Tatsache, daß die Fliegenplage Australiens ihre Ursache in der Kuh-, Schafs- und Kamelscheiße hat, die hier nicht von anderen Insekten aufgearbeitet wird, macht die Sache nicht angenehmer. Immerhin arbeiten die Wissenschaftler inzwischen daran – wie es heißt, sogar recht aussichtsreich – diese tierischen Rückstände auf natürlichem Wege zu eliminieren und damit den Mücken die Existenzgrundlage zu entziehen.

Schlimm war es auch in Neuguinea. Als wir unsere Kanuexpedition auf dem Sepik vorbereiteten, hatte ich wie üblich noch zu Hause die Klamotten auf dem Boden ausgebreitet, um einen Überblick über das Mitzunehmende zu gewinnen. Wir hatten unter anderem zwei der praktischen, leichten „Jack Wolfskin“-Hosen mit Seitentaschen ausgelegt, die zu der unverzichtbaren Ausrüstung gehörten. Doch Undine hatte es sich dann doch anders überlegt und eine andere Beinbekleidung gewählt. Leider hatte sie meine und nicht ihre eigene Hose aussortiert.

Den Umtausch entdeckte ich am oberen Sepik, als ich angesichts der üblen Moskitoplage meine Shorts rasch gegen lange Hosen wechseln wollte. Ich konnte tun und lassen, was ich wollte, ich paßte einfach nicht in die Hosen meiner Frau hinein. Also verlebte ich drei Wochen in kurzen Hosen in einer der schlimmsten Malaria-Regionen des Erdballs. Meine Beine sahen aus wie recht eigenartig geformte Streuselkuchen, doch glücklicherweise hatte die Prophylaxe gewirkt.

Doch das Schlimmste, was ich in dieser Hinsicht je mitgemacht hatte, taugt nicht einmal als spannende Lektüre in einem Abenteuer-Roman. Das war die Mükkenplage im Delta des Mackenzie in den kanadischen Northwest Territories.

Dieser Fluß verströmt in einem Delta von ca. 100 km Breite und 120 km Tiefe in die Beaufort Sea. Das Delta ist eine unzugängliche Wildnis von Flußarmen, mit undurchdringlichen Erlen und Weidendickichten, mit Fichtenverhau bestandenen Inseln, Schlammbänken und Sümpfen. Kein denkender Eingeborener verirrt sich während des kurzen Sommers in diese verwirrende, abweisende, amphibische Wildnisregion. Die Atmosphäre ist dumpf, heiß; es riecht faulig. Die Eskimos und Indianer von Aklavik und Inuvik wissen, warum sie diese Gegend während der Mückenzeit meiden wie der glühende Teufel das Weihwasser. Wir wußten es auch, doch glaubten wir, daß diese paar Mücken uns nichts anhaben könnten.

Diese paar Mücken! Es waren Milliarden, vielleicht sogar Trillionen. Ganze Wolken von Moskitos erhoben sich aus den Sümpfen und von den Wasserläufen. Sie standen als schwarze, geballte Gespensterschemen im Gegenlicht. Man kann nicht sagen, daß sie sich auf uns stürzten. Sie waren mit einem Schlag da und fielen zu hunderten über jeden Quadratzentimeter freie Haut her. Sie saßen in Trauben auf unseren Mückennetzen, schränkten die Sicht ein. Wie es schien, waren wir offenbar die einzigen Warmblüter im Hundertmeilen-Umkreis. Ihre Gier nach unserem Blut hatte etwas von obszöner Besessenheit an sich. Selbst ein seit Jahrhunderten in Gips erstarrter Säulenheiliger hätte sich in Sekunden in einen fluchenden, tobenden Berserker verwandelt. Sie hohnlachten qualmender Feuer und chemischer Repellants. Sie bedeckten unsere Jeans wie mit einer ekelhaften, wimmelnden Schicht und überall da, wo sich der Stoff auf der Haut spannte, bohrten sie ihre Rüssel spielend durch das dichte Gewebe. Pinkeln wurde zur Pein. Wir schissen nacheinander in das verlöschende, noch qualmende Lagerfeuer. Man ist geneigt, darüber zu lachen. Doch ein seiner Kleider beraubter, also nackter Mensch würde nach zwei, drei Tagen an dem erlittenen Blutverlust sterben. Von der Qual einmal abgesehen... Indianer hatten diese besonders üble Form der Marter mitunter praktiziert.

Auch angezogen kann die Mückenplage zu einer traumatischen Erfahrung werden.

Wahrscheinlich ist mein Blut auf diese Art und Weise einmal oder gar zweimal in meinem Leben abgesaugt worden. Gut, daß der Körper die Möglichkeit wahrnimmt, den Lebenssaft zu reproduzieren.

Reisen in fremde Kontinente waren für mich nicht immer nur Schweiß, Mükken, Dreck, Hitze, Kälte, Entbehrungen, Gefahren. Ich habe zwischendurch das Privileg genossen, in den besten, teuersten und berühmtesten Hotels der Welt zu wohnen, ganz gleich, ob es das „Orient" in Bangkok, das „Raffles" in Singapore oder das „Jebel Ali" in Dubai war; ich habe in den denkbar exquisitesten Restaurants gegessen, achwas, getafelt. Ich war Gast des Sultans Qabos ben Said von Oman und habe im Al-Bustan Palace in Muscat residiert. Im „Manila Hotel" hatte man mir die Suite angeboten, in der einst General Arthur seinen berühmten Satz gesprochen hatte: „I shall return". Ich erinnere mich an den Aufenthalt im Palast einer einstigen Filmgröße von Beverly Hills und den „Rodeo Drive" in Los Angeles; ich habe Hotel-Reisen geleitet und weiß, was es heißt, sich von dienstbaren Geistern umsorgen zu lassen.

Doch all das ist an mir vorbeigezogen, es ist kaum was davon hängen geblieben. Das Dumme an der Geschichte ist die Faustregel: Je teurer oder besser ein solches Etablissement ist, umso routinierter und reibungsloser läuft die ganze Maschinerie ab, umso schneller gerät sie in Vergessenheit. Ich erinnere mich zwar noch an manche glorreiche und prestigeträchtige Adresse, doch ich weiß dann hinterher nicht mehr so recht, wo das nun war, wo ich mich nur noch gewundert habe, daß man mir nicht auch noch den Hintern abgewischt hat. Allenfalls erinnert man sich noch an den einen oder anderen Gast, den man in der Bar getroffen hat. Doch auch hier gilt die Regel: Je teurer und exklusiver eine solche Luxuskneipe ist, umso einsamer ist der Mensch, der sich dort aufhält.

Anders ist es mit jeder meiner Wildnistouren. Auch dort war ich oft allein, manchmal hundert Meilen vom nächsten Mitmenschen entfernt. Aber einsam... einsam habe ich mich dabei nie gefühlt. Es sind vielleicht hundert Touren insgesamt, die ich geführt habe. Ich habe sie nicht gezählt, denn die Statistik spielt in dieser Hinsicht überhaupt keine Rolle.

Bei fast jeder dieser Fahrten gab es Höhen und Tiefen, Euphorie und Angst, totale Erschöpfung und grenzenlose Faulheit, das Glück eines vollen Bauches und die Beschränkung, wenn die Rationen gekürzt werden mußten, weil der Nachschub nicht nachkam. Und wie herrlich zischt ein Bier, wenn man drei oder vier Wochen der Umstände halber in vollkommener Trockenheit herumgezogen ist. Wieviel herrlicher noch schmeckt ein kühler Schluck Wasser aus einem klaren Bergbach nach einer anstrengenden Fußtour! Ich habe unter der dünnen Luft der Anden gelitten; ich habe mich zusammengekrümmt, um mich in manch kalter Sahara-Nacht warmzuzittern. Wie oft habe ich versucht, mit klammen Fingern ein Streichholz anzuzünden, um das verfluchte Feuer auch in Regen und Nässe in Gang zu bekommen – oder weil es darum ging, einen unterkühlten Typen nach einer Kenterung im eisigen Gletscherwasser wieder funktionstüchtig zu kriegen. Wobei mitunter ich selbst jener unterkühlte Typ war. Oder das fatale Gefühl zu erleben, wie im Spätherbst im Norden die Kleider nach einem Umschmiß steifgefroren waren, bevor man sie am Feuer auftauen konnte.

Auf solchen Touren offenbart sich der Mensch mit all seinen Stärken und Schwächen. Grenzsituationen stülpen ihn gewissermaßen nach außen und zeigen seinen wahren Charakter. Und wenn ich dann einem immer noch nicht beigekommen bin, dann stelle ich mich mit ihm einen Abend lang an die Theke. Auch da offenbart sich recht schnell der wahre Charakter des Menschen.

Es ist merkwürdig: Oft sind es die Leute aus kleinen Verhältnissen, die sich besonders großkotzig aufführen, die sich sonst nichts gönnen oder gönnen können. Sie sind es, die aus dem Rahmen fallende, unerfüllbare Ansprüche stellen. Diese Typen kritteln an Landschaft, Wetter, den Menschen und Einrichtungen fremder Länder herum. Andersherum gibt es viele Leute, denen ein gewisses Niveau vertraut ist, die – wenn es sein muß – mit Dreck und Speck vorliebnehmen und sich mit dem oft spärlichen Vorhandenen glücklich schätzen und auch einer auf den ersten Blick unscheinbaren Umwelt Reize abgewöhnen können.

Nicht immer jagt eine landschaftliche Sensation, ein A- und O-Erlebnis das nächste. Und wenn es so ist, dann stumpft es schnell ab. Das jedoch sind allenfalls über die Jahre hinweg beobachtete, allgemeine Trends.

Es gibt in jeder Hinsicht Ausnahmen – positive wie auch negative.

New Guinea Football

Papua New Guinea gehört war nicht zum 5. Kontinent, doch Australien ist nicht weit und auf der großen Insel allgegenwärtig.

Wir hatten eine Kanu-Tour auf dem Sepik River glücklich hinter uns gebracht, und der Flug ging vom Karawari River nach Mount Hagen. Der Plan bestand darin, während der nächsten beiden Wochen die Highlands der Rieseninsel zu durchwandern. Am Flughafen von Mount Hagen wurden wir von Willi abgeholt. Willi war Stammesmitglied der Huli oder Perückenmenschen und stammte aus der Gegend von Tari.

Willi wies uns darauf hin, daß am Nachmittag hier in Mont Hagen ein Fußball-Match stattfinden sollte und verhehlte keinesfalls, daß er darauf brannte, dem Treffen beizuwohnen. Ich konnte meine Leute davon überzeugen, daß diese Art einer folkloristischen Veranstaltung, New Guinea Football genannt, eine interessante Alternative zur uns leider entgangenen Bundesliga darstellte.

Daß daraus ein Kampf der besonderen Art wurde, konnten wir nicht ahnen; auch nicht, daß Freiburg gegen Stuttgart ein besserer Kindergeburtstag dagegen ist.

Vorausschicken muß ich, daß es den Kolonialmächten nicht gelungen war, die verschiedenen Sippen, Stämme und Völker Neuguineas, die nicht nur unterschiedliche Dialekte und Sprachen haben, sondern auch die verschiedensten Sitten, Gebräuche und Kulturen repräsentieren, zu Toleranz und zum gegenseitigen Wohlverhalten zu bewegen.

Immer wieder brachen und brechen Kämpfe zwischen den einzelnen, meist benachbarten Gruppen aus, wobei Verletzte und mitunter auch Tote zu beklagen waren und immer noch sind.

Um aufgestauten Druck abzulassen, sah sich die autralische Kolonialverwaltung genötigt, alle paar Monate eine Art Ersatzkrieg nach lockeren Regeln zu gestatten, eben den New Guinea Football.

Mit Fußball hat dieses „Spiel" jedoch ganz wenig zu tun. Den streitenden Parteien wurde ein freies Feld zur Verfügung gestellt. Es wurde ihnen gestattet, mit den traditionellen Waffen, also Pfeil und Bogen, Steinaxt und Keule ihre Meinungsverschiedenheiten auszutragen.

Nicht, daß auf diese Art und Weise keine Menschen zu Schaden gekommen wären, doch der „Schaden“ beschränkte sich auf die direkt Beteiligten. Frauen und Kinder und die überaus wertvollen Schweine wurden verschont. Ferner wurde vorher vereinbart, daß der bei dieser Gelegenheit angerichtete Schaden nicht ersatzpflichtig war und Racheakte in der Folge tabu zu sein hatten.

Ich möchte auf eine eingehende Schilderung der Auseinandersetzung verzichten. Doch selbst der harte Kern der Fans von Dortmund und Schalke hätte sich hier noch eine Scheibe abschneiden können. Bis dann das „match“ nach ein paar Stunden von dem anerkannten Unparteiischen „abgepfiffen“ wurde und beide Parteien müde, abgekämpft, aber zufrieden sich trollten und ihre Wunden leckten.

Damit gehören natürlich nicht alle Anschläge auf Leib und Leben in Papua-Neuguinea aus der Welt geschafft. Wir sollten bald mit eigenen Augen sehen, zu welchen Gewalttaten die kaum der Steinzeit entwachsenen Menschen dieser Weltregion fähig sind.

Zuvor jedoch wurden wir Zeuge, wie Willi – mit Taufnamen hieß er tatsächlich Wilhelm, vielleicht in Erinnerung an die kurzlebige deutsche Kolonialzeit auf der Insel – den Zwischenstop bei einem befreundeten Stamm nutzte, um eine zweite Frau zu erwerben. Für den Erwerb der Frau mußte Willi den Gegenwert von fünf Schweinen bereitstellen. Ein Schwein kostete aber nicht weniger als 500 Dollar. Das war eine Menge Geld und es sah so aus, daß sich die Verhandlungen ungebührlich lang hinziehen würden. Ich drängte auf Weiterfahrt, ohne daß das Geschäft zum glücklichen Abschluß gekommen wäre. Ob Willi letztendlich seine Zweitfrau in seine Arme schließen und nach Hause führen konnte, ist mir leider verborgen geblieben.

Nicht verborgen blieb mir dagegen, wie Verkehrsübertretungen seinerzeit in Neuguinea noch geahndet wurden. Kurz vor Tari – Willis Heimat – gab es einen unprogrammgemäßen Aufenthalt, weil eine Flußbrücke eingestürzt war. Damit war ein Verkehrs-, Versorgungs- und Kommunikationsproblem entstanden, das die betroffenen Menschen nicht so ohne weiteres hinzunehmen gedachten.

Der Schuldige war ein eingeborener Fahrer, der einen 50 ton LKW auf die für acht Tonnen zugelassene Brücke gesteuert hatte. Wir sahen seine Leiche am jenseitigen Ufer, gespickt mit Speeren und hunderten von Pfeilen.

Wir wurden auf jener Reise mit weiteren Gewalttaten konfrontiert. Man kann nicht mit einem Schulterzucken darüber hinwegsehen, man kann sie aber auch nur sehr schwer erklären.

Auf den Einwand, daß es sich in dem Fall um „Primitive“ handle, von denen nicht viel anderes zu erwarten sei, gab ich meinen Mitreisenden zu bedenken, daß solche Geschehnisse – so schrecklich sie sind – sich leider nicht auf Neuguinea beschränken. Überall wo man den Menschen Waffen in die Hand gibt, wo der Mann glaubt, ohne Waffe nackt dazustehen, werden diese Waffen auch irgendwann benutzt. Das ist nicht nur in Neuguinea so, sondern auch im Jemen, auf dem Balkan und selbst in den ach so hochzivilisierten USA.

Die River Queen

Zu den mehr lustigen Aufgaben, die uns als Organisation zufielen, gehörte die logistische Unterstützung bei Filmproduktionen. Es ging hierbei um die Werbung für eine US-Zigarettenfirma. In jenem Fall sollte einmal mehr das Abenteuer das große Zugpferd sein. Sie war als „imagebildend“ und „-fördernd“ für die Marke gedacht.

Diese Leute verfügen über enorme Mittel und nichts ist ihnen zu exotisch, zu gut oder zu teuer. So schwebte denn auch ein Regisseur ungarischer Herkunft ein, samt umfangreicher Crew. Ich hatte den Eindruck, daß der Produktionsaufwand von „Ben Hur“ oder des „Titanic“-Films noch übertroffen werden sollte.

Es ging um Wildwasserszenen in den ebenso schwierigen wie gefährlichen Stromschnellen des Colorado. Manche dieser Stromschnellen vermittelt einem auch in einem schweren Gummifloß jenes Gefühl, das eine Maus überfällt, wenn sie versehentlich in die Trommel einer Waschmaschine gerät. Auch wenn alles glatt läuft, ist man froh, ungeschoren durchzukommen.

Jedenfalls hingen über uns die Hubschrauber mit den Kameraleuten, und in dem Donnern und Brausen des Wassers waren über das Megaphon die unsinnigsten Kommandos zu hören: „Rechts, links, abbremsen, stillstehen, schneller usw...“

Wir, die unten in der Mühle steckten, gaben einen Scheiß auf die Anweisungen. Wir waren zufrieden, heil im ruhigen Unterwasser zu landen.

Der Herr Regisseur „was not amused“. Wir mußten den verdammten Stunt wiederholen und nochmals und nochmals fahren.

Warum wir seine Anweisungen nicht befolgten, wollte er wissen.

Ich lud ihn herzlich ein, doch einmal selbst mitzufahren, Wasser zu schlucken, zu paddeln, bis ihm die Arme abfielen, sich festzukrallen wie die arme Seele am Rock des Erzengels.

Nein, das ginge nicht. Er dürfe aus dem Hubschrauber heraus nicht den Überblick verlieren. Also delegierte er einen seiner Assistenten auf ein Begleitfloß, der von einer Art Thron herunter ebenfalls seine Anweisungen zu uns herüberbrüllte. Auch das führte zu nichts, weil der Regieassistent sich weigerte, den infernalischen Ritt durch die Wogen ein zweites Mal mitzumachen.

Wir nannten ihn trotzdem „River King“. Der Herr war beleidigt und sagte mit feuchtem Augenaufschlag, er würde allenfalls den Titel „River Queen“ akzeptieren.

Darauf versuchte es der Herr Regisseur persönlich mit Zuckerbrot und Peitsche: Einem der Floßkapitäne sagte er, er habe das Zeug zu einem zweiten Robert Redford, dem anderen wollte er den „Arsch zwischen die Augen treten.“

Die Tatsache, daß er am Abend unseren Whisky-Vorrat aussoff und sich weigerte, für Nachschub zu sorgen, machte ihn uns nicht sympathischer.

Irgendwann hat alles ein Ende, auch die Wildwasser-Aufnahmen am Colorado. Wir trennten uns keinesfalls als Freunde.

Zum Eklat kam es dann in München, wo die Uraufführung des epochalen Werkes stattfinden sollte. Der Herr Regisseur war hochpersönlich eingeschwebt, Erster Klasse natürlich, nebst seinem allerliebsten Hündchen.

Aber irgendwie war dann der Film doch nicht ganz fertig geworden, und außerdem schmeckte die deutsche Wurst dem Hündchen überhaupt nicht. Unter sich derart aufbauenden stressigen Bedingungen konnte der Herr Regisseur sein Werk natürlich nicht fertigstellen. Das beudeutete eine weitere Verzögerung, bis dann endlich auf Kosten des Auftraggebers jeden Tag eine frische original-ungarische Salami eingeflogen wurde.

Was dann passierte, wurde mir erst später klar. Der Herr Regisseur reiste jedenfalls nebst Hund überhastet ab.

Wie ich hinterher herausfand, war es dem Auftraggeber endlich doch zuviel geworden. Sie schmissen ihn raus, und unsere harte und gefährliche Arbeit in den Stromschnellen war – mal wieder – für die Katz!

Die Globetrotter aus Niederbayern

Es gab heitere, es ärgerliche Episoden, Erlebnisse. Es war während der Osterferien im kalifornischen Städchen Lone Pine. Lone Pine liegt quasi im Schatten des höchsten Berges der „Lower 49“, also der kontinentalen Vereinigten Staaten ohne Alaska. Es war hier oben am Abend recht kühl, und der Mond stand wie ein großer, gefrorener Pfannkuchen über der gigantischen Bergkulisse der Rocky Mountains und des Mount Whitney.

Ich hatte die Aufgabe, Rotwein zu besorgen, weil den gestandenen Bayern meiner Gruppe das kalifornische Bier nicht so recht schmeckte. Als dann auch der Rotwein als zu labberig eingestuft wurde, besorgte ich noch Wodka, den die Herren dann untermischten. Endlich glänzte Zufriedenheit auf ihren Gesichtern, und sie ließen sich zum Schafkopfen nieder. Denn Schafkopfen ohne starkes Getränk sei wie Beckenbauer ohne den FC Bayern, erklärten sie mir.

Ich als Anhänger des VfB Stuttgart wollte mich dazu nicht weiter äußern und zog mich zurück.

Am nächsten Morgen erklärte mir einer der Schafkopfspieler, er müsse dringend zum Zahnarzt. Seine Prothese sitze nicht mehr. Er führte das Phänomen auf das geöffnete Fenster, auf die relativ kalte Außentemperatur und die ungewohnte dünne Höhenluft am Mount Whitney zurück. Das wäre der sensiblen künstlichen Gaumenform nicht gut bekommen.

Ich sah mich schon in einen Schadensersatz-Prozeß verwickelt, als sich ein zweiter Reiseteilnehmer meldete und ebenfalls erklärte, auch sein Gebiß passe überhaupt nicht mehr.

Gleich zwei klagende Teilnehmer, einer spielt den Zeugen für den anderen. Oh Gott, dachte ich, das kostet dich Geld, viel Geld!

Zum Glück war da ein pfiffiger Schwabe, der zu meiner Rettung herbeieilte: „Ei“, sagte er „könnt’s net sei, daß ihr zwei in ei’m Zimmer übernachtet habt?“

Die beiden Bayern nickten.

„Ei“, fragte der Schwabe weiter, „könnt’s net sei, daß ihr am Morge euer Gebiß vertauscht hett?“

Die beiden Bayern verschwanden auf der Toilette des Busses und kamen mit strahlenden Gesichern wieder: „Es paßt“, verkündeten die beiden wie aus einem Mund.

Eine weitere Prüfung für das bayrische Gemüt sollte sich im pittoresken San Francisco ergeben. Diesmal wollten die Bayern in der weltberühmten China-Town unbedingt „echt chinesisch“ essen gehen. D.h. sie wollten nicht in einer der kulinarischen Touristenfallen landen, sondern es sollte etwas ganz Originelles sein. Ein Lokal, wo normalerweise nur Chinesen verkehren.

Da sich ein Bayer allein in der Fremde verlassen vorkommt, rotteten sich ihrer acht zusammen und gingen in ein Restaurant meiner Empfehlung.

Der erste Unmut kam auf, als es weder einen deutschsprechenden Ober noch eine deutsch-, ja nicht mal eine englischsprachige Speisekarte gab!

Das wär doch gelacht, sagten sich die Bayern, ein gestandenes Mannsbild wie unsereins kommt überall auf der Welt durch!

Von wegen, was der Bauer nicht kennt, das frißt er nicht! Sie deuteten auf das, was auf den Nachbartischen stand, dann auf die Speisekarte und bestellten mit großer Geste. Der Kellner bemühte sich mit chinesischer Höflichkeit um Verständnis und versuchte mit allerhand Gesten, seiner Kundschaft die bestellte Speis' wieder auszureden. Doch Bayern können sehr dickköpfig sein. Das gilt auch in der China-Town von San Francisco.

Der Himmelssohn murmelte wahrscheinlich etwas von unzivilisierten, weißen Barbaren, ergab sich jedoch seinem Schicksal und schleppte eine riesige Schüssel Reis herbei.

Die gestandenen Mannsbilder machten sich sofort über den Reis her und vertilgten ihn bis aufs letzte Korn. Dem China-Mann sträubten sich die Haare.

Dann brachte er – zusammen mit einem Trupp von Hilfskräften und auf einige herangeschobene Beistelltische verteilt – den Rest der Bestellung. Jeder dieser Kunden hatte, beginnend mit der üblichen Won-Ton-Suppe, ein für sechs Personen gedachtes Menu bestellt!

Was ein aufrechtes bayrisches Mannsbild ist, der schreckt auch vor einem Sechs-Personen-Menu nicht zurück. Nachdem sie die Beilage schon vorher verdrückt hatten, hieben sie rein wie die Scheunendrescher. Lieber sich den Bauch verenken, als dem Wirt nur einen Heller schenken! Der Kellner rollte die Augen in wilder Verzweiflung, aus der Küche lugte immer wieder ein anderes Gesicht hervor, mit vor Staunen rund gewordenen dunklen Schlitzaugen, um einen ungläubigen Blick auf diesen Ausbund nie gesehener, exotischer Freßlust zu werfen.

Das Unglaubliche geschah, Gargantua und Pantagruel wären vor Neid erblaßt. Auch die letzte Bambussprosse, die sin, die Glasaale, die ma-yau, die Brasse wurden verzehrt, ebenso wie der Pe-tsai-Salat und das Pak-shoi-Gemüse. Sogar das allerletzte der „fortune cookies“ verschwand in den Schlünden der braven Bayern.

Sie spülten tapfer mit Tee, Sorghum-Wein, Reisschnaps und Mei-kuei-lu-Likör. Sie lehnten sich zufrieden rülpsend zurück und sagten: „Mei, mei, endlich ham mir was Richt'ges zwisch'nd Zähn kriagt!“

Muß ich noch erwähnen, daß auch diese Reise in bester Harmonie fortgesetzt wurde, daß sie ein gutes Ende gefunden hat und daß die Bayern heute noch von dem großen Fressen bei dem Chinesen schwärmen?

ABENTEUER – VERKAUFT AUF DEM MARKT DER EITELKEITEN

Die tiefe Sehnsucht nach dem Abenteuer ist tief in jedem Menschen verankert. Oft ist sie unbewußt, meistens erfolgreich verdrängt, doch wer tief, ganz tief in sich hineinhört, der vernimmt den lockenden Klang der Trommel.

Der Begriff ist – wie man sich in der Werbung ausdrückt – positiv besetzt. Und alles was positiv besetzt ist, gerät zwangsläufig in das Visier der Werbestrategen und Manager.

Es begann – wie das so üblich ist – ganz harmlos. Bei dem großen Kanada-Treffen in Treis-Karden an der Mosel, erfunden und eingeführt von den Kanada-Pionieren der ersten Stunde Brigitte und Elmar Engel, dann weitergeführt von Erika und Helmut Voss, Interair, stellte mir Helmut ein paar Typen von einer Frankfurter Werbeagentur vor. Sie taten recht geheimnisvoll, hatten irgendwelche verschwommenen Vorstellungen und wollten, auf der Abenteuer-Welle reitend, irgendeine „einzigartige Promotion" durchziehen. Ich war und bin in dieser Hinsicht sehr skeptisch, wenn jemand an mich mit einem solchen Ansinnen herantritt: Verrückte Leute mit verückten Projekten. Es waren schon dutzende an mich herangetreten, und es hatte sich alles in Luft aufgelöst.

Aber in diesem Fall erhielt ich einen Anruf mit der Bitte, nach Frankfurt zu kommen. Die Leute waren immerhin von einer renommierten Agentur, und sie vertraten eine Firma von Weltruf. Ich wurde, wie üblich, zu strengstem Stillschweigen vergattert – um die Konkurrenz nicht vorzeitig zu Gegenmaßnahmen zu animieren. Dann ließen sie die Katze aus dem Sack: Sie wollten Aktiv- oder Abenteuertouren organisieren und/oder von einem renommierten Reisebüro vertreiben lassen. In ihren Vorstellungen mußte es etwas noch nie Dagewesenes sein, mit dem sich trotzdem jeder Konsument der Marke identifizieren sollte.

Wichtigste Bedingung war, um es einmal in einfachen Worten und nicht in dem üblichen Promotions-Chinesisch auszudrücken, daß die ganze Geschichte in das bereits etablierte Image der Werbung passen – daß sich auch der ganz normale und vor allem aber der künftige Kunde davon angesprochen fühlen sollte.

Ich war zwar in jener Gegend, wo die ganze Geschichte über die Bühne gehen sollte, nicht eben zu Hause, doch kannte ich sie von einigen Touren recht gut. Also – warum nicht? Statt ständig nur rumzukleckern, könnte ich ja auch mal richtig reinklotzen und mit Leuten arbeiten, die es zwar nie zugeben, doch für die der Begriff „money is no object" durchaus existiert. Soweit sich die Dinge in ihre Werbe- und Verkaufsstrategie einordnen.

Andererseits hatte mich manch bittere Erfahrung gelehrt, daß gerade in der Werbebranche unheimlich viel heiße Luft abgelassen wird, daß hunderte von Projekten für riesige Campagnen diskutiert werden, daß – wenn endlich der Berg kreißt – ein winziges Mäuschen herauskommt. In vielen Fällen passiert jedoch nicht einmal das.

Ich hatte nicht die geringste Lust, meine Zeit mit Hirngespinsten – und vagen Ideen zu vertrödeln. Ich schlug vor, daß ich ein Team von ausgesuchten Leuten zusammenstellen – und mit diesen Leuten eine Abenteuertour nach meinen Vorstellungen in den USA organisieren würde. Die am grünen Tisch oder im Sandkasten entstandenen, utopischen Ideen der Werbeleute umzusetzen, hätte dagegen einen Zeitaufwand und eine Logistik vorausgesetzt, bei der auch die Möglichkeiten einer Weltfirma an ihre Grenzen gestoßen wären.

Statt dessen schlug ich vor, das Abenteuer in Form einer Fahrt per Schlauchboot auf einem Wildfluß im Südwesten der USA abzuwickeln. Das Drumherum mit einer großartigen und sehr photogenen Landschaft, einer veritablen Western-Kulisse, würde passen und wäre, so dachte ich, werbewirksamer als Claudia Schiffer, nackt mit den Kleidern überm Arm im heulenden Schneesturm.

Man könnte bei alledem ein bißchen Indianer spielen, Technik wie Geländewagen, Hubschrauber, Motorboote einsetzen – also auch mal so richtig den Macho raushängen lassen, ohne daß das den Kritikern gleich aufstoßen würde.

Eine Handvoll Verantwortlicher, sowohl von der Agentur wie von dem Auftraggeber selbst, sollten die Tour begleiten und sich an Ort und Stelle ein Bild machen, wie sowas abläuft. Dann fiele es ihnen leichter, sich für ein Ja oder ein Nein zu entscheiden. Es gelang mir, den Leuten zu verdeutlichen, daß sowas als Sandkastenspiel oder vom grünen Tisch aus nicht zu beurteilen ist.

Wie üblich, hatte ich mich zwischendurch um andere Dinge zu kümmern und war erstaunt, daß mein Vorschlag angenommen, daß die Kosten übernommen wurden. Dann mal los.

Unter meinen Freunden und Bekannten eine Handvoll Leute zu finden, die mit Herz und Seele dabei waren, war das geringste Problem. Schwieriger war es, die Werbe- und Promotionsleute, darauf einzustellen, daß „Abenteuer" – wie ich es verstehe – Staub, Schweiß, Strapazen und Gefahr bedeutet. Daß ich zwar alle denkbaren Sicherheitsvorkehrungen treffen würde, daß aber ein gewisses Risiko nicht auszuschalten sei.

Ich hatte den Eindruck, daß meine Auftraggeber mit manchen der von mir aufgezeigten „Zumutungen" zum ersten Mal in ihrem Leben konfrontiert wurden. Doch dann sahen sie ein, daß es so und nur so und nicht anders ging.

Die Testtour ging über die Bühne. Im April war es noch kalt. Das Gewässer, das ich ausgesucht hatte, ist kein „Mörder unter den Flüssen", doch verlangt es seinen Befahrern einiges ab. Zusätzlich gerieten wir zeitweise in heftiges Schneetreiben.

Als wir später in die Berge stiegen und auf einer 3.000 m hoch gelegenen Ranch aufkreuzten, wurde es noch kälter. Es stank nach Rindern, Kuhscheiße und ungewaschenen Cowboys der derberen Sorte, und die Unterkünfte waren mehr als bescheiden.

Ich hatte ihnen gezeigt, was ich unter Abenteuer verstehe und – „love it or leave it" – ihnen die letzte Entscheidung überlassen. Inzwischen hatte ich mich für ein anderes, sehr aufwendiges, finanziell aber kaum interessantes Projekt stark gemacht und mitorganisiert. Es war darum gegangen, 85 Kinder, Pfadfinder, Jungen und Mädchen aus Baden, Rheinland-Pfalz und dem Saarland zum großen Jamboree nach Calgary in Kanada zu schaffen und ihnen an Ort und Stelle etwas von Land und Leuten zu zeigen. Ich kannte ja die Jugendarbeit aus eigener Erfahrung.

Wir hatten ein „workcamp" organisiert, uns auf der Gladstone Mountain Ranch aufgehalten, die Nationalparks Banff und Jasper erkundet. Der Abschluß und letztes Highlight war der Besuch bei meinem Freund Ernie Bassaraba.

Ernie hauste am Fuße eines Feuerturms und war kurz zuvor lebend und mit nur geringfügigen Verletzungen aus dem letzten Indianerkrieg in Alberta herausgekommen. Ernie war kein Kind von Traurigkeit. Für seinen einsamen und wenig aufregenden Dienst als Wachmann, der wenig anderes zu tun hat, als auf verräterische Rauchwölkchen zu achten, die auf einen Waldbrand hindeuten könnten, hatte er eine junge Indianerin aus dem benachbarten Reservat als „Gesellschafterin" mitgenommen. Das war damals nicht unüblich. Niemand hätte etwas dagegen gehabt, wenn nicht ein neuer Pfarrer im Reservat inthronisiert worden wäre. Als der Schwarzkittel von dem sündhaften Zusammenleben von Ernie und der braunhäutigen Schönen erfuhr, spuckte er Gift und Galle und stachelte die Indianer auf, diesen Pfuhl von Fleischeslust und Unzucht auszutrocknen.

Die Indianer zögerten erst, doch dann stellten sie Ernie ein Ultimatum, die braune Maid innerhalb des nächsten Tages zurückzuschicken.

Mit einem Mann wie Ernie spricht man, mit einem Mann wie Ernie kann man sich arrangieren. Doch ein Ultimatum stellt man ihm nicht. Das weckt seinen Widerspruchgeist und stachelt seine Kampfeslust an.

Ernie schrie, sie sollten alle zur Hölle fahren und Schlimmeres. Er nutzte die ihm bleibende Frist, Munition und weittragende Schußwaffen hinaufzuschaffen, sich auf der Höhe seines Turmes mitsamt der Indianerin, die überhaupt keine Lust verspürte, zu den Ihrigen zurückzukehren, zu verschanzen. Es war genug Pulver und Blei vorhanden, um eine Revolution in einem mittleren südamerikanischen Staat zum erfolgreichen Ende zu bringen.

Ich will es kurz machen: Nachdem der erste Schußwechsel zu nichts geführt hatte, versuchten die Rothäute, im Schutze der Dunkelheit den Turm anzuzünden und Ernie samt Braut auszuräuchern. Erst als die Flammen bereits an den Stützen hinaufleckten, rief Ernie über sein Funkgerät Hilfe herbei. Ein Hubschrauber des Alberta Forest Service rettete Ernie nebst Braut aus der prekären Lage.

Doch das nur nebenbei. Ernie war für die 85 Jungs und Mädchen natürlich eine Traumfigur. Er zeigte ihnen, wie man mit Stahl, Stein und Zunder ein Feuer entfacht, wie man Messer schmiedet, Patronen mit Schwarzpulver füllt, Fallen stellt und dergleichen. Er zeigte den Kindern die von ihm im Vorjahr erbeuteten Tiere, d.h. deren abgehäutete Kadaver. Sie hingen, wie eine Art makabrer Weihnachtsschmuck vor sich hinstinkend, in einem Baum. Ernie hatte sie im Winter, als der Schnee an die zwei Meter hoch lag, nach dem Abbalgen dort hingehängt. Als der Schnee geschmolzen war, hingen sie zu hoch, um sie ohne Schwierigkeiten runterzuholen. Die Mücken, der infernalische Gestank – ein Kerl wie Ernie stört sich nicht daran. Danach durften die ganz mutigen unter den Jungen und Mädchen mit hinauf auf den Turm.

Ich mußte Ernie bei alledem ständig im Auge behalten. Beispielsweise rauchte er wie ein Schlot Selbstgedrehte und hantierte gleichzeitig mit einem kleinen Berg Schwarzpulver herum. Ich ging mit auf den Turm, um sicherzugehen, daß Ernie nicht einen Knaben so zum Spaß ein bißchen aus dem Fenster hielt. Ich hatte für genug Pflaster gesorgt, für den Fall, daß sich einer beim Messermachen und Hantieren mit anderen Hieb- und Stichwaffen schneiden sollte.

Logisch: Alle meine Schutzbefohlenen, ob Knaben oder Mädchen, waren von Ernie begeistert.

Aus heiterem Himmel und nichts Böses ahnend, erhielt ich über Funk eine Mitteilung des Alberta Forest Service, ich sollte mich ganz dringend melden. Die Botschaft war in einem Tenor abgefaßt, daß ich annehmen mußte, es ginge um Leben und Tod.

Ich warf mich in Ernies klapprigen Pick up und raste die anderthalb Stunden über Stock und Stein in das nächste Dorf, wo es einen Telefonanschluß gab. Ich starb unterwegs tausend Tode. Ein solcher Anruf konnte nur bedeuten, daß irgendwo eine Katastrophe passiert war. Meine Familie, meine Freunde wissen, daß man einen Mann, der sich in der Wildnis Kanadas herumtreibt, nur dann anruft, wenn wirklich die Kacke am Dampfen ist. Der Forest Service gab mir eine Telefonnummer in Deutschland, die mir absolut unbekannt war. Das bedeutete zumindest Teil-Entwarnung: Wenn sich eine Katastrophe ereignet hatte, so betraf sie wenigstens nicht meine Familie.

Trotzdem wählte ich mit fliegenden Fingern: Der Ruf ging durch, am andern Ende wurde abgehoben.

„Ah, Herr Kiemle, Sie wollen sicher meinen Mann sprechen.“

„Vielleicht können Sie mir erstmal sagen, wer überhaupt Ihr Mann ist. Ich rufe aus Kanada an“, knurrte ich nur mühsam beherrscht.

„Ja wirklich, aus Kanada? Ach, wie toll...aber meinen Mann kann ich jetzt nicht stören, er sitzt ..." ein kokettes Kichern „... gerade in der Badewanne ... Können Sie nicht später mal, in einer halben Stunde ..."

Ich explodierte. Ich weiß nicht, was ich der Lady alles an den Kopf warf. Meine Grobheit hatte Erfolg: Ich hörte die Stimme ihres Herrn: „Ja, schön, daß Sie anrufen, Herr Kiemle! Also -alles, was bis jetzt an Werbevorbereitungen gelaufen ist, das können wir glatt vergessen."

„Und deshalb fahre ich anderthalb Stunden ..."

„Moment! Wir gehen hinauf in die Berge zu den Cowboys. Wir rauschen den von Ihnen ausgesuchten Fluß hinunter. Wir tun ein bißchen so, als ob... Wir ..."

„Verdammt nochmal, das ist doch genau das, was ich vorgeschlagen – was wir durchgezogen ..."

„Nein, der Riesenunterschied zu Ihrer Idee ist, daß nicht einfach eine Gruppe von Freunden dort unten hinfährt, sondern, daß die Mitglieder dieser Gruppe miteinander und untereinander konkurrieren.

Neues shooting, rafts, outboards, off road, horses, cowboys – das ganze Pipapo. Ich brauche sofort, aber wirklich sofort, eine neue, detaillierte Ausarbeitung von Ihnen. Wir veranstalten einen sweepstake ... nein, besser eine challenge, ein ... äh ... Kräftemessen, eine Art von competition, äh ... contest, wissen Sie?"

„Ich werd mich drum kümmern", sagte ich tonlos und hängte auf. Das alte, verdammte Lied. Die Jungs haben keine Ahnung, wie das ist, wenn man in der Wildnis herumkariolt. Sie stellen sich vor, da sitzt einer an seinem Schreibtisch, bohrt sich in der Nase, kratzt sich am Hintern und tut nichts anderes als auf den erlösenden oder ablehnenden Anruf zu warten.

Also ging es wieder hinunter in den Südwesten der USA. Wieder mit „competitors", einem Kameramann, Begleitpersonal, Leuten von der Agentur und dem Auftraggeber, Hubschrauber, Schlauchboote, Pferde – und weiß ich was sonst noch.

Ausgerechnet beim Wildwasser-Photoshooting in einem finsteren Canyon passierte es: Mein Nebenmann trat bei einem Umtragen auf eine Klapperschlange oder glaubte, daraufgetreten zu sein. Er sprang weg, riß mich um. Ich brach mir ein paar Rippen.

Down but not out. Die Sache nahm Gestalt an. Es war das bei weitem größte und aufwendigste Unternehmen, in dem ich bis dahin meine Finger hatte. Endlich einmal konnte ich aus dem Vollen schöpfen. Ziele angehen, Leute mitnehmen, Pläne durchführen, ohne auf den Pfennig sehen zu müssen. Im Gegenteil, es existierte ein „overkill" von Material, an Ressourcen, an finanziellen Mitteln.

Das hatte aber auch zur Folge, daß ich mich statt mit Menschen mit einem Haufen Papier herumschlagen mußte, mit Absichtserklärungen, mit Verträgen und schriftlichen Verpflichtungen. Mit Papieren, abgefaßt und abgesichert von ganzen Horden von Juristen und spezialisierten Anwälten. Zusätzlich stand ich vor einem Berg organisatorischer Aufgaben.

Es kam soviel Arbeit auf mich zu, daß ich mich nach einem Partner umsehen mußte. Ein in der Reisebranche erfahrener Volkswirt, schien mir der richtige Mann. Er wußte, wie man Reisen organisiert, kannte sich mit Verträgen und dem übrigen Papierkrieg aus und war von dem brennenden Wunsch besessen, sich selbst als „Abenteurer“ zu beweisen.

Die Resonanz auf die Werbe-Campagne übertraf alle Erwartungen: Es meldeten sich über zehntausend Leute, die mitmachen wollten! Es ging darum, aus diesem Berg von Interessenten die richtigen auszusuchen, sie mit einer Reihe von Herausforderungen zu konfrontieren und die besten als Sieger zu küren.

Ich löste das Problem, indem ich – wie schon zuvor – mir bekannte Typen herauspickte. Ich würde den Teufel tun und mich auf ein Risiko mit Unbekannten einlassen. Im Sommer 1984 gingen wir auf Tour.

Was ich nicht wußte: Unserem Auftraggeber war die Geschichte immer noch recht suspekt. Im Freien schlafen, tagelang herumzulaufen, ohne sich – wenn überhaupt – dann nicht richtig waschen zu können, vom täglichen Wechsel der Wäsche einmal ganz abgesehen. Sie wandten sich ab mit Grausen.

Aber es gab eine Ausnahme an einer wichtigen Stelle. Diese Ausnahmefigur sorgte dafür, daß es weiterging, daß die ganze Angelegenheit zu dem wurde, was sie inzwischen geworden ist: Zu einer der weltweit erfolgreichsten und nachhaltigsten Promotionen überhaupt.

Der Erfolg hat nicht nur viele Väter, er hat auch seine Neider. Wer glaubt, die Mitarbeiter einer Firma, ob Werbeagentur oder Auftraggeber selbst, stellten eine homogene Einheit dar, die an einem Strang zieht, so irrt sich der.

Inzwischen hatte ich hinter die Kulissen nicht nur dieser Promotion geblickt, hatte erfahren, daß es diesen Leuten in erster Linie darum ging, sich selbst zu produzieren oder zumindest ins rechte Licht zu rücken. Kurz, ich hatte mich mit manchem Selbstdarsteller herumzuschlagen und mancher Intrige zu begegnen.

Die „challenge“ oder der „contest“ war, was nur wenige wußten, ausschließlich für Männer konzipiert. Gepflegt wurde, ohne daß es vordergründig auffallen durfte, das reine Macho-Image. Frauen mußten außen vor bleiben. Dabei gab es genug einleuchtende Gegenargumente. Eines davon war, daß über 40 % des Kundenstammes aus Frauen bestanden. Es gab zehntausende, die gerne mitgemacht hätten. Zweifellos befand sich unter dieser enormen Quantität genug Qualität, das heißt Frauen, die die verlangten Voraussetzungen erfüllt hätten.

Es hatte den Anschein von Grundsätzlichem. Was mich ärgerte, war die Feigheit. Weil niemand zugab, daß man aus Image-Gründen keine Frauen dabeihaben wollte. Das zuzugeben, dazu fehlte den Herren von der Promotions-Abteilung der Mut. Ich rede nicht jeder Form von Emanzipation das Wort: Aber in diesem Fall war es eine echte Diskriminierung des weiblichen Geschlechtes. Gewiß, das war Sache des Auftraggebers – aber es sollte, es mußte gesagt werden.

Ähnlich ist es mit der Altersstruktur. Die uneingestandene Zielgruppe all dieser

Werbeaktionen sind junge Leute, Nachwuchskonsumenten, denen man die Marke schmackhaft machen, die man an sich binden will. Das bedeutete, daß über 35-jährige ebenso schlechte Chancen hatten wie Frauen. Es war verständlich, daß man Wert auf das Aussehen der Teilnehmer legte, doch daß ein 40-jähriger schon durchs Raster fällt, fand ich bedenklich.

Sehr witzig in diesem Zusammenhang ist jedoch die Tatsache, daß nach meinem Ausstieg die ganze „challenge", das „event" oder der „contest" nach einer gewissen Anlaufzeit von Anfang bis Schluß komplett von Frauen organisiert wurde. Ich will die Fähigkeit dazu keinesfalls dem weiblichen Geschlecht absprechen: Aber ist es nicht paradox – ist es nicht ein Witz, daß die gigantische Macho-Tour das Werk von Frauen wurde.

Der tiefere Grund mag wohl darin liegen, daß in diesem speziellen Fall die Mitarbeiterinnen leichter „to handle" sind. Ein kompetenter Mann würde öfter das Maul auftun und „so nicht!" sagen. Die damit befaßten Frauen wissen wahrscheinlich viel zu gut: Wenn von ihnen ein Widerspruch kommt, sind sie ihren gutbezahlten Job los. Hinzu kommt: Frauen verhalten sich in mancher Hinsicht geschickter und verstehen zu suggerieren, daß eine gewisse Sorte Mann sich als Hahn im Korb fühlt ...

Bei unserem Auftraggeber kam man auf die Idee, dem „rustikalen" Touch der von uns betreuten Promotion, ein auf etwas höherem Niveau angesiedeltes, anspruchsvolleres, ebenfalls imagefördernde, zielgruppenerweiterndes Projekt beizugeben. Man hegte wahrscheinlich die unausgesprochene Hoffnung, daß jenes „zweite Bein" unserer ursprünglich einfachen, aber zugkräftigen und bewährten Idee den Rang ablaufen und sie von der Bildfläche verdrängen würde.

Einer der damaligen „Macher", heute einflußreicher Medienmann, wollte beispielsweise mit seiner einstigen Lebensgefährtin New Orleans anfahren, die Route und den sogenannten „New Orleans Flair" testen.

Von New York wollten sie per Komfort-Wohnmobil in die Geburtsstadt des Jazz, der Erotik, der Lebensfreude reisen und sich dann in den dortigen „swing" einfädeln. Naja. Die Dame wollte sichergehen und rief mich vorher an:

„Wird das auch toll, Herr Kiemle?"

„Liegt ganz an Ihnen, junge Frau."

„Kann man es so einrichten, daß ich jeden Abend im Meer schwimmen kann? Sie wissen, ich schwimme leidenschaftlich gerne."

„Die Reise geht größtenteils durch das Binnenland, meine Dame."

„Irgendwie ist mir das schon klar – aber kann man nicht eine Route ausarbeiten – wo das doch geht?"

„Selbstverständlich kann man das. Es bedeutet allerdings einige Umwege und einen größeren Zeitaufwand."

„Ach, ich fürchte, Umwege ... nein, Zeitaufwand, da stoße ich auf Granit."

„Nicht gleich weinen, nicht verzweifeln", tröstete ich, „unterwegs ist alles zu haben: Pool, Yacuzzi, Bidet, Bräunungsstudio, Kosmetikladen, Friseurstudio, shopping mall, hyper Boutiquen. Wirklich alles, was eine Dame unterwegs so braucht. Nur mit dem Meer gibts Probleme."

„Kann man die nicht lösen, ich hab' gehört, Sie wären so einer, Sie könnten das."

„Lösen kann man alles. In Ihrem Fall, gnädige Frau, würde ich vorschlagen, daß Sie ein Hubschrauber begleitet, der Sie am Abend zum nächsten Flugplatz bringt, wo dann ein Lear-Jet bereitsteht ..."

„Ich fürchte, Sie nehmen mich nicht ernst."

„Doch, sehr", sagte ich und legte auf.

Wie ich später erfahren habe, ging die Verbindung zwischen dem Macher und seiner Freundin unterwegs in die Brüche. Wahrscheinlich traf mich sogar eine gewisse Mitschuld. Weil irgendwann nicht nur das Meer, sondern auch das Bidet fehlte, das die Amerikaner sowieso für Schweinkram halten und sich darin allenfalls die Füße waschen. Vielleicht, daß es so primitiv wurde, daß es in der Unterkunft nicht einmal einen Yacuzzi gab. Da war zuviel Abenteuer, zuviel Stress und zu knappe Gelegenheit, ins Meer zu springen.

Trotz dieses Beziehungsdramas gab es genug Typen, die die „New Orleans-Lifestyle"-Idee für grandios hielten und sie mit aller Macht weiterverfolgten und -trieben. Es war durchgesickert, daß wir selbst die technische Beratung und Ausarbeitung machen sollten, während die intellektuell-kreativ-anspruchsvolle Seite des eigentlichen Projekts in den Händen von „hochqualifizierten Fachleuten" liegen würde.

Ich erinnere mich noch sehr gut, wie sie alle dasaßen in dem großen, holzgetäfelten Konferenzraum. Es hatte sich die Crème de la Crème aus dem Hause unseres Auftraggebers, es hatten sich die Top-Leute der Werbeagentur versammelt. Es waren noch ein paar andere, mir unbekannte Herrschaften da. Ich war beeindruckt.

Die neue Masche sollte schlicht „modern lifestyle" heißen. Es sollte die „Intellektuelleren", die „Feingeistigen", die „Kreativen" unter den Kunden ansprechen und damit – da hatten wir's endlich! – auch die Frauen. Es sollte auf einem „high level", vielleicht sogar auf einer „esoterischen" Stufe angesiedelt sein. Alles, was unter dem Begriff „modern lifestyle" zu verstehen war.

Es sollte etwas sein für Leute, die mit Staub und Hitze und Dreck, mit Wildwasser, Klapperschlangen, Pferdeschweiß, mit der wilden, ursprünglichen Natur nichts am Hut hatten, die statt dessen ... na, was sollten, was wollten sie eigentlich? „Kultur tanken", „lifestylen", was man auch immer darunter verstehen mag.

Gut und schön und chacun à son goût ... Nur – so fragte ich mich, wo bleibt das so oft beschworene und trotz aller Kritik so überaus erfolgreiche Macho-Firmen-

Image? Ich sah mich in die Ecke des rauhbeinigen, von jeder Kultur und Subtilität unbeleckten Haudegens gedrängt.

Ein Psychologe und Therapeut trug vor, wie er sich das Konzept der Campagne vorstellte. Ich saß ganz ruhig da und hörte aufmerksam zu.

Das Verfahren, die Auswahl der Leute – das könnte im Prinzip von Adventure Tours (von unserer Firma) so übernommen werden. Die natürlich nach ganz anderen Kriterien als zuvor „Erwählten" sollten erstmal nach New York fliegen.

Dann – noch am selben Tag – sie reisten ja mit der Sonne im Rücken – würden die Herrschaften in Newark in kleine Chartermaschinen umsteigen und in Calusa in Florida einschweben. Der Clou an der ganzen Sache sollte sein, daß die erwählten Feingeister die Maschinen selber fliegen sollten.

Ich traute meinen Ohren nicht. Selber fliegen? Wie sollte das denn gehen? Das würde die Gruppe der Auserwählten auf gestandene Piloten mit dem entsprechenden Flugstunden-Nachweis beschränken. Oder sollte sich dahinter noch eine andere Idee verstecken?

Nein, wurde mir mit einem nachsichtigen Lächeln und von oben herab beschieden: Der „lifestyle project"-Mann – oder -Dame sollte, neben einem Piloten sitzend, von diesem kurz unterwiesen werden und dann unter dessen Aufsicht die Maschine starten, fliegen und auch wieder landen. Das würde klaustrophobe Ängste abbauen, Blockaden auflösen, einen riesigen Schub von Selbstbewußtsein, Selbstvertrauen, Selbstfindung bringen und das Gefühl intrauterinen Eingeengtseins beseitigen.

Mir fiel das Kinn nach unten. Das konnte, das durfte doch nicht wahr sein! Welcher Pilot mit einem Rest von Verstand und Selbstachtung riskiert seine Lizenz, seine Gesundheit, seine Maschine, sein Leben, indem er einem blutigen Greenhorn die Verantwortung überläßt!

Ich wagte den entsprechenden Einwand.

Der Einwand wurde abgeschmettert, da der Psychologe und Therapeut erklärte, er selbst habe eine Fluglinie und da sei es üblich, auf diese Art und Weise zu verfahren.

Mir sträubten sich die Haare. Eine Fluglinie, wo die zu therapeutisierenden Passagiere an den Steuerknüppel dürfen?! Die am und um den Tisch sitzenden hochqualifizierten Top-Leute kamen mir mit einem Male vor wie eine Versammlung von Stadtneurotikern, die soeben ein indianisches Schwitzhüttenseminar mit anschließendem Handauflegen hinter sich gebracht hatten. Zum Teufel, warum stand keiner auf und machte dem Unsinn ein Ende?!

„Wie soll es dann weitergehen?" fragte ich bescheiden.

Unten in Calusa, Fla. würden diese Leute dann landen, kurz duschen und anschließend barfuß über eine vorbereitete Strecke glühender Kohlen laufen. Diese

Reizkonfrontation würde sie des möglicherweise vorhandenen Restes an Selbstzweifeln, Unsicherheitsgefühlen, der Sinnleere, Antriebsschwäche entheben und zu einem „rebirthing“ führen.

Lief das darauf hinaus, daß dieses mysteriöse „lifestyle project“ als Therapie für psychisch Geschädigte gedacht war? Ich wagte den erneuten Einwand: Die fraglichen Leute seien zum Zeitpunkt des Feuerlaufs an die 24 Stunden unterwegs gewesen. Geplagt von Zeitverschiebung, Jetlag, Schlafdefizit und dergleichen ... Soweit sie überhaupt heil runtergekommen sein würden. Statt sich ins Bett zu legen, hätten sie sich in ihrem labilen und überdrehten Zustand der Aufgabe eines Feuerlaufes zu unterziehen. Eine bedenkliche, nicht ungefährliche Sache mit ungewissem Ausgang. Ein Abenteuer, aber anders, als es in meiner Agenda steht.

Ich erntete nichts außer einer Runde teils strafender, teils nachsichtiger Blicke, neben der Bemerkung, daß man eben nur strapazierbare Typen auswählen dürfe.

So langsam fragte ich mich: Hatten die Jungs des Auftraggebers und der Agentur eine besonders nachhaltige Form von Gehirnwäsche hinter sich? Oder war ihre Passivität angesichts eines solch haarsträubenden und bedrohlichen Unsinns das Resultat einer erfolgreichen gruppendynamischen Behandlung gegen die vorzeitige Ejakulation? Mein Gott, was sollte das: strapazierbare, robuste Typen, die erst therapiert werden müssen?

Ich entschloß mich, diese und möglicherweise weitere Hirngespinste kommentarlos über mich ergehen zu lassen.

Danach sollten die „Delinquenten“, wie ich die armen Kerle inzwischen nannte, endlich – nach einem guten Abendessen – ihr Haupt in ein weiches Kissen betten und ihre hoffentlich noch heilen Füße in einem Hotelbett ausstrecken dürfen. Dagegen war natürlich nichts einzuwenden.

Am Morgen danach, so verkündete der Herr Psychologe und Therapeut weiter, würden die Fahrer in Mannschaften eingeteilt. Das diene der Stärkung des interaktiven Sozialverhaltens. Zwei Mann pro Fahrzeug sollten es sein, und es würden ihnen vier verschiedene Routen zur Fahrt nach New Orleans zur Auswahl vorgegeben, auf denen sie dann in vier oder fünf Tagen das Ziel erreichen sollten.

Na gut, dachte ich. Damit kann man was anfangen.

Doch dann kam schon wieder ein Hammer: Vor dem Start würde man den Betroffenen die Armbanduhren, Land- und Straßenkarten, alles Geld und natürlich auch alle Kreditkarten abnehmen.

Obwohl ich mir vorgenommen hatte, nichts mehr zu sagen, entrang sich mir eine Art gequälter Urschrei: Und wie sieht das mit dem Sprit aus? Von Calusa bis New Orleans muß ein solcher Jeep, der an die 25 l pro 100 km schluckt, sich todsicher ein paarmal verfährt, doch mindestens ein halbes Dutzendmal aufgetankt werden!

Der Psychologe hatte diesen Einwand erwartet und erklärte mit einem listigen und zugleich nachsichtigen Lächeln: Das ist ja gerade der Clou! Diese Leute, inzwischen mit Selbstbewußtsein bis an die Halskrause vollgetankt, müssen und werden es schaffen, die Tankwarte soweit zu bringen, daß sie den Sprit auf ihre bloße Zahlungszusage herausrücken. Oder sie müssen den fälligen Betrag abarbeiten ...

Ich konnte mich nun doch nicht weiter zurückhalten und fragte den Herrn, mit wieviel Prozent Ausfall er denn rechnete?

Das wäre es ja eben! erhielt ich zur Antwort: Nur wer sich aus einer solchen, nicht alltäglichen Situation und Konfrontation mit der Realität durch aggressive Interaktion herauszuwinden vermöge, der käme für die weitere Ausscheidung in Frage.

Ich fand das sehr schön, formulierte aber resignierend meine letzte Befürchtung, daß das Abenteuer, wie wir es praktizierten, dagegen ein reiner Kindergeburtstag sei. In der von dem Herrn Psychologen vorgeschlagenen Tour ginge es dagegen wirklich um Leben und Tod. Ich formulierte die ernste Warnung, daß es danach für einige nicht mehr zum angestrebten „lifestyle event" in New Orleans kommen würde.

Der Psychologe und Therapeut sah mich unwillig an, weil ich schon wieder Zweifel an seinem Projekt anmeldete.

Ich erklärte, drei Möglichkeiten zu sehen: Die Jungs – oder Ladies – landeten entweder im Gefängnis, oder im Krankenhaus oder gleich auf dem Friedhof. Nur wer vorher irgendwo eine Kreditkarte versteckt habe und diese im letzten Augenblick zückte, würde durchkommen.

Als die Leute des Auftraggebers und die Werbetypen Gefängnis, Krankenhaus und Friedhof hörten, da trommelten sie irritiert und nervös mit ihren Fingerkuppen auf dem Tisch herum oder maltraitierten ihre Schreibgeräte. Immerhin waren sie jetzt hellwach. Friedhof, Krankenhaus, Gefängnis, Tod – das sind Dinge, die sich mit dem positiven Image der Marke nicht in Einklang bringen lassen. Das heißt, sie fürchten diese Begriffe mehr als der Teufel das Weihwasser. Das ging in der Vergangenheit bereits so weit, daß ich bei einem früheren Anlaß, das „Death Valley" in „Mojave-Wüste" umbenennen mußte. Jetzt wurde ich aufgefordert, das von mir Gesagte näher zu erläutern.

Ich tat es gerne. Vor allem in den Südstaaten hat jeder amerikanische Tankwart, der auch nur halbwegs etwas auf sich hält, eine Winchester oder ein anderes Schießeisen parat, erklärte ich. Wenn Kunden, die nicht zahlen oder ihm sonstwie ans Leder wollen, dann zögert er meist nicht, sich seiner Waffe zu bedienen. Wenn man also ein größeres Blutvergießen zu vermeiden gedenke, müsse man dafür sorgen, daß sich der Sheriff bereits an Ort und Stelle befindet und den Zahlungsunwilligen hinter Gitter bringt, um ihn vor dem Zorn des Tankwarts zu retten.

Die Irritation unter den Konferenzteilnehmern war beträchtlich. Ganz offenbar hatte es der Herr Psychologe zuvor verstanden, das Projekt in seinem Sinne bereits vorzuverkaufen. Wahrscheinlich sollte die große Show, die ganze aufwendige Konferenz, nur noch dem simplen Zweck dienen, der Sache per Akklamation den letzten Segen zu erteilen. Und jetzt kam ich daher, der Mann fürs Grobe, und wies mit dem Finger auf ein paar ganz simple Dinge, die man angesichts des hohen Niveaus, auf dem man sich bewegte, schlicht übersehen hatte. Die Stirnen der Herren Manager umwölkten sich.

Doch der Herr Psychologe redete weiter. Über solch kleine Stolpersteine würde man noch nachdenken; kein Problem, sie aus dem Weg zu räumen. Man müsse den Teilnehmern schon ein bißchen Thrill bieten. Von landschaftlichen, kulturellen, baulichen und historischen Highlights könne ja unterwegs nicht die Rede sein. Er selbst habe alles abgeflogen und sei auf nur wenig Interessantes gestoßen. Also müsse man sonstwie unterwegs für einen gewissen „thrill" sorgen.

Ich wagte einen allerletzten Einwand: Die zu durchfahrende Region gehört zu den historisch interessanteren, zu den landschaftlich eindrucksvolleren, zu den kulturellen Highlights ganz Amerikas!

Die Konferenz endete so, wie solche Konferenzen zu enden pflegen, wenn sie nicht zu dem gewünschten Ergebnis führen: Wir wurden gebeten, unsere Ansichten und Einwände schriftlich vorzubringen.

Mein Verdacht, daß das alles reine Spiegelfechterei war, fand sich rasch bestätigt: Das „lifestyle project" war das Baby eines Mannes von der höchsten Firmenspitze – oder dessen Lebensgefährtin, das weiß man ja nie. Damit waren alle Zweifel, Einwände und Bedenken beiseitegefegt worden.

Das Selber-Fliegen, der Tanz über die glühenden Kohlen und das Benzinschnorren ohne Bar- oder Plastikgeld wurden ersatzlos gestrichen. Man hatte sich inzwischen auf andere Dinge besonnen: Jeder der Teilnehmer mußte sich während und nach der Autofahrt und des „New Orleans Lifestyle-Programms" in irgendeiner Form kreativ betätigen. Es galt – einen Film zu drehen, eine Fotoserie zu erstellen, ein Buch zu schreiben, ein Bild zu malen ...

Ob es die Workshops in der University sind oder die Arbeit in einer Filmakademie waren, nichts, aber auch gar nichts schien zu ausgefallen oder zu teuer.

Bei allem wurde ich den Eindruck nicht los, daß sich das „lifestyle project" zu einer reinen Insider-Affaire mauserte. Man gehörte oder gehört noch dazu, hat seine Freunde, seine Freundinnen, die dann ebenfalls eingeladen werden, damit es nicht zu langweilig wird. „Journalisten" und „Journalistinnen" begleiten die Touren, die noch keine Zeile veröffentlicht, die noch kein Bild an den verantwortlichen Redakteur gebracht haben.

Manches stimmte mich jedoch nachdenklich. Obwohl ich mich um die näheren Umstände nie gekümmert – und in der Regel auch die organisatorische Seite meinem Partner überlassen habe, weiß ich, daß hinterher sowohl teilnehmende Frauen ihre Männer, wie auch teilnehmende Männer ihre Frauen verlassen haben. Die Eltern einer jungen Frau aus Deutschland haben, nachdem sie die Horrorstories ihrer Tochter hörten, die Möglichkeit ventiliert, die Staatsanwaltschaft wegen versuchter Vergewaltigung einzuschalten. Es wurde ihnen nach langen Überlegungen abgeraten. Mit dem nicht von der Hand zu weisenden Argument: Auf der anderen Seite säßen ganze Horden von hochbezahlten Anwälten, da würde man Scharen von Zeugen aufmarschieren lassen, die das Gegenteil bestätigten ... Es wurde bereits im Vorfeld eine erfolgreiche Einschüchterungspolitik betrieben.

Ich hätte da anders reagiert. Es wurde nämlich kolportiert, bei uns, den halbwilden Abenteurer-Typen, hätte sich dieser Fall der sexuellem Nötigung einer Frau ereignet. Also wollte und mußte ich bei dem Auftraggeber die Geschichte auf den Tisch bringen. Ich konnte den auf uns liegenden Verdacht sofort ad absurdum führen: Unsere Teams bestanden nur aus Männern. Da es keine Teilnehmerin gab, konnte es nicht den Versuch der Vergewaltigung einer Frau gegeben haben!

Bis heute und nach einem halben Dutzend Jahren, kann mir immer noch kein Mensch so recht sagen, was das „lifestyle project“ eigentlich soll. Das Beste sind die wirklich hervorragenden Werbebroschüren; auch haben einige gut gemachte Bildbände das Licht der Welt erblickt. Mit welcher Sponsorenhilfe, wie hoch sich die verkaufte Auflage stellt, in welche Kanäle sie beim Abverkauf geflossen ist, darüber gelangt nichts an die Öffentlichkeit. Ich kann mir gut vorstellen, wie das sichtbare Ergebnis des „Projektes“ innerhalb desselben, d.h. in einem geschlossenen Kreislauf, verbraten wird.

Es mögen sich bei manchen Teilnehmern seelische Verknotungen gelöst haben, die dann prompt in noch üblere Verschlingungen und Verstrickungen mündeten. Aber alle fühlten und gaben sich, hinterher jedenfalls, wie kleine Gurus.

Wenn ich jedoch meinen Partner fragte, dann hörte ich nur, daß er das alles ganz „geil“ fand und ihm das alles unheimlich viel vermittelte. Vielleicht war das für ihn die Chance, meinen lästigen Schatten zu verlassen und sich selbst zu beweisen, was für ein Kerl er letztendlich doch war. Vielleicht glaubte er, dadurch das uns anhaftende Image der ungewaschenen Halbwilden abzulegen, in den Kreis der Elite aufzusteigen und bei dem Tanz der Schicki Mickis um sich selbst mitringelreihen zu können.

Bei alledem liegt mir der Verdacht nahe, daß, in welcher Form auch immer, nicht nur ein bißchen sehr übertherapiert wurde. Nach der bekannten Story aus der Sexualtherapie, wo der „shrink“, wie die Amerikaner ihren Psychiater nennen, angesichts der hübschen Patientin die eigenen Hosen runter läßt, die Frau nach Strich und Faden durchbügelt und ihr dann außer Atem zuraunt: „That was my problem, now about yours.“

Ein Problem bei diesen Abenteuer-Touren bestand darin, daß wir es bei den Initiatoren, den Verantwortlichen und dem Auftraggeber, von den ersten fünf Jahren einmal abgesehen, mit ständig wechselnden Leuten zu tun hatten. Einige waren echte Antipoden zum Macho-Image der Firma.

Ich habe es schon mehrfach gesagt: Zum Abenteuer gehören nun einmal Nervenkitzel, Risiko, Schweiß, Dreck und Strapaze. Schon die Tatsache, hundertprozentig sicher zu sein, intakt am Ziel anzukommen, stellt den Begriff des Abenteuers infrage. Wenn nicht nach diesem Prinzip verfahren wird, muß man die ganze Geschichte türken, muß das mit Models machen, die sich heute für eine Zigarette und morgen für men's wear oder after shave ablichten lassen. Das, ich hatte es bereits gesagt, war nicht mein Bier.

Gedeih und Verderb bei einer Abenteuertour hängt in erster Linie von der Homogenität der Mannschaft ab. Das mußte bereits im Auswahlverfahren angepeilt werden, sich aber spätestens nach zwei, höchstens drei Tagen einstellen. Teamgeist, Gruppengefühl, gemeinsames Erleben müssen im Vordergrund stehen; übertriebener Individualismus ist von Übel. Wieder einmal redete ich von Begriffen, von denen meine Auftraggeber zwar schon mal gehört hatten, die aber diesen Leuten so fremd waren wie die Rückseite des Mondes.

Vor allem abends, wo das Gemeinschaftsgefühl am stärksten zum Ausdruck kommt, wo gemeinsam getrunken, gelacht, geredet und gesungen wird, findet und schweißt sich ein solches Team zusammen. Es wird dann auch am folgenden Tag füreinander einstehen. Einer wird den anderen beispielhaft vorangehen, aber alle werden gemeinsam dafür sorgen, daß keiner zuweit vorprescht und daß auch keiner ganz zurückbleibt.

Meine Auftraggeber achteteten statt dessen mehr und mehr auf das Kriterium der Photogenität der Teilnehmer als auf die eigentliche Eignung. Die Idee verwässerte mehr und mehr, die in den ersten Jahren so stabile Homogenität der Gruppen wurde aufgebrochen. Es kamen Leute, denen das abendliche Draußensitzen schon Angst und Schrecken einjagte, die sich in der freien Natur langweilten, denen das Abenteuer in der Form, in der wir es kannten und vermittelten, wenig oder garnichts brachte.

Dazu kamen Kommunikationsprobleme. Einer, der tagtäglich allein mit seinem Computer rumspielt, verliert die Fähigkeit zum sozialen Verhalten, zum Gespräch, zur Gemeinsamkeit. Er wird zum introvertierten Hermiten, der sich außerhalb der Gemeinschaft stellt.

Es ging soweit, daß Leute ihr Radio mitbringen wollten. Ein Radio, hämmernder Techno, wo jeder für sich in seinen Walkman hineinhört und um das eigene Ego tanzt, das gabs bei mir noch nie, das wird es bei mir auch nie geben. Da fehlt nur noch der tragbare Fernseher vorn auf dem Schlauchboot, auf dessen Bildschirm während der Flußfahrt ein Film abläuft, der ein Schlauchboot im Wildwasser zeigt. Oder irgendein anderes absurdes Theater.

Ich verlor das Interesse, die Sache verflachte. Zwölf erfolgreiche, lange Jahre – das schien mir genug. Neue Ideen, die wir hatten, wurden abgeschmettert oder soweit auf die lange Bank geschoben, bis sie in Vergessenheit gerieten. Andererseits mußten die Leute das Programm weiterführen, weil es werbe- und publicitymäßig ungeheuer viel brachte. Die Resonanz war steigend, doch ich hatte nicht mehr das Gefühl, daß die Verantwortlichen selbst dahinterstanden.

In diese Kategorie paßten auch die mitreisenden Journalisten. Es waren nicht mehr die kernigen Individuen der frühen Jahre, sondern jene introvertierten, verschlossenen Burschen, die das Wenige, was sie wußten, für sich behielten. Ob sie einen über den grünen Klee lobten oder in die Pfanne hauten, das war eine Sache des individuellen Lebensgefühls und entbehrte in beiden Fällen meist jeglicher Objektivität.

Wir versuchten nochmal, das Steuer herumzulegen und nahmen uns das Chilcotin Country vor; ein gebirgiges Wald- und Weideland in Kanadas British Columbia, eine wahre Traumkulisse! Durch diese großartige Landschaft strömt, besser stürmt ein ebenso großartiger, wilder Fluß, der Chilko-River. Ich war mir der Herausforderung und des Risikos voll bewußt. Es war mir auch klar, daß einige nur darauf warteten, daß irgendwann mal was passierte. Ein schwerer Unfall, der Tod eines Teilnehmers oder von jemandem, der zur Crew der Verantwortlichen gehörte, wäre Wasser auf ihre Mühlen gewesen und hätte das sofortige Ende der Veranstaltung bedeutet.

Die Auseinandersetzung mit dem Chilko River ist alles andere als eine Spazierfahrt. Doch die erste Testtour war gut gelaufen. Selbst der Promotion-Häuptling des Auftraggebers war von der Sache recht angetan, obwohl er gleich am Anfang über Bord gegangen war – und erst nach einer längeren Schwimmtour im eisigen Wasser wieder aufgefischt werden konnte. Spätestens ab diesem Zeitpunkt war er ein Teil unserer Mannschaft geworden.

Aber es sollte und würde mal wieder ein echtes Abenteuer sein, eine aufregende, dramatische Wildwasser-Fahrt, die es in sich hatte.

Auf einer solchen Tour kommt es noch mehr als anderswo auf Kameradschaft, gegenseitiges Füreinander-Einstehen, Teamgeist und persönliche Courage an.

All die Jahre war alles gut gegangen. Noch nie war bei all diesen Touren ein Menschenleben zu beklagen gewesen, war es so gut wie nie zu schweren Verletzungen gekommen. Doch ich befand mich während dieser ganzen Zeit in jener teuflischen Zwickmühle: Ich habe es schon mehrfach erwähnt – echtes Abenteuer ohne Risiko gibt es nicht. Wenn man versucht, letzteres auszuschalten, dann raubt man dem ersteren das Wesen, die Seele.

Dabei bin ich keiner, der barfuß und im Turnhemd im Winter die Eiger-Nordwand hochgeht. Ich baue alle möglichen Sicherheitsfaktoren ein, doch ganz ausschalten kann ich und will ich die Gefahr nicht.

Nachdem die Fahrt auf dem Chilko im Vorjahr so gut über die Bühne gegangen war, wiederholten wir sie im folgenden Jahr, also 1995. Doch irgendwie war der Fluß diesmal anders. Er schien mir wasserreicher, bedrohlicher, härter, ungebärdiger. Schon am zweiten Tag innerhalb der „Weißen Meile", einer wilden, engen und gefährlichen Schluchtstrecke von etwa zwei Kilometern Länge, dachte ich, jetzt ist es passiert. Wer hier hineinfällt, der wird erbarmungslos durch die ganze Schlucht gespült und kann froh sein, wenn er mit dem Leben davonkommt.

Mit uns fuhr ein Fotograf, einer von denen, die sich gerne als „harter Hund" geben und bezeichnen, die am liebsten auf blutigen Kriegsschauplätzen fotografieren, einer von jenen, denen nichts lieber ist als verstümmelte Leichen oder in den letzten Zügen liegende Mitmenschen.

Dieser Mann nimmt auf solchen Touren ein Zweierkajak mit. Das ist keine schlechte Idee. Weil hinten ein erfahrener Wildwasserfahrer sitzt, der das Boot entsprechend dirigieren kann, kommt er, der Fotograf, gerade im Wildwasser immer wieder in gute „Schußposition".

Wir hatten problemlos die Schluchtstrecke durchfahren. Aber unser Fotograf fehlte. Darüber macht sich normalerweise niemand Gedanken. Fotografieren heißt, sich in Geduld üben: Geduld bis zum günstigsten Lichteinfall, Geduld, bis die Wolke verschwunden ist, die gerade vor der Sonne hängt, das oft langwierige Suchen nach der optimalen Kameraposition, das Balancieren über glitschiges Gestein.

Doch als das leere Zweier-Kajak vorbeischoß, gingen alle Warnlampen an, da gab es Hochalarm. Das bedeutete – mayday! mayday! hoch drei. Nachdem wir den herrenlosen Kahn mit Mühe und Not geborgen hatten, überlegten wir fieberhaft, was zu tun sei. Wir kamen zu der Überzeugung, daß es keinen Zweck hatte, stromauf nach den beiden Fahrern zu suchen.

Es gab drei Möglichkeiten: Entweder sie waren an Land gegangen und würden zu Fuß bald da sein, oder sie waren gekentert und mußten jeden Augenblick angeschwommen kommen – oder das Undenkbare war passiert: Sie waren ertrunken – und dann konnte ihnen auch keiner mehr helfen.

Es dauerte nicht lange und da kamen die beiden an, zu Fuß über Stock und über Stein, aber fröhlich und wohlbehalten.

Lachend erklärte der Fotograf, es wäre ihm ein kleines Mißgeschick passiert. Er wäre beim Fotografieren über das blöde Ding, das Kajak, gestolpert, hätte es ins Wasser gestoßen – und es wäre abgeschwommen.

Es ist ein bodenloser Leichtsinn, ein Boot, auch wenn es halb auf dem Trockenen liegt, nicht ordentlich mit einer Leine zu sichern. In den meisten Fällen ist das Boot die Fahrkarte, das einzige Bindeglied zwischen Wildnis und Zivilisation, oft genug zwischen Sein und Nichtsein.

Was nützt es sich mit diesen grünen Jungs anzulegen? Der Auftraggeber verlangt eine gute Story von ihnen, und das mußte mir auch genügen.

In ein paar Tagen war die Fahrt auf dem Fluß zu Ende, wozu also die Aufregung!

Doch so schnell ging das alles nicht. Zwischen uns und dem Ziel lag der letzte Canyon des Chilko, und der hat es in sich. Auf eine 90 Grad-Linkskurve folgt eine scharfe Biegung nach rechts und ein echtes Wildwasserfurioso.

Aber über die Schlucht führt eine Brücke hinweg. Die Straße ist nicht weit. Außerdem stand uns ein Hubschrauber für die Foto- und Filmarbeiten zur Verfügung. Wenn es zu einem oder mehreren Umschmissen kommen würde, wäre das Risiko kalkulierbar.

Der Chilko, der zuvor die Breite und die Wasserführung des Mains bei Frankfurt hat, wird in einem Felstor auf circa sechs Meter zusammengepreßt. Jeder Wildwasserfahrer weiß, was das bedeutet. Aber im letzten Jahr waren wir problemlos durchgekommen. Warum nicht auch diesmal!? Wir sahen uns alles nochmal an, wiesen den Hubschrauberpiloten an, die Fotografen in Position zu bringen und sich für eine Rettungsaktion am Ausgang des Canyons bereitzuhalten.

Ich fuhr mit dem ersten von drei Booten ein. Ich hatte ein flaues Gefühl im Magen, irgendwas war anders, wilder, gefährlicher als im letzten Jahr.

Bevor es richtig losging, schärfte ich meinem Nebenmann, dem Mannschaftsarzt Axel Mann noch ein, daß er sich mit und an allem festhalten sollte, was er in sich habe und greifen könnte. „Wie die arme Seele am Rocksaum des Erzengels", beschwor ich ihn.

Um die 90 Grad-Kurve kamen wir einwandfrei rum, doch dann im Dunkel der engen Schlucht türmte sich die Monsterwelle vor uns auf: Sie war mindestens vier Meter hoch; höher, als ich sie je zuvor gesehen hatte.

Wir wurden hochgeschleudert, das Schlauchboot rutschte nach links, ich lag schon halb im Wasser, als Axel Mann mit aller Wucht auf mich knallte. Er war meinem Rat nicht gefolgt, hatte nur das Paddel in der Hand behalten und riß mich mit sich über Bord.

Ich trug als einziger eine gelbe Paddeljacke. Mein Sohn Allan im folgenden Boot geriet in Panik; er wußte, daß ich um mein Leben schwimmen mußte.

Das Schwimmen im einem schweren Wildfluß ist eine Erfahrung, die ich meinem ärgsten Feind nicht zumuten möchte: Es beginnt mit einer unbändigen Wut. Einer Wut auf sich selbst. Daß man einen Fehler gemacht hat. Man knirscht mit den Zähnen. Dem folgt das Gefühl des völligen Ausgeliefertseins, der panikartigen Angst.

Derweil wird man Kopf über Hals durch die Zentrifuge gewirbelt und gedreht und kann überhaupt nichts machen. Man ringt nach Luft, wenn es einen nach unten zieht. Über einem erscheinen leuchtende Lichtreflexe, man bricht durch die Wasseroberfläche, schöpft Atem und kriegt dann wieder einen Schwall vor die Fresse, daß einem Hören und Sehen vergeht. Die Felswände zu beiden Seiten bekommt man nur als vorbeirasende, schemenhafte Kulisse mit. Das Tosen des Wassers dröhnt in den Ohren. Merkwürdigerweise ist es unter der Oberfläche ganz ruhig.

Heilige Scheiße, es ging drunter und drüber, der Fluß spielte JoJo mit mir. Einmal über, einmal unter Wasser. Irgendwann erinnerte ich mich, daß man mit den Füßen nach vorn, in der Rückenlage schwimmen soll, um Kopfverletzungen zu vermeiden. Doch das ist hübsche, leider graue Theorie: Der Chilko tat mit mir, was er wollte, er saugte mich in die Tiefe, spuckte mich aus, wirbelte mich nach Lust und Laune herum, schluckte mich runter, behielt mich in seinem Magen, bis mir die Ohren sausten, bis er mich wieder nach oben würgte. Er schluckte und spie und wurde des grausamen Spiels nicht müde. Mein Magen hob sich, ich hustete, kotzte verschlucktes Wasser aus.

Es ging mir wie dem Mäuschen in den Löwenpranken. Irgendwann in dem Gewirbel merkte ich, wie Axel mich am Kragen gepackt hatte. Keine Ahnung, ob er mich damit zu retten versuchte, oder sich an mir nur festhalten wollte.

Ich schrie, er solle mich loslassen. In den tobenden Fluten noch ein Anhängsel hinter sich herziehen zu müssen, schien mir das noch fehlende Tüpfelchen auf dem i. Mich verließen ohnehin die Kräfte. Kein Mensch macht sich eine Vorstellung, wie schnell einen das kalte, wirbelnde Wasser erschöpft. Ohne Schwimmweste wäre ich sowieso geliefert gewesen. Ich war nach einem Kilometer und – wie ich hinterher errechnete – ganzen drei Minuten so fix und fertig, daß ich mich meinem Schicksal ergab.

Doch ein gütiges Kehrwasser nahm mich auf, spülte mich zwischen zwei Felsen und da hing ich jetzt, kaum noch fähig, ein Glied zu rühren, geschweige denn aufzustehen. Ich fühlte mich wie mit einem schweren Knüppel zu Brei geprügelt.

Damit war ich noch nicht gerettet, doch ich faßte den endgültigen, unumstößlichen Entschluß: Mit dieser Art von Abenteuertouren ist es danach vorbei. Das war der letzte von so manchem Wink von dem Kerl mit der Knochenhand. Das brauchst du und wirst du dir nicht mehr antun, sagte ich mir.

Wie ich dalag und versuchte, meine fünf Sinne wieder auf die Reihe zu kriegen, hörte ich wilde Schreie: „Der Allan, der Allan!“ Allan ist mein ältester Sohn und fuhr in dem Boot hinter mir. Die Monsterwelle hatte die Wülste um die Querachse wie ein Sandwich zusammengefaltet, die Besatzung war über Bord gegangen. Aber Allan befand sich immer noch unter Wasser. Jetzt packten mich Angst und Panik. Ich taumelte hoch. Wenn es Allan erwischen würde ... nicht auszudenken! Ich sah, wie einer von der Begleitmannschaft oben auf dem gekenterten Boot ritt und eben sein Messer zog, um den Bootsboden aufzuschlitzen.

In diesem Augenblick tauchte Allan neben dem Boot auf. Er hatte sich in den Gepäck-Haltenetzen verfangen, konnte aber seinen Kopf in der Luftblase halten, die sich unter dem Boot gebildet hatte. Nach drei langen, unendlich langen Minuten hatte er sich befreien können. Meine Erleichterung war grenzenlos und unbeschreiblich. Allan hatte die schlimmsten Minuten seines Lebens hinter sich. Freund Hein hatte mit seiner Sense nur knapp daneben gehauen.

Ich sah es ihm an: In seinen Augen flackerte noch die Todesangst. Ich nahm meinen Sohn in den Arm und sagte ihm: „Es reicht. Wir machen Schluß damit. Endgültig und für immer.“

Auch das dritte Boot schmiß um. Die Monsterwelle kannte kein Erbarmen. Alle, die mitgekommen waren, insgesamt 13 Leute, mußten um ihr Leben schwimmen. Wir hatten ein unvorstellbares Glück, daß dabei alle heil geblieben waren. Wir waren ganz knapp an jener Katastrophe vorbeigeschrammt, die eine andere Gruppe aus Deutschland wenig später ereilen sollte.

Vagant der Windrose und die Insel des Urahnen aller Abenteurer

So wie es ihn tatsächlich gegeben hatte, so gibt es auch eine Insel, auf der das vielleicht populärste und bekannteste aller Abenteuer dieser Welt stattgefunden hat. Man kann sie sogar besuchen ...

Sie gehört zum sogenannten Juan Fernandez Archipel und liegt in der Wasserwüste des Pazifik, rund 700 Meilen oder 1.300 km von der chilenischen Küste entfernt. Bereits 1574 wurde sie von jenem spanischen Seefahrer entdeckt, nach dem das Archipel heute benannt ist. Doch Weltruhm erlangte sie, nachdem 1704 der schottische Seemann Alexander Selkirk von der „Cinque Ports", ausgestattet mit einer Axt, einer Muskete, einem Pfund Schießpulver und einer Bibel dort ausgesetzt wurde. Selkirk lebte vier Jahre lang auf dem damals unbewohnten Eiland, bis er von dem Segler „Duke" an Bord genommen wurde. Sein Schicksal inspirierte Daniel Defoe zu seinem so ungeheuer populären Werk „Robinson Crusoe".

Außer einigen Piraten, die hin und wieder hier Schutz suchten und Wasser bunkerten, blieb die Insel in ihrem Dornröschenschlaf bis Mitte des 18. Jahrhunderts, als unter dem Schutz der spanischen Krone 240 Siedler anlandeten.

1877 pachtete der Baron Alfred von Rodt das kleine Archipel und gründete eine Siedlung, die er San Juan Bautista nannte. Sie existiert heute noch und beherbergt knapp 600 Leute.

Die „Beechcraft" der „Taxpa Servicio Aerien" fliegt von Santiago de Chile nach Juan Fernandez. Zweieinhalb Stunden über die Endlosigkeit des Pazifik, den sogenannten „Stillen Ozean", von dem kein Mensch versteht, warum er ausgerechnet auf diesen Namen getauft ist. Das Flugzeug landet am „falschen" Ende der Insel, doch auf diesem zerklüfteten, erloschenen Vulkan muß man froh sein, überhaupt einen halbwegs ebenen Landeplatz zu finden. Auch wenn man seinen Bestimmungsort erreicht hat, ist man noch keinesfalls da. Einer der drei auf der Insel herumkurvenden Jeeps transportiert das Gepäck zu dem etwa zwei Kilometer entfernten, kleinen, an der Pier wartenden Motorboot. Das halbe Dutzend Passagiere geht zu Fuß. Darüberhinaus gibt es nur noch einen weiteren Kilometer „Straße" in der Inselhauptstadt San Juan Bautista.

Der „Hafen" liegt gut geschützt in dem längst erloschenen, mit Seewasser gefüllten Krater des Vulkans. Anderthalb Stunden dauert die Seereise an einer atemberaubenden Steilküste entlang zur einzigen „hosteria“, zur „Pangal“ genannten, kleinen Touristenunterkunft.

Ein halbstündiger Marsch auf einem Pfad entlang der Steilküste, für den man gute Nerven braucht, und ich war in der Inselhauptstadt San Juan Bautista. In dem einzigen Café – vier Tische und fünf Stühle – trank ich einen „pisco“ und unterhielt mich mit den Eingeborenen. Sie sind Langusten-Fischer und wissen nichts von ihrem Privileg, auf dieser Insel der Glückseligen leben zu dürfen.

Ich absolvierte das bescheidene Programm. Es besteht in einem Bootsausflug nach English Bay, in der einst „Robinson“ hauste, in einem Maultierritt auf Alexander Selkirks Lookout, 520 m über dem Meeresspiegel. Auch dafür braucht man gute Nerven ...

Ein Trip zum Fischen, Seelachs, Dorsch, Sägefische, ein Bad im unglaublich klaren und erstaunlich gut temperierten Wasser; das Vergnügen, den im Wasser herumspielenden Seehunden zuzusehen, die obligate luxuriöse Langusten-Mahlzeit rundeten die Aktivitäten ab.

Man muß weit herumgekommen sein, um die Beschränkung als erstrebenswertes Privileg zu empfinden. Juan Fernandez werde ich – so Gott will – irgendwann nochmal anlaufen. Wenn es einen Ort auf der Welt gibt, wo man „seine Seele baumeln lassen kann“, dann ist es auf der Robinson-Insel. Ich kann es mir sogar leisten, diesen echten Geheimtip öffentlich zu machen: Die Insel hat Nationalpark-Status und steht Woche für Woche nur einer Handvoll Besuchern offen. Die Beschränkung ist eine weise Entscheidung der chilenischen Regierung.

Ich habe die Galapagos, die Osterinseln und andere hochinteressante Eilande im Pazifik besucht, doch die Juan Fernandez – obwohl bei weitem nicht die spektakulärste – hat von allen den tiefsten und nachhaltigsten Eindruck bei mir hinterlassen. Vielleicht, weil in jedem Menschen auch ein Stück Robinson steckt. Hoffentlich schaffe ich es, nochmal und dann für längere Zeit dort Anker zu werfen.

Abenteuer bedeutet für mich kein blindes Schicksal, wie es seinerzeit dem alten Odysseus bereits in die Wiege gelegt worden war. Ein Schicksal, dem er nicht mehr entrinnen konnte.

Ich möchte mich auch nicht mit einem Robinson Crusoe identifizieren, dem nach seinem Schiffbruch nichts anderes mehr übrigblieb. Ich habe es gewollt und gefunden.

Ich wehre mich überhaupt gegen das analytische Auseinanderdröseln des Begriffes Abenteuer. Wie heißt es doch bei den nordamerikanischen Indianern so treffend: „Wenn die Wissenschaftler kommen, verlassen die Geister das Dorf.“

Für mich ist Abenteuer rätselhaft und tausendfältig wie das Leben selbst. Es ist mit meinem Dasein verschmolzen und hat es total durchdrungen. Wenn die beiden Begriffe unbedingt getrennt werden müssen, dann halte ich es mit Ernst Jünger, nach dem das Leben die Aufgabe und das Abenteuer die Phantasie ist.

Es läßt mich kalt, wenn Leute, ganz selten direkt, sondern meist hinter meinem Rücken, mich als Glücksritter, Leichtsinnsvogel, Egoist, Chaot, Abweichler bezeichnen. Ich habe weder Lust noch Veranlassung, mich zu rechtfertigen. Ich brauche mich bei niemand für materielle Zuwendungen zu bedanken. Alles, was ich mir geschaffen habe, geschah mit eigener Hände Arbeit. Ich habe dabei weder meine Familie, noch meine Freunde, noch meine Ideale verraten.

Jeder echte Abenteurer besitzt Charakterzüge, die vom sogenannten „mainstream" abweichen, die deshalb von der großen Masse als negativ eingestuft werden. Sie sind der Ansicht – gäbe es nur Typen wie mich, würde die Welt in einem totalen Chaos versinken.

Sie mögen recht haben. Wobei jedoch die Frage offenbleibt: Ist das, was der brave, rechtschaffene, der „normale" Teil der Menschheit unserer Mutter Erde angetan hat, wirklich so gut? Ist die sogenannte Lebensqualität in ihrer heutigen Form wirklich so erstrebenswert? Es gibt noch eine ganze Reihe weiterer, brennender Fragen, aber ich möchte nicht ins Uferlose geraten.

Nicht nur jeder Abenteurer, auch jeder „normale" Mensch wird irgendwann einmal von dem Bestreben gepackt, aus dem vorgegebenen Rahmen auszubrechen, als Glücksritter, Wagehals, Spieler die nicht abgesicherte Herausforderung zu suchen, selbst zum Abenteurer zu werden. Das mündet dann mitunter in den reinen, blanken, gelben Neid mir und meinen Zunftgenossen gegenüber. Spätestens, wenn sie sich dann doch nicht trauen; wenn Sicherheitsdenken, Kleinmut, Phantasielosigkeit, unreflektierter Materialismus, Raffgier und Ähnliches ihnen den Weg verstellen.

Tut mir leid – aber es bewahrt mir und meinen Mitstreitern einen Hauch von Exklusivität, in dem ich – wir uns mitunter gerne sonnen.

Wenn es mir bis zu diesem Zeitpunkt, an dem ich diese Zeilen schreibe, gelungen ist, sowohl meiner Lebensaufgabe gerecht zu werden, als auch die Poesie des Abenteuers zu erfahren, so habe ich das auch einem gnädigen Schicksal zu verdanken. Oft genug tänzelte ich auf einem dünnen, schwankenden Seil mit nur geringen Chancen, wieder festen Boden unter die Füße zu bekommen. Wie oft stand ich vor dem Abgrund, davor, zu scheitern, zu zerbrechen, sogar mein Leben zu verlieren. Oft genug hat mich nichts anderes als der glückliche Zufall gerettet. Doch ohne diesen glücklichen Zufall, ohne Fortüne, schafft es sowieso keiner.

Aber Vorsicht: Das Glück zu sehr herauszufordern oder sich gar auf es zu verlassen, darf man ebensowenig. Es ist eine Wanderung auf ganz scharfem Grat, und zu beiden Seiten droht der Abgrund. Doch das – und nichts anderes, ist das Abenteuer.

Reisen, Schweifen, Wagen – Aufbruch und Ausfahrt ins Unbekannte, es war und ist mir vergönnt, diesen Krug fast bis zur Neige zu leeren. Heute, nachdem ich die sechzig längst überschritten habe, kann ich mit ruhigem Gewissen sagen: Ich habe nichts versäumt, nichts verpaßt. Wenn ich mir ein paar wenige Sünden vorzuwerfen habe, sind das fast ausnahmslos Unterlassungssünden. Glücklicherweise sind es nur wenige, ganz wenige. Und dann, und dann:

„So trolln wir uns ganz fromm und sacht
von Weingelag und Freudenschmaus,
wenn der Tod ruft: Gute Nacht,
dein Stundenglas rinnt aus.
Wer heut noch frech den Schnabel wetzt
und glaubt, ein großer Herr zu sein,
paß auf, der Schreiner hobelt jetzt,
schon grad an deinem Schrein.
Scheint das Grab dir tief und dumpf sein Druck;
Alavott, so nimm noch einen Schluck
und noch einen hinterher und noch zweie, dreie mehr,
dann stirbt sich's nicht so schwer!"

Vorbilder und Weggefährten

Die Begegnungen mit Schriftstellern und ihren Büchern - es waren zuerst die Bücher und dann die Autoren - gehörten zu den Sternstunden meines Daseins.

So war es mit Werner Helwig, dem Erzähler des Nerother Wandervogels. Seine Bücher „Raubfischer auf Hellas", die „Knabenfährte", „Nachtweg durch Lappland" hatten für uns Bibelstatus. Helwig gehörte zu denen, die in den dreißiger Jahren in die Emigration gezwungen worden waren. Griechenland, Italien, die Schweiz waren die Stationen seiner Odyssee.

Nach dem Krieg fand er wieder seine Heimat auf Burg Waldeck. Dort habe ich ihn kennengelernt und so manche Nacht mit ihm durchgeredet, -gesungen, während die Flaschen kreisten. Während einer dieser Nächte (1952) entstand die Idee, die „Raubfischer auf Hellas" zu verfilmen. Wir waren Feuer und Flamme, doch uns fehlten die Mittel. Dann bemächtigte sich Hollywood des Themas und des Titels. Die Hauptdarsteller waren damals Cliff Montgomery und Maria Schell.

Aber Bücher waren schon lange zuvor meine Leidenschaft: Da war die Geschichte des „Fliegers von Tsingtau", des Gunther Plüschow. Plüschow war einer von denen, die in ihren lächerlich- wackligen fliegenden Kisten echte Pionierarbeit leisteten. Und das Abenteuer war immer in greifbarer Nähe.

Nachdem die einstige deutsche Kolonie Kiautschou nach Anbruch des Ersten Weltkrieges kapitulieren mußte, entkam Plüschow - um der Internierung zu entgehen - mit seiner Flugmaschine nach Japan. Von dort schlug er sich über Nordamerika durch bis nach Europa und landete - in Gibraltar! - in englischer Gefangenschaft. Er brach aus. Es gelang ihm, sich als blinder Passagier auf einem neutralen Schiff tatsächlich bis nach Hamburg durchzuschlagen.

Einen wie Plüschow hielt es natürlich nach Beendigung des Weltkrieges nicht im engen Europa. Er zerlegte zusammen mit seinem Mechaniker Ernst Dreblow seine „Heinkel" und nahm sie mit in eine der unwirtlichsten und unbekanntesten Regionen des Erdballs: nach Feuerland! Im Auftrag der argentinischen Regierung baute er einen - soweit es die Witterung erlaubte - regulären Post- und Flugfrachtdienst auf.

Das Buch „Silberkondor über Feuerland“ ist sicherlich eines der besten und spannendsten Fliegerbücher, die je geschrieben wurden!

Im Jahre 1931 dann die Katastrophe: Plüschow und Dreblow stürzten während eines Erkundungsfluges über der Gletscherlandschaft des Lago Argentino ab und fanden den Fliegertod. Die Registrationsnummer 1313 seiner „Heinkel“ hatte sich als makabres Omen erwiesen.

Heute steht an der Route von der Ortschaft Calafate in Richtung des Nationalparks „Los Glaciares“ ein Obelisk, der an die beiden Flieger erinnert.

Ich sollte eines Tages dort stehen und mich an manche Stunden erinnern, während ich mit heißen Ohren über Plüschows Erzählungen saß und um mich der Rest der Welt versank und nur noch die Abenteuer dieser kühnen Pioniere existierten.

Bücher, Bücher, Bücher - sie gaben den Anstoß. Zu den Autoren, die ich mit heißem Herzen gelesen hatte, gehörte natürlich auch Jack London. Seine Erzählungen aus Alaska und dem Norden Kanadas waren der Antrieb, mich selbst dort umzusehen und immer wieder die Goldgräberstadt Dawson City zu besuchen. Seine sozialkritischen Darstellungen der damaligen Verhältnisse öffneten mir die Augen und ließen mich politische Zusammenhänge besser erkennen und einschätzen als die graue Theorie wissenschaftlicher Diskurse.

Als mir in den fünfziger Jahren Jack Londons Witwe Charmian bei einem Besuch im Glen Ellen einige frühe Ausgaben seiner Bücher schenkte, machte sie mich zum glücklichsten Menschen unter der Sonne Kaliforniens.

Von Kalifornien ist es nur ein Sprung bis hinunter nach Mexiko. Die in den zwanziger und dreißiger Jahren erschienen Bücher des brillianten, leider heute vergessenen Schriftstellers Ernst Löhndorff - „Bestie Ich in Mexiko“, „Satan Ozean“ - hatten dieses Land eine Zeitlang in den Brennpunkt meines Interesses gerückt. Ich hatte übrigens das Glück, Löhndorff selbst in den siebziger Jahren kennenzulernen. Zu diesem Zeitpunkt hatte er sich bereits auch als Maler einen Namen gemacht. Er ist 1977 am Oberrhein verstorben.

Nachdem mir Jahre zuvor der Alte Hein erzählt hatte, daß die vom „Time Magazine“ ausgelobte Belohnung von 10.000 Dollar immer noch nicht abgerufen worden war, die an denjenigen ausbezahlt werden sollte, der die wahre Identität des Schriftstellers B. Traven - „Rebellion der Gehenkten“ und viele andere Titel- ausfindig machen würde, brach ich auf nach Mexiko und begab mich auf die Suche. Genau wie so viele vor mir fand ich nicht heraus, wer dieser Traven wirklich war, sondern stieß nur auf den weiteren „nom de plume“ Ret Marut.

Auch wenn ich B.Travens Inkognito nicht lüften konnte: Die Suche nach ihm führte mich mit Leuten zusammen, brachte mir dieses faszinierende Land nahe, bevor es zu einem überseeischen Mallorca verkam. Beispielsweise lernte ich in Chihuahua die Witwe des mexikanischen Revolutionshelden Pancho Villa kennen.

Sie selbst führte mich durch das kleine Museum, das ihrem verstorbenen Gatten gewidmet ist.

Ein weiteres, wenn auch späteres literarisches Schwergewicht war der Amerikaner Edward Abbey, der wie kein anderer zuvor oder danach den Südwesten der USA durchlebt, durchlitten und beschrieben hat. Heute noch ist „Desert Solitaire" ein Klassiker, der nach wie vor in den Information Centers der Nationalparks als Lektüre angeboten wird.

Obwohl Abbey in Amerika ein Bestseller-Autor geworden war, wurde von seinen vielen Büchern lediglich eines unter dem idiotischen Titel „Die Schraubenschlüssel-Bande" von Rowohlt auf deutsch herausgebracht. „The Monkey Wrench Gang", so das Original, ist eine wilde, bitterböse, spannende Satire, mit der Abbey gegen sein zentrales Thema, die Umweltzerstörung angeschrieben hatte.

Abbey war ein Rebell - einer, der sich in kein wie auch immer geartetes Korsett zwängen ließ. Abbey lief - besser: fuhr - mir in Australien über den Weg, als er auf dem Gunbarrel Highway nach Kalgoorlie in einem Avis-Kleinwagen unterwegs war. Er scherte sich weder um das Verbot des Vermieters für diese Strecke, noch um die notwendigen Genehmigungen, die für die Durchfahrt durch die Aboriginal-Reservate notwendig waren. Er wandte einen simplen Trick an:

Er umging die Kontrollstationen weiträumig und fuhr sie von hinten an. Dort schickte man ihn zurück. Abbey öffnete einen frischen Sixpack und grinste sich eins, denn er befand sich jetzt ganz offiziell auf der von ihm vorgesehenen Route.

A propos Sixpacks: Abbey pflegte die zurückgelegten Entfernungen nicht nach Meilen oder Kilometern zu registrieren, sondern nach den unterwegs geleerten Dosen. Beispielsweise betrug die Distanz zwischen Denver, Colorado und Mesa, Arizona „two sixpacks".

Das Grab in den Schottischen Highlands

Ein weiteres Buch, das mich seit jungen Jahren fasziniert hat, stammt von Fitzroy Maclean, einem Schotten. Oss oder Hein Kröher - wer genau, das vergißt man bei Zwillingen mitunter, hatte es mir in die Hand gedrückt. Das Buch heißt „Eastern Approaches“. In ihm erzählt Maclean einen bedeutsamen Teil seiner abenteuerlichen Lebensgeschichte.

Ganz im Gegensatz zu mir war Fitzroy mit dem goldenen Löffel geboren worden. Er hatte in Cambridge und Marburg studiert, während seine Eltern damals in Florenz lebten. Er besaß die besten Voraussetzungen, seinen Horizont zu erweitern, ein wirklicher Kosmopolit zu werden - und er nutzte sie.

Doch das war kein Hindernisgrund, zusätzlich das große, das ganz große Abenteuer zu suchen und zu finden. Als junger Mann trat Fitzroy Maclean ein in den diplomatischen Dienst und machte die ersten, noch unsicheren Schritte auf dem schlüpfrigen Parkett der Botschaft Seiner Majestät George VI in Paris. Die auf ihn wartende Schreibtischaufgabe langweilte ihn.

Fitzroy ließ sich in die damalige Sowjetunion versetzen. Er suchte eine Erklärung der Hintergründe der blutigen Säuberungsaktionen Stalins, er analysierte sie und schickte seine Berichte an das Foreign Office in London.

Damit nicht genug, der junge Diplomat hatte sich in den Kopf gesetzt, das echte Abenteuer am eigenen Leib zu erleben. Es gelang ihm, in das damals für alle Ausländer verbotene Zentralasien (Sibirien) zu reisen, die Afghanische Grenze unter Lebensgefahr zu überqueren und die dortigen Verhältnisse zu erkunden.

Als der Zweite Weltkrieg losbrach, wurde Fitzroy Maclean Führungsoffizier des Special Air Service (SAS) der Royal Air Force. Er wurde rasch der Mann für besonders delikate Aufgaben. Er war mit einem tollkühnen Einsatz hinter den Stellungen des „Wüstenfuchs“ Rommels erfolgreich, er brachte danach in Persien den deutschfreundlichen General Isphahan in seine Gewalt und entführte ihn nach England.

Danach folgte er einer persönlichen Order Churchills und sprang mit einem Fallschirm über den zerklüfteten Bergen und Schluchten Bosniens ab, um sich den Partisanen Titos anzuschließen - die mit Abstand die gefährlichste Mission von allen. Er wurde aufgrund seiner Verdienste zum Brigadegeneral ernannt, später geadelt und rückte zum Unterstaatssekretär im Kriegsministerium auf.

Was mir an seinem ungemein spannenden und aufschlußreichen Buch imponierte: Der Schotte bekämpfte den Gegner, d.h. uns Deutsche, mit Leib und Seele, doch blieb immer fair und legte nicht die Spur von Haßgefühlen uns gegenüber an den Tag.

Es kam, wie es kommen mußte: Sir Fitzroy freundete sich mit dem Schriftsteller Ian Lancaster Fleming an. Ian Fleming war fasziniert von den Erzählungen seines Freundes. Er sah in diesen Berichten die Vorlage für die Romanfigur des James Bond - für den Stoff, aus dem die erfolgreichsten Abenteuerfilme aller Zeiten entstanden sind.

Das ist die eine Seite der Geschichte. Die andere erzählte mir Hein Kröher bei einer Wanderung im Frühjahr des Jahres 1996 im schönen Elsaß:

„Während des zweiten Waldeck-Festivals erschien der schlacksige, junge Schotte in unserer Jurte. Er sagte, er hieße Charlie und spielte uns auf seiner Zwölfsaitigen vor. Wir tranken, rauchten, sangen, spielten und hatten eine gute Zeit.

Später traf ich dann Charlie in Berlin wieder. Er sagte, daß er in Straßburg studiere. ‚Dann liegt Pirmasens ja am Wege,‘ antwortete ich. Da bin ich zu Hause. Charlie kam mit.

Jetzt erst sah ich mir die Visitenkarte des jungen Mannes an. ‚Charlie Maclean, Strachurhouse, Scotland‘. Maclean, Maclean - es ging mir nicht aus dem Kopf. Kein eben seltener Name ... Dann hatte ich's: Mein Zwillingsbruder Oss hatte von seiner Indien-Großfahrt ein Buch mitgebracht, das wir beide förmlich verschlungen hatten. Es war geschrieben von einem gewissen Fitzroy Maclean ... Vielleicht bestand da ein Zusammenhang? Ich vergaß, weiter nachzufragen. Wir hatten Musik im Kopf, Musik und sonst kaum was anderes.

Charlie war noch oft zu Gast bei uns in Pirmasens. Eines schönen Tages tauchte auch seine reizende Mutter bei uns auf, um zu sehen, was und mit wem sich ihr Sprößling so (herum)trieb. So lernten wir also Lady Veronica kennen und schätzen. Im Gespräch fiel mir der Buchtitel ein: ‚Eastern Approaches‘ ... Ob sie den Autor, einen gewissen Maclean kennte, fragte ich. Lady Veronica lächelte und sagte schlicht: ‚Das ist mein Mann.‘

Die unausbleibliche Folge des Geschehens: Lady Veronica lud uns ins Strachurhouse ein. Und wir fuhren hin - der Anlaß war die Weltmeisterschaft der Dudelsackbläser, doch das ist eine andere Geschichte.“

Nach einer kleinen Pause, auch Hein ist kein Freund langer Verlobungen, schlägt er mir auf die Schulter:

„Weißt du was, Oske, da fahren wir nochmal hin und machen den Macleans unsere Aufwartung. Wir brauchen als Gastgeschenk nur Sir Fitzroy das Lied von ‚Lili Marleen‘ und ‚Ich hatt‘ einen Kameraden’ vorzusingen.“

Ich war sofort Feuer und Flamme. Ich organisierte die Flugscheine für Hein, Oss, Berry, Fuchs, Schlock, den Vatter, Werner, den Förster von der Mosel - für Harald und Jürgen aus Frankfurt.

Kurz vor Abflug geisterte dann die niederschmetternde Nachricht durch die Medien: „James Bonds Vorbild starb in Schottland“.

Was blieb uns anders übrig, als zu kondolieren und die Reise abzublasen?

Doch Lady Veronica dachte anders darüber: Wir erhielten nach einer gewissen Frist die Nachricht, es sei ganz im Sinne des Verstorbenen, daß wir trotzdem kämen. Die Dame lud uns ein zu einem Umtrunk auf Strachurhouse - und zum Besuch des Grabes von Sir Fitzroy.

Also flogen wir hin. Es war ohnehin alles andere als eine Trauergemeinde, die sich da versammelt hatte.

„Nein, nein“, protestierte auch die Lady, „bitte keine Leichenbittermienen. Sir Fitzroy hatte verfügt, daß es bei seiner Beerdigung und den folgenden Anlässen keineswegs traurig zugehen sollte, warum denn jetzt?“

Also schenkte der Butler einen echt schottischen Malt aus, während Lady Veronica sich in ihrem Glas einen drei Finger hohen Bourbon genehmigte.

Danach gingen wir gemeinsam zu dem Hügel. Auf dessen Spitze, von dichtem Gebüsch umgeben, stand ein schlichtes Kreuz. Während wir im schottischen Nieselregen hoch über dem Loch Fyne das Lied von Lili Marleen und auch das Lied vom guten Kameraden sangen, wischten wir uns dann doch über die Augen. Aber Lady Veronica stand da und lächelte versonnen.

Der Adler ist uns gegen den Wagen geflogen

Pub im australischen Outback

Mit Crocodile Harry in seiner Höhlenwohnung

Crocodile Harry auf seinem Claim in Coober Pedy

Brücke zusammengebrochen – Fahrer erschossen – New Guinea

Unser kleiner Guide im Hochland von New Guinea

Am Sepik Fluß

Beim Eingeborenen – Treffen in Mt. Hagen

Der Chilko River im Cariboo Hochland

Wir schmeissen um . . .

Der Doctor verliert den Halt

Wir schwimmen um unser Leben

Allan ist unter dem Boot eingeschlossen

Die Macher des Marlboro Abenteuer Teams 1987

Am Bowron Lake British Columbia 1973

Und kommen wir noch einmal zusammen
wo die einsame Hütte steht.
Und lauschen dem Raunen der Tannen,
das durch die Zweige geht.
Ob unsere Klampfen noch klingen,
unsere Lieder wir singen,
wer gibt uns die Antwort darauf?

(aus der dj.1.11. Ludwigsburg 1939)

TUSK - EIN TRAGISCHES SCHICKSAL

In der zweiten Hälfte der zwanziger Jahre hatte sich der im Jahr 1907 geborene Stuttgarter Eberhard Koebel, ein einstiger Wandervogel, als knapp Zwanzigjähriger der „Deutschen Freischar" angeschlossen. tusk war alles andere als ein Mitläufer; er hatte Charisma, war ein Feuerkopf und hatte große Ziele vor Augen. Er wollte die verschiedenen Bünde unter seiner Führung zur „ Deutschen Jungenschaft „ zusammenschließen. tusk formulierte die recht vage und unterschiedlich existierenden Vorstellungen, Ziele und Ideale der Bündischen Jugend genauer. Es ging ihm darum, dem losen Verband der Jungen einen autonomen, wesensgerechten Lebensraum zu geben, einen „Jungenstaat" ohne parteipolitische und religiöse Bindungen zu schaffen und diesen der Einflußnahme durch die Erwachsenen zu entziehen.

Die Jungen sollten sich einer strikten äußeren und inneren Disziplin unterwerfen. „Wir müssen besser lernen zum besser können: Besser singen,schweigen ,schlemmen, fasten ,grimmig arbeiten und hemmungslos faulenzen", schrieb tusk.

tusk gründete „Garnisonen" genannte Wohn- und Arbeitsgemeinschaften; er gab hervorragend redigierte und gut aufgemachte Schriften und Hefte heraus. Er sorgte für Aufsehen und fand seine Anhänger.

Mit denen ihm am nächsten stehenden Mitstreitern zettelte tusk eine „Verschwörung" an unter dem Motto: „Wollen wir die kurze Jugend mit Warten vergeuden?" Die „Verschwörung" wurde zu einem neuen Bund mit dem Emblem des Falken über den drei Wellen,zur „Deutschen Jungenschaft" (dj) mit dem Zusatz 1.11. – ihrem Gründungsdatum im Jahr 1929.

Aus einer Großfahrt nach Lappland hatte tusk eine neue symbolträchtige Unterkunft mitgebracht: die schwarze Kohte . Dieses Feuerzelt wurde für seine Insassen zugleich eine Abgrenzung zur übrigen Welt wie eine intensive Hinwendung zu der kleinen Gruppe der Gleichgesinnten. Man muß mit einer solchen „Behausung" unterwegs gewesen sein, in ihr gelebt haben, um sich von ihrer ganz eigenen Atmosphäre, von dem sich in ihr entwickelnden Mythos einfangen lassen. Die Kohte wird zu einem Pentakel, das den bösen Geistern des Alltäglichen, Banalen und Materiellen den Einzug verwehrt. Statt dessen formen sich in ihr Zusammengehörigkeitsgefühl, aber auch das Verschwörerische, Geheimnisvolle und Weihevolle.

Inzwischen hatte tusk das Potential der Arbeiterjugend entdeckt und nahm auch einzelne weibliche Mitglieder auf. tusk suchte Kontakte zu den Kommunistischen „Roten Pfadfindern“, zu dem weitverbreiteten, kommunistischen „Arbeitersportverein Fichte“ und trat konsequenterweise am 20.4.1932 in die Deutsche Kommunistische Partei ein. Für die eher deutschnational geprägte Jugendbewegung war das ein nur schwer nachvollziehbarer Donnerschlag.

tusk wurde schon im März 1933 aus der KPD wieder ausgeschlossen. Die Gründe lagen im Charakter und der im Bürgertum verwurzelten Herkunft dieses genialen, hochfahrenden , ungeduldigen Menschen begründet. tusk als linientreuer Stalinist - das war einfach undenkbar. Am 21.6.1933 wurden nach der KPD auch die einzelnenVerbände der Bündischen Jugend verboten.

tusk selbst besaß genug persönlichen Mut, um auch nach der „Machtergreifung“ durch die Nazis öffentlich zum Widerstand aufzurufen. Die Reaktion der Gestapo blieb nicht aus: Er wurde am 18.1.1934 verhaftet. Er trat in den Hungerstreik und unternahm zwei Selbstmordversuche. Physisch und psychisch verletzt und beschädigt kam er im Februar unter strengen Auflagen wieder frei.

Über tusk hing weiter das Damoklesschwert der nochmaligen Verhaftung und der Einlieferung in ein KZ . Er entzog sich dieser Bedrohung durch die Flucht nach Schweden. Da man ihn dort nicht haben wollte, rettete er sich hinüber nach England. Auch dort ließ man den Verfolgten erstmal schmoren: Man wollte keine „Knastbrüder“ aus Deutschland. Endlich ließen ihn die Engländer ins Land, gewährten Asyl.

Das Leben war gerettet, doch der Preis erwies sich als hoch: Isolation und bitterste materielle Not zehrten weiter an der Substanz des Mannes. tusk hoffte nach dem Krieg und der Götterdämmerung des Nazi-Regimes auf eine triumphale Rückkehr nach Deutschland. Aber nach dem Zusammenbruch wollte man ihn auch dort nicht oder nicht mehr: Weder Erich Honeckers FDJ im Osten, noch die wiedererstandene Bündische Jugend im Westen erwiesen sich als Basis für sein weiteres Wirken.

Im Westen hatte man tusk längst abgeschrieben. Im Zeichen des Kalten Krieges wurde alles und jedes(r), was auch nur den entfernten Geruch von Kommunismus hatte, mit großem Mißtrauen behandelt, abgelehnt, abgestoßen, diskriminiert.

Auch Erich Honeckers FDJ in der ehemaligen DDR konnte mit diesem unange -paßten Geist nichts anfangen. Man nahm ihn erst nach längerem Zögern auf .tusk wurde für kurze Zeit Mitarbeiter beim DDR - Rundfunk; er schrieb Artikel für die FDJ-Schriften. Das bedeutete-man wollte den Hund nicht gleich totschlagen, man warf ihm Brocken hin, ein Gnadenbrot gewissermaßen. Was dann die SED nicht hinderte, ihn am 2.2.1951 von ihren Listen zu streichen. 1953 wurde tusk einmal mehr verhaftet und saß ein Jahr im Gefängnis.

Eberhard Koebel, ein typisch deutsches Schicksal der dreißiger bis fünziger Jahre, starb als kranker, verbitterter, gebrochener Mann - am 31.August 1955.

Im Gedenken an Muschik.

Falado o Falado . Wer sailt mit nach Falado?
Jeder sucht es. Keiner fand Falado das Wunderland.
Ein Mast - ho! Zwei Mast - ho!
Dreimast sailt nach Falado.

Im Namen unseres Maulbronner Kreises habe ich, der ich als Redner nicht so geübt bin wie als Sänger, die ehrenvolle Pflicht übernommen, als Gefährte des Verstorbenen seit fast fünzig Jahren seiner zu gedenken.

„O Fortuna velut luna statu variabilis“ Aus den Liedern des Archipoeten tönen die Klänge des Hohen Mittelalters. Drüben in der Maulbronner Jugendherberge, wo wir uns vor fast vierzig Jahren zum ersten Mal zusammen getroffen haben, stehen diese Worte an die Wand geschrieben.

Darüber ist ein Rad als Fresco gemalt, das Lebensrad , das Glücksrad aus Carmina Burana. Mir war Maulbronn stets vorgekommen, als drehe sich hier ein ewiges Rad, ähnlich wie der Sternenhimmel sich dreht oder die Sonne auf ihrer Bahn läuft.

Und die Radnabe von Maulbronn war Muschik.

Wir, die Sangesbrüder und die Zundelbrüder bilden jenen Kreis als hölzerne Felgen oder Speichen.

Der Maulbronner Kreis, das sich drehende Rad, nimmt heute Abschied von seinem Mittelpunkt, seiner Radnabe: von Muschik, von einem seiner Gründer. In die rauchigen schwarzen Feuerzelte vom Winterlager 1948/49 zu Haltern hatte uns Muschik geladen. Oss und ich kamen in seine Kohte als Gäste. Von jenen Winternächten an dauert das Glück, ihn Muschik, als Freund zu haben. Vor siebenundvierzig Jahren waren wir einander begegnet. Dabei waren: tejo/Walter Scherf, Karl von den Driesch, pint, egg, mike jovy und jo seiffert, adalbert wiemers. Namen, die in der deutschen Jungendbewegung einen guten Klang haben. Schlock und Strolch waren dabei, die von Muschik zur Schwäbischen Jungenschaft geholt worden waren.

Mit der Schwäbischen Jungenschaft bewegt sich dann auf der alten Nerotherburg Waldeck im Hunsrück die Kulturgeschichte unseres Jahrhunderts auf die Waldeckfestivals zu. Unser Saeculum wäre ohne diese Liedermacherfeste ärmer und wüster. Muschik, der Sänger und Feuermacher, hat die Waldeckfestivals mit erschaffen.

Seine Klarheit und seine Lauterkeit waren es, die uns jenen Weg einschlagen ließ. Und mit uns alle, die ihm, dem Bubenführer und Schamanen, begegnet sind, sind seiner Lauterkeit und seiner Klarheit teilhaft geworden.

Seine Großmut und seine Herzlichkeit wie die Bandbreite seiner Toleranz, haben der deutschen Jugendbewegung einen Reichtum vermacht, wovon sie heute noch zehren mag.

Mit in der Runde der Gründer unseres Kreises waren Alte und Junge, Fahrtenbrüder und Sterndeuter, Maler und Seher, und Muschik hatte geladen. Das erste Treffen mit Kerzenschein und Saitenspiel, mit den Tabakwolken und dem vielstimmigen Klang der Lieder hatte jenen Rahmen geschaffen, der uns noch heute lockt und ruft. „Hörst du die Landstraß wie sie lockt und ruft? Schnür dein Bündel, komm! „ Muschik hat die Atmosphäre geschaffen, das Milieu, darin die Landstraß ins Weite führte zu den Liedernächten im alten Kloster. Er war der Zauberer, der Schamane, dessen Lachen und Singen die Liederrunde lebendig machte und befeuert hat.

Der Maulbronner Kreis verdankt die Jahre seines Bestehens wie auch den Stil seiner Inhalte, seine Buntheit und Ehrlichkeit dem Baumeister und Erz-Vaganten Fritz Jeremias ,wie Muschik mit dem bürgerlichen Namen heißt und wie seine Maria ihn angesprochen hat. Fritz und Maria - Euch verdanken wir Maulbronn.

„SUMUS DE VAGANTIUM ORDINE LAUDANDO „

Das ist jener Orden, dessen weite Fahrten wie die von Oss Kröher z.B. bis nach Indien führten. Die Weltfahrten von Roland Kiemle von der Mongolei bis nach Patagonien, von Afrika bis nach der Südsee, von Australien in die Antarktis und in den fernen Westen. Jene von Fuchs bis in die kanadische Subarktis, vom Yukon und des Mackenzie-stromes. Die Großfahrten und Lieder haben uns zusammengeführt, die Deutsche Jungenschaft in all ihren Formen von dj.1.11. über die Nachkriegsjungenschaft von Haltern bis zum Bund deutscher Jungenschaften haben den Maulbronner Kreis gerundet und geweitet.

„Wunderliche Spießgesellen, denkt Ihr noch an mich?" Jawohl, lieber Muschik, wir werden Deiner gedenken; Luis Göttler hat dieses Lied vor dem Vergessen, Verklingen errettet und lebendig erhalten. Ihn verdanken die Maulbronner jene Hinwendung zu Eichendorff und zu einer Liedkultur, die uns bereichert hat. Es war die Poesie und die Musik, gepaart mit der Baukunst der Zisterzienser, die hier in Maulbronn schöner als anderswo in Deutschland erhalten ist. Hierher hat Muschik fast vierzig Jahre geladen, war der Gastgeber. Wir sind zu ihm gekommen, um zu uns zu finden. Das danken wir ihm. Zwischen Portugal und Polen, zwischen Schottland und Böhmen bauten die Mönche vom Grauen Orden. Der Mittelpunkt ihres Erdenschaffens mag das hiesige Kloster sein. Die Radnabe des großen Rades, jener europaübergreifenden Mönchsgemeinschaft. Muschik gehört als Gründer vom

Maulbronner Kreis in die Reihe der Äbte dieses Klosters. Mir schein, als ob er der letzte sei vom Grauen Orden.

Graue Chrysanthemen und rote Rosen sind die Blumen, die im Namen der Freunde von Peter Bertsch für den Kranz ausgesucht worden sind ...

Die beiden Strophen des Liedes „Ihr lieben Kameraden, wir ziehen in die Welt..“ und die letzte davon: „Wir sind zur Freud geboren und nicht zum Leiden hier. In Traurigkeit gehen wir verloren, in Freude siegen wir.“ Wollen wir Muschik zum Abschied widmen.

Hein Kröher

Dem Alten Hein zum Abschied

Der Todestag am 2.April war ein Überraschend schöner und klarer Frühlingstag nach einer Woche voller Schneestürme und nächtlichem Frost. Ein dünner Nebelschleier lag am Morgen über dem Wasser, einzelne Wildenten, Kormorane und Graureiher zogen den Fluß hinauf und schlugen einen leichten Bogen um einen frühen Angler. Gelbgrün standen die Weiden am Ufer in den ersten Sonnenstrahlen , braunoliv die Blattknospen der Pappeln. Blühende Wildkirschen im Hang auf der anderen Talseite, auf der Höhe die Buchen und Eichen noch kahl, Fichten im alten Immergrün und die frischen Triebe der Lärchen so grün wie neues Gras.

Als das Telefon klingelte, suchte ich gerade nach einem Bericht über ein kleines Indianervolk in Südamerika, von welchem kurz vor seinem Aussterben noch bekannt geworden war, daß es in seinem Sprachschatz kein Wort für "Feind" hatte, anderseits aber 250 Bezeichnungen für die verschiedenen Grüntöne im Regenwald.

Darüber hätten wir uns am späten Sonntagvormittag unterhalten, und daß die dunkelrosa Blüten des Seidelbast in den zusammengewehten Schneeresten an den Waldrändern noch viel eigenwilliger duften, als es Manfred Hausmann einst in seinem "Lampioon" beschrieben hat. Und der Alte in der Stadt hätte wie immer um diese Jahreszeit - aus Brechts "Psalm im Frühjahr" zitiert: "Jetzt liege ich auf der Lauer nach dem Sommer, Jungens. Wir haben Rum eingekauft und auf die Gitarre neue Därme aufgezogen ... " Und wir hätten uns noch einige Zeilen und Melodien zugespielt, um uns gegenseitig zu versichern, daß es sich wieder lohnt zu leben, hellwach zu bleiben und Pläne zu schmieden." Und was noch nicht gestorben ist, das macht sich auf die Socken nun!" oder aus einem alten Handwerksburschen-Lied: "Auf ihr Brüder , sagt Adieu! Unser Glück geht in die Höh ."

Später am Tag, im Kölner Hauptbahnhof, sah ich einen reisenden Zimmermann mit gewaltig ausgestellten Manchester-Hosen und breitkrempigem Hut zu, wie er sich in der Scheibe eines eingerahmten Fahrplanes die Ehrbarkeit zurechtrückte . Auf dem Domplatz standen die Leute hemdsärmelig in der Sonne, aßen Reibekuchen vom Pappteller und hörten amüsiert einem Wanderprediger zu, der mit großem rhetorischem Aufwand einen farbenprächtigen Weltuntergang heraufbeschwor. Die Taxi-Fahrerin hatte das Schiebedach und einige Blusenknöpfe geöffnet, so als hätte Reinhard Mey sie gerade angesungen , und als ich dann auf einmal in Lindenthal mit Herzklopfen vor dem Haus stand, flog ein rotgrüner Sittich oder Papagei mit schrillen Pfiffen durch die Baumkronen der Allee. Ja, es war wirklich ein besonders schöner Tag, und ich hätte Dir, lieber alter Freund bestimmt davon erzählt, wärst Du nicht auf und davon, auf und davon, als bunter Vogel durch die Gärten, über den Fluß und in die Wälder.

Der Maulbronner Kreis hat seinen Ältesten verloren. "Paljon" wie ihn die Fahrtenbrüder vergangener Jahre nannten , "Old Hein" oder "Alter Hein", wie er bei uns anderen jüngeren respektierlich hieß, war jahrzehntelang das Rückgrat dieser Runde von Versprengten aus den verschiedenen Stämmen der Jugendbewegung, die ihr bündisches Erbe in eine Männerfreundschaft einbrachten um sich im ehemaligen Eselstall des Klosters Maulbronn trafen – und noch treffen, um eine lange Nacht mit Liedern, Gesprächen, Braten und Wein zu verbringen. Daß dies nie eine Stammtischrunde von Vergangenheitsbesessenen "Altvaganten" war, die in ihrer Kluft steckengeblieben waren und nur steinalte muffige Lieder beklampften, dafür hat Old Hein als unbestrittener primus inter pares mit großem Engagement gesorgt. Eine festliche Atmosphäre mußten diese Treffen haben; jeder sollte sich einfalls - reich darauf vorbereiten, und auch in Strömen von Wein durften Gesangsdisziplin und Gesprächskultur nicht untergehen. Diese für ihn kostbare Nacht konnte nicht dem Zufall und einer unkontrollierbaren Eigendynamik überlassen werden, sondern verlangte einen festen Rhythmus, aktive Beteiligung und Harmonie. Er hoffte immer inständig auf einen "berauschende Nacht" . Kam es anders - und manchesmal kam es anders –, war er eher traurig als enttäuscht und vergaß es lange nicht. In solchen Stunden mit den Freunden brachte er als exquisite Geschenke das mit, was er als Extrakt aus dem – für ihn lebenswichtigen – Umgang mit Büchern und Menschen gezogen hatte: Trouvaillen aller Art an komischen und einfältigen Geschichten, Reimen, Anekdoten und Zitaten, quer durch Vergangenheit, Gegenwart und geografische Breiten. Hier war er in seinem Element, und es war seine Stunde, wenn er uns mit allem ihm zur Verfügung stehenden Pathos aus Brechts Geschichten vom Herrn K. vorlas und von den Eigenschaften des Elefanten, wenn er Mehring, Tucholsky, Huchel, Hamsun, Enzensberger oder die staubgrauen Verse des Theodor Kramer rezitierte. Charakteristisch für seine Vorliebe für das Pointierte und gekonnt Formulierte waren Aphorismen wie Rühmkorfs Mahnung "Sei erschütterbar und widersteh!", oder auch die definitive Feststellung seines Lieblings-Autors Ringelnatz: " Ich sterbe, Du stirbst, er stirbt – viel schlimmer ist, wenn ein volles Faß verdirbt."

Überhaupt hatte dieser Mann, der das Kunststück fertigbrachte, bürgerliche Seß -haftigkeit mit existentieller innerer Unruhe ein Leben lang stabil zu verbinden, eine enge Beziehung zu den literarischen Rand – und Unterständigen dieses Jahrhunderts, vielleicht, weil er bei diesen sicherer war, daß sie zu den Wahrheits –

suchern und nicht zu den Wahrheitsfindern gehörten. Wer gefunden hat, bleibt stehen, macht seinen armen kleinen Frieden mit der Welt und zerfällt, ohne markante Spuren hinterlassen zu haben.

So mag es sich auch erklären, daß der Alte Hein unter den Liedern in seinem unglaublichen Repertoire diejenigen besonders liebte, die mit "Fortbewegung" und "Unrast" im weiten Sinne zu tun hatten: die Lieder von Abschied und Fernweh, von den Vaganten und Scholaren, den Stromern, Kunden und fahrenden Gesellen, von Seefahrern und Walfängern, von Reiterbuben, Husaren und Landsknechten, von Zigeunern und Marketenderinnen und von all den anderen Unbehausten, welchen die Obrigkeit immer hart auf den Fersen bleibt, da doch Ruhe – d.h. Berechenbarkeit – die erste Bürgerpflicht ist und jede Un-Ruhe geradenwegs in das Chaos der Anarchie führt.

Lieder hatten für ihn immer etwas Konspiratives, waren Marken- und Erkennungszeichen unter Gleichgesinnten, rituelle Klammern um Wesensverwandte, erforderten bestimmte Situationen und Stimmungen und blieben übrig, wenn die Gespräche sich langatmig erschöpften. Er pflegte neugierig und kritisch die Kontakte zu jüngeren Sängern und Liedermachern, die er von den Burg Waldeck Festivals der 60iger Jahre her kannte, stöberte noch im Oktober 1988 zwischen Kohten und Jurten auf dem Hohen Meißner nach musikalischer Beute und merkte sich den Namen eines Gastes in Maulbronn erst, wenn dieser ein Lied "auf der Pfanne" hatte, das seinen Ansprüchen genügte. Seine Vorstellungen dazu hat er wundervoll egozentrisch in einem 3-teiligen Liederbuch festgehalten mit dem bezeichnenden Titel "Partisan", ein Geschenk und Vermächtnis an seine Freunde, deren Zusammenhalt ihm bis zum Schluß ein großes Anliegen war.

In den letzten Jahren seines Lebens ereignete sich, wovon er oft bedrückt gesprochen hatte: er verlor nach und nach seine alten Freunde, und er verlor damit auch seinen Lebensmut. Dieses Übrigbleibenmüssen lastete sehr auf ihm und zwang ihn immer stärker, die fröhlichen Runden in Maulbronn, in der "Alten Münze" oder in seinem Haus durch die Erinnerung daran zu ersetzen. Ein ihm gewogenes Schicksal erlaubte, daß sein wacher Verstand und sein ausgezeichnetes Gedächtnis ihn dabei nicht im Stich ließen.

Nun hat er uns verlassen, ruhig, mit unbekanntem Ziel und für immer. Es war ganz einfach seine Zeit, zu gehen, und wir sollten darüber nicht allzusehr trauern.

Aber unsere Erinnerung soll bleiben an einen ganz außergewöhnlichen Mann, der ein starkes und randvolles Leben hatte und viele von uns daran teilhaben ließ.

Werner Krämer

Ein Nachruf auf Traun

Ich habe die ehrenvolle Pflicht übernommen, unserem Freunde und Gefährten, Sangesbruder und Genossen die Abschiedsworte nachzurufen. Es fällt mir schwer und ich habe anfangs noch gezögert, ob ich diese Aufgabe wenigstens einigermaßen erfüllen könnte. Und so bitte ich Euch gleich eingangs um Verzeihung, wenn ich die eine oder andere Seite vom Leben Trauns nicht so würdige, wie er es eigentlich verdient hätte. Aber wir waren uns ja nur in Liebe und Freundschaft verbunden, wenn wir uns auch nicht so oft getroffen haben wie meinetwegen mit den Schwaben oder Freiburgern. Aber das möchte ich gleich zu Beginn hintenanstellen.

In diesem Jahr ist Traun, wie wir Werner Lehndorff in unserem Kreise nannten, der dritte Fahrtenbruder, der uns für immer verlassen hat; und das macht meine Aufgabe vielleicht noch schwerer und trauriger. Anfangs des Jahres starb Muschik, unser Freund und Maulbronner Gastgeber; dann haben wir hier auf dem gleichen Friedhof Old Hein zu Grabe gebracht, und jetzt am Ende des Jahres, folgt ihnen Traun nach.

Die letzten Feuer sind entfacht,
das Jahr glüht aus in Rauch und Nacht
und graue Nebel gleiten,
das Ende zu bereiten.

Die wilden Gänse ziehn nach Süd.
Das Jahr ist alt, das Licht ist müd.
Doch trotzige Wandrer schreiten
in graue Einsamkeiten.

Ein Stern glüht auf so fern und kalt.
Nachtdämmerung weht aus dem Wald.
Her glüht aus fernen Weiten
ein Lied aus Sommerszeiten.

Ich möchte die Worte dieses Winterliedes als Leitgedanke meines Nachrufs an Traun überstellen. Denn was will ich denn hier an seiner Urne vor Euch und mit Euch Trauernden? Ich möchte sein Leben und seine Taten mit uns noch einmal aufleuchten lassen im liebenden und ehrenden Gedenken. Er hat ja wirklich lange leiden müssen und blieb die ganze Zeit über, wenn wir uns telefonisch sprachen oder auch das eine oder andere Mal schrieben, der heitere Gesell, der unsere Gruppe damit so bereichert hat. Traun war ja ein Stiller im Lande, wenigstens in unserem Kreise, wo es vielfach laut und herzhaft zuging. Gerade wir Pfälzer gelten als lauthälsig , und mein Zwillingsbruder Hein – der nicht hier sein kann, weil er krank ist – und ich haben aus diesem pfälzischen Laster versucht eine Tugend zu machen und laut zu singen. Da allerdings war Traun immer mit von der Partie. Wenn es ans Singen ging, da haben wir ihn gut herausgehört und da hat er seine Heiterkeit eingetauscht mit seinem klingenden Atem, der von seiner Lebensfreude zeugte, wie auch seine leuchtenden Augen. Von unseren Liedern wäre hier viel zu erzählen und es würde mir auch ganz gut Anstehen. Vielleicht sind sie es, die uns über Jahrzehnte und große Entfernungen so verbunden haben und auch weiterhin verbinden. Ich meine, daß im Zauber ihrer Musik und im Tiefgang der Poesie, die Kraft lag und liegt, die uns so tief verbindet. Abgesehen einmal von der Tatsache, daß wir vom Maulbronner Kreis dem deutschen Bürgertum angehören und deshalb die Welt ähnlich betrachten und daran unsere Werthaltung aufgebaut haben, ist uns – neben dem verzeihlichen Hange zum Rotwein und zur Geografie – ziemlich wenig gemeinsam. Und schon gar nicht beruflich etwa, das hat bisher nie eine Rolle gespielt.

Und als der Alte Hein den Traun nach Maulbronn mitgebracht hat, da war er von der ersten Sekunde an völlig integriert. Wir haben dann erfahren, daß er in Berlin bei dj.1.11. war und dort die Lieder gelernt hat. Aber das hätte auch jede andere Stadt sein können. Was mich besonders mit Traun verband, war unser beider Engagement in der Politik. Traun war meins Wissens in Berlin bei der KP engagiert gewesen, mich zog es aktiv in die Sozialdemokratische Partei. Wir hatten niemals auch nur den Hauch einer Meinungsverschiedenheit auf politischem Gebiete, und als Steffen bei Spartakus eine ganz wichtige Rolle gespielt hat, war ich innerlich mit Traun noch näher verwandt als vorher. Und so ist es auch geblieben bis heute, und vielleicht wurde ich deshalb bewogen, das traurige und ehrenvolle Amt des Grabredners zu übernehmen.

Gestattet mir bitte, zu diesem Themenkreis eine kleine Anekdote einzubringen:

Wir waren auf der ersten Kanadafahrt, die Roland Kiemle glänzend vorbereitet und durchgeführt hat, nach den Tagen in der Wildnis, in den Kanus, auf den Flüssen und Seen wieder in zivilisierte Gegenden gekommen. Rolands Freund Sepp Hollaus gab uns Quartier in seinem schmucken Haus über dem unteren Frasertal. Sepp

Hollaus hatte seine Heimat Österreich nach dem Kriege verlassen, weil er dort als ehemaliger Nazi keinen Fuß mehr auf den Boden bringen konnte.

In Kanada gelang es ihm mit seiner Frau und seinen Kindern auf Anhieb, er war ein wohlhabender Bürger geworden.

Traun, der ehemalige Berliner Kommunist, und Sepp Hollaus saßen an einem Tisch und politisierten auf gänzlich legere Art und waren sich nahegekommen.

Ich saß als der weitaus Jüngere dabei und freute mich an der Unterhaltung, lernte daraus manche Toleranzen und Ansichten unserer Geschichte – und wie man sie bewältigt. Ich erlebte Traun als aktiven Diskussionsteilnehmer, als klaren Denker und trefflichen Formulierer. Er und sein ehemaliger politischer Gegner waren sich wohlgesonnen, beide hatten sie unter der Katastrophe des Vaterlandes gelitten, der österreichische Nazi und der preußische Kommunist aus Berlin.

Diese beiden Archetypen unserer Epoche galten als wichtige Mitglieder unseres Kreises, wenn auch Sepp Hollaus zehntausend Meilen von hier lebte – uns aber dann doch auch in Maulbronn besuchte, als er in Europa weilte.

Für uns die „Jüngeren" im Kreis, waren ja die „Alten" Leitbilder fürs Leben gewesen – und sie blieben es bis in den Tod, der im Laufe der letzten Jahre begonnen hat, unsere Reihen zu lichten.

Daß Traun mit uns auf die erste Kanada-Fahrt gegangen war, befeuerte uns damals umso mehr. Hein und ich konnten zwar in sehr zahlreichen Berg-Meerfahrten in jungen Jahren auf diesem Gebiet Erfahrung sammeln. Traun hat allen Fahrtenbrüdern am Mount Robson, am Bowron Lake oder am pazifischen Gestade die Großfahrt erhöht – nur durch sein Wesen, seine Bescheidenheit und Heiterkeit, seine Tapferkeit zusammen mit Luis Göttler in einem Kanu. Das Duo der Pfeifenraucher und Whiskytrinker hat alle Fährnisse auf seine Art gemeistert wie die anderen, die Sportskanonen und Ersten am Start, die Schnellsten und die Größten. Es war Traun, der die Relativität dieser Begriffe allen anschauhlich machte, und er brauchte überhaupt nichts zu tun dafür.

Vielleicht liegt darin seine Größe, daß er ohne sichtliche Anstrengung, ohne erkennbare Attitüde all seine Umgebenden damit bereichert hat.

Und so bleibt mein Nachruf vor allem eine Danksagung an Traun, der unseren Fahrtenbund mit seinem Wesen liebenswerter und vielmenschlicher gemacht hat. Denn bei vielen unserer Heißblütigen waren Begriffe wie Brüderlichkeit, Toleranz, Verzeihen oder gar Vergeben nicht immer soleicht erkennbar wie bei Traun.

Daß wir uns zum gleichen Bund bekannt haben,ist vielleicht mehr als ein glücklicher Zufall.

Und wenn wir heute und hier Abschied nehmen, dann sollten wir uns bewußt sein, daß zwar die Lieder und die Großfahrt uns verbunden haben, aber ich meine, das genügt nicht ganz.

Ganz egal, wo der eine oder andere gesellschaftlich oder politisch sich hingestellt hat, so verbindet uns doch, meine ich eine Gesinnung, ein Bewußtsein, das teilnimmt am Geschehen, das uns auch Stellung beziehen läßt und dazu beiträgt, Lösungen für die großen Fragen unserer Zeit zu finden.

Das ist der "Frieden auf Erden", wie der Engel die Hirten auf dem Felde tröstet, als sie Angst bekommen vor der Helle im nächtlichen Himmel überBethlehem. "Fürchtet Euch nicht", ruft ihnen der Engel zu, genau wie in dem Liede der amerikanischen Menschenrechtsbewegung "we shall overcome".

Da heißt es nämlich in der dritten Strophe:

" We are not afraid - today,
deep in my heart I do believe:
We shall overcome some day."

Wir haben uns in unserer Solidarität – auf deutsch heißt das "Eintracht" – gegenseitig gestärkt und die Angst besiegt.

" Wir sind zur Freud geboren und nicht zum Leiden hier.
In Traurigkeit sind wir verloren, in Freude siegen wir",

so heißt es in unserem Liede, das wir immer singen,
wenn wir zusammenkommen.

Friedrich Schiller schrieb die "Hymne an die Freude", die Beethoven als Schlußchoral in seine Neunte Symphonie ertönen läßt.
Sie läßt alle Menschen zu Brüdern und Schwestern werden,
sie lockt Blumen aus den Zweigen und Sonnen ans Firmament .

Unser Freund Traun, Gefährte, Sangesbruder, hat diese Freude in seinem Wesen geführt. Er hat mit ihr unseren Bund bereichert. Und an diese Freude, an den „schönen Götterfunken", der „alle Menschen zu Brüdern werden läßt, wo sein sanfter Flügel weilt", werden wir immer denken,
wenn wir uns an Traun erinnern.

Oss Kröher